판밖 소식

[상권上卷]
의통인패 전수(傳受)의 진실(眞實)

100년 교운사에 판밖의 인물
이중성李重盛 선생의 기두起頭와
용봉독존석가불龍鳳獨尊釋伽佛
친필親筆 및 의통인패醫統印牌
전수傳受 이야기

노상균(盧相均)

증산천지대도(甑山天地大道)

版權所有

布敎 166년 5월 26일
檀紀 4358년 5월 26일
西紀 2025년 5월 26일
저술인 농부(農夫) 노상균
발행인 증산천지대도 金道永

판밖 소식(상권)

1판 1쇄 발행 2025년 05월 26일

저자 농부(農夫) 노상균

편집 유주은   **마케팅·지원** 이창민

펴낸곳 (주)하움출판사   **펴낸이** 문현광

이메일 haum1000@naver.com   **홈페이지** haum.kr
블로그 blog.naver.com/haum1000   **인스타그램** @haum1007

ISBN 979-11-7374-082-4(03290)

좋은 책을 만들겠습니다.
하움출판사는 독자 여러분의 의견에 항상 귀 기울이고 있습니다.
파본은 구입처에서 교환해 드립니다.

이 책은 저작권법에 따라 보호받는 저작물이므로 무단전재와 무단복제를 금지하며,
이 책 내용의 전부 또는 일부를 이용하려면 반드시 저작권자의 서면동의를 받아야 합니다.

서 문

증산 상제님은 천지일원(天地一元)의 하추교역기(夏秋交易期)에 인간으로 강세(降世)하셔서 9년 천지공사(天地公事)를 행하시어 후천 5만년 천하일가((天下一家)의 용화세계(龍華世界)를 개창하신 인존(人尊) 하느님이시며 미륵불이시다.

우리가 인존 천주님이신 증산 상제님을 온 인류의 **군사부(君師父)**로 받들며 신앙하는 일체의 행위는 상제님께서 **천지공사**를 행(行))하시며 내리신 **성언(聖言)**과 **성적(聖蹟)** 등의 **말씀**에 **바탕**을 두는 것이지 어느 교단의 교주나 지도자가 주장하는 영적 체험이나 수행법 등 개인 사설(私說)이나 교리 등을 믿고 따르는 것이 아니다.

따라서 **증산 상제님**의 **천지공사 말씀**에 **기초(基礎)**해서 신앙하는 것이야말로 천하사 일꾼이 가져야 할 당연하고도 떳떳한 자세이며 후천 5만년 모든 인류가 살아가야 할 영원한 생명의 길임은 두말할 나위가 없다.

일찍이 상제님은 천지공사를 행하시며 다음과 같이 **말씀 중심**의 **천하사 신앙**이라는 분명한 가르침을 내리셨다.

* **참된 말[眞實之言]**은 하늘도 깨뜨릴 수 없고, **거짓된 말[無實之言]은 때가 이르면 여지없이 부서 지느니라.** (천지개벽경 을사 3장)

* **있는 말로 지으면 천지가 부수려 하여도 못 부술 것이요 없는 말로 꾸미면 부서질 때 여지(餘地)가 없느니라.** (대순전경 제6장 법언 78절)

여기서 '참된 말'이나 '있는 말'이란 증산 상제님께서 천지공사를 행하시는 과정에서 내리신 성언 성적 등의 말씀을 가리킨다. 그렇다면 '거짓된 말'이나 '없는 말'은 무엇을 가리키는 것인가?

이는 붓을 들고 **경전(經典)**을 편찬하는 **후대(後代)**의 일꾼이 **임의(任意)**로 말을 만들어서 상제님께서 하신 말씀인 것처럼 **조작(造作)**하고 **날조(捏造)**한 것을 가리킨다. 또한 상제님의 본래 말씀을 임의로 축소, 확대, 분리, 합성 등의 **왜곡(歪曲)**이나 **변형(變形)**을 해서 말씀의 의미를 어떤 의도에 따라 교묘하게 **변질(變質)**시키는 **일체**의 **행위**도 포함된다고 본다.

따라서 위 상제님의 말씀에 담긴 교훈(敎訓)은 후대에 붓을 쥐고 경전을 펴내는 일꾼이 '없는 말'이나 '거짓된 말'을 지어내서 경전을 꾸미지 말라는 엄중한 경계(警戒)의 말씀이며, 혹여 누군가 거짓된 말을 만들어 이를 섞어 경전을 꾸민다 해도, 그것을 낱낱이 가려내서 여지없이 부수어 버리는 일꾼이 나오도록 도수를 짜셨다는 의미도 내포하고 있다.

상제님은 경전에 수록되는 천지공사의 성언 성적 말씀이 참된 말씀으로만 실리지 않고 일부분 변형(變形) 혹은 변질(變質)되어 실리게 되며 이를 바로 잡는 일꾼이 나오는 것을 **대학(大學) 우경장하(右經章下)의 가르침**으로 이렇게 말씀하셨다.

> * 말씀하시기를,
> 도를 닦는 사람은 대학경 우경장하(右經章下)의 글을 알아두어야 옳으니라.
> 右經一章(우경일장)은
> 盖孔子之意(개공자지의)를 而曾子述之(이증자술지)하고,
> 其餘十章(기여십장)은
> 曾子之意(증자지의)를 而門人(이문인)이 記之也(기지야)라.

舊傳(구전)이 頗有錯簡(파유착간)일새
今因程子(금인정자)이 所定(소정)하야 更考經文(갱고경문)하니
別有次序(별유차서)가 如左(여좌)라.

우경일장은 대개 **공자**의 뜻을 **증자**가 서술하고,
그 나머지 십 장은 증자의 뜻을 **문인**들이 기록한 것이라.
예로부터 전해지는 책이 **자못 뒤 섞이고 빠진 것이 있어서**,
이제 **정자**가 정한 바를 따라 경문을 다시 살펴서
따로 차례를 지으니 왼쪽과 같노라.
(천지개벽경 갑진 5장)

여기서 대학이라는 책은 상제님께서 행하신 천지공사의 성언 성적을 기록한 경전을 상징하고, 공자의 뜻이란 상제님께서 행하신 천지공사의 성언 성적을 상징한다. 증자는 상제님의 천지공사에 수종(隨從) 들어 이를 증언하여 전한 김형렬, 박공우 등 제자를 상징하고, 문인(門人)이란 제자들의 증언과 답사를 바탕으로 경전을 편찬해 낸 일꾼들을 상징한다. 예로부터 전해오는 책에 자못 뒤 섞이고 빠진 것이 있다는 것은 문인들이 편찬해 낸 경전에서 상제님의 말씀이 일부 조작되거나 왜곡되어 어떤 치명적(致命的)인 문제가 있다는 것을 암시하며, 결국 훗날에 **정자로 상징되는 진도진법의 일꾼이 나와서** 갱고경문(更考經文), 전해오는 기존 경전의 글을 다시 살펴서 이를 **바로잡는다**는 가르침을 말하는 것이다.

한편 증산 상제님 신앙은 상제님께서 어천하신 이후 **후계 사명(後繼司命)**을 맡으시어 상제님으로부터 도통(道通)을 받으시고 천하일등무당이 되시어 천하 사람의 두목으로서 최초로 교단을 개창하셨으며 **10년 신정공사(神政公事)**를 행하셔서 천지공사를 음양합덕으로 완성하신 **고법륜 수부님**을 **천지일월부모**이자 **군사부로 함께 받드는 신앙**이다.

* **건존(乾尊)** 증산께옵서 **곤존(坤尊)** 고씨에게 수부(首婦)의 법도(法度)를 정하시며 나는 서신(西神)이로다 하시고 공사를 설행(設行) 하시며 **서신이 용사(用事)는 하나 수부가 불응(不應)하면 서신도 임의(任意)로 못한다** 하시고 제반 공사를 문의(問議) 후에 행하시며 말씀하시되 **수부 치마 그늘 밖에 벗어지면 다 죽는다** 하셨도다.
(선정원경 10쪽)

* 어느 날 신정공사를 베푸실 새 고후비님께서 이와같이 말씀하시더라. **나의 근본(根本)이 일월수부(日月首婦)니라.** 천지 음양(天地陰陽) 있었으니 건곤 일월(乾坤日月) 없을소냐 일월(日月) 일월(日月) 만사지(萬事知). (선도신정경 제3장 고수부님 말씀)

* 너희들은 오직 일심으로 신봉하라. 오직 **증산 상제님과 내가 합성하여 심리한 일**이니 안심할 지니라. 너희들은 복 많은 자이니 팔 짚고 헤엄치기니라 하시니라. (선도신정경 제3장 고수부님 말씀)

상제님께서 열어놓으신 후천 상생의 세상은 건운(乾運)이 아닌 **곤운(坤運)의 세상**이며 고법륜 수부님께서는 천하 창생의 아버지이신 상제님에 대응(對應)하는 천하 창생의 어머니인 수부의 지위로서, 어머니가 아버지의 생명을 받아 잉태하여 낳아 기르듯이 10년 신정공사를 행하셔서 음양합덕으로 천지굿인 천지공사를 완성하셨다. 따라서 상제님의 천지대도 신앙은 증산 상제님과 법륜 수부님 두 분을 음양동덕, 건곤일체의 **천지일월부모님**으로 받드는 신앙이라는 사실이다.

그런데 일찍이 학암 이중성 선생은 『천지개벽경』 서문(序文)에서 장차 "정필(正筆) 정론(正論)"으로 교운의 난법(亂法) 시대를 종결하고 진법(眞法)을 바로 세우는 일꾼이 나올 것을 다음과 같이 말씀하셨다.

오호라. 그렇지만 세상에 떠도는 말들이 헛되이 전해지고 함부로 말해져서[虛傳妄說], 옳지 않은 말들이[不可言者] 많으니 한탄을 이길 수 없도다.
천운(天運)이 돌고 돌아 난법(亂法)의 운이 장차 끝나고 진법(眞法)의 운로가 새로워지면[維新], **덕이 성한 군자[盛德君子]가 그사이에 나와[出於其間]**, **올바른 붓과 올바른 이론[正筆正論]으로 반드시 알맞음을 얻어서[必得其中] 큰 덕이 더럽혀지지 않으리니[大德無瀆]**, 이리하여 대학(大學) 우경(右經) 장하지교(章下之敎)가 명명백백(明明白白)해지리라. (천지개벽경 서문)

학암 선생은 그 일꾼을 '**성덕군자(盛德君子)**' 혹은 '**정덕군자(正德君子)**'라고 칭하며 '**정필정론(正筆正論)**'을 들고나온다고 간명(簡明)하게 말씀하셨다.

학암 선생께서 말씀하신 정필정론이란 무엇을 말씀하시는 것인가?
정필(正筆)은 '바른 붓'이란 의미로 경전에 참된 말씀을 기록하는 것뿐만 아니라 기존 경전에서 조작되거나 날조된 말씀을 가려내고 골라내는 것을 의미한다. 정론(正論)은 '바른 이론'이란 의미로 상제님의 공사 말씀을 천지공사의 대의(大義) 즉, 그 공사를 행하신 상제님의 의도(意圖)에 맞게 올바르게 해석하는 것을 말한다. 이렇게 함으로써 **반드시 알맞음을 얻어서[必得其中] 상제님의 큰 덕이 더럽혀지지 않게 된다[大德無瀆]**고 하셨다.

학암 선생께서 장차 정필정론(正筆正論)의 진법 일꾼이 출현하는 것을 천지개벽경 서문에 써 놓으신 것은 무슨 특별한 예지 능력이 있어서라기보다도 대학 우경장하의 가르침에 바탕을 두고 **그런 일꾼의 출현**이 **천지공사의 한 도수**임을 뚜렷이 아신 까닭이다.

우리는 지난 100년 교운사에서 상제님께서 행하신 천지공사의 성언 성적을 기록한 여러 경전이 있음을 잘 알고 있다. 최초의 경전인 증산천사공사기와 대순전경을 비롯하여 성화진경, 용화전경, 대순진리회 전경, 정영규 천지개벽경, 이중성 천지개벽경, 증산도 도전, 태극도 선도진경 등이 그것이다. 또한 고수부님의 신정공사를 기록한 경전으로는 고부인신정기, 선정원경, 고사모신정기, 고후불전, 선도신정경 등이 있다.

이 서책들 안에 상제님과 수부님, 두 분 천지일월부모님께서 행하신 생사 판단의 천지공사가 들어있고, 새 천지를 개벽하신 온갖 공사(公事)와 도수(度數)가 들어있다. 따라서 이 서책(書冊)들을 외면하고 그 어떤 다른 곳에서 천하사의 근본이 되는 진도진법을 찾을 수는 없다.

그런데 상제님은 정필이 아닌 거짓된 말씀을 섞어 경전을 꾸미고, 정론이 아닌 그릇된 교리 해석으로 순진한 신도들을 속여서, 정신을 미혹(迷惑)하여 돈을 끌어모아 크고 화려한 건물을 짓는 등 이른바 혹세무민(惑世誣民)하는 난법 교주가 나오는 것을 환히 내다보셨다. 그들에게 일시적으로 사람과 재물을 붙여 주어 소원을 이루게 하시며, **난신(亂神) 해원(解冤) 공사**로 이화(理化)해서 난도난법 도수를 짜셨던 것이다.

* 나는 마(魔)를 천하(天下)에 풀어놓아 **난신(亂神)으로 하여금 각기 그 원하는 바를 이루어 주어** 오만 년 동안 다시는 망동(妄動)하지 못하게 하니, 분분(紛紛)한 천하의 형세가 형형색색으로 물중진(物衆塵)과 같으리니, 이것이 **난도난법(亂度亂法)**의 세상이니라.
진실은 **모든 복의 근원**이요, **거짓**은 **모든 화의 근본**이니라.
진도진법(眞度眞法)이 나와서 지기(至氣)가 운행되면 신명이 사람의 마음에 들어가 **그름[邪]과 바름[正]을 감정(鑑定)**하여 번개불에 달리니, **뼈마디가 어긋나고 심장과 쓸개가 찢어지리라.**
너희들은 힘쓸지어다. 운수는 좋지만 목 넘기기가 어려우리라.

(천지개벽경 계묘 2장)

* 어느 날 고후비님이 도인들에게 가라사대 지금의 현상으로 볼 때 차경석이나 조철제나 **각 교파의 건축물과 그에 따른 시설이 장엄화려(莊嚴華麗)하여 너희들은 마음속으로 무척 부러워하리라.**
그러나 이러한 일들은 **모두 허망(虛妄)한 꼴**이 될 것이요 오히려 **세상을 속이는 사기(詐欺)**에 불과하노라 하시고
또 가라사대 두고 보라 이다음에 **필연(必然)코 초막(草幕) 속에서 성인(聖人)이 나올 것**이니라 하시니라.
(선도신정경 제5장 택오지화 17절)

상제님과 수부님의 천지공사 말씀을 왜곡하고 조작하는 것은 진심과 양심을 가진 신앙인으로서 결코 해서는 안 되는 최악의 범죄 행위이다. 그것은 저 혼자만의 죽음이 아니라 자신이 소속한 교단과 교주가 옳은 줄만 알고 따르는 순진하고 어리석은 신도를 사지(死地)에 몰아넣는 집단 살인 행위와 같은 것이라고 말씀하셨다.

* 말씀하시기를,
대도 아래에서 **도를 어지럽히는 자[亂道者]가 있어 여러 사람이 죽는 일이 있으리라.**
가르침을 내리시니,
不知赤子入暴井(부지적자입폭정)하니
九十家眷(구십가권)이 摠沒死(총몰사)라.
어린아이가 사나운 우물에 빠지는 것을 알지 못하니,
대부분의 가솔들이 모두 죽음을 당하리라.
(천지개벽경 을사 9장)

한편, 지난 교운사(敎運史)를 뒤돌아볼 때 비록 천지공사의 성언 성적이 경전에 올바르게 기록되었더라도[正筆] 신앙인들이 자신의 입장

과 주관을 따라 상제님의 공사 의도와는 **다르게 해석**했던 것이 교운사의 엄연한 현실이었다. 이것은 이른바 정론(正論)이 안된 것인데 이로써 여러 모임이나 단체가 생겨나며 적지 않은 폐해를 가져왔다. 그런데 천지개벽경에는 후대의 신앙인들이 상제님의 말씀을 놓고 제**각각 해석을 달리**하는데 이는 **자칫 죽음의 길**이라는 걸 경계하는 공사 말씀이 실려 있어 주목된다. 1908 무신년에 행하신 이른바 '**만비일시(万非一是)' 공사**가 그것이다.

> * 하루는 대흥리에 계시더니.
> 짚으로 **인형(人形)** 하나를 만들게 하사 **머리에 침을** 가득 **꽂으시고**, 공우에게 명령하여 말씀하시기를, 버드나무 앞 **도랑에 묻으라**.
> 공우가 명을 받들어 행하니라.
> 제자가 여쭈기를, 이번에 짚 인형을 만들어 머리에 침을 많이 꽂으시고 도랑에 묻으시니 어째서입니까?
> 말씀하시기를, **그릇된 만이 옳은 하나를** 감히 **범하지 못하느니라**.
> 제자가 여쭈기를, **대도 아래**에 앞으로 **하나만 옳고 모두가 틀리는** [万非一是] 일이 있나이까?
> 말씀하시기를, **하늘의 운[天運]이라** 어찌할 수 없으니, **나의 덕이 크게 상하노라**. (천지개벽경 무신 18장)

'만비일시(万非一是)'란 만개는 틀리고 하나만 옳다는 말씀이다. 여기서 만개라고 해서 꼭 숫자 일만을 말하는 게 아니라 올바른 하나를 제외한 나머지 모든 교단 혹은 모임, 그 어떠한 개인이라도 다 포함된다.

이 공사에서 상제님은 짚으로 만든 인형(人形)으로 사람을 상징하셨고 인형의 머리에만 무수히 침을 꽂으셨다. 왜 유독 머리에만 침을 꽂으셨는가? 보통 다리가 아프면 다리에, 허리가 아프면 허리에 침을 꽂아 막혔던 기맥(氣脈)을 뚫어 치유한다. 그렇다면 상제님께서 누군가의 두통이나 뇌경색이라도 치유하시려는 것인가?

그게 아니다. '옳은 하나'를 제외한 나머지 모든 교단과 모임 및 각 개인의 교리 해석이 잘못됐거나 상제님의 공사 의도에 다가서지 못했다는 것을 비유하여 말씀하신 것이다. 이것은 오늘날 무수히 분열(分裂)되어 있는 교운의 난맥(亂脈)상을 잘 보여주는 공사라고 생각한다. 과연 지금 교운의 모습은 십인십색(十人十色), 백인백색(百人百色)으로 뿔뿔이 분열되어 있는 게 현실이다.

지난 2013 계사(癸巳)년에 시작된 '참신앙 운동' 이후 많은 도생들은 진리를 탐구하며 상제님과 수부님의 본래 공사 의도에 가깝게 다가서려고 노력하였다. 그러나 10년 세월이 지났건만 여전히 진도진법은 나오지 않고 있다. 구체적으로 들어가 보면 과거 몇몇 과도기 교단이 있을 때와는 비교가 되지 않을 정도로 다양한 교리 해석으로 분열되어 있으며 은연중 자신들의 생각과 주장이 옳다고 생각하기에 이르렀다.

그런데 이것은 무조건 개탄(慨嘆)할 현실만은 아니다. 사람은 본래 하느님조차 개입할 수 없는 독창적인 사고를 하는 존재이고 오늘날 개인주의라는 사회 현실 속에서 생각이 제각각 다른 것은 당연한 모습이다. 또한 분열의 극(極)에 가야 극즉반(極則反)하며 대통일(大統一)로 접어드는 게 자연의 섭리이기도 한 것이다.

다만 우려되는 점은 '만도귀일(萬道歸一)'이라는 대통일로 접어드는 결정적인 단계에서 **올바른 하나를 만나 자연스럽게 합류하지 못하고 이탈한다면 열매가 될 수 없다**는 것을 만비일시 공사는 암시하는 것이다.

* 말씀하시기를, 때가 오면 **한 사람이 먼저 도통을 받나니**, 이는 모든 도가 하나로 되돌아가는 하늘의 명[萬道歸一之天命]이니라.
(천지개벽경 계묘 9장)

* 또 가라사대 사람 욕심 내지 말라. **옳은 줄 하나만 추켜들면 다 오느니라.** 이로써 장광팔십리(長廣八十里)가 꼭 차느니라. **잘못된 그 날에야 제 복장을 제가 찢고 죽을 적에** 앞거리 돌멩이가 모자라리라 하시더라 하니라.
(선도신정경 제4장 11절 고수부님 말씀)

상제님의 '**만비일시(万非一是)**'와 수부님의 '**옳은 줄 하나**' 말씀에 담긴 가르침은 무엇인가?
우리들이 상제님의 도를 만나 나름대로 지극정성으로 신앙하지만 교단과 모임을 초월하여 누구나 다 구원받고 열매가 되는 것이 아니라는 사실을 암시하고 있다. 우리들이 천지공사를 행하신 강증산 상제님과 고법륜 수부님을 천지일월부모님으로 받들며 정성껏 청수를 모시고 신앙의 표상인 태을주를 열심히 읽는다고 해서 누구나 다 구원받고 후천 세상에 가는 것이 아니라는 것을 강하게 시사하는 것이다.

상제님은 박공우에게 머리에 무수히 침이 박힌 인형을 "버드나무 앞 도랑에 **묻으라**"고 명하셨다. 여기서 '묻는다'는 것은 무엇을 의미하는가? 그것은 안타깝게도 이번 개벽기에 열매가 되지 못하고 **낙엽이 되는 것**을 의미한다.

그런데 상제님은 왜 다른 제자가 아닌 유독 박공우에게 묻으라고 하셨는가? 박공우는 제자들 가운데 '만국대장(萬國大將)'이며 '신대장(神大將)'이라는 특별한 지위를 임명받았고, 다가올 **병겁 심판 때 살아남을 수 있는 유일한 법방(法方)**인 '**의통인패**'의 **제작법**을 상제님으로부터 전해 받아[傳受] 후대의 구세지인(救世之人)에게 전해주신[傳授] 분이기 때문이다. 또한 의통인패의 호신부에는 신대장을 나타내는 신장공우(神將公又)라는 박공우의 도장이 찍혀 있다는 사실이다.

여기서 상제님과 수부님을 신앙하는 우리가 꼭 알아야 할 **신앙의 대**

의(大義)와 목표(目標)를 분명히 확인하고자 한다.

상제님의 천지공사는 그 **결론**이 '**의통성업(醫統聖業)**'이라는 점이다. 상제님은 **9년 천지공사의 총결론**으로 종국에 도래할 괴질 병겁과 이를 극복하는 **태을주**와 **의통인패**를 말씀하셨다.

의통(醫統)이란 죽어가는 인류를 살려서[醫] 지구촌을 통일하여 거느린다[統]는 의미로 장차 지구촌을 휩쓸어 인류를 절멸시키는 **괴질 병겁의 펜데믹(pandemic)**을 전제로 하신 말씀이다. 천지개벽경 을사 8장의 상제님의 말씀을 읽어보면 그 괴질 병겁은 현대의학으로 치유할 수 있는 바이러스성 질병이 아니라 호역신장(虎疫神將)이라는 괴질 신명이 하늘의 명을 받고 내려와 인간의 명줄을 한순간에 거두어 가는 **신명 심판(神明審判)**이다.

여기서 사는 길은 오직 상제님께서 제작법을 알려주신 **해인(海印)**으로 특정(特定)한 부적을 만들어서 몸에 패찰(牌札)처럼 소지하고 태을주를 읽어야 한다. 이것이 곧 의통인패(醫統印牌)라는 유형의 부적(符籍)과 태을주라는 무형의 주문(呪文)이다.

천지공사의 총결론은 **태을주**와 **의통인패**로 인류를 구원하는 **의통성업**이다. 이것을 세간에서는 예로부터 부주법(符呪法) 혹은 부록파(符籙派)라고 했다.

본서(本書)에서는 필자가 증산 도문에서 가장 권위 있는 경전으로 확신하고 있는 이중성 선생의 『천지개벽경』, 증산교의 『대순전경』, 증산도 『도전』 등을 비교하고 분석하면서 서로 다른 성구는 무엇이며 어떻게 보완되는지를 살펴보고자 한다. 또한 이들 경전을 바탕으로 100년 교운사 여러 경전에서 만에 하나 말씀 날조와 조작의 의혹(疑惑)이 있다면 파헤치고 규명하며, 변형된 말씀에 근거하여 잘못 세워진 교리가 있다면 이를 낱낱이 분석하여 그것이 왜 잘못이며 본래 상제님께서 의도하셨던 천지공사의 진의(眞意)는 무엇이었는가를 알아보고자 한다.

그것은 "나의 말은 쌀에서 뉘 가리기와 같다"(재판 道典 6:11)는 상제님의 가르침을 받들어 혹여 **잘못된 말씀**과 **잘못된 교리를 가려내는 것**이며 그리하여 진도진법의 대강(大綱)을 드러내고자 하는 것이다. 상제님의 도에 진도진법(眞度眞法)은 반드시 있다. 다만 지금까지 모습을 드러내지 않았던 것은 상제님께서 천지공사로 정하신 난신해원과 난도난법의 시운(時運)으로 흘러왔던 때문이다. 그러나 이제 **갑을청룡(甲乙靑龍)**의 해로 접어들었고 **사오미(巳午未) 계명(啓明)**의 시간대를 맞이한다.

이제 진리의 태양인 증산 상제님의 천지대도가 하늘 높이 떠올라 온 세상을 비추면 모든 어둠이 사라지며, **선과 악이** 확연히 **구분**되는 때가 이르렀다고 본다. 그리하여 의통성업이라는 천하사를 천지가 주장하고[天地之主張], 음과 양, 거짓과 진실이 발각되어 여실히 드러나며[陰陽之發覺], 만물이 머리를 들어 주창(主唱)하는 때가 다다른 것이다[萬物之首唱].

그러므로 백년 교운사를 매듭짓는 결정적인 때를 맞아 뜻있는 도생들은 천지일월부모이신 상제님과 수부님의 올바른 자녀, 올바른 신하 일꾼으로 깨어날 때라고 생각한다.

본서(本書)는 기존의 경전에서 평소에 의심을 두고 살폈던 몇몇 성구 말씀의 진위(眞僞)와 잘못된 교리 의혹을 규명(糾明)하여 드러내는 것이다. 그러나 부족한 사람이 부족한 안목으로 쓴 것이기에 당연히 잘못이 있을 수 있음을 고백한다.

따라서 강호(江湖)에서 나름대로 갈고 닦은 분들의 기탄없는 조언과 충고를 기다리며 잘못된 것은 교정받아 고치고 올바른 내용은 적극적으로 받아들여 보충하려고 한다. 그동안 상제님과 수부님의 천지공사 말씀을 나름대로 연구(研究)하신 분들의 아낌없는 질책(質責)과 편달(鞭撻)을 기다린다.

이제 갑을(甲乙) 청룡(靑龍), 동청룡(東靑龍)이 비상(飛上)하는 사오미 계명의 중차대한 시간대를 맞이하여 부디 이 책과 **인연(因緣)이 닿아** 천지공사의 최종 결론인 의통성업에 몸과 마음을 함께할 천하사 동지들과의 감동적인 만남을 기대한다.

학암 이중성 선생 탄신 129주를 맞이히며
을사년 양력 5월 26일 (음력 4월 29일)
부족한 일꾼 노상균 삼가 서(序)하다

◆ 『천지개벽경』에는 이중성 선생의 천지개벽경(1946년 서문지음)과 정영규 선생의 천지개벽경(1987년 발간) 두 종류가 있다. 이 두 경전은 이름만 같을 뿐 전혀 성격이 다른 경전이다. 본문에서의 구분은 성구의 출처를 말하는 천지개벽경은 이중성 천지개벽경을 말하며, 정영규 선생의 천지개벽경인 경우에는 선생의 이름을 앞에 붙여 정영규 천지개벽경이라고 하였다.

차 례

상권 서문

part 1
100년 교운사에 판밖의 인물
학암(鶴菴) 이중성(李重盛) 선생의 기두(起頭)와
상제님의 친필(親筆) 용봉독존석가불(龍鳳(獨尊釋伽佛)
및 의통인패(醫統印牌) 전수(傳受) 이야기

1. 학암 선생이 무진년 동지에 기두(起頭)하게 된 과정(1928)
2. 차경석의 배반 발언과 청년 이중성의 당당한 꾸짖음(1929)
3. 종교 지도자로의 추대를 고사(固辭)하다
4. 상제님의 친필 **"용봉 독존석가불"**을 **전수(傳受)** 받다(1934)
5. 박공우의 **의통인패 전수(傳授)**를 고사(固辭)하다(1940)
6. 인암 박공우의 선화(仙化)와 의통인패의 행방
7. 그밖에 의통인패에 대한 몇 가지 이야기
8. 학암 선생에게 전해졌던 "용봉 독존석가불" 친필의 행방
9. 아들이 증언한 아버지 학암 선생의 일상의 삶과 정신
10. 상제님의 성골을 찾는 데 결정적인 역할을 하신 학암 선생
11. 학암 선생의 선화(仙化)와 장례(葬禮)에 얽힌 이야기(1958)
12. 학암 선생에게서 주역과 정역을 배운 탄허 스님 이야기
13. 소설『본주』에서 왜곡하고 있는 학암 선생에 대한 부분
14. 학암 선생께서 지으신 장부처세가
15. 학암 선생께서 지으신 천지일주가
----
16. 대순전경(大巡典經)과 천지개벽경(天地開闢經)의 비교

17. 그동안 세상에 나온 천지개벽경의 여러 한글 번역본
18. 천지개벽경이 출간되기까지의 과정 이야기
19. 한문 경전이라는 선입견에서 생기는 오해와 진실
20. 학암 선생이 상제님의 말씀을 조작했다는 오해와 진실
21. **천지개벽경에 담긴 판밖 소식은 무엇인가?**
22. 천지개벽경 서문이 밝히고 있는 상제님의 4가지 위격
23. 무진년 동지에 기두한 학암 이중성은 과연 누구인가?
24. 천자신과 장상신으로 상징되는 상제님 천지대도의 큰 틀

part 2
나의 증산 상제님 신앙 40여 년의 여러 단계들
[이중성 선생의 맥을 잇는 노상균의 신앙 스토리]

1. 천지대도의 큰 틀을 배웠던 30년의 세월 (1982~2011)
2. 새로운 진리 탐구를 시작하다 (2013)
3. 도목(桃木) 식수와 이중성 선생의 자제와의 만남 (2016)
4. 증산참신앙에서 돌연 제명되다 (2017)
5. 대전교도소로 전격 수감되다 (2018)
6. 상제님의 유서 해석을 통해 확인한 이윤도수와 문왕도수
7. 수인(囚人)번호 428번과 428일의 수감생활
8. 경자년 초에 풀려나다 동청룡은 자자래라 (2020)
9. 경자부터 갑신까지 5년의 세월 (2020~2024)
10. 인연 있는 일꾼들이 모여들어 의통성업을 완수한다

part 3
증산 상제님은 100년 교운공사의 큰 틀을 이렇게 짜셨다

1. 교운은 100년 동안 삼변(三變)하며 성국(成局)한다
2. 후천음양도수는 100년간 3변하는 교운의 맥을 알려 준다
3. 백의군왕 백의장상 도수란 무엇인가?
4. 상제님은 죽음의 문턱에 가셨다가 다시 살아나셨다
5. 천자신은 응했으나 장상신은 응하지 않았다
6. **왜 숙구지 자는 개가 깨어나는 공사가 나왔는가**
7. 상제님은 이윤도수로 3변교운이 열리도록 짜셨다
  [대순전경에서 변형된(초판 → 2판) 이윤도수 성구 분석]
8. 상제님은 문왕도수로 3변교운이 열리도록 짜셨다
  [증산천사공사기에 기록된 문왕도수에 대한 심층적 분석]
9. 증산 상제님이 후세에 전하신 유서(遺書) 이야기
10. 유서에 나타나는 천지 대업의 마무리 과정
11. **수부(首婦)가 3분이라는 교리의 허구(虛構)**
12. 낙종 이종 추수와 대나무 10마디의 교운공사
13. **병겁과 의통인패에 대한 천지개벽경의 말씀**
14. **이중성 선생의 신원과 사명에 대한 천지개벽경의 말씀**
15. **진도진법의 대표 일꾼에 대한 천지개벽경의 말씀**
16. 의통성업을 성취하는 12000 도통판 조직에 대한 말씀
    후천 선경 대시국의 수도에 대한 말씀
    후천 선경 대위의 계승에 대한 말씀
17. 3변교운을 낳는 2변교운에 대한 여러 경전의 말씀
18. 상제님과 수부님 말씀 공부의 순서에 대하여

part 4
증산 상제님의 말씀으로 바라본
한국 근현대사 100년 이야기

1. 일정기(日政期) 40년은 대한 겨레 갱생의 전환점
2. 대시국의 뿌리인 대한민국의 기초를 다진 지도자들
3. 정 회장의 소떼몰이 방북과 오선위기 세운 역사의 전환점
4. 100년 세운의 마무리 과정에 대한 상제님과 수부님의 말씀

상권 맺음말
사오미(巳午未)는 최종개벽이 아닌
계명(啓明)과 계몽(啓蒙)의 시간대다.

하권 서문

part 5
최초의 경전 증산천사공사기와
대순전경의 판본별 성구 변형(變形) 분석

1. 첫 경전, 『증산천사공사기(甑山天師公事記)』의 간행(1926)
2. 공사기의 한문(漢文) 서문(序文)과 번역 글
3. 공사기에 나오는 상제님의 강세에 대한 감동적인 말씀
4. 공사기에만 기록되어 있는 귀중한 성구들
5. 체계를 갖춘 첫 경전 『대순전경』 초판의 발행(1929)

6. 공사기 → **초판 대순전경 전환시 변형(變形)된 성구**
7. 무진년(1928) 동지에 있었던 동화교 개교 치성
8. 고수부님과의 통합교단과 대순전경 2판의 발간(1933)
9. 대순전경 초판 → **2판 전환시 변형(變形)된 성구**
10. **초판과 2판까지 있다가 사라진 우물과 개[狗]에 대한 성구**
11. 대순전경 2판에 처음 등장했다가 이후 사라진 성구들
12. 대순전경 초판 → **2판 전환시 변형(變形)된 이윤도수 성구**
13. **대순전경 2판은 왜 이윤도수 성구를 축소(縮小)했는가?**
14. **공사기에 기록된 문왕도수에 대한 심층적 분석**
15. 일제가 물러간 해방 이후 대순전경 3판의 발간(1947)
16. 대순전경 3판에 처음 등장하는 세운 관련 성구들
17. 대순전경 3판에 처음 등장하는 교운 관련 성구들
18. 대순전경 2판 → **3판 전환시 변형(變形)된 성구**
19. 대순전경 2판 → 3판 전환시 '지방신'이 끼어들어 간 성구 분석
20. 『대순철학』에 등장하는 또 다른 단어삽입의 사례
21. 청음, 남주가 노년에 발간한 대순전경 5판(1960)
22. 대순전경 3판 → **5판 전환시 변형(變形)된 성구**
23. 청음, 남주 생애 마지막 판본 대순전경 6판의 발간(1965)
24. 대순전경 5판 → **6판 전환시 변형(變形)된 성구**

part 6
상제님의 대두목 성구에 대한 고찰 및 분석

1. 대순전경의 대두목 성구 고찰
2. 천지개벽경의 대두목 성구 고찰
3. 대두목이 상제님의 말씀에서 차지하는 비중
4. 신앙인이 갖는 대두목에 대한 환상과 실상
5. 대두목에게 붙이신 도수와 사명

6. 태을주의 '태을천상원군'은 누구를 말하는가
7. 왜 태을주를 읽어야 하는가
8. 호신(護身) 부적(符籍)은 태일 신분증명서
9. 호신부에 등장하는 시헌(時憲) 이마두(利瑪竇) 신부님
10 고수부님께서 일꾼에게 내리신 깊은 경계의 말씀

하권 맺음말

part 1

100년 교운사에 판밖의 인물
학암(鶴菴) 이중성 선생의 기두(起頭)와
상제님의 친필(親筆)
용봉독존석가불(龍鳳獨尊釋伽佛) 및
의통인패(醫統印牌) 전수(傳受) 이야기

【여기서는 학암(鶴菴) 이중성(李重盛) 선생의 아드님이신 이인수님으로부터 전해 들은 이야기를 소개하며 내가 왜 **학암 선생께서 편술하신** **『천지개벽경』**을 순도(純度) 100%에 가까운 **진경(眞經)**이라고 판단하게 되었는가 하는 것을 말하려고 한다.

이중성 선생의 삶에 대한 1장~15장의 서술 내용은 이인수님의 증언 말씀을 바탕으로 정리한 것으로, 책으로 성편하기 전에 이인수님의 최종 감수를 받은 것이다. 그 외 16장 이후의 내용은 내가 상제님 신앙을 하면서 공부하고 깨달은 개인 소견(所見)을 서술한 것이다.

구리골[銅谷] 안동 김씨 후손들이 남긴 성화진경(聖化眞經, 일명 동곡비서)에는 다음과 같은 상제님의 말씀이 있다.

* **나의 일**은 **판밖**에 있단 말이다. **붉은 장닭** 소리치고 **판밖 소식** 들어와야 **도통판**을 알게 되고 도통판이 들어와야 **나의 일이 될 것**이다. (성화진경 24쪽)

간결한 말씀이지만 이 말씀 안에 상제님의 진도진법(眞度眞法)이 드러나는 구체적인 과정이 들어 있다. 2013년에 옛 교단에서 하산한 이후 성화진경 원문(原文)을 확인해 보니 붉은 닭이 아니라 뿔근 장닭[붉은 장닭]이었다. **장닭**이라면 여성이 아니라 **남성 일꾼**을 말한다. 그렇다면 누구를 특정하여 말씀하신 것인가? 교운사의 진실을 알고 보니 **정유(丁酉)생 학암(鶴菴) 이중성(李重盛)** 선생(1897~1958)을 말씀하신 것이고 붉은 장닭이 소리친 것은 이중성 선생이 편술하신 **『천지개벽경(天地開闢經)』**이 세상에 나온 것을 말하는 것이다. 천지개벽경 안에 일꾼들이 알고 싶어 하는 **판밖 소식**이 들어있고 이 판밖 소식이 무엇인지 구체적으로 드러나면 **12000 도통판**이 어디이며 그것이 언제 어떻게 역사 속으로 들어오는지 알 수 있다.】

『성화진경』(일명 동곡비서) 원본

22

을써서소화하시고천상밑노공사을보시고율두문자
가비결이인니라율두문자을잘살피라천상밑을모르
고지상천국로수을어이보며천상글을모르고천상공
사을엿지부칠가선생님이평소에종도와노르실격에
헌히가기진주치기노룸을하시는대다―트라하시고
서서을들고탁치시며서시가판을첫다하시고다―글
거드리시고꼿판에서시있는줄몰낫지야판안꼬수소
옴잇나꼿판에서시가나오니그만이로구나내어일은
판밧께잇단말이다뿔근장닥소리치고판박소식드르
와야도통판을알기되꼬도통판이드르와야내어일이
될곳이다경책이무르가토대도통판은어대잇솜이까

24

[원본에는 뿔근 장닭('붉은 장닭)으로 되어 있다. 붉은 장닭은 1897 정유(丁酉)생 학암 이중성 선생을 가리킨다]

1. 이중성 선생이 1928 무진년 동지에 기두(起頭)하게 된 과정

학암 이중성 선생은 1897 정유(丁酉)년 음력 4월 29일 경상도 동래군 기장면 동부리(지금의 부산시 기장군 기장면 동부리)에서 서자(庶子)이셨던 아버지 이치삼(李致三)과 어머니 박씨 부인의 3남 1녀의 장남으로 태어나셨다.

학암 선생의 어린 시절 이름은 채규(採圭) 혹은 흥수 였다고 하는데 흥수로 더욱 많이 불렀다고 한다. 한편 선생의 호는 학암(鶴菴) 말고도 수암(睡巖) 혹은 천민(天民) 등이 있으며 학암은 상제님의 도와 관련하여 불리는 호이고, 수암은 친구들과의 만남에서 불리었으며, 선생께서 천민이라는 호에 더욱 친밀감과 애착을 가지셨다고 한다.

아드님의 증언에 의하면 아버지 학암 선생은 열 살 한참 이전의 아주 어린 나이에 사서삼경(四書三經)을 뗄 정도로 총기(聰氣)가 대단했던 **천재이자 신동(神童)**이셨다. 당시 합천(陜川) 이씨 문중에서 너무도 뛰어난 인재였기에 한학에 능하신 큰아버지께서 직접 어린 조카를 챙기고 가르치셨고 자신이 더 이상 가르칠 것이 없다고 판단하고는 유능한 독선생을 모셔다가 주역을 비롯한 사서삼경을 가르쳤다고 한다. 선생의 천재성이 드러나자 큰아버지는 주위의 학문이 높으신 분들을 모셔다가 어린 조카와 주역 토론을 하게 했으며 이 과정에서 조카가 학식 있는 어른을 능가하는 것을 확인하고는 크게 기뻐하셨다고 한다. 나는 선생의 천재적인 어린 시절에 대한 증언을 듣고 나서 대순전경과 천지개벽경에 나오는 다음 말씀의 주인공이 학암 이중성 선생이 아닐까 하고 생각하게 되었다.

* 하루는 대선생께서 가르침을 내리시니,
少年才氣拔天摩(소년재기발천마)하니
手把龍泉幾歲磨(수파용천기세마)오,

石上梧桐知發響(석상오동지발향)이오
音中律呂有餘和(음중율려유여화)라,
口傳三代時書敎(구전삼대시서교)오
文起千秋道德波(문기천추도덕파)라,
皮幣已成賢士價(피폐이성현사가)하니
賈生何事怨長沙(가생하사원장사)오.
어려서 재주와 기상이 빼어나 하늘에 닿았는데,
손에 쥔 용천검을 몇 년이나 갈았던고.
돌 위의 **오동나무**도 소리를 낼 줄 아니
소리 속의 율려는 곡조가 넉넉하도다.
입으로 전해진 삼대의 시와 문장을 익히니
글로써 영원한 도덕의 물결을 일으키도다.
어진 선비의 값으로 피폐가 이미 이루어졌거늘
가생이 무슨 일로 장사에서 원망하랴.
(천지개벽경 을사 5장) [三代란 중국 고대 夏殷周]

이렇게 생각하는 이유는 선생께서 자신의 교단을 개창해서 교주로써 종교활동을 하셨던 것이 아니라 다만 천지개벽경이라는 특별한 경전을 편술하고 생을 마감하셨으며, **文起千秋道德波(문기천추도덕파)--글로써 영원한 도덕의 물결을 일으키도다, 賈生何事怨長沙(가생하사원장사)--가생이 무슨 일로 장사에서 원망하랴** 라는 말씀이 선생의 일생과 상응한다고 보기 때문이다. 이 시의 주인공으로 나오는 가생(賈生)에 대한 재판 도전의 측주 설명글에서도 영감을 받은 탓이기도 하다.

* **가생(賈生)** 전한(前漢) 문제(文帝) 때의 유명한 학자 가의(賈宜, 서기전 200~서기전 168)의 별칭, 스무 살에 박사가 될 만큼 **수재**로서 **정치론**으로 유명하다. 대신들의 시기로 장사 땅에 좌천되어 33세에 요절하였다. (재판 道典 856쪽)

학암 이중성 선생의 증언자 이인수님
(1937 ~)

[이인수님은 아버지 학암 선생의 유지를 받들어 **천지개벽경**을 서책으로 펴내셨다(초판 1992, 재판 2020). 2016년 4월 21일 처음 뵌 이후 10년 세월 동안 꾸준한 만남을 가졌는데 학암 선생의 지고지순한 신앙과 삶을 생생하게 증언해 주셨다. 특히 **상제님의 친필 용봉독존석기불**이 빅금곡 주지를 매개로 이중성 선생에게 전수되었으며, **정확한 의통인패 제작법**이 박공우 성도 → 이중성 선생으로 전수되었다는 결정적인 증언을 해 주셨다. 이인수님을 뵌 것은 내가 추진하는 신앙 혁명운동의 정확한 목표를 확인하고 일관되게 추진하는 전환점이 되었다.(사진은 2016.5.6. 두 번째 만남)]

선생은 어릴 적부터 뛰어난 언어능력으로 11세 때 기장 군수의 일본어 통역으로 발탁되었고 14세의 나이에는 경남 도지사의 일본어 통역관을 하게 되었다. 그런데 이 과정에서 민족의식에 투철한 선생은 그만 독립군에게 일경(日警)의 기밀을 넘겨주다가 발각된다. 1912년 6월에 체포되어 **1년간 옥고**를 치렀으나 끝내 연관자를 불지 않았으며 결국 미성년자라는 명목으로 풀려나왔다.

선생이 영어(囹圄)의 몸이 되어 있을 때 어머니가 기장에서 부산 형무소까지 먼 길을 오가며 아들의 옥바라지를 했는데 감옥에서 고문을 받아 피흘린 아들의 옷을 받아 갈아입히시던 어머니는 크게 애통해 하셨고 갖은 신고(辛苦) 끝에 병을 얻어 돌아가시게 되었다. 그즈음 선생은 일본으로 건너가 유학 생활[와세다 대학]을 하며 노동운동 및 나라의 주권을 되찾으려는 **독립운동**에 몰두하시게 된다.

이후 성년이 된 선생은 국내에서 독립자금을 걷어 상해 임시정부로 직접 운반하는 **죽음을 초월한 결사대(決死隊)의 대장(隊長)**을 하셨다. 선생에게는 두 명의 남동생이 있는데 모두 형님의 권고를 따라 독립운동에 투신하였다. 선생은 오로지 나라의 독립을 목표로 왕성한 활동하시던 1920년대 후반에 들어서 상해 임시정부의 **김구 주석**으로부터 새로운 지시를 받게 된다. 그것은 당시 국내의 최대 민간 조직인 보천교의 종교활동을 독립운동으로 전환시키라는 것이다.

그리하여 1927년 후반기부터 수하의 동지들과 증산 상제님에 관련한 자료를 모두 수거하여 공부하게 된다. 이때 선생은 강증산 상제님께서 하추교역기(夏秋交易期)에 인간으로 강세하여 후천 5만년 새 천지를 개창하는 천지공사를 행하신 조화주 하느님이며 미륵불이심을 깨닫게 되었다고 한다. 그러니까 선생은 어느 누구로부터 상제님의 대도를 전해 받아서 알게 된 것이 아니라는 것이다.

이때 선생은 조선이 일제(日帝)에 넘어간 것은 강증산 상제님의 원대한 천지공사의 일환(一環)이라는 것을 알게 되었고 그 후 독립운동을 과감하게 접고 증산 상제님의 열렬한 신앙인으로 변모하게 되었다고 아드님은 증언하였다. 그렇다고 선생이 일제로부터의 독립의 꿈을 저버린 것은 아니었다고 한다. 독립운동의 일선에서 손을 뗀 것이었을 뿐 일제로부어 나라를 되찾는 것은 이 땅의 백성과 국민의 한 사람으로서 당연한 의무라고 생각하셨다고 한다.

그런데 학암 선생께서 증산 상제님을 확신하게 된 것에는 단지 보천교와 관련한 각종 서책과 자료를 통한 깨달음만이 아니었음을 아드님은 증언하였다. 그것은 학암 선생에게 어떤 특별한 **영적인 체험**이 있었다는 것이고 선생은 생전에 이를 자식인 이인수님에게 들려주었다고 하셨다.

학암 선생은 아주 어린 시절 사촌 형들과 물가로 물놀이를 갔는데 물놀이 도중에 조선시대의 갓을 쓰신 어떤 어른이 자신을 내려다보는 모습을 보았다는 것이다. 어린 학암 선생은 이상히 여기어 사촌 형들에게 저기서 바라보시는 저분이 누구인지를 물었지만 사촌 형들의 눈에는 그분의 모습이 보이질 않는 혼자만의 신비한 체험이었다.

학암 선생은 10대에 일경에 체포되어 감옥생활을 마치고 나온 이후 일본으로 건너가서 유학 생활을 하는 초기에 어머니가 위독하다는 소식을 듣고는 급히 귀국하게 되었다. 와서 보니 어머니의 병세는 과연 위중하였고 주변의 분들로부터 잉어를 잡아서 달여 드시면 살아날 수 있다는 말을 듣게 된다. 그런데 계절은 엄동설한이고 주변의 물가는 모두 얼어붙은 한 겨울이었다.

효심이 깊은 선생은 어머니를 살리려는 간절한 마음으로 잉어를 잡으러 큰 망치를 들고 꽁꽁 얼어붙은 강가로 갔으나 과연 어디에서 무슨 재주로 잉어를 잡는단 말인가. 그런데 그때 어린 시절 보았던 그 갓을 쓰신 어른이 나타나더니 한 곳을 가리키며 저곳의 얼음을 깨라고 했다는 것이다. 선생이 그곳의 얼음을 깨니 과연 잉어 2마리가 튀어나왔다는 것이다. 선생은 너무도 기뻤고 이를 달여서 어머니가 드시게 하니 마침내 사경을 벗어나게 되었다는 것이다.

이러한 체험은 영원히 잊을 수 없는 선생만의 개인적인 영적 체험이다. 선생은 당시 갓을 쓰고 나타나신 그 어른을 임진왜란 때에 고향 기장에서 포의(布衣)의 신분으로 왜적을 물리치기 위해 의병으로 활동하신 6대조 할아버지로 생각하였다고 한다. 고향 기장에 가면 합천 이씨 사당과 함께 당시 사용하셨던 긴 칼이 보관되어 있다고 말씀하셨다는 것이다. 학암 선생은 어린 시절의 물놀이와 어머니의 위중한 병환에서 현시(顯示)하신 갓을 쓴 그 분을 6대조 할아버지라고 생각하였다는 것이다.

그런데 선생은 장성하여 국내의 독립자금을 걷어 상해로 보내는 목숨을 건 독립운동을 하면서 숱한 사선을 넘었고 드디어 30대 초반에 이르러 증산 상제님의 천지대도를 만나게 되었다. 선생은 상제님의 후천 5만년 무극대도 진리에 눈을 뜨면서 어린 시절과 10대 때 갓을 쓰고 나타나셨던 그 분은 6대조 할아버지가 아니라 1871년 이 땅에 인간으로 강세하셨던 증산 상제님이었음을 깨닫게 되었다는 것이다.

이후부터 학암 선생은 상제님께서 언제 어디서든지 자신의 일거수 일투족을 내려다보고 계심을 자각하며 사셨다고 한다. 또한 선생은 자신이 상제님의 대도를 만나게 된 것과 상제님의 천지대도를 창명(彰明)하는 신앙의 길을 걷는 것이 스스로에게 주어진 어떤 운명이었음을 깨달으셨다는 것이다. 선생에게 이러한 뚜렷한 영적 체험이 있었기에 상제님께서 언제나 함께하고 계시다는 것을 한시도 잊지 않고 삶을 사셨다고 아드님은 증언하였다.

한편 1928년 무렵의 차경석의 보천교는 새로운 인재를 영입하고자 찾고 있었는데 대구에 있던 보천교의 큰 지부를 통해 영남(嶺南)권에 이중성이라는 출중(出衆)한 인물이 있음이 보고되었다. 당시 선생은 6개 국어를 자유자재로 구사하며 구학(舊學)과 신학(新學)에 밝은 보기 드문 인재이셨다. 드디어 **1928 무진(戊辰)년 동지(冬至)**에 대치성에 참석하고 약속된 차교주와의 만남을 위해 열차를 타고 정읍으로 오시게 된다. 바로 이날이 선생께서 상제님의 도문에 성명(姓名)과 얼굴을 알리며 들어오신 날이다.

그러나 당일 치성 직후 기대했던 차교주와의 만남은 불발되었다. 대신 60방주를 비롯한 많은 간부들에게 둘러싸여 각종 질문을 받고 대답하는 일종의 테스트 과정이 있었다. 그런데 그 후에도 차교주의 면대(面對)는 이루어지지 않았고 대신에 보천교 간부들과의 만남과 대화만이 이어졌다.

드디어 두 달 후 1929 기사년 초에 모든 간부들이 모인 자리에서 차교주를 보게 되었다. 그날 자리에 앉은 차경석의 형상은 마치 용상에 앉은 임금의 좌우에 시녀가 부채를 들고 모시는 모습이었고 60방주 등 간부들은 조정의 고관대작이 옹위하듯 진용을 한 자리였다. 이날 각종 질문을 받은 이중성 선생은 위축되지 않고 당당하게 당시 1차 세계대전 이후의 동북아와 세계가 돌아가는 정세를 현하지변(懸河之辯)으로 논하였고, 좌중을 압도하는 열정적인 식견과 지혜를 쏟아내셨다고 하며 이를 들은 차교주는 한마디도 입을 열지 않았다고 한다. 그리고 그날 저녁에 드디어 **차교주와 독대(獨對)**가 이루어지게 되었는데 이때 선생의 학식과 인품과 외모에 흠뻑 반한 차교주는 자신의 딸을 보여주며 **사위가 될 것을 권유**하였다.

선생은 보천교가 상해 임시정부를 지원한다면 허락하겠다고 했으나 차경석은 일제의 삼엄한 감시가 있고 보천교의 존립을 위해서 이를 받아들일 수 없다고 대답했다. 이로써 차경석의 사위가 되는 일은 이루어지지 않았으나 선생께서 얼마나 **중요한 인물**로 대접받았는지를 짐작하게 한다. 이후 차경석은 학암 선생을 보천교의 외무(外務)를 관장하는 수호사장(修好司長)이라는 중책을 맡겨 일을 하게 하였다.

2. 차경석의 배반 발언과 청년 이중성의 당당한 꾸짖음 (1929)

1929 **기사(己巳)년 기사월 기사일 기사시**에 정읍 보천교 본소에서는 큰 행사가 있었다. 이 당시 보천교 신도들은 십일전(十一殿)의 건립과 더불어 천상의 증산 상제님께서 지상에 내려와서 십일전의 보좌에 앉아 고대하던 후천 세상이 열린다는 열망을 갖고 있었다. 그래서 아낌없이 성금을 내고 성전의 완공을 기다려 온 터였다. 그날 많은 간부 신도들이 모여들어 인산인해를 이루었다.

그런데 이날 차경석은 모여든 신도들의 기대와는 상반되는 전혀 다른 발언을 하였다. 그것은 이미 일년 전 무진년 봄부터 주변의 간부들에게 조금씩 얘기했던 것인데, 차경석의 처가 영적 체험한 것을 바탕으로 한 얘기였다. 경석의 처가 영안이 열려 보니까 하늘의 구천 상제께서 강증산을 지상에 내려보냈더니 혹세무민하는 일만 하였다고 하며 쫓아냈고 그 자리에 경석의 부친인 차치구를 앉혔다는 것이다.

따라서 지상에서는 **차경석이 십일전의 보좌에 앉아 교단을 이끌겠다**는 것과 그동안 이끌어 온 신앙 노선을 수정하여 **더 이상 강증산 대선생을 신앙하지 않고 태을주를 읽지 않으며 유교식 교단으로 행로를 바꾼다**는 천만뜻밖의 내용이었다. 한마디로 차경석은 증산 상제님을 배반하는 노골적인 선언을 한 것이다. 일찍이 차경석의 이러한 배신과 배반 행위를 내다보신 것이 천지개벽경에 다음과 같이 실려 있다.

* 하루는 대흥리에 계시더니, **경석과 광찬 두 사람**이 명을 받고 마

당 앞에 꿇어 엎드려 가르침을 기다리니라.
공우와 윤경 두 사람에게 명하사
말씀하시기를, 너는 큰 몽둥이를 잡고 경석과 광찬의 왼편에 서고, 너는 큰 칼을 들고 경석과 광찬의 오른쪽에 서라.
명령을 마치시자 마루 위에 바로 앉으시더니 엄히 물어
말씀하시기를, 내가 천하사를 위해 장차 떠나게 되나니, 다녀오는 동안에 시간이 걸리느니라.
너희 두 사람은 내가 없을 때 감히 변심하여 나를 배반하겠느냐?
두 사람이 대답하기를, 어찌 감히 변심(變心)하며, 어찌 감히 배은(背恩)하리이까? 천지와 같은 은덕을 임금으로 모시고 스승으로 섬기오리니[戴君事師], 이런 잘못은 저지르는 일이 없을 것임을 맹세하나이다.
말씀하시기를, 경석아. 광찬아.
천지대운(天地大運)에 나는 영화를 얻고 너희들이 망하면 내 마음이 즐겁겠느냐? 삼가고 삼가라.
만약 너희 두 사람이 배은망덕하는 일이 있으면, 이 몽둥이로 너희들의 머리를 부수고, 이 칼로 너희들의 배를 가르리라.
훈계를 마치시매 담배를 마루 위에 던지시고 **길게 탄식**하시며
말씀하시기를, **팔자대로 이루어라.**
제자가 여쭈기를, **두 사람이 앞으로 배은망덕한 짓을 하오리까?**
말씀하시기를, **앞으로 경석이 의롭지 못한 일을 하거든[爲不義] 너희들은 가까이하지 말라.** (천지개벽경 무신 18장)

이날 행사장으로 들어가는 다섯 개의 문에는 신도들의 반발에 대비하여 건장한 자들이 몽둥이를 숨겨 들고 삼엄하게 지키고 있었다. 차경석의 상제님에 대한 신앙 배신 발언이 있자 장내 분위기는 황당함과 큰 실망감으로 바뀌었다. 당시 정읍에는 다가올 후천개벽과 강증산 상제님께서 내려와 십일전의 보좌에 앉아 새 왕조가 세워질 것을 바라며 모든 재산을 정리하고 몰려든 많은 신도들이 있었다. 그들의 마

음에서 느닷없이 강증산 상제님을 배제하는 것은 도저히 상상조차 할 수 없는 청천벽력이었다.

차경석의 배신 발언이 있은 뒤 **청년 이중성이 갑자기 일어났다**. 순간 장내는 짧은 순간 무거운 침묵과 함께 강한 긴장감이 엄습했다. 당당하게 일어선 이중성은 차경석을 쏘아보며 크고 강렬한 음성으로 소리 높여 외쳤다.

"**차경석, 이 역적놈아~** 네놈이 어찌 감히 강증산 상제님을 배반하고 여기 모인 수많은 신도들의 간절한 신앙을 져버린단 말이냐. 우리가 여기 정읍에 온 것은 오로지 강증산 상제님을 믿고 후천 선경을 이루고자 하는 것이거늘 지금에 와서 상제님께 등을 돌리고 배반하는 **차경석 네놈이야말로 천만고에 다시 없을 역적놈이로다.**"

키 180이 넘는 건장한 청년 이중성의 입에서 대호(大虎)가 포효(咆哮)하듯 터져 나온 이 꾸짖음은 장내에 쩡쩡 울려 나갔다. 예상치 않던 청년 이중성의 질책(叱責)을 들은 차경석은 순간 움찔했으며 행사장을 가득 메운 신도들도 깜짝 놀라지 않을 수 없었다. 물론 그것은 당연한 꾸짖음이었고 누구나 공감하는 통쾌한 일갈(一喝)이었으나 감히 차경석의 면전(面前)에서 외친다는 것은 누구나 쉽게 할 수 있는 행동이 아니었다. 짧은 순간 놀라움과 긴장감이 장내를 뒤덮었다. 그런데 그 순간 갑자기 또 한 사람이 벌떡 일어나 이중성 선생 곁에 바짝 서더니 큰 소리로 외쳤다. 그는 60방주 가운데 **소만(小滿) 방주인 이두용 선생**이었다.

"여러분!! 나도 이중성 선생의 말씀에 절대적으로 찬성하는 바입니다. 우리가 고향을 버리고 여기 정읍에 온 것은 오로지 강증산 상제님의 후천개벽을 믿어서 온 것이지 차교주와 그 아버지 차치구를 믿어서 온 것이 아니올시다. 여러분 아니 그렇소! 지금 와서 저렇게 말하는 차교주의 발언을 도저히 받아들일 수 없습니다."

순간 장내는 또 한 번 충격에 휩싸였다. 청년 이중성의 뒤를 이어 소만 방주 이두용 선생이 가세하니 분위기는 바뀌며 한껏 격앙(激昂)되었다. 소만주 이두용 선생은 경남 거창 출신으로 강증산 상제님의 개벽 진리를 믿어 3천석 하는 농사 땅을 석 달이라는 빠른 시간 안에 처분하고 가솔들을 데리고 정읍으로 오신 분이다. 그는 노령이었고 주위의 인망이 높은 분이었는데 이중성과 마찬가지로 죽음을 각오하고 일어나서 당당하게 외친 것이다.

순간적으로 벌어진 이 일련의 사태를 당하고 지켜보던 차경석은 어떠한 조처도 취하지 못하고 멈칫거렸다. 그런데 그 순간 마음속에 울분과 배신감을 참지 못하고 있던 여방주 열댓 명이 동시에 우르르 일어나더니 이중성과 이두용 두 사람의 뒤에 서서 큰 소리로 외치기 시작했다. 당시 보천교에는 여자 60방주 조직이 있었다.

"두 분 선생님 말씀이 옳습니다. 여러분, 우리 증산 상제님 신앙을 지킵시다!!"

여방주들은 동시다발로 격하게 분노와 울분을 토로하였다. 그러자 장내는 큰 소용돌이 속으로 빠져들었다. 청년 이중성 한 사람의 반발로 끝났다면 곧바로 정신을 차린 차경석의 지시에 따라 건장한 자들이 들어와서 선생을 끌어내는 것으로 마감되었을지도 모른다. 그러나 차경석의 상제님에 대한 배신 발언은 그렇게 간단한 것이 아니라 많은 신앙인들의 분노와 반발을 가져오기에 충분한 것이었다. 이날 모임은 차경석의 노골적인 신앙 배신행위에 대한 반발과 이를 저지하려는 양쪽 세력 간의 격렬한 대치 속에 크고 작은 몸싸움과 소동(騷動)이 있으면서 흐지부지되고 말았다. 그리고 차경석의 상제님 배신행위에 격분한 사람들의 자연스런 결집을 가져오게 되었다.

◆ 이정립의 『증산교사』에서 나타나고 있는 1929 기사년 기사월 기사일의 보천교 십일전 봉안식 불발 사건의 흔적

이인수님이 증언한 기사년 기사월 기사일에 있었던 차경석의 십일전 봉안식 불발 사건은 남주 이정립 선생이 저술한 『증산교사』에서도 흔적을 찾아볼 수 있다. 다음의 구절이다.

* 무진년(1928) 정월에 경석은 간부들을 소집하여 종래로 표방하여 오던 해원 상생의 교의를 폐기하고 새로운 교의 체계를 세운다는 설법을 행하였다.(중략)
또 종래의 신앙 대상이었던 **증산 천사를 배반**하여 버리고 삼황오제의 권화(權化)인 망부(亡父) **차지구의 신(神)을 신앙 대상으로** 할 것과 천사의 탄생절 9월 19일, 화천절인 6월 24일을 치성일에서 제외할 것은 선언하고 또 성전에서 약장(藥藏)을 끌어내어 창고에 버려두고 정월초일일, 정월초삼일, 춘분, 하지, 8월 15일, 추분, 동지의 7대 치성일을 지정하였다. 이것은 경석의 아내 이씨가 영안(靈眼)으로 성전에서 치성날 천사께서 삼황오제신에게 쫓겨난 광경과 삼황오제신은 곧 차치구인 것을 보았다는 말을 깊이 믿고 행한 선언이었다. 이 선언을 들은 간부들 중에 소만 방주 이용두, 한로 방주 이중창, **수호사원(修好司員) 이중성(李重盛) 등이 격렬히 항론(抗論)하고** 이로부터 불평을 품어 혁신 운동을 준비하였다.
(제20장 보천교 혁신운동 121~122쪽)

* 기사년에 대건축이 완성됨에 경석은 삼월 열여샛날 낙성식과 성전 봉안식을 거행하기로 결정하니 이것은 서전 서문 끝 문구를 맞추려는 것이었다. 작년 가을부터 세간에서는 기사 삼월 기망(旣望)에 경석이 등극식을 거행한다는 풍설이 전파되어 전국 각지에서

> 대흥리와 부근 각 동으로 이주한 신도가 오륙천호에 달하였다. (123쪽)
>
> * 경석은 이에 봉안식을 4월로 연기하여 **기사년 기사월 기사일**에 비밀히 거행하여 체면을 닦으려 하다가 또한 경찰에게 들켜서 금지를 당하였다. (125쪽)
>
> 이상의 기술에서 이인수님의 증언과 일치하는 내용을 확인할 수 있다. 다만 1928~1929 무진 기사년 당시는 이미 이상호 이정립 형제가 보천교에서 제명되어 나왔던 시절이라 보천교의 내부 돌아가는 상황을 자세히 알 수 없었던 시기다. 이정립은 이중성과 이용두(←이두용)의 항거를 1928년 사건으로 기술하고 있으나 이숭성 선생이 정읍에 온 것은 1928년 동지였기에 시간 구분을 잘 못하고 기술한 것으로 보인다. 소만 방주 이두용 선생의 이름도 이용두라고 잘못 기술하고 있다.(이두용은 자손들의 증언이다) 내용 중에 **기사년 기사월 기사일**이라는 문구도 보인다. 이정립 선생이 증산교사를 저술한 것은 한참 훗날의 일이므로 시간 순서에 다소간의 착오가 있을 수 있다고 본다.

3. 종교 지도자로의 추대를 고사(固辭)하다

그날 밤 젊은 학암 선생의 집에는 차경석의 배신행위에 분노하며 상제님 신앙을 지키고자 하는 사람들이 모여들었다. 그들은 학암 선생을 설득하였다. 그것은 학암 선생을 상제님 신앙을 지키는 모임의 지도자로 모시겠으니 앞장서 달라는 것이다.

그런데 학암 선생은 그들의 요구에 부응하지 않았다. 당시 학암은 비록 신구학문에 밝고 가슴속에는 그 누구보다도 열렬한 상제님에 대한 신앙심으로 가득 차 있었으나 신앙 연륜(年輪)이 일천(日淺)한 33살의 청년이었고, 무엇보다도 어떤 신앙단체의 지도자나 교주가 될 생각은 전혀 없었기 때문이다. **젊은 학암**은 **정중히 거절**하였다.

매일 밤 추종자들이 모여들어 학암 선생의 마음을 돌리고자 하였다. 그러나 선생의 마음은 흔들리지 않았다. 그러던 어느 날 선생은 돌연 고향인 동래군 기장면 동부리로 남모르게 피신하게 된다.

선생이 얼마 후에 다시 정읍으로 돌아오자 또다시 추종자들이 찾아왔고 이번에는 **일제(日帝) 경관(警官)**들이 **함께 가세**하여 학암 선생을 설득하였다. 일경의 얘기는 자신들도 힘을 보태 학암 선생을 보천교의 새 교주로 추대하고 차경석은 만주로 보내서 처리하겠다는 것이다.

보천교의 조직과 교리[정신세계]는 학암 선생이 맡고 치안유지와 재정 운영은 일경이 맡겠다는 것으로 보천교를 일경과 학암 선생이 함께 관리하자는 것이다. 항일 독립운동의 결사대장을 하시던 학암 선생이 민족종교 보천교를 손에 넣으려는 일제의 계략에 넘어갈 리 만무했다. 며칠을 시달리던 선생은 돌연 아무도 모르게 서울 근교의 과거 독립운동하던 관악산 아래 비밀 아지트로 몸을 감추었다.

선생이 사람들의 이목을 피해 비운 사이 차경석 측은 교단을 철저히 유교식으로 바꾸게 된다. 정읍에서 **태을주 읽는 것**이 **금지**되고 상제님을 신앙하려는 사람들을 밖으로 쫓아내었다.

몇 개월 후 선생이 돌아왔을 때 이미 정읍은 강증산 상제님을 신앙하던 옛날의 모습이 아니었다. 태을주 소리는 한 구절도 울려 나오지 않았고 학암 선생의 집에는 외부인의 출입이 금지되는 새끼 줄이 쳐져 있었다.

학암 선생은 자신이 정읍을 찾아오던 한해 전 무진년 동짓날을 상기하였다. 그날 정읍으로 오던 열차에서는 태을주를 읽는 신도들의 웅장한 합송 소리에 묻혀서 기차의 기적(汽笛)소리마저 들리지 않을 정도였다. 정읍에 도착하자 보천교를 상징하는 우물 정(井)자 기(旗) 수만 개가 펄럭이고 있었다. 여기저기 도인의 집에서는 태을주를 읽는 소리가 사방에서 들려왔고 상제님 신앙의 밝은 기운으로 가득 차서 활력이 넘쳤다. 그런데 불과 1년도 안 되어 모든 상황이 완전히 바뀌어 버린 것이다.

선생은 상제님 신앙에 큰 위기감을 느꼈다. 선생이 처음부터 천지개벽경이라는 경전을 편찬하고자 뜻을 세운 것이 아니었다. 선생의 생각에 이렇듯 상황이 급변하는 것을 보니 자칫하다간 조화주 하느님이신 증산 상제님께서 인간으로 오셔서 전대미문(前代未聞)의 천지공사를 행하신 행적과 자료가 사라질 수도 있으며 이것만은 막아야 하지 않겠는가 하는 신앙의 위기감이 대두되었다. 선생은 더 늦기 전에 살아계신 제자들을 만나 상제님의 성언(聖言) 성적(聖蹟)과 천지공사의 관련 자료들을 모아 놓아야 함을 절감하게 되었다.

그리하여 해가 바뀌어 **1930 경오(庚午)년**이 되자 맨 먼저 구리골로 수석 제자인 **김형렬 성도를 찾아가게 된다**. 차경석의 신앙 배신과 신로 변경 사건에서 뜻밖에 젊은 청년 이중성이 당당하게 일어나 차경석을 향해 역적놈이라고 외치며 상제님 신앙을 지키고자 했던 놀라운 소식은 당시 전라도 일대의 증산 상제님 신앙사회에 큰 반향을 일으키며 퍼져나갔고, 상제님을 따르던 생전의 제자들에게도 차츰 알려져 있었다. 김형렬 성도가 자신을 찾아온 청년 이중성을 크게 환대한 것은 말할 나위가 없다. 그 후 학암은 살아계신 제자들을 방문하여 천지공사의 재료 수집하는 일에 전념하게 된다.

학암 선생이 제자들을 찾아가서 재료 수집의 의사를 밝혔을 때 모두 크게 환대(歡待)했으며 자신들이 상제님을 모시고 천지공사에 수종 든 일들을 생생하게 증언해 주었다고 한다. 아드님의 증언에 의하면 아버지를 가장 환대하고 모든 증언을 아낌없이 해 주었던 분이 김형렬과 박공우 성도라고 했다. 천지개벽경에 김형렬과 박공우 두 분의 이름이 가장 많이 나온다.

한편 아버지가 가장 많이 찾아 뵙고 증언을 들었던 제자가 안내성 성도였다고 한다. 그러나 천지개벽경에는 안내성 성도의 증언이 가장 적게 들어갔다고 했다. 왜냐하면 아버지의 경전 편술 방법은 제자가 증언한 내용을 곧바로 경전에 싣는 것이 아니라 그 공사에 참여한 다른 제자들의 증언을 최대한 듣고서 객관적인 일치가 있을 때 성구화 했다는 것이다. 안내성 성도가 많은 증언을 했지만 그 공사에 참여했던 다른 제자들이 같은 증언을 하지 않았기에 여러 내용들이 성구 말씀으로 들어가지 않았다는 것이다.

4. 상제님의 친필 "용봉 독존석가불"을 전수(傳受) 받다 (1934)

젊은 학암은 상제님께서 천지공사의 증언자로 내세운 김형렬과 박공우 두 분은 물론 여러 제자들을 찾아가 천지공사의 관련 재료를 수집하는 일에 전념한다. 이들로부터 천지공사의 생생하고도 구체적인 내용을 전해 들으면서 신앙심은 깊어지고 상제님을 향한 경외(敬畏)의 마음은 더욱 두터워진다.

이 당시 수석 제자였던 김형렬은 말년의 노년이었는데 젊은 학암에게 자신이 상제님을 모시고 천지공사에 수종들은 많은 내용을 전수하고는 3년 뒤 1932 임신(壬申)년에 선화(仙化)하였다.

천지개벽경을 보면 영평지결(계묘편 9장), 토정지결(을사편 4장), 무학지결(을사편 5장) 등 대순전경 등에는 전혀 나오지 않는 상제님과 제자의 비결 문답 등이 나오는데 이는 모두 김형렬 성도의 증언으로 보인다. 상제님의 제자 가운데 한문에 능한 분으로는 김형렬, 김광찬, 문공신 등이 있는데 평소에 이러한 비결을 공부하였고 기회가 되었을 때 상제님께 여쭙고 답을 받아 이를 후대에 전할 수 있는 분은 김형렬 성도라고 보여진다. 한편 학암의 학문이 신구학에 밝고 이미 어린 나이에 사서삼경을 독파하여 꿰뚫고 특히 주역과 정역에 통달한 학식을 가지고 있었기에 가능한 것이었다.

천지공사의 재료 수집을 시작하던 1930 경오(庚午)년에 학암의 아내는 첫째 딸 옥수(玉壽)를 낳았다. 해가 흘러 **1934 갑술(甲戌)년**이 되었을 때 오로지 천지공사에 대한 재료 수집과 말씀 공부에 전념하던 학암에게 하나의 서광(曙光)이 비쳐온다. 그것은 **상제님의 친필(親筆)을 전수(傳受)**한 감격스러운 일과 상제님의 후계사명(後繼司命) 계승자이신 **고수부님을 뵙게 되는 순간**이었다.

이때 학암은 인암 박공우 성도와 아주 가까운 사이가 되어 있었다. 박공우는 1876 병자(丙子)생으로 학암보다는 21살 연장이었으나 감히 나이 어린 학암에게 말을 놓지 못하고 이 선생이라 칭하며 서로 양존(兩尊)하며 존대말을 하였다고 한다. 박공우는 상제님 생전에 다음과 같은 가르침을 받았기 때문으로 보인다.

  * 하루는 말씀하시기를, 공우야
  비록 **나이가 적은 사람**이라도 지위가 너보다 높고, 덕이 너보다 높거든 만날 적에 **반드시 공경하라**.
  하루는 말씀하시기를, 공우야
  때가 와서 **한 사람**이 허락하지 않으면, 너희들은 내가 있는 곳에 함부로 들어오지 못하노라.
  (천지개벽경 정미편 8장)

1934 갑술(甲戌)년에 **박공우**의 **주창(主唱)**으로 대원사 수왕암에서 진법주 도통 수련 공부가 있게 된다. 상제님께서 어천하신지 이미 20년이 훨쩍 넘었고 제자들의 나이 또한 말년으로 가고 있었기에 더 늦기 전에 도통 공부를 한번 해 보자는 취지였다.

이 수련 공부에 필요한 제물비 등 일체의 **경비 조달**은 **이중성**이 맡았다. 이중성은 과거 독립자금을 모을 때 깊은 친분이 있던 안악의 강홍량, 공주의 김갑순, 광주의 현준호 등에게서 2만원을 희사받아 3천원은 생활이 어려운 제자분들에게 드리고 7천원은 미륵불교에 주고 나머지는 정성 공부의 비용으로 전액을 쓰게 된다.

가을에 있을 본 정성 공부에 앞서 박공우를 비롯한 김경학, 김영학 등 참여 제자들과 관련자들이 **대원사 법당**에서 **사전 모임**을 하며 계획을 의논하고 있을 때다. 당시 대원사 주지는 박금곡이다. 그날 금곡 주지는 비단 보자기에 무엇을 싸서 제자들이 있는 곳으로 다가왔고 참석자들을 쭈욱 살펴보고 둘러보면서 이중성 앞으로 왔다. 그리고 이중성의 신원을 확인하고는 비단으로 싼 것을 앞에 놓고 정중하게 두 번 절하였다. 순간 함께 있던 사람들의 시선이 쏠렸다. 깜짝 놀란 학암 선생은 이것이 무엇이며 왜 내 앞에 놓고 절을 하느냐고 여쭈었다. 금곡 주지는 이를 펼쳐 보이며 말하였다.

"지금부터 31년 전 1903 계묘(癸卯)년 4월 11일 금산사 청련암에서 대선생님을 모시고 하룻밤을 자면서 가르침을 받았는데 새벽에 이 친필을 써 주시며 앞으로 나의 제자들이 도통 공부를 한다고 모일 때가 있는데 그때 신원을 확인하고 전하라고 하셨습니다."

친필(親筆)은 가로 35센티 세로 45센티 정도 크기의 종이에 **용봉 독존석가불(龍鳳 獨尊釋伽佛)**이라고 쓰여있었다. 그런데 이중성은 선뜻 받지를 않고 정중히 사양(辭讓)하였다.

상제님께서 이중성에게 전하신
용봉독존석가불 친필 (1934 갑술년)

"주지 스님, 저는 감히 대선생님의 친필을 받을 수가 없습니다. 이 자리에 대선생님을 직접 모셨던 박공우 선생님을 비롯한 여러 제자 분들이 계신데, 그분들이 받아야 마땅하거늘 어찌 제가 받을 수 있겠습니까."

그러자 금곡 주지는 부드럽고도 단호하게 말하였다.

"나는 단지 대선생님의 심부름을 하는 사람일 뿐이고 받아야 할 분은 다른 누구도 아닌 바로 이중성 당신이시니 사양 말고 받으시길 바라오."

라고 하면서 자리를 떴다. 학암은 너무도 겸손하고 신중한 사람이었다. 이렇게 해서 상제님의 친필 용봉 독존석가불은 박금곡을 매개로 하여 학암 이중성에게 전수(傳授) 되었다.

과연 이중성은 누구인가? 용봉 독존석가불은 무엇을 뜻하며 왜 상제님께서는 이 친필을 한 세대를 뛰어넘어 이중성에게 전하라고 하셨던 것일까? 과연 상제님의 어천 이후에 이처럼 친필 유품을 전해 받은 사람이 그 누가 있었던가?

그해 가을 수왕암에서는 계획대로 진법주 수련 공부가 진행되었고, 이때 둘째 딸 용수(龍壽)를 낳은 학암의 아내도 함께 수련 법석에 참석하였다. 수련 막바지에 김경학, 김영학이 오성산에 계신 고수부님을 찾아가 상제님의 꿈 이야기를 말씀드리며 직접 왕림하셔서 수련 공부를 주재해 달라고 요청하였다.

당시 수부님께서 선화하시기 1년 전의 일이다. **수부님은 이를 허락하시고 수왕암으로 왕림하셔서 사흘간 수련 법석을 주재하셨는데 이때 학암은 고수부님을 생애 처음이자 마지막으로 가까이서 뵙게 된 것으**

로 보인다. 천지개벽경에는 수부님의 호칭을 고씨사모(高氏師母)님으로 기록하고 있는데 대순전경과는 다르게 고수부님과 관련한 공사가 상대적으로 적고 몇 개 공사만 수록되어 있다.

이것은 학암 선생께서는 고수부님에 대한 인식이 안 되어 있고 그로 인해 재료 수집이 빈약했음을 의미한다. 천지개벽경에는 수부(首婦)라는 단어는 등장하지 않는다. 천지개벽경에 수록된 고수부님과 관련한 공사에는 다음 공사가 있다.

> * 무신년 겨울에 대흥리에 계시더니, 이날 명에 따라 제자들이 버드나무 아래 자리를 마련하여 고씨 사모께서는 춤을 추시고, 대선생께서는 몸소 장단을 맞추시니라.
> 말씀하시기를, **나는 천하의 재인(才人)이 되고 그대는 천하의 무당(巫黨)**이 되라. 나는 **천하의 큰 굿**을 하노니, 천하 만세에 억조 백성의 복을 구하노라.
> 제자가 여쭈기를, 오늘 고씨 사모께 춤추게 하시고 몸소 장단을 맞추시니, 보고 듣는 사람들이 모두 이상히 여기나이다.
> 말씀하시기를, **천지의 일을 사람이 어찌 알겠느냐?**
> 천지의 대운이 열림에 모든 신명이 기뻐 춤추고, 만세의 백성들이 모두 그 복을 누리면, 하늘과 땅과 사람과 신명이 모두 나의 노고를 감동하여 장차 노래하고 기리리라.
> **세상에서 무당(無黨) 무당(無黨)하여 당(黨)이 없는 것이 좋다고 하나니, 천지의 무당(巫黨)을 따르면 천하에서도 가장 좋으리라.**
> (천지개벽경 무신 19장)

5. 박공우의 의통인패 전수(傳授)를 고사(固辭)하다 (1940)

세월은 상제님의 천지공사를 따라 동양과 서양에서 큰 전쟁을 치르며 무정하게 흘렀다. 당시는 상제님께서 천하의 일꾼으로 내세운 일본이 동양에서 서양 제국주의 세력을 몰아내고 동남아 곳곳으로 팽창하던 때로서 한반도는 일제 치하, 일정기(日政期)였다.

1937 정축(丁丑)년에 학암의 아내는 아들 인수(仁壽)를 낳았다. 학암은 정읍에 거주하며 일과(日課)를 새벽부터 잠잘 때까지 꽉 짜놓고 태을주를 비롯한 각종 주문 수련과 수집한 상제님의 성언 성적 말씀 공부에 주력하였다. 학암이 내왕하는 사람들은 상제님을 직접 모신 제자분들과 각 교단의 지도자 교주급 인물이었고, 주로 과거 독립운동을 할 때 친분을 쌓았던 사회적 인사들이었다.

학암은 동서 신구학에 밝았기에 조화주 하느님이신 상제님의 천지공사에 대하여 폭 넓고 깊이 이해하게 되었고 서서히 경전 편찬의 뜻을 세워 준비하고 있었다. 학암의 상제님에 대한 신앙심과 경외감은 해가 갈수록 더욱 깊어졌다.

1940 경진(庚辰)년이 되었을 때 원평에 있던 인암 박공우로부터 정읍에 있는 학암 이중성에게 전갈이 왔다. 중요한 일로 상의할 것이 있으니 시간을 내어 꼭 한번 와 달라는 것이다. 학암은 조만간 찾아뵙겠다고 답신했다. 그런데 그해 따라 찾아오는 사람이 많고 일일이 응대하다 보니 그만 타이밍을 놓치고 말았다.

늦여름으로 접어드는 시기에 인암이 직접 정읍으로 학암을 찾아왔다. 인암은 이미 64살의 인생 말기의 노년이었다. 학암은 어찌하다 보니 찾아뵙겠다는 약속을 지키지 못했음을 사과드리고 어떤 일로 찾아오게 되셨는가 정중히 여쭈었다. 서로 마주 앉은 방 안에서 인암은 간절한 음성으로 말하였다.

"내가 이제 늙고 병이 들어 세상 살아갈 날이 얼마 남지 않았소. 대선생께서 어천하시기 전날 밤 나를 약방으로 불러들여서 장차 도래할 괴질병과 의통인패 만드는 법을 가르쳐 주시며 말씀하시기를, "무진년 동지에 머리를 들며[起頭] 나의 일을 묻는 자가 있을 것이니 너는 이것을 미리 만들어 두었다가 전하라" 하셨기에 **내가 평생을 두고 전할 사람을 찾았는데 아무래도 이 선생 밖에 달리 전할 사람이 없으니 맡아 주셔야 할 것 같소.** 내가 하루가 다르게 몸이 쇠약해지고 있고 지난번 이 일 때문에 원평으로 와주십사 했던 것인데 바쁜 일이 있어 오질 못하는 것 같아 나로서는 더 이상 지체할 수 없어서 왔소이다. 이 선생께서는 조만간 원평으로 와서 내가 만들어 보관하고 있는 의통인패를 받아서 모셔가기를 바라오."

학암은 이미 상제님께서 어천 전날 밤 박공우를 약방(藥房)으로 불러들여 장차 도래할 괴질병의 대세와 의통인패 제작하는 법을 일러주신 내용 등을 들어서 알고 있었다. 그런데 이제 인암이 죽음이 가까와지자 그날의 일을 다시 말하며 만들어 놓았던 의통인패를 자신에게 전수하겠다는 천만뜻밖의 말씀을 하는 것이다. 그런데 학암은 잠시 생각하고는 인암의 간곡한 기대와는 달리 완곡한 거절의 대답을 하였다.

"선생님, 말씀을 들으니 오신 뜻을 잘 알겠습니다. 그런데 다른 것도 아니고 **이토록 중요한 의통인패이니** 죄송한 말씀이지만 저는 감히 이것을 받을 수 없습니다. 저는 받을 당사자가 아니라고 생각합니다."

"아니, 이 선생 이게 무슨 말씀이오, 내가 대선생께서 어천하시기 전날 밤 내린 가르침을 받고 가슴속에 깊이 간직하며 오랜 세월을 기다리며 지내다가 무진년 봄이 되자 원평에서 기거하며 드디어 인패를 만들었소. 그리고 무진년 동지에 머리를 들고 나타나 대선생님의 행적을 묻는 자가 있을 것이라는 말씀을 잊지 않고 마음속에 새기며 기다렸는데 과연 시간이 흐르고 나서 알고 보니 그날 보천교

동지 치성에 참석하며 정읍에 처음 오신 분이 이 선생 말고 또 누가 있었단 말이요.

기사년 봄에 차경석이 많은 신도들을 모아 놓고 대선생님을 배신하고 배척하는 말을 할 때 젊은 이 선생이 당당히 일어나 역적놈이라고 꾸짖고 신앙을 지키고자 했던 것을 알만한 사람은 다 알고 있소이다. 그 뒤로 이 선생이 대선생님을 모신 제자들을 일일이 찾아가 천지공사의 내용을 물었고 드디어 나에게도 와서 물었을 때 나는 너무도 기뻤소. 대선생님의 말씀이 너무도 딱 맞아떨어졌기 때문이오. 그 뒤로 나는 이 선생을 아끼고 존경하며 모든 걸 증언해 주었던 것이오. 이 선생, 나는 이제 세상 떠날 날이 얼마 남지 않았소. 내가 만들어 보관하던 의통인패를 전해주어야 할 분은 다른 그 누구도 아닌 이 선생이시니 사양하지 말고 받으시길 바라오."

인암의 간곡한 제안에 학암은 어찌할 바를 몰랐다. 그러나 학암의 생각에 이토록 중요한 의통인패인데 전해준다고 해서 덥석 받을 수 있는 그런 단순한 성물(聖物)이 아니었다. 그리하여 난감해하며 잠시 생각하다가 다음과 같이 말하였다.

"선생님, 간곡하신 뜻은 잘 알겠습니다. 그렇다면 저에게 상제님께 기도하여 응답받을 시간을 주셨으면 합니다. 제가 21일간 청수 모시고 기도를 드려보겠습니다. 제가 받을 것이라면 반드시 상제님으로부터 어떻게든 응답이 있을 것입니다. 계시가 있으면 흔쾌히 받겠습니다."

인암은 학암이 즉시 받지 않는 것에 다소 실망했지만 평소 그의 겸손한 인품과 상제님을 지극히 경외하는 깊은 신앙심을 잘 알고 있었기에 이러한 태도를 이해할 수 있었다. 한편 학암이 상제님께 기도하면 반드시 긍정의 응답이 꼭 있을 것이라는 생각이 들었다. 인암은 말하였다.

"알겠소. 기도드리면 꼭 응답이 있을 것이라고 믿소이다. 내가 21일 기도가 끝난 이후에 다시 오리다."

인암은 원평으로 돌아갔고 학암은 21일간 정성을 다해 기도하며 상제님께 응답을 구했다. 그리고 시간이 흘러 기도 공부가 끝나고 나자 인암이 다시 찾아왔다.

"이 선생, 어떻게 되었소? 대선생님의 응답이 있었소?"

다급한 인암의 물음에 학암은 공손하게 말하였다.

"선생님, 죄송합니다. 제가 정성을 다해 기도를 드렸지만 아무런 응답이나 계시가 없었습니다. 선생님은 저를 지목하여 전하려 하시지만 저는 그 당사자가 아니었습니다."

이 말을 듣자 인암의 마음은 한없는 실망감으로 무너져 내렸다. 사태가 뜻밖에 여기에 이르자 갑자기 앞이 캄캄했다. 인생 말년의 인암에게는 하루하루 죽음의 그림자가 다가오고 있었다. 인암 박공우의 판단에 의통인패를 전할 사람은 오직 한 사람 이중성뿐이었다. 그러나 학암은 상제님의 계시(啓示)가 없기에 받지 않겠다고 하니 그만 아무런 방법이 없었다. 크게 낙담하고 실망한 인암은 결국 발길을 돌려 되돌아오고 말았다.

그런데 이후로도 인암은 사람을 보내와서 계속해서 의통인패 전수의 뜻을 밝히며 받기를 권유하였다. 조만간 세상을 떠날 것을 예감하는 인암으로서는 애가 타는 일이었다. 대선생께서는 분명히 무진 동지에 기두하여 천지공사의 성언 성적을 묻는 자가 있으니 그에게 전하라고 하셨고 자신이 아무리 돌아보아도 의통인패를 전할 사람은 학암 이중성 한 사람뿐이었다. 이제 인암에게는 세상 떠날 날이 임박하고 있었다. 하지만 이중성은 상제님의 계시가 없으므로 받지 않겠다고 하니 박공우의 속은 바짝바짝 타들어 갔다.

인암의 계속되는 권유에도 학암의 마음은 변하지 않았다. 평소에도 매일 같이 청수를 모시고 기도하는 신앙생활의 연속이었으나 상제님으로부터 어떠한 응답이나 계시가 내려오지 않았기 때문이다. 학암으로서는 지난 1930 경오년부터 벌써 10년이 되도록 인암 박공우와 깊은 신뢰 속에 인간관계를 맺어 왔지만 의통인패는 결코 사적인 정분이나 개인 욕심에 이끌려 받을 수 있는 성물(聖物)이 아니었다. 자신이 진정으로 의통인패를 전해 받을 당사자라면 어떠한 방식으로든지 상제님의 계시가 있어야 한다고 생각했다. 이중성은 정녕 상제님을 경외(敬畏)하는 진실한 신앙인이었던 것이다.

6. 인암 박공우의 선화(仙化)와 의통인패의 행방

얼마 후 그해 겨울 인암(仁菴) 박공우는 64세를 일기(一期)로 선화하였다. 당시 세운은 일제가 일으킨 대동아전쟁과 태평양전쟁의 소용돌이로 빠져들었고 교운은 큰 침체기에 접어든다. 그러면서 5년의 세월이 흐르고 1945 을유(乙酉)년이 되자 일제가 물러가면서 갑작스럽게 해방을 맞이하였다. "도수 돌아 닿는 대로 새 기틀이 열리리라" 말씀과도 같이 세운과 교운에는 과거와는 전혀 다른 새 시대가 도래한 것이다.

학암은 그동안 모아 놓은 천지공사의 재료를 가지고 천지개벽경 집필 작업에 온갖 힘을 쏟았다. 학암이 생각할 때 자신이 만난 대선생님의 제자들 가운데서 한평생 변치 않고 초지일관의 굳은 믿음을 지킨 분은 단연코 한 사람 인암 박공우 성도뿐이었다. 인암이 별세한 후 해가 갈수록 학암의 마음에 누구보다도 인암 박공우에 대한 그리움이 컸다. 살아생전 인암도 학암을 깊이 아끼며 존경하였고 둘은 만나 많은 대화를 나누고 교제하며 깊은 신뢰의 인간관계를 맺었다.

학암은 일제가 물러가고 새로운 세상이 되자 인암의 가족을 찾아보게 된다. 인암에게는 아들이 셋이 있는데 이름이 일도(一道), 이도(二道), 삼도(三道)다. 혼란한 그 시절에 다들 어렵게 생존해 있었는데 삼도씨가 이발소에서 이발사를 하고 있었다. 키는 아버지보다 작았지만 호쾌한 기질을 닮아 힘이 세고 정의로운 의협 남아였다. 그런데 당시 사회 상황이 어려울 때여서 학교를 다니지 못해서 일자무식이었다.

학암은 삼도를 찾아 자신의 집으로 데리고 와서 함께 기거하며 큰딸 옥수로 하여금 한글을 깨우치게 한다. 그리고 어느 정도 시간이 흐르고 나서 삼도씨는 학암의 사위가 되게 하였다. 이것은 학암이 얼마나 인암에게 애틋한 마음을 가지고 있었는가를 말해준다. 이로써 **학암과 인암은 사돈지간**이 되게 된다. 이후 학암은 인암의 부인으로부터 자신에게 전수하려고 했던 의통인패의 행방에 대해 듣게 되었다.

인암의 부인은 본래 순창에 살던 부자 최씨의 딸이었는데 원인을 알 수 없는 병에 걸려서 사경을 헤매며 신음하고 있을 때 지나가던 인암이 고쳐주고 나서 아내로 맞아들인 분이다. 인암과는 나이 차가 있었고 어린 나이에 시집을 와서 상제님에 대한 신앙심은 그리 깊은 분이 아니었다고 한다.

그러나 인암과는 부부지간으로 아들 셋을 낳았고 누구보다도 **인암이 세상 떠나는 날 정황**을 잘 알고 있었다. 인암의 최씨 부인은 인암이 선화하던 그날을 이렇게 증언하였다.

인암이 선화하던 1940 경진(庚辰)년 겨울 그날은 눈이 아니라 비가 왔다고 한다. 방 안에 누워 앓고 있던 인암은 일어나서 안방에서 부억으로 통하는 작은 문 옆의 **흙벽을 파고는** 보관하고 있던 의통인패를 챙겼다. 그리고 부엌문을 통해 뒷마당에 있는 장꼬방(장독대)으로 갔다. 잠시 후 뭔가 딸그락거리는 소리가 났고 비가 오고 있는 가운데 무슨 작업을 했는지 얼마의 시간이 흐른 뒤 인암은 방으로 돌아와서는 두 시간 정도 있다가 선화하였다고 한다.

그날 죽음을 예견한 인암은 자신이 만든 의통인패를 비가 오고 있었기에 조그마한 항아리에 넣어서 집 주변 가까이 어딘가에 묻은 것으로 보인다. 부인도 그렇게 증언하였고, 이를 들은 학암의 생각도 그러했다. 그렇다면 **의통인패**는 결국 그 **누구에게도 전해지지 않은 것**이 아닌가.

학암의 아들인 이인수님은 이 얘기를 아버지뿐만 아니라 인암의 최씨 부인 그러니까 큰누나 이옥수의 시어머니로부터도 직접 여러 번 들었다고 했다.

7. 그밖에 의통인패에 대한 몇 가지 이야기

여기서 의통인패에 관한 몇 가지 이야기를 해 본다.

인암 박공우에게 1928 **무진년 동지가 되기 훨씬 전에** 미륵불교를 탈퇴한 청음 이상호가 찾아왔다. 두 사람은 구면으로 인암은 보천교의 쟁쟁한 방주를 지냈던 이상호를 알고 있었다. 청음은 대선생님에 관한 경전 편찬의 뜻을 말하며 재료 수집에 도움을 요청하였고 그 말을 들은 인암은 순수한 마음에 무척 기뻐했으며 흔쾌히 허락했다고 한다. 그 뒤로 여러 차례 만나 상제님을 모시고 천지공사에 수종 들었던 여러 얘기를 들려주었다. 이렇게 해서 대순전경 초판에는 인암 박공우의 증언이 많이 실려 있다.

인암은 이상호에게 어천하시기 전날 약방에서 상제님으로부터 괴질병의 도래와 이를 극복하는 의통인패 만드는 법에 대해 들은 것과 장차 무진 동지에 기두하여 상제님의 성언 성적을 묻는 자가 있을 것이니 그에게 전하라는 말씀도 해 주었다.

그런데 인암의 생각에 대선생께서 "네 입술에 곤륜산을 달라"고 엄명하면서 가르침을 주셨기에 의통인패만큼은 워낙 중요한 것이라서 **이상호에게 모든 걸 다 말해줄 수가 없었고** 당연히 다 증언해 주지 않았다는 것이다.

그 후 인암에게는 무진년과 기사년을 지나 경오년에 들어서 또 한 사람이 찾아와 천지공사에 대한 재료의 수집을 말하며 성언 성적을 묻게 된다. 바로 학암 이중성이다. 인암은 지난 기사년 봄에 차경석의 신앙 배신 발언 현장에서 난데없는 청년 이중성이 일어나 차경석을 역적놈이라고 꾸짖은 사건을 들어서 알고 있었다. 그 사건은 널리 퍼져 나갔고 이로써 이중성의 이름도 많이 알려졌다. 이 사건 이후로 박공우는 이중성이라는 젊은이가 언제쯤 정읍에 왔고 어떤 사람이라는 것을 대강 들어서 알게 되었다.

인암은 상제님께서 어천하시기 전날 밤 약방으로 불러들여 하신 말씀, **무진년 동지에 기두하여** 너에게 **나의 일을 물으러 오는 사람이 있다**는 말씀을 늘 가슴속에 새기고 있었다. 그런데 경오년에 들어 드디어 이중성이 인암을 찾아온 것이며 상제님의 성언 성적에 대해 묻는 것이다.

> * 공우야, 내 덕을 펼칠 사람이 무진년 동지에 머리를 들리니, 이 사람이 세상을 구할 사람[救世之人]이니라. (중략) 공우야, 두 가지를 무수히 찍어 두었다가 **내 덕을 펼 사람이 와서 묻거든 인패와 도장 찍은 종이를 전해주어라.** 좋고 남는 것이 너희들의 차지가 되리라.

(천지개벽경 기유 11장)

인암은 자신을 찾아온 이중성을 크게 반겼다. 맞이해 보니 자신과 비슷한 훤칠한 키에 당당한 체격이었고 얼굴도 수려한 미남이었다. 수인사를 나눈 두 사람은 서로의 옛이야기를 기꺼이 나누었다. 인암은 학암의 독립운동 내력과 상제님에 대한 깊은 신앙심을 확인하면서 나이의 많고 적음을 초월하여 존경심이 일어났다고 한다.

그 후 인암이 학암의 요청에 부응하여 대선생님을 모시며 천지공사에 수종들었던 많은 증언을 해 준 것은 두말할 나위가 없다. 두 사람의 친분은 갈수록 두터워졌고 그러면서 어천 전날 밤 있었던 상제님의 **의통인패 만드는 법**에 대한 **모든 이야기를 빠짐없이** 해 주었다. 그런데 인암은 학암에게 무진년 동지 이전에 찾아와서 증언을 듣고자 했던 **이상호에게 의통인패에 대해서는 한두 가지는 말해주지 않았다**는 말도 했다고 한다. 이러한 사실은 학암이 살아생전 아들에게 여러 차례 전한 내용이다.

그런데 박공우가 이상호에게 의통인패에 대한 내용을 다 말해 주지 않았다는 것을 암시하는 듯한 증언을 하신 분이 있다. 그는 평생 증산교에서 신앙을 했던 **박기백(朴耆伯)**이라는 분이다.

박기백은 어려서 보천교 신앙을 하였고 이상호가 동화교를 만든 이후에는 이상호 교단에서 함께 평생을 신앙했던 분이다. 1966년과 68년에 이상호, 이정립 형제가 차례로 별세한 후에는 김제 증산교 교단의 중진이 되어 교단을 지키신 분이다. 박기백은 해방 전 어린 나이부터 신앙했기에 박공우 성도와도 만남이 있었고, 이중성 선생과도 대흥리 마을 아래위 쪽에서 살았기에 잘 알았으며, 학암 선생이 돌아가신 후에는 아들 이인수님과도 내왕하였다.

1990년대 어느 해에 노년의 박기백과 인도교 교주 김종수가 함께 이인수님을 찾아와 자기들 평생소원을 있다고 하면서 들어주기를 간청하였다. 그 소원이란 학암의 아들인 이인수님과 함께 의통인패를 한번 만들어 보자는 것이다.

이때 박기백은 말하기를, 아무래도 **청음 선생이 인패를 만들기는 했지만 뭔가 모르는 게 있는 것 같다**는 것이다.

알다시피 청음 이상호의 증산교는 의통인패가 교단 운영과 교단 교리의 중심인 신앙단체다. 박기백은 이상호를 교주로 모시고 증산교에서 신앙하며 함께 의통인패 제작에 참석한 사람이다. 박기백은 평생 증산교에서 신앙했으며 의통인패의 전수가 박공우 성도로부터 이상호에게 되었다고 철석같이 알고 있는 분이다.

그런데 노년이 되어서 학암 선생의 자제인 이인수와 함께 만들어 보고 싶다는 것이다. 박기백도 천지개벽경이 발간된 즈음에 거기에 의통인패 만드는 법이 자세히 나와 있는 것을 알게 되었으며 자신이 해방 전부터 알고 지내던 이중성 선생이 박공우 성도로부터 의통인패에 대한 증언을 전해 들었다는 것을 새삼 알게 된 것이다.

이인수님은 처음에는 완곡히 사양하다가 결국 노년의 두 분이 평생의 소원이라고 강력하게 종용하는 것에 밀려서 함께 만들게 되었다고 한다. 그런데 이때는 세 사람이 만든 것이 아니라 증산교단 청년연합회 소속 30여 명이 뭉쳐서 만들었다고 한다. 견본으로 한 본을 만들자는 것이었고 만든 후에는 증산 상제님 관련 역사박물관에 보관하여 길이 보전하자는 취지였다는 것이다.

그런데 박기백과 김종수 두 분의 속마음은 다른 데 있었다고 한다. 그것은 의통인패의 도장을 어떤 방식으로든 한번 사용해 보자는 의도가 있었다는 것이다. 당시 만든 의통인패는 이인수님이 1년을 보관하고 있다가 김종수에게 넘겨주었다고 했다. 나는 2020년 감옥에서 출소한 이후 그 의통인패를 추적했으나 찾는 데는 실패하였다.

그런데 이즈음 박기백이 이인수님에게 했던 얘기 가운데 특기할 만한 것들이 몇 가지 있다.

박기백의 전언에 의하면 이미 일제시대에 이상호 교단은 의통인패를 20만 본(벌)을 만들었다고 한다. 그때는 이상호가 고수부님을 모시고 동화교 교단을 운영하고 있을 때로서, 김제 용화동에서 부안 변산으로 도목(桃木)을 구하러 갔으며 **변산에 올라가 복숭아나무 아래서 치성을 모시고 도목을 채취할 때 청년 박기백이 고수부님을 업고 올라갔으며 내려올 때도 업고 내려왔다**고 했다.

그리고 그 당시 이상호 교단은 의통인패를 준비하면서 신도들에게 일순 도장 하나에 얼마, 시헌 도장 하나에 얼마, 태을주 도장 하나에 얼마, 이렇게 성금을 걷었다고 한다.

박기백의 증언은 많은 것을 시사한다. 고수부님의 성언 성적을 기록한 몇 개의 경전이 있다. 이정립의 고부인 신정기, 고민환의 선정원경, 이용기의 고사모 신정기, 정영규의 선도신정경, 김경도의 고후불전 등이 그것이다. 그런데 **선정원경** 한 군데만 의통(醫統)이라는 단어가 나올 뿐 '인패(印牌)'라는 말이 없다. 즉 '의통인패(醫統印牌)'라는 말은 없는 것이다.

> * 병겁창궐시(病劫漲厥時)에 신성의법(神聖醫法)으로 광제창생
> 순일(淳一)한 마음으로 **의통(醫統)**을 효득(曉得)하여 광제창생
> (고민환의 선정원경의 한 구절)

그리하여 고수부님을 모시는 신앙인들 가운데는 의통인패에 대해 의혹을 품거나 중요하지 않게 여기는 사람들이 있다. 고수부님과 관련한 경전에 상제님의 후계 사명을 맡으신 고수부님이 인패에 대해 직접 언급하는 말씀이 없기 때문이다. 그런데 박기백의 증언은 **고수부님**께서도 **의통인패에 대해 다 알고 계셨다**는 것을 시사한다.

박공우가 만들었던 실물 의통인패는 누구에게도 전수되지 않고 행방이 묘연(杳然)해졌음을 앞에서 말한 바 있다. 그런데 이인수님은 박공우 성도의 또 한 분의 부인이 있는데 그 부인의 따님이 신장공우(神將公又) 도장을 보여주어 직접 보았다고 내게 말씀하셨다. 이것은 무슨 말인가? 왜 그것은 남아 있었던 것일까?

이인수님의 증언에 의하면 박공우 성도는 순창의 부자 최씨의 사경을 헤매던 딸의 병환을 낫게 해서 정식 결혼을 하기 전에 이미 다른 여성과 인연을 맺어 그 사이에서 딸 하나를 두었다고 한다. 당시의 시대상은 지금과는 많이 다른 때다. 이인수님은 그 부인의 딸이 박공우 성도가 만들었던 신장공우 도장을 보여주어 보았다는 것이다.

이런 말씀을 하신 배경에는 홍범초 교수가 저술한 『범증산교사』의 「박인암 교단사」 편에 나오는 신장공우 도장의 형태에 대한 나의 질문에 답하는 과정에서 나온 것이다. 당시 나는 **의통인패의 실체를 규명**하는 데에 온통 촉각이 곤두서 있었고 꾸준히 기회가 닿는 대로 궁금한 모든 것을 이인수님께 여쭙지 않을 수 없었다. 그런데 범증산교사에는 여러 교단에서 만든 의통인패의 그림이 나오는데 신장공우 도장이 **네모진 것**도 있고 **둥근 것**도 있어 어느 것이 맞는지 여쭈어 봤을 때 이인수님은 자신이 직접 본 도장 형태를 답하시는 과정에서 나온 말이었다.

이인수님의 전언(傳言)에 의하면 청음 이상호 교단은 그 어렵던 일제시대 농경사회에서도 의통인패를 적극 활용하였기에 교단을 그런대로 유지하는데 반해 정작 박공우 자신은 먹고 살 끼닛거리가 부족해서 많은 고생을 했다고 한다. 그러던 어느 날 부아가 난 박공우는 이렇게 결심하게 되었다고 한다.

'아니, 정작 의통인패 제작법을 전수받은 장본인인 나인데 이렇게 고생하고 있고 내가 대충 가르쳐 준 이상호는 오히려 저렇게 잘 나가고 있으니 이게 될 말인가. 나도 무슨 수를 내야겠다.'

그래서 박공우는 의통인패의 도장 가운데 일순(一淳) 이나 시헌(時憲) 도장은 자신의 도장이 아니기에 감히 어찌할 수 없고 다만 신장공우 도장은 자기 것이니 만들어서 쓰겠다고 상제님께 치성을 올려 고(告)한 후에 하나를 더 만들었다고 한다. 박공우가 자신의 이름이 새겨진 도장을 가지고 어떻게 활용했는지는 알려지지 않는다. 다만 박공우의 선화 후에 그 도장을 또 다른 부인의 딸이 가지고 있었고 이인수님이 본 것은 바로 그것이었다.

8. 학암 선생에게 전해졌던 친필 용봉 독존석가불의 행방

앞에서 상제님의 용봉독존석가불 친필이 1934 갑술년에 대원사 주지 박금곡을 매개로 하여 학암 이중성 선생에게 전수된 내력을 말하였다. 그런데 이 친필이 어떻게 생겼는지와 전수받은 이중성 선생에게서 다시 김근하라는 분에게로 흘러간 사실을 서책 『범증산교사』에서 처음 밝힌 분은 범초 홍성렬 교수다.

우선 홍교수가 저술한 『범증산교사』(1988) 「용화사사(龍華社史)」 편에 나오는 내용을 일부 소개하고 이인수님이 들려준 생생한 현장 스토리를 말해 본다.

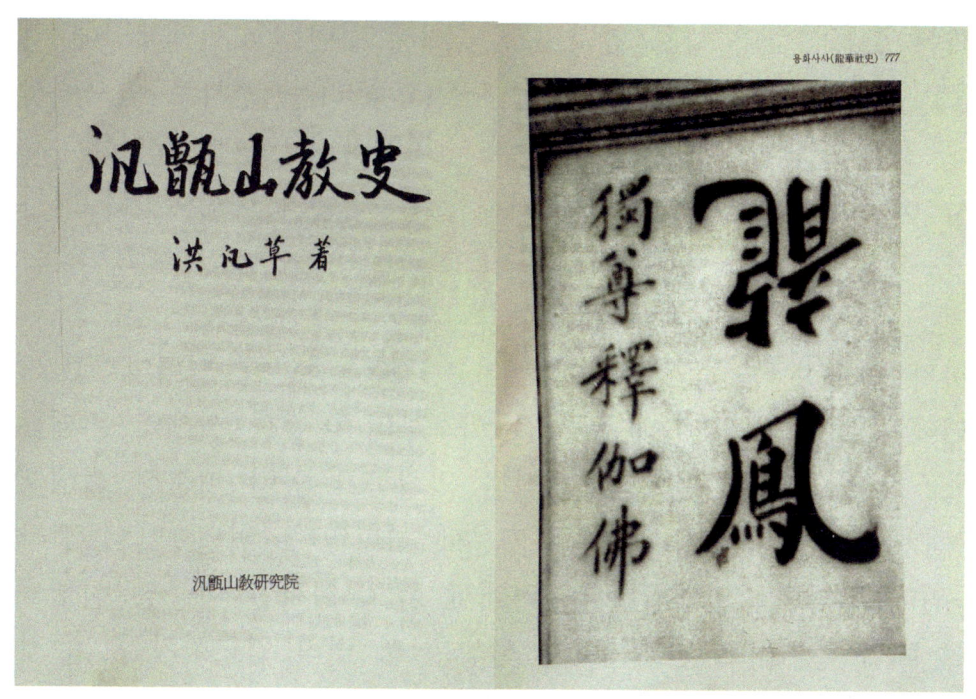

[1988년에 홍범초 교수가 발간한 **범증산교사** 777쪽에 용봉독존석가불 **친필 사진**과 함께 김근하에게 전해진 내력이 실려 있다]

범증산교사 777쪽에는 용봉독존석가불 친필이 사진(寫眞)으로 게시되어 있다. 이 사진 한 장으로도 홍교수는 교운사에 위대한 업적을 쌓은 것이라고 생각한다. 이것은 상상도가 아니라 **실물**을 찍은 사진이기 때문이다. 홍교수가 이렇게 사진으로 찍어 세상에 공개하지 않았다면 상제님의 친필은 알려지지 않았을 것이다. 상제님의 친필은 과연 누가 봐도 유려한 서체에 힘이 넘치는 글씨다. 마치 용이 지상에 내려오고 봉이 하늘을 날아오르는 듯한 기상을 느낀다.

이중성 선생으로부터 이 친필을 전해 받은 사람은 근하(槿下) 김종용(金宗用)이라는 분이다. 그의 원명은 종용(宗用)이고 근하(槿下)는 후일에 쓴 호(號)이다.

김근하는 1901년 신축년에 전남 무안군에서 태어나신 분으로 이중성 선생과는 4살의 나이 차가 있다. 그는 23세 되던 1923 계해년에 일제 경찰에 들어가 그 후 보천교를 사찰(査察)하는 형사로 있으면서 보천교 초기 교단의 대소사를 일일이 간여했다. 그래서 보천교주 차경석을 비롯하여 간부들에게 눈엣가시 같은 미움의 대상이었다고 한다.

김근하가 이중성 선생을 진작부터 아는 것은 당연한 일이다. 1929 기사년에 차경석의 신앙 배반 사건 이후부터 이중성 선생의 존재를 잘 알고 있었으며 독립운동의 전력을 의심하고 있던 이중성 선생에 대한 감시는 김근하의 주된 임무 가운데 하나였다. 이인수님이 전하는 증언에 의하면 김근하가 **대흥리**에서 살고 계시던 이중성 선생을 사찰할 때의 일이라고 한다. 학암 선생은 저 멀리 김근하가 오는 것을 보고는 먼저 소리쳤다고 한다.

"근하야~~ 무엇을 훔치러 오는고"

이렇게 먼저 소리쳐 외치신 것은 학암 선생께서 일제 앞잡이 형사를 상대하지 않으려는 의도이셨다고 한다.
1936 병자년 윤 3월 10일에 차경석이 세상을 뜨면서 총독부는 보천교에 대한 무자비한 탄압을 하게 된다. 보천교의 재산을 마구 처분했으며 이후 보천교는 급격한 몰락의 길을 걸었다.

김근하는 1945 을유년 해방이 되자 이상호의 대법사에 몸을 담게 된다. 그것은 일정기때 독립운동을 탄압하던 친일파를 청산하려는 움직임에서 몸을 피하기 위한 방편이라는 말이 있다. 그런데 김근하는 그 후 상제님의 진실한 신앙인으로 변모하게 되었다고 한다.

1947년에 이상호, 이정립 형제는 대순전경 3판을 발간하게 되는데 그 즈음의 일이다. 김근하는 해방 전에 이중성 선생이 대흥리 비룡촌에서 살고 있을 때부터 안면(顔面)이 있었고 **계화동(桂花洞)**으로 이사와서 살고 있는 이중성 선생의 집에 연속으로 사흘을 방문하였다. 찾아온 이유는 대순전경 3판을 발간하는데 이중성 선생께서 전수 받아 보관하고 있는 상제님의 용봉독존석가불 친필 사진을 앞부분에 넣으려고 하니 잠시만 빌려달라고 종용한 것이다.

학암 선생은 평소에 자식들에게 일제 경찰에 소속되어 그토록 보천교와 민족종교를 탄압하고 자신을 감시하던 김근하가 상제님의 진실한 신앙인으로 변신한 것에 감탄하고 기뻐했으며 김근하를 반갑게 맞이하며 대했다고 한다.

연(連)사흘을 조른 김근하의 바람대로 이중성 선생은 용봉 친필을 내어 주었다. 그날 김근하는 친필을 받아서 기뻐하며 나갔고 학암 선생은 저만치 나가는 그의 뒤를 보며 자식들에게 이렇게 말했다는 것이다.

"저놈이 사진만 찍고서 도로 가져온다고 했지만 다시는 가지고 오지 않을 것이다."

"아버지, 그러면 내어 주지 말았어야죠. 안 가지고 올 사람에게 주면 안 되지 않나요?"

" 하! 하! 하! 상제님의 친필은 이제 나에게는 그 인연이 다 됐다. 대순전경에 넣어서 세상에 상제님의 친필이라는 것을 알린다고 하니 가상한 뜻이 아니겠느냐. 어디로 가든 그것은 상제님의 뜻대로 될 것이다. 그 친필이 다시 내게 돌아오든 어느 곳으로 가든 그것은 상제님께서 알아서 하실 것이다."

용봉독존석가불 친필은 이중성 선생이 소장하고 있을 때는 청수 모시는 신단의 책상 서랍 속에 넣어 보관하였고 그 서랍을 벽쪽으로 향하게 붙여서 사람들의 이목을 피하도록 했다고 한다.

사진만 찍고는 다시 돌려주겠다는 김근하의 약속은 지켜지지 않았다. 김근하는 친필을 가지고 대법사로 가서 신단 위에 올려놓았고 이로써 용봉독존석가불 친필이 사람들에게 알려지게 되었다. 김근하는 1958 무술년 동지에 대법사에서 출교 처분을 받고 나올 때 친필을 도로 거두어 가지고 나와서 정읍 초산동에 있는 자기 집에 보관하였다.

세월이 흘러 학암 선생이 돌아가시고 이인수님이 개인 사업에 열중하던 때의 일이다. 하루는 김근하로부터 연락이 왔다. 그동안 자신이 보관하고 있던 친필을 돌려주겠다는 요지였다. 이인수님은 약속 날짜를 잡고 정종과 소고기와 안주를 준비하여 방문하였다. 김근하는 이제 나이가 들었고 병이 들어 있었다. 그런데 김근하는 돌려주겠다는 약속을 지키지 않고 이렇게 말했다.

"인수 이 사람아, 자네가 보다시피 내가 요즘 몸이 안 좋아서 많이 고전하고 있네. 돌려는 줄 테지만 내가 조금만 더 모시고 있다가 돌려줄 테니 이해해 주게나. 모처럼 오느라고 고생이 많았는데 조금만 더 기다려 주게나."

그래서 헛걸음이 되었다. 그리고 다시 얼마의 시간이 흐른 뒤에 또 연락이 왔다. 이번에도 친필을 돌려주겠다는 말씀이었다. 그래서 이인수님은 또다시 차를 몰아 방문하게 된다. 그런데 이번에도 막상 얼굴을 마주한 자리에서 돌려주는 것을 연기하는 것이었다.

"이 사람 인수, 오라서 해 놓고 이렇게 말해서 정말 미안하네. 내가 조금만 더 모시고 있다가 다음에는 꼭 돌려줄테니 그렇게 아시게나."

두 번째도 헛걸음이었다. 당시 이인수님은 사업하느라고 바쁘게 하루 하루를 보내고 있었다. 그런데 아무리 바쁘고 힘들어도 아침 저녁으로 꼭 청수를 모시고 주문 읽는 것을 잊지 않고 실행하고 있었다. 그것은 어려서부터 신앙이 체질화되고 습관화되어 있었기 때문이었다.

그리고 시간이 흘러 어느 날 김근하 선생이 돌아가셨다는 소식을 듣게 되었다. 그렇다면 용봉독존석가불 친필은 어디로 간 것인가? 이인수님은 김근하 선생이 돌아가신 이후에 서울에서 증산사상연구회를 하고 있는 배용덕 회장으로부터 이런 얘기를 듣게 되었다. 그것은 누군가로부터 1억원에 팔아달라는 전화 연락을 받은 바 있다는 얘기였고 배 회장은 그렇게 돈으로 사고파는 물건이 절대 아니라는 말을 했다는 것이다. 그 후 친필은 세인의 눈에서 사라지고 행방이 묘연해졌다. 이인수님은 일본 사람 누군가가 사 간 것이 아니겠는가 하는 추측성 말씀을 하셨다.

나는 참신앙 운동을 하던 시절 김근하 선생의 손자 한 분과 전화 통화를 한 적이 있다. 진실하고 소상하게 자신이 아는 그대로를 말해주었는데 조부이신 김근하 선생께서 돌아가신 후에 외아들이신 아버지가 보관하였고, 아버지는 당시 동네에 친필을 탐내는 분이 있어 주셨다는 말씀을 어머니로부터 들었다고 한다. 친필은 액자에 들어 있었고 크기는 대략 가로 35센티, 세로 45센티 정도 되었다고 말해 주었다.

증산 상제님께서 어천하신 이후 상제님께서 남기신 성물(聖物)에 대하여 후세 신앙인들은 큰 관심을 갖고 있다. 세상에 부끄러운 이야기이지만 한때 상제님의 체백인 성골을 놓고 쟁탈전이 있었다. 그 와중에서 문공신 성도는 성골을 지키려다가 오히려 역공을 당해서 대전형무소에서 7년을 복역하였다. 한편 약방에 있던 약장과 궤를 훔쳐 가는 일도 있었다.

2020 경자년에 감옥에서 나오고 나니 상제님께서 입으시던 도포를 비롯한 담배대 등 성물을 전수받았다는 어떤 교단의 얘기를 유튜브를 통하여 듣게 되었다. 화면에 나오는 다소 고급스러운 옷과 가죽신 등은 조선시대 말기 그 어렵던 시절에 평민이 입던 옷은 아닌 듯했다. 그 옷과 신발 등이 정녕 서민 상제님께서 평소에 입고 신으셨던 것이 맞을까 이리저리 생각해 보았다. 그 교단은 상제님의 성체 성의가 전수된 것이 종통의 상징이라고 자신 있게 말하였다.

과연 상제님이 남기신 어떤 성물을 전수받았다고 해서 그 사람이나 교단이 소위 말하는 종통이 된단 말인가?
나의 짧은 생각에는 눈으로 보이는 무슨 **물건이 종통의 상징이 되는 것은 아니라**고 본다. 중요한 것은 무슨 성물의 전수나 소유가 아니라 상제님과 수부님의 가르침에 담긴 정신을 깨우치고 이어받아야 한다고 생각한다. 무엇보다도 변질되거나 왜곡되어 있지 않은 진실한 경전을 통하여 드러나는 상제님과 수부님의 가르침을 읽고 깨우쳐야 한다고 생각한다. 나의 조정에 설 자는 일만 번을 읽으라고 하셨던 서전 서문에 나오듯 **득기심(得其心)**이 중요한 것이라고 본다.

감옥에 있을 때 불가의 6조 혜능(慧能) 스님의 『육조단경(六祖壇經)』을 읽은 적이 있다. 5조 홍인(弘忍)으로부터 인가를 받은 6조 혜능은 가사바리때를 전수받아 남쪽으로 피난을 가게 되고 이를 뒤쫓는 신수(神秀) 대사의 추종자들에게 발각된다. 이때 혜능은 가사바리때를 바위 위에 올려놓고 가져가라고 당당하게 말한다. 가사바리때라는 물건에 무슨 조화가 붙어있는 것이 아니라는 것이다. 정작 중요한 것은 혜능이 깨달은 무형의 진리에 있는 것이지 않는가. 이것은 불가(佛家)에서도 말하는 기초적인 얘기다.

상제님은 왜 **박공우가 만든 실물 의통인패**를 후대에 전하지 못하게 하시고 사라지게 하셨는가? 인암장 박공우 성도가 비 오는 날 항아리에 넣어 집 주변의 어딘가에 묻었다는 것은 결국은 **시간과 더불어 썩어서 사라졌다**는 것을 의미한다. 그것이 상제님의 뜻이었던 것이다. 비록 실물은 사라졌지만 **의통인패를 제작**하는 **정확한 방법**은 **이중성 선생에게 전수**되어 천지개벽경에 실려 있다.

상제님께서 어천하신 지 이미 백 년이 훌쩍 넘었다. 세상은 세운이건 교운이건 너무도 많이 변했다. 그 변화의 궁극의 종착점은 장차 있을 괴질병의 펜데믹과 의통성업이다. 오늘의 우리 일꾼에게 요구되는 것은 용봉독존석가불 친필이나 박공우 성도가 만들었다는 최초의 의통인패라는 실물이 아니라고 생각한다. 우리가 집착하고 연구해야 할 것은 상제님과 수부님의 말씀이다. 왜곡, 조작, 날조되지 않은, 있는 그대로의 말씀, 참 말씀이라는 것이다.

바로 그 말씀을 그대로 기록한 경전이 학암 이중성 선생의 천지개벽경이라는 사실이다. 물론 천지개벽경만을 고집할 필요는 없다. 대순전경이나 도전 등 다른 경전에도 상제님과 수부님의 참 말씀은 실려 있고 정신은 흐르고 있다. 문제는 후대의 우리 신앙인들이 여러 경전들을 읽을 때 참된 말씀과 거짓 말씀을 분별해 내고 참 말씀의 진의를 파악하며 종합할 수 있는 지혜가 필요하다고 본다.

 * 나의 말은 쌀에서 뉘 가리기와 같으니라.
 (道典 6편 11장 6절)

왜 후대의 우리들에게 거짓이 한 점이라도 섞이지 않고 최대한 올바르게 기록된 경전이 있어야 하는가?
후대의 신앙인들이 상제님을 신앙할 때 가장 중요한 근거가 되는 것은 일개 교주나 지도자의 영적 체험이나 수행법 등의 개인 사설(私說)이 아니라 무엇보다도 경전에 기록되어 있는 상제님과 수부님의 참된 성언 성적 말씀이기 때문이다. 경전에는 상제님과 수부님이 누구시며, 어떻게 천지공사를 행하셨는가 하는 것이 올바르고 정확하게 기록되어야 한다. 그것은 왜곡, 조작, 날조되지 않은, 있는 그대로의 말씀이어야 한다. 그래야 천하사를 추진하는 일꾼들이 정확한 정보와 좌표를 알고 진도진법을 추구하며 의통성업을 추진할 수 있기 때문이다. 나아가 후천 5만년 인류가 상제님과 수부님을 올바르게 인식하고 신앙할 수 있는 것이다.

9. 아들이 증언한 학암 선생의 일상의 삶과 정신

이인수님의 어머니 그러니까 학암 선생의 부인은 **최세대충군(崔世代忠君)**이라는 좀 특이한 이름을 가지신 분으로 1910 경술(庚戌)년에 태어나신 분이다. 그러니까 이중성 선생보다도 13살 연하가 되신다. 이인수님은 자신이 여섯 살 되는 1942 임오(壬午)년 정월 그믐날에 어머니가 33살의 젊은 나이로 돌아가셨다고 말씀하셨다.

학암 선생은 정읍에 온 무진년 동지를 지나 다음 해 기사년 봄 무렵에 결혼하셨는데 첫날 밤에 어머니 최세대충군은 남편 이중성 선생에게 자신은 33살에 다시 천상으로 올라가기로 예정되어 있다고 말씀했다고 한다. 이를 들은 학암 선생은 오늘같이 뜻있고 기쁜 날에 왜 그런 좋지 않은 얘기를 하느냐며 말했지만 결국 어머니는 자신의 예언대로 33살의 나이에 세상을 떠나셨다는 것이다. 자신이 세상을 떠나는 해를 미리 알고 있다는 것은 보통 사람이 아니라는 것을 의미한다. 어머니는 일반인이 해독하지 못하는 신이(神異)한 천서(天書)를 백여 권 남기셨는데 누가 보아도 인간 세상에서 쓰이는 문자는 아니고 하늘 신명계의 문자로 보인다.

어머니는 경주 부근에서 생장(生長)하신 분으로 부모님과 함께 보천교를 믿으러 정읍으로 이사 오신 분이다. 그런데 어머니는 보천교에서 이미 이름이 알려져 있던 **여처자(余處子)**와는 상당히 연하(年下)였으나 서로 높임말을 하며 양존(兩尊)하면서 친구처럼 지내셨다고 한다. 학암 선생이 어머니와 결혼하기 전 당시 정읍에서는 '여처자(余處子) 최처녀(崔處女)'라는 말이 유행했는데 두 분은 차경석의 황후감이 되실 분이라고 세간에서 거론되는 분이었다는 것이다.

그런데 두 분의 공통된 특징은 **신명계에 영적으로** 나름대로 **통하신 분들**이라는 사실이다. 여처자에 대한 이야기는 홍범초 교수가 쓴 『범증산교사』의 「모악교사(母岳敎史)」편에 정리되어 있고 농초(聾樵) 박문기(朴文基)가 쓴 『본주』라는 책에 신격화된 소설 형식으로 실려 있다. 최세대충군은 부친을 따라 경주에서 정읍으로 이사 올 때 이미 자신을 스승으로 따르는 다수의 제자들이 함께 왔다고 한다. 하지만 결혼한 후에 학암 선생은 부인에게 말하기를 지금은 제자를 두고 기를 때가 아니라 그 이전에 주문 읽고 상제님의 도 공부에 주력해야 할 때라고 말하여 자신을 따르는 제자들을 모두 여처자에게 보냈다고 한다.

이중성 선생은 부인과의 사이에서 2녀 1남을 두셨다. 1930 경오년에 태어난 이옥수(李玉壽), 1934 갑술년에 태어난 이용수(李龍壽), 그리고 1937 정축년에 태어난 이인수(李仁壽) 이렇게 3분이다.
학암 선생은 3자녀를 오로지 상제님 진리의 품속에서 기르셨다. 어려서부터 주문 읽기와 말씀 공부를 철저히 시켰으며 다른 가정의 아이들이 가는 일반 학교를 일절 보내지 않았다. 그것은 상제님의 다음 말씀을 그대로 믿고 따랐기 때문으로 보인다.

* 하루는 제자가 모셨더니
말씀하시기를, **너희들은 자녀를 학교에 보내지 말라.**
제자가 여쭈기를, 학교에서 배우는 것이 어찌하여 옳지 않나이까?
말씀하시기를, 그 학문이 내 세상에서 쓰이지 않고, 한 몸으로 두 임금을 섬기게 하니 쓰겠느냐?

제자가 여쭈기를, 오는 세상에 학교 제도가 없나이까?
말씀하시기를, 나의 세상에 참되고 바른 학문으로 학교를 세우노라.
(천지개벽경 기유 5장)

학암 선생은 상제님의 말씀을 액면 그대로 철저하게 믿고 자신의 일평생과 자식들의 삶마저 오로지 상제님 신앙에 바치는 초강력한 삶을 살았다. 이인수님의 증언에 의하면 학암 선생과 3자녀는 일과(日課)를 꽉 짜 놓고 그 스케줄대로 하루도 빠짐없이 일년 12달을 오로지 상제님 신앙에 몰두하는 삶을 살았다고 말씀하셨다.

학암 선생은 언제나 새벽 2시에 기상했으며 3자녀는 새벽 3시 무렵 기상하였다. 당시는 상하수도 시절이 안 되어 있던 시절이라 마음에 공동 우물이 하나 있었을 뿐인데 새벽과 저녁 청수를 길어오는 것은 아들 이인수님의 몫이었다. 두레박을 내려서 물을 퍼 올리는 우물이었는데 이인수님은 눈이 오나 비가 오나 사시사철 하루도 빠짐없이 아침저녁으로 두 번씩 청수물을 떠 왔다고 한다.

온 가족이 새벽에 청수를 모시고 배례를 드린 후에 주문 읽기에 들어간다. 하루 목표가 태을주 3천독, 서전서문 50독, 각 주문 30독이다. 주문을 읽고 나면 아침이 밝아오고, 그러면 아침 식사를 한다. 식사 후 잠시 쉬고 나서 목표 숫자를 못 채운 주문을 읽고는 가족은 모두 **고축문(告祝文)** 작성을 하였다. 고축문이란 일종의 기도문인데 대략 1만원 정도 크기의 종이에 붓으로 각자가 정성 들여 축문을 쓰는 것이다.

연필로 쓰는 것이 아니라 붓으로 정성 들여 쓰는 것으로 누구나 하루에 30장을 쓰는 것이 목표라고 했다. 고축문 쓰는 것이 끝나면 상제님의 성구 말씀을 읽고 암기하는 시간이 된다. 학암 선생은 3자녀에게 성구 말씀 소책자를 만들어 주었는데, 책 제목이 『아자필독(我

甑山 大先生 弟子
　　天下 大人
　　萬世 德人
　　　　聖雄 李重盛
　　　　布德 天下
　　　　廣濟 蒼生

　　　　　伏祝 伏祝

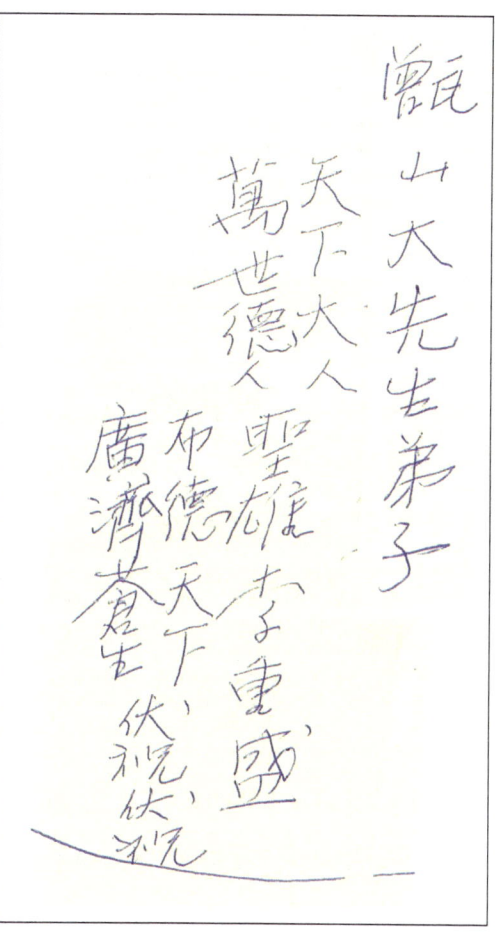

고축문(告祝文)

[오른쪽 글씨는 이인수님께서 어린 시절에 썼던 고축문을 증언하는 자리에서 즉석으로 써 보이신 것이다. 이와 같은 세로 글씨로 **매일 30장을 썼다**고 한다. 예시(例示)는 아버지 이중성 선생의 고축문이고, 이인수님의 경우는 聖雄 李重盛 대신에 天下大將 李仁壽, 두 누나는 聖德君子 李玉壽, 道德君子 李龍壽 라고 썼다고 한다.]

子必讀)』, 『천훈추집(天訓抽集)』, 『천훈집구(天訓集句)』 등이다. 아자필독은 천지개벽경에 나오는 상제님의 우리말 성훈 말씀을 모아 놓은 책자이며 천훈추집과 천훈집구는 한자로 된 상제님의 성훈 말씀 소책자다.

보통의 동네 아이들은 소학교나 보통학교를 가지만 3자녀는 세상 학교의 문턱도 넘어보질 못했다고 했다. 학암 선생은 자녀를 아주 어릴 때부터 강력하게 상제님 신앙의 틀 속에서 기른 것이다. 이인수님은 6살 무렵부터 이러한 일과 속에 들어와 길들여졌으며 특별한 일정과 일과가 있을 때를 제외하고는 아버지가 돌아가시는 그날까지 하루도 빠짐없이 계속되었다고 했다.

고축문의 경우 개인당 하루 30장을 쓰게 되고 한 달이 되면 900장이 모인다. 그러면 그믐날 저녁에 온 가족이 화롯가에 모여 앉아 태을주를 읽으며 소지(燒紙)를 했다. 이렇게 온 가족이 상제님 신앙에 몰두한 일과는 밤 9시쯤 끝나고 잠자리에 들었다. 이러한 스파르타식 신앙은 일반 가정에서는 감히 흉내 낼 수 없는 초강력한 것이 아닐 수 없다. 학암 선생은 평소 자식들에게 이렇게 말씀했다고 한다.

"하느님이 이 땅에 인간으로 오시는 때에 우리가 태어나서 하느님의 도를 만나 신앙하게 됐으니 얼마나 운이 좋으냐. 수많은 사람들이 하느님이 오신 것을 깨닫지 못하는데 우리는 알아보고 믿게 되었으니 후천 5만년 대운을 받게 되었다. 상제님의 말씀과도 같이 **삼생의 인연이 없으면 절대로 상제님의 도를 만날 수 없고 믿을 수 없다**. 하느님이 어찌 거짓말을 하시겠느냐. 이것은 한 나라의 독립을 되찾는 것과는 비교가 되지 않는 말 그대로 5만년 그 양을 헤아릴 수 없는 무량대복(無量大福)이다. 우리들이 얼마나 복이 많은 사람들이냐."

학암 선생은 이처럼 자녀들을 어린 시절부터 자신이 확신하는 상제님의 진리 속에 넣어서 강력하게 신앙 훈련을 시키며 키우셨다. 이렇게 체질화된 신앙의 힘은 이인수님과 두 누님을 한평생 상제님 신앙 속에 머물게 하는 관성으로 작용했다. 이인수 선생이 장성하여 결혼하고 가정을 이루었을 때 온 가족이 아침저녁으로 청수 모시고 배례하고 주문 읽는 것은 생활화 되었다고 한다. 이인수님은 아버지가 돌아가신 이후 장성하여 비록 사업을 하느라 외지에 나가 있더라도 아침저녁으로 꼭 청수 모시고 주문 읽는 삶을 이탈하지 않았으며 두 누님의 삶도 그러했다고 한다.

이러한 신앙의 모습은 무엇을 말하는 것인가? 자신이 100% 상제님을 확신하는 사람만이 자식들에게도 이렇게 신앙을 전수할 수 있다고 본다. 학암 선생은 무슨 새로운 먹걸이라도 구하게 되면 반드시 상제님 신단 위에 올려놓고 기도를 드리고 나서 연후에 드셨다고 한다. 언제 어디서든 **매사가 상제님 신앙 위주였고 상제님 말씀 위주였다는** 것이다. 선생은 자신의 삶이 어렵고 궁핍한 것에는 전혀 아랑곳 하지 않았으며 언제나 기쁜 마음으로 하루 하루 삶을 사셨다고 한다. 해방 후에 이승만 정부에서 사람을 보내 정부 요직에 자리를 주겠다고 했으나 거절했으며 오로지 상제님의 말씀을 공부하고 실천하고 신앙하는 일에만 기쁜 마음으로 열중하셨다는 것이다. 나는 이러한 학암 선생의 신앙생활을 들으면서 문득 다음의 상제님 말씀이 생각난다.

* 말씀하시기를, 나의 세상에서 타고난 고생이 내가 으뜸이요, 다음에 올 사람이 그 다음이니라. (천지개벽경 계묘 3장)

* 제자가 여쭈기를, 비록 지극히 존귀한 자리에 계시더라도 반드시 어려운 뒤에야 영화롭게 되나이까?
말씀하시기를, 괴로움 뒤에 즐거움이 있고, 곤궁한 뒤에 영달하며, 가난한 뒤에 부유하고, 천한 다음에 귀해지나니 이는 **하늘의 이치 [天理]**니라. 천복(天福)이 다시 시작하는 첫머리부터 **위에서 모범을 보이시 않는다면 아래에서 따르겠느냐.** (천지개벽경 갑진 7장)

아버지가 독립운동할 때 알고 지내던 친구나 지인들이 찾아와서 자식들에게 말하기를 저렇게 잘생기고 훌륭한 학식과 능력을 가진 사람이 그만 **훔치교**에 빠져서 인생을 버리게 되었으니 참 너무도 안 됐다고 말하였다고 한다. 그러나 친구나 지인들이 간 뒤에 오히려 선생은 자식들에게 말하기를 인간으로 강세하신 상제님[하느님]을 알아보지 못하는 그들이 참으로 안타깝다는 말을 하셨다는 것이다.

이인수님은 해방 직후 어느 해에 아버지가 서울에 올라갔던 일을 훗날 아버지의 지인들로부터 듣게 되었다. 당시 경비는 현준호씨가 댔는데 어떤 고급 음식점에 초대되어 사람들이 모인 자리에서 아버지는 좌중을 압도하는 열정적인 연설을 하셨으며 모두들 아버지의 탁월한 식견과 혜안에 토를 달지 못하고 감탄했다고 한다. 6개 국어에 능한 이중성 선생은 신문을 읽을 때도 남들이 도저히 따라갈 수 없는 속독을 하셨는데 신문을 펼쳐놓고 대각선으로 한번 쭉 내려가면서 순식간에 읽으셨다는 것이다. 이것은 선생께서 어떤 천부적인 능력을 갖고 태어났기에 가능한 것이라고 보여진다.

한편 이인수님은 아버지 학암 선생께서 **서전 서문 50만독**을 하셨다는 증언 말씀을 하셨다. 이것은 이인수님이 태어나기 전의 일로서 하루 중에 먹고 자는 시간을 빼고는 오로지 서전 서문을 포함한 주문 읽는 공부에 몰두하셨다는 것이며 **장장 5년이 걸렸다**고 한다. 보통 정성이 있는 신앙인이라도 평생 5천독을 하기가 어려운데 50만독이라는 것이 과연 가능한 일이겠는가 생각해 본다. 아마도 증산 상제님 신앙 100년의 역사에서 학암 선생이 유일무이하지 않을까 생각이 든다. 이러한 사실 등은 무엇을 말하는 것인가? 나는 이중성 선생이야말로 다음 상제님 말씀의 주인공이라고 생각하게 되었다.

* 말씀하시기를, 나의 도 아래에서 **혈심자(血心者)가 한 사람** 있으면, 내 일은 이루어지느니라. (천지개벽경 을사 2장)

* 상제님께서 말씀하시기를 "**일심자(一心者)가 하나라도** 있어야 한

다. 하나도 없으면 내 일은 오만년 공각(空殼)이 되느니라."하시니라. (재판 道典 7:47)

3. 형렬을 돌아보시며 "**잘 믿는 자**에게는 **해인(海印)**을 전하여 주리라."하시니라.
4 이어 말씀하시기를 "세상 사람들이 해인사에 해인이 있는 것으로 알고 또 정씨의 것이라 하나, 실물은 없고 기운만 있는 것을 내가 가지고 왔으니
5 **일심자(一心者)에게 전하여 주리라.**"하시니라.
(재판 道典 7:30) (원본 경전 용화전경)

학암 선생은 증산 상제님께서 진실로 삼계 우주를 주재하시는 하느님이심을 **뼛속 깊이 골수에 사무치도록** 믿었던 것이고 자신의 몸과 마음과 인생의 모든 것을 상제님 신앙에 바쳤던 분이었던 것이다.

10. 상제님의 성골(聖骨)을 찾는 데 결정적인 역할을 하신 학암 선생

이인수님은 상제님의 체백(體魄)인 성골(聖骨)이 상제님의 따님 교단인 증산법종교 영대(靈臺)의 성묘원(聖墓院)에 모셔지게 된 과정에서 이중성 선생께서 결정적인 역할을 하셨다는 증언 말씀을 하셨다.
나는 옛 교단에 있을 때는 30년 신앙생활 동안 상제님의 체백이 모셔진 산소(山所)가 어디인지를 전혀 알지 못하였고, 찾아볼 생각조차 하지 못하였다. 그런데 옛 교단에서 하산한 이후 상제님의 유일한 혈손이신 화은당 강순임 선사의 일대기를 그린 『화은당실기』와 법종교의 역사를 말하는 『증산법종교60년사』를 읽게 되었고, 또한 직접 증산법종교를 답사하면서 경내(境內)의 영대(靈臺) 성묘원(聖墓院)에 상제님의 체백과 정씨 대모님의 체백이 모셔져 있음을 뒤늦게 알게 되었고 큰 충격을 받았다.

증산법종교 영대(靈臺)의 성묘원(聖墓院)

증산 상제님의 체백이 모셔져 있다

[전북 김제시 금산면 금산리 오리알터[鳧卵基]에 소재한 증산법종교에는 전각(殿閣) 10여 개가 세워져 있는데 중심에 영대(靈臺)가 있으며 이곳에 **증산 상제님과 정씨 성모님 양위분의 체백이 모셔져 있다.** 상제님의 체백이 이곳 영대에 모셔지는 과정에서 학암 선생이 결정적인 역할을 하셨다는 사실을 아는 사람은 드물다]

그런데 나보다 먼저 하산했던 도생들은 아주 명백하게 증산법종교 경내에 있는 영대에 상제님의 체백이 모셔져 있음을 인식하고 있었고 매년 성묘원을 참배하고 있었다.

화은당실기와 증산법종교60년사에는 화은당 강순임 선사가 아버지이신 상제님의 성골을 찾아오게 된 과정 이야기가 실려 있다. 본래 상제님의 성골은 1927 정묘년 가을에 차경석의 명을 받고 이복동생 차윤경이 정읍 대흥리 비룡산 중턱 어딘가에 평장(平葬)하여 감추게 되었다. 그런데 1929 기사년 차경석의 신앙 배반 후에는 이복동생 차윤경도 상제님 신앙의 길에서 이탈하였다고 한다. 따라서 세월의 흐름과 함께 그곳에 거름을 주어 밭농사를 하거나 때로는 잡풀이 무성하게 자라게 방치하는 등 무심하게 지내다 보니 해방이 될 즈음에는 평장한 위치가 어디인지조차 모르는 지경이 되고 말았다.

화은당 강순임 선사와 구암 김병철 정사는 1947년 정해년 가을에 상제님의 체백을 찾아 동곡에 모시라는 정씨 대모님의 계시를 받고 이를 추진하게 된다 (증산법종교사 97쪽). 그런데 이때 화은당과 김병철 두 분에게 상제님의 성골이 지난 1927 정묘년에 차경석의 지시를 따라 이복동생 차윤경이 아무도 모르게 비룡산 중턱에 평장하였다는 사실을 알려주신 분이 바로 학암 선생이었다는 것이다. 그리하여 화은당과 김병철은 대흥리에 차윤경 주판례 부부를 찾아가 강력하게 압박과 회유와 설득을 하여 상제님의 성골을 찾아오게 된 것이다.

이 과정에서 부인 주판례는 신앙심이 사라진 남편 차윤경을 적극적으로 설득하였으며 성골을 찾아준 공로로 후일 증산법종교로 와서 말년을 지내다 돌아가셨다고 한다. 주판례님은 법종교로 오면서 자신이 평생 보관하고 있던 증산 상제님의 사진 1장과 1907~1908 정미 무신년에 정읍 대흥리에 와 계시던 상제님을 수발들 때 상제님께서 사용하시던 식기와 시저와 세수대야를 함께 가지고 와서 법종교에 기증하였다. 주판례님의 무덤은 법종교 뒷산인 수양산에 있다. 그런데 증산법종교60년사와 화은당실기에는 이러한 결정적인 정보를 알려준 학암 선생에 대한 이야기는 실려 있지 않고 빠져 있다. 이인수님은 아버지와 함께 강순임 선사 살아생전에 법종교 치성에 참배한 경험담을 비롯하여 이러한 저간의 사정 이야기를 증언해 주셨다.

11. 학암 선생의 선화(仙化)와 장례(葬禮)에 얽힌 이야기

학암 선생은 1958 무술(戊戌)년 음력 11월 28일(양력 59년 1월 7일), 62세를 일기(一期)로 필생의 노력으로 편술한 천지개벽경 원고를 아들 이인수에게 전수하고 돌아가셨다. 다음은 이인수님이 들려준 아버지 이중성 선생의 생애 마지막 날의 모습과 이어 치러진 장례식에 대한 이야기이다.

학암 선생은 무술년 봄부터 그동안 편술한 천지개벽경 원고를 마지막으로 정서(淨書)하기 시작하셨다. 이 작업에 집중하다 보니 찾아오는 손님을 일일이 응대하고 맞이할 수 없어서 아들 이인수에게 손님에게 사정을 말하고 대신 대접하라고 했다고 한다. 이때 이인수님은 22살의 당당한 청년으로 성장해 있었다.

돌아가시기 사흘 전부터 아버지는 예전의 일상과는 다소 다른 행보를 보이셨다. 아들에게 아버지의 삶에 대하여 말하였는데 처음 듣는 얘기라기보다도 평소에 익히 들어왔던 내용이었다. 이인수님은 어린 나이부터 손님이 오면 아버지가 자신을 옆에 앉게 해서 이해하든 못하든 대화를 듣게 하였다고 한다. 이것은 뒷날 아버지의 삶을 증언할 수 있도록 어떤 준비를 하신 것으로 보인다.

28일에 아침 식사를 마치고는 학암 선생은 아들을 불러 앉히고 천지개벽경 원고를 보여주면서 뒷부분에 다 정서하지 못한 곳이 약간 남아 있는데 이것은 네가 아버지의 글씨체를 잘 알아보니까 대신 정서하라고 하면서 원고를 넘겨주셨다. 이인수님은 아버지가 평소 천지개벽경을 편술 작업을 했으며 다시 새롭게 정서한다는 것만 알았지 그때까지는 구체적인 원고를 못 보았다고 했다.

그렇지만 평소에 아버지가 만들어 준 성구 소책자를 통하여 천지개벽경의 성구 대부분을 다 외워서 알고 있었고 특히 **의통인패에 대한 것**은 이인수님도 깊은 관심을 가지고 있었기에 궁금한 것은 **여러 차례 여쭈어보았다**고 했다. 그러면서 3시간 정도 이러저러한 말씀을 하셨는데 이날 이인수님은 아버지가 혹여 돌아가실까 하는 생각은 전혀 못했다고 한다. 왜냐하면 그날까지도 이인수님의 눈에 비친 아버지는 여전히 건강하시고 정정하셨기 때문이었다.

말씀을 마치고 괭이와 삽 등을 준비하게 하고는 아들과 함께 동네의 공동 우물로 가서 돌을 고르는 등 주변을 정리하는 작업을 하셨다. 동네 우물은 마을 구성원의 식수원으로 많은 사람들이 드나들기에 혹여 겨울 날씨에 미끄러져 다칠 염려가 있었기 때문이었다.

한참 동안 작업을 하고 나서 집으로 돌아왔을 때는 이미 점심 식사 시간이 한참 지난 때였다. 아버지와 겸상을 하고 식사를 시작해서 몇 숟가락을 들었을 때 갑자기 학암 선생은 상을 물리라고 말씀하셨다. 그리고 몸이 좀 불편하셨는지 직접 밖으로 나가서 세면을 못하시고 세숫물을 떠오라고 하고는 문턱에서 간단하게 얼굴을 닦으시고 청수 모시는 방으로 들어가셨다. 이인수님이 밖에서 들으니 기도 소리가 들렸다. "아버지! 데리고 가시려면 ○○하게 데려가 주옵소서!" 그리고 잠시 뒤 청수방 문을 열고 나오는데 아버지의 이마에는 예전과는 다르게 땀방울이 많이 돋아나 있었다.

이인수님은 즉각 아버지의 건강에 문제가 있음을 알아차렸다. 학암 선생은 안방으로 들어가 자리에 누우셨는데 다급해진 이인수님은 아버지에게 읍내의 학암 선생께서 평소에 이용하던 한의원으로 약을 지으러 가겠다는 말씀을 드렸다. 그곳에는 가미사성음이나 가미사물탕 등의 약처방이 있었기 때문이다. 학암 선생은 괜찮다고 말씀했으나 아들의 마음은 급하기만 했다. 얼른 부엌에다가 약탕기와 숯불을 준비하고는 읍내 한의원으로 달려가기 시작했다. 마침 그날 오후 눈이 엄청나게 내렸으며 순식간에 발이 푹푹 빠지도록 눈이 많이 왔다고 한다.

이인수님이 약을 지어 집으로 왔을 때 누워있던 아버지는 아들을 건너다보시고 "네가 욕보는구나"하고 말씀하셨다고 한다. 약탕기에 약을 넣고 달이기 시작했는데 학암 선생은 아들을 방으로 들어오라고 하고는 **일어나 남쪽을 향해 앉으셨다.** 그리고 아들에게 등 뒤에서 아버지가 넘어지지 않도록 껴안으며 부추기라고 말씀하셨다. 아들은 곧바로 앉아계신 아버지 뒤에 앉아서 껴안고 떠받쳤다. 학암 선생은 **합장을 하고 잠시 기도를 하시고는 앉은 채로 선화하셨다.** 이것이 학암 이중성 선생의 생애 마지막 날 마지막 순간의 모습이다.

* 말씀하시기를, 치성에 절을 올리되 반드시 **남쪽**을 향해 올려라. 묵은 하늘은 자좌오향(子坐午向)이나 나는 **오좌자향(午坐子向)** 하노라. (천지개벽경 을사 2장)

부지불식간에 아버지의 돌아가심을 당하고 황망한 가운데 장례 절차는 아들 이인수님의 몫이었다. 학암 선생은 아들에게 평소 아버지가 사망한 이후의 장례와 매장에 대해 말씀하셨다고 한다. 당시까지는 상인(喪人)이 굴건제복(屈巾祭服)과 곡(哭)을 하며 장례를 치르는 때다. 그러나 학암 선생은 절대 굴건제복과 곡을 하지 말라고 하셨고, 대신 **태을주 등 주문을 읽으라고** 하셨다는 것이다. 또한 무덤을 만들어 **매장하지 말고** 가묘를 했다가 일정한 시간이 지나 육탈(肉脫)이 되면 **화장(火葬)해서 산에 뿌리라고 하셨다**는 것이다. 이것은 천지개벽경에 나와 있는 다음의 말씀을 그대로 따르는 것을 의미한다.

* 하루는 상인(喪人)을 보시고
말씀하시기를, **상복(喪服)은 거지 죽은 귀신이 만든 것이니라.**
제자가 여쭈기를, 유가에서 만든 바는 이와 다릅니까?
말씀하시기를, **추하고 험하니 나의 세상에는 이를 없애노라.**
(천지개벽경 병오 1장)

* 나의 세상에는 **백골을 땅에 묻지 않고** 장사지내느니라.

(천지개벽경 계묘 6장)

학암 선생의 장례식은 3일장이 아니라 5일장으로 치러졌다. 이것은 당시 통신의 미발달로 인해 친지와 지인들에게 부고(訃告)를 해서 조문객이 오는데 시간이 걸렸기 때문이었고 특히 눈이 많이 온 겨울철 때문이기도 했다. 이인수님은 종이에 태을주와 원정주를 3백장 적어서 조문객을 맞이하였다. 학암 선생의 3자녀는 굴건제복이 아닌 정갈한 옷차림에 곡을 하지 않고, 대신 태을주를 읽었으며 조문객에게도 함께 주송하기를 부탁하였다. 그런데 이러한 장례 모습은 1950년대의 시대 조류와는 전혀 맞지 않는 것이다. 하지만 아버지의 평소 가르침이 있었기에 3자녀는 조문객의 따가운 눈초리에도 굴하지 않고 소신대로 진행했다고 한다.

장례 절차를 마치고 나서 조문객이 모두 돌아가자 이인수님은 도저히 밀려오는 잠을 물리칠 수가 없었다. 5일간 상주 역할을 하면서 거의 못 잤기 때문이다. 청수 모시는 방에 들어가 안에서 문을 걸어 잠그고 잠에 떨어졌다. 꿈을 꾸었는데 저쪽 들판에서 한 무리의 사람들이 말을 타고 서북쪽으로 달려가는 것이 보였다. 이인수님이 보니까 아버지가 그 가운데에 계셨다. 이인수님은 아버지~ 하고 불렀고 학암 선생은 이를 알아차리고 말머리를 들려 몇 사람과 함께 아들 쪽으로 다가왔다. 이인수님은 반갑게 맞이하면서 아버지에게 여쭈었다. "아버지~ 살아생전에 그토록 상제님의 세상이 오기를 기도하고 기다리셨는데 그 세상은 언제나 오는 것인가요?"

아들의 질문에 학암 선생은 다만 오른손을 펴서 들고 엄지부터 새끼 손가락까지 말아서 쥐기를 세 번 하였다고 한다. 그리고서 꿈의 장면이 바뀌었다. 청수 모시는 방에 아버지와 아들은 단둘이 앉아 있었는데 학암 선생이 말하였다. "인수야~ 아버지는 이제 간다. 여기 천지개벽경 원고 중에서 네가 모르는 것이 있으면 물어보아라. 아버지가 다 대답해 주겠다." 그러자 이인수님은 천지개벽경 원고를 들고 이곳 저곳을 펼쳐 보이며 아버지께 여쭈었고 학암 선생은 아들의 질문에 일일이 대답해 주었다고 한다. 그리고는 "아버지는 이제 가니 네가 잘하도록 해라" 말씀하셨다.

나는 이 증언 말씀을 듣고 나서 그때 꿈속에서 아버지에게 여쭈었던 질문과 아버지의 대답이 무엇이었는지를 여쭈어보았다. 그러자 이인수님은 꿈속의 일이라 자신이 원고를 넘기며 모르는 것을 물어보았다는 것과 아버지가 대답해 주었다는 상황만을 기억할 뿐 구체적인 내용은 자신도 모른다고 대답하셨다. 나는 이 꿈 이야기를 듣고는 학암 선생께서 아들에게 어떤 사명과 그것을 감당할 수 있는 기운을 붙이신 것이라는 생각이 들었다. 그것은 아들에게 때가 오면 천지개벽경을 세상에 꼭 내어놓으라는 것과 증언을 들으러 오는 후대의 일꾼들에게 아버지의 삶과 정신을 증언하라는 뜻이 담겨있다고 보고 있다.

이인수님은 아버지가 돌아가신 이후 갖은 세파를 헤치며 자신의 인생을 사시게 된다. 그러나 어제 어디서든 상제님 신앙을 잃지 않고 굳게 지키셨고 주변의 많은 분들에게 아버지의 삶과 신앙을 증거하셨다. 나는 이인수님을 2016년 4월에 처음 뵈었다. 이때는 이인수님의 나이가 비록 80이셨지만 건강하시고 아주 정정하셨다. 이인수님이 꼭 나에게만 아버지의 삶과 신앙을 증언하신 것은 아닐 것이라고 본다

이인수님의 집에는 많은 내방객들이 있었고 아버지 이중성 선생에 대해 궁금한 것을 물으러 오는 분이 많았을 것이라고 생각한다. 그러나 어쨌든 이인수님과의 만남은 내 신앙 인생을 바로잡고 참신앙 혁명운동의 과정에서 내가 무엇을 어떻게 해야 하는지를 확연히 알게 하는 가장 중요한 인생의 전기점이 되었다. 내가 이인수님을 만나게 된 것은 상제님과 수부님의 계획이며 은혜였다고 감히 생각한다. 학암 이중성 선생은 과연 누구신가? 뒤에서 다시 알아보겠지만 상제님 100

년 교운사에서 상제님께서 말씀하신 그 **혈심자**이며 **일심자**이셨고 **판 밖의 인물**이라고 판단한다.

학암 선생의 체백은 장례식 이후 가묘를 했다가 조금 늦게 10년이 지난 뒤에 화장해서 삼성산에 뿌리게 된다. 곧바로 하지 못했던 것은 당시는 화장문화가 일반화되지 않고 화장 시설이 거의 있지 않던 시절이었기 때문이었다.

12. 학암 선생에게서 주역과 정역을 배운 탄허 스님 이야기

여기서 학암 선생으로부터 어린 시절에 주역과 정역을 배운 탄허 스님에 대한 이야기를 해 본다.

요즈음 예언에 관심을 가진 한국 사람으로 탄허 스님을 모르는 사람은 거의 없다. 특히 증산 도문에 있는 신앙인들은 더욱 그러하다. 탄허 스님(1913~1983)은 전북 김제 출신으로 속명이 김금탁(金金鐸) 혹은 김택성(金澤成)이며 보천교의 60방주 가운데 목주(木主)를 하셨던 김홍규(金洪奎)님의 차남이다. 탄허 스님은 어린 시절부터 보천교 신앙의 영향 아래서 성장하신 분으로 한학에 능한 천재이셨고 후일 불가의 스님이 되어 화엄경을 번역했으며 주역을 바탕으로 한국 현대사에 관한 많은 예언을 하셨다. 특히 **정역**을 바탕으로 **후천개벽**을 **예언**하며 **한국**이 **후천 세계의 중심국**이 되며 수많은 지도자들이 등장한다는 것을 말씀하신 분이다.

이인수님이 어린 시절의 기억으로 떠올리는 탄허 스님은 스님이 되기 이전의 청년 시절의 모습이다. 출가하기 전의 탄허 스님이 계화동에 있던 **학암 선생의 집에 와서 도배도 함께 했으며** 어린 인수님과 함께 즐거운 시간을 보냈다는 것이다.

탄허 스님 어록

[김탄허 스님은 어린 시절 학암 이중성 선생으로부터 주역과 정역 등 학문을 사사(師事)한 제자였음이 이인수님의 증언으로 드러났다. 탄허 스님이 불교에 몸을 담고 입문한 계기도 학암 선생의 권유로 인한 것이었다고 한다.]

이인수님은 장성하면서 아버지로부터 탄허 스님의 출가 전 이야기를 들었다. 청년 택성이 여러 차례 집에 와서 공부하며 **아버지로부터 주역과 정역을 배웠다**는 말씀이었다. 이러한 얘기는 아버지뿐만 아니라 아버지를 찾아오는 주위의 여러 어른들로부터도 들었다는 것이다. 이인수님은 어린 시절에 탄허 스님의 형님도 자주 뵈었으며 그분의 이름을 김택빈으로 뚜렷이 기억하고 계셨다.

1929 기사년 음력 4월에 있었던 차경석의 상제님 배신 발언 사건 이후에도 정읍에 있었던 보천교 방주들의 자제들 가운데 상당수는 학암

선생을 존경하며 따랐고 선생님으로 모시고 가르침과 배움을 받았다고 한다. 이것은 학암 선생이 신학과 구학에 너무도 뛰어난 학식을 가진 분으로 방주들을 비롯한 보천교 신앙사회에 널리 알려져 있었기 때문이었다. 학암 선생으로부터 학문을 배운 방주들의 자제들은 탄허 스님 말고도 여러 명이 있었다고 한다.

학암 선생은 자신에게 주역과 정역을 배운 청년 김택성에게 말하기를, 택성이는 몸이 약하여 만일 일제 헌병에게 붙잡혀 고문을 당하게 되면 이겨내지 못할 것이니, **차라리 불가로 입적해서 몸을 피하여 공부를 계속하라**고 말씀하셨다고 한다. 당시 일제 말엽의 상황은 갈수록 민족종교에 대한 탄압이 심해지며 특히 증산 계열에 대한 극심한 경계와 감시가 있던 때로서 조금이라도 수상한 낌새가 있으면 가차 없이 검거해서 고문하였고 이 과정에서 옥사(獄死)하는 사람이 속출하던 때였다. 이러한 시대적 배경아래 학암 선생은 총기 있고 전도유망한 제자를 아끼어서 그렇게 말했다는 것이다.

다음은 학암 선생께서 돌아가신 이후 16년이 지난 **1975년의 일화**라고 기억하면서 이인수님이 들려주신 이야기다.

이인수님은 아버지가 돌아가신 이후에 거처를 대전으로 옮겨 새로운 삶을 도모하게 된다. 그것은 1929 기사년 봄에 있었던 차경석의 배반 사건에서 이중성 선생의 뒤를 이어 차경석의 배신 발언에 반기를 들고 과감하게 외쳤던 소만 방주 이두용 선생의 가족이 대전으로 옮겨 살고 있었던 때문이었다. 기사년 사건 이후로 학암 선생과 이두용 선생은 깊은 유대 속에 지내게 되었다. 아버지가 돌아가신 이후 이인수님은 대전에 있는 이두용 선생의 아드님이신 이기협님을 찾아가 따님과 결혼하겠으니 허락을 해 달라는 의사를 밝히게 되었고 이로써 이인수님은 이두용 선생의 손녀딸이신 이○○님과 부부의 연을 맺게 되었다.

이인수님은 학암 선생이 살아계셨을 때는 일절 학교를 다니지 않아서 아버지가 돌아가신 직후 세상에 적응할 수 있는 그 어떤 학력과 기술 등 기반이 전무하였다. 이때 이인수님의 20대 이후의 삶에 활로를 틔워준 것은 대전에 있는 처가의 도움이었다. 이인수님은 이를 발판으로 하여 자신의 능력을 펼치며 사업을 하게 되었는데 이때 탄허 스님의 형님이신 김택빈님의 아들 김광호를 대전으로 함께 데리고 가서 사업장의 일꾼으로 일하게 하고 있었다.

시간이 흘러 1975년이 되자 이인수님은 서울 도쿄호텔 옆 예전 동양고속 부근에 사무실을 열고 있었는데 당시 청량리 모처에는 동국대학교 불교대학으로 강의를 나가시던 탄허 스님의 거처가 있었다. 그곳에는 여러 명의 대학원생들이 함께 있으면서 탄허 스님을 보좌하던 시절이라고 한다.

이인수님과 김광호는 오후 시간쯤 탄허 스님을 찾아뵈었다. 김광호에게는 아주 가까운 작은 아버지요 이인수님에게는 아버지로부터 주역과 정역을 배운 제자였다. 해방 이전 어릴 적 보았던 후로 많은 시간이 지나간 뒤여서 처음 보는 자리였다. 찾아가 인사를 드리니 탄허 스님은 반갑게 맞이하기는 했으나 주위 사람들을 의식한 탓인지 불가의 스님으로서 신분과 정중한 자세를 유지하며 다소 거리감을 두고 딱딱하게 대하셨다고 한다.

그래서 인사만 드리고 나오려고 하니까 모처럼 왔는데 저녁 식사도 하고 하룻밤 자고 가라는 말씀을 하길래 물리치지 못하고 머물게 되었다. 일과가 끝나고 주위의 대학원생들이 돌아가고 밤이 되자 탄허 스님은 이인수님을 부르셨다는 것이다. 주변에 함께하는 사람들이 없게 되자 탄허 스님의 태도는 오후에 처음 보던 때와는 완전히 달라지셨다는 것이다. 그것은 더 이상 스님으로서의 진중한 신분과 태도가 아니었으며 어린 시절에 함께 지내던 스스럼없던 순수한 청년의 다정다감한 모습으로 바뀌었다는 것이다.

탄허 스님은 학암 선생께서 돌아가신 것을 2년 지나서야 알게 되어서 장례식에는 참석할 수 없었다는 얘기와 함께 과거에 자신이 학암 선생을 모시고 공부하던 일과 계화동에서 이인수님과 재밌게 보내던 옛날이야기 등을 나누며 시간 가는 줄 모르고 밤을 보냈다는 것이다. 이후로 이인수님은 탄허 스님과 종종 연락하며 교분을 이어 나가게 된다.

탄허 스님은 주역은 물론 정역에 밝으신 분으로 역학에 바탕을 두고 한국 현대사의 여러 사건을 예언하였고 특히 후천개벽과 함께 수많은 인물들이 장차 대한민국에서 출세하는 것을 예언하셨다. 나는 상제님의 도문에 입문하던 1982년 당시 『부처님이 계신다면』이라는 책을 읽고 탄허 스님의 주역과 정역에 근거를 둔 충격적인 미래 예언을 알게 되었다. 김탄허 스님은 과연 누구에게서 그 어렵다는 역학을 배우셨으며 어떻게 하여 주역은 물론 정역에 대해 이토록 깊은 이해를 하시게 되었던 것일까? 스님 스스로의 천재적인 능력과 노력에 의한 것이었을까 등등 의문은 있었으나 알 수가 없었다.

그런데 이인수님의 말씀을 듣고 나니 그 학문의 연원은 학암 이중성 선생이었다는 사실을 알게 되었다. 탄허 스님 스스로의 재능도 있었거니와 더 깊게는 강증산 상제님을 신앙하셨던 부친으로부터 오는 부친교 신앙의 영향과 특히 역학에 달통(達通)하신 학암 이중성 선생으로부터 주역과 정역을 배운 것에서 기인한다는 것을 새삼 알게 된 것이다.

13. 소설 『본주(本主)』에서 왜곡하고 있는 학암 선생에 대한 부분

이중성 선생의 삶에 대해 비록 일부분이나마 처음 알린 서책은 농초 박문기가 쓴 소설 『본주(本主)』라는 책이다. 소설 본주는 1995년 정신세계사에서 상,하 두 권으로 나온 것인데, 본주란 인정상관(仁正上觀)으로도 알려진 여처자(1888~1954)라는 신이한 여성을 일컫는 말이다. 이 책은 박문기가 **여처자의 일생을 신비화해서 소설 형식으로 쓴 것**인데 주인공 여처자는 저자 박문기가 어린 시절에 돌아가셨기에 직접 접했던 분은 아니라고 한다. 다만 박문기가 성장하여 어른들로부터 자료를 수집하여 **작가의 상상력을 바탕으로 소설적인 요소를 가미하여 썼다**는 것을 고려하며 읽어야 한다
.
박문기(1948~2020)는 정읍에서 출생하여 그곳에서 농사를 지으며 한평생 살면서 우리 역사를 연구하신 재야 향토사학자이자 한학자이고 친환경농업인으로 알려지신 분이다. 박문기의 유명한 저서로는 『대동이(大東夷)』(1987)와 『맥이(貊耳)』(1987) 등이 있는데 이들 책자를 읽어본 사람들 가운데는 박문기의 작가로서의 지식과 필력에 공감하는 분들이 적지 않을 것이다. 한편 박문기의 어머니인 **최영단 여사**는 먼저 돌아가신 여처자의 유일한 사후 제자로서 알려져 있고 60년대와 70년대에 환자를 쳐다보기만 해도 온갖 불치병이 낳는다고 하여 신유(神癒)의 신통력을 가지신 분으로 크게 유명했던 분이다.

본주 책 가운데 이중성 선생의 일화가 등장하는 까닭은 학암 선생의 부인인 최세대충군이 여처자와 동시대에 같은 지역에서 살며 서로 친밀하게 교류하신 분이었기 때문이다. 박문기는 여처자를 영적 세계에 나름대로 통하신 이인(異人)과 신인(神人)으로 신비화함에 있어 이를 뒷받침하기 위해서 동시대에 교류하며 살았던 최세대충군의 이야기를 내용 전개에 중요한 요소로 넣게 되었다. 이로써 남편인 학암 선생의 이야기와 보천교에 관한 이야기도 자연스럽게 들어가게 된 것이다.

농초 박문기가 저술한 『대동이』와 『본주』

[박문기는 인정상관으로 알려진 여처자의 일생을 그린 소설 『본주』를 쓰는 과정에서 이인수님의 증언을 듣고 학암 이중성 선생과 부인 최세대충군의 이야기를 내용 전개의 주요 요소로 넣어서 저술함으로써 **글로써 학암 선생을 세상에 처음으로 소개**하였다. 그러나 내용 중에 이인수님이 들려준 이야기를 **일부 다르게 서술**함으로써 **사실을 왜곡**하는 큰 아쉬움을 남겼다.]

과연 박문기는 어떻게 학암 선생과 부인 최세대충군에 대한 이야기를 알고 본주 책에 넣게 되었는가? 그것은 다름이 아니라 이인수님으로부터 직접 들어서 알게 된 것이다. 나는 이인수님으로부터 그 소이연(所以然)을 자세히 듣게 되었는데 이러하다.

이인수님은 장성하여 개인 사업을 추진하는 과정에서 당시 한국일보사 사장이었던 장강재(1945~1993)씨 집안과 알고 지내셨다. 장강재

사장은 60년대 영화계의 트로이카 중에 한 사람이었던 여배우 문희 씨와 결혼하신 분으로도 잘 알려진 분이다. 그런데 열정적으로 일하던 젊은 장사장은 그만 간암에 걸리게 되었고 어떻게 해서든 치료하려고 했으나 용이하지 않았다. 그러던 중 정읍에 신비한 신유의 신통력을 가진 최영단 여사와 연결되기를 고대하게 되었고, 마침 최영단 여사와 이인수님이 동고향 출신으로 잘 통할 수 있는 분임이 드러났다.

이인수님은 어린 시절부터 최영단 여사를 잘 알고 있었고 이로 인해서 장사장 측과 다리를 놓는 역할을 하시게 된다. 당시 최영단 여사의 장남인 박문기는 이인수님보다 나이가 한참 어린 관계로 처음에는 잘 아는 사이는 아니었다. 그런데 이인수님이 최영단 여사를 만나러 정읍에 자주 가다 보니 장성한 박문기와 친분이 있게 되었고, 그는 이미 대동이 등을 쓴 유명 작가로서의 위치에 있었다. 이인수님은 박문기에게 부모이신 학암 선생과 최세대충군의 삶을 비롯하여 자신이 겪은 어린 시절의 이야기를 몇 차례 들려주었고 어머니가 쓰셨던 신비한 천서(天書) 책도 빌려주어 일부가 사진 형식으로 본주 책자에 소개되기도 하였다. 박문기는 이인수님을 만나는 그 당시 이미 여처자의 삶을 그리는 본주라는 책자를 구상하고 있었던 것으로 보인다.

그런데 후일 책이 발간되고 나왔을 때 내용 중에는 이인수님의 들려준 것과는 전혀 상이(相異)한 내용이 들어가 있음이 발견되었다. 내가 이 부분을 이인수님께 읽어드리니 이미 알고 계셨고 자신이 박문기에게 들려주었던 얘기와는 전혀 다르게 쓰여있다고 한탄하셨다. 바로 이 부분이다.

> 정월 어느 날 **이중성이** 이덕원과 함께 **본주님을 뵈오니 본주님이 이중성에게 일렀다.**
> "일토중 중토중을 알아야 해"

그러자 **이중성이 예, 잘 알았습니다."하고 물러갔다**.

여기서 일토중(一土中) 중토중(中土重)이라는 말은 누구든지 이 지구상에 자신이 있는 곳이 바로 이 천지의 중심이며 그 중심이 되는, 자신이 바로 이 세상에서 가장 중하다는 뜻이다. 즉 내가 이 세상에 있어야만이 만물이 있게 되는 것이다. 때문에 나라를 위하는 길도 '나'라는 인생이 이 세상에 있어야만이 가능하다는 것이다.

이중성은 본주님으로부터 이 말씀을 들은 후 곧 승복(僧服) 한 벌을 만들어 가지고 백범 김구 선생을 찾아갔다. 그는 김구 선생에게 승복을 주며 그것을 입고 공주 마곡산에 들어가 3년 동안만 숨어 있으라고 권고하였다. 그는 미국 CIA의 행위와 이승만의 간악함이 장차 하지 못할 바가 없으리라는 것을 예측했던 것이다.
(본주 상 213~214쪽)

위 내용 중에 '학암 선생께서 김구 선생을 찾아가 공주 마곡사에서 3년 동안 은거하며 계시라'는 부분만 아버지에게 들은 내용일 뿐 나머지는 자신이 그런 말을 한 적이 없다고 말씀하셨다. 특히 학암 선생께서 **여처자를 찾아가** 어떠한 가르침이나 **지시를 받는다는 것**은 도저히 상상조차 할 수 없는, **있을 수 없는 일**이라고 하셨다.

그러니까 이인수님의 증언 이외의 나머지 부분은 저자가 소설가로서의 상상력으로 지어낸 말로 보인다. 이인수님의 말씀으로는, 어머니가 여처자와 같이 영계에 신적으로 통하신 분으로서 비록 나이 차는 있으나 서로 존대말을 쓰며 교류하셨을 뿐, 아버지 학암 선생은 여처자와 상면하신 적이 없고, 다만 어머니와 고모{이중성 선생의 여동생}가 여처자와 교류하셨을 뿐이라는 것이다. 아버지 학암 선생의 삶을 언제나 그림자처럼 옆에서 지켜보았던 자식으로서는 도저히 용납할 수 없는 내용이었던 것이다.

이인수님은 아주 어린 시절 어머니를 따라 부근 진등 마을에 살고 있던 여처자의 집에 갔었던 기억을 말씀하셨고, 6살에 어머니가 돌아가시고 나서 그리움에 사무칠 때 누나와 여처자의 집에 갔었다는 얘기는 하셨다. 이것은 어머니와 여처자와 특별한 교분이 있었음을 의미한다. 그러나 **아버지는 여처자와 직접적으로 상면하며 교류하지 않았다**고 증언하셨다.

여처자가 친하게 지내는 어머니와 고모에게 고사나 제사 등의 일을 부탁했을 때 관련한 물품 구입 등 남자로서 도와줄 수 있는 일을 했을 뿐이라는 것이다. 당시 여처자는 '여씨부인'이나 '여처자' 등으로 불리었을 뿐 '본주' 혹은 '인정상관'이라는 호칭 등은 없었다고 했다. 여기서 본주의 작가 박문기가 증산 상제님을 어떻게 인식하고 있는지를 말해주는 한 페이지를 소개한다.

> 대개 본주님 문하의 지도급 인사들은 옛날에 증산을 추종했거나 보천교를 믿었던 자들이었다. 때문에 이들은 거의가 본주님의 도덕을 종교적으로 이해하고 있었다. 뿐만 아니라 본주라는 호칭까지도 무슨 종교를 대표하는 이름으로 생각하고 있었다.
> 윗사람들이 그러하니 아랫사람들은 더욱 심하였다. 때문에 그들은 **본주님이 그렇게도 싫어하는 태을주를 외었고 증산을 아버지처럼 받들었던 것이다.** 문도 중에 그런 이들이 많았던 탓으로 **태을주를 읽고 증산을 아버지처럼 받드는 것이 인정상관의 가르침에 따른 것으로 오해되기도 하였다.**
> 이글을 쓰는 **필자도 한때 그렇게 이해한 적이 있었다.** 필자는 수년 전 졸저에 인정상관의 약전을 기록하면서 **다음과 같은 오기(誤記)**를 하였다.
>
> > 인정상관은 모든 제자를 모아 놓고 이르기를, "이제부터 너희들은 증산상제를 아버지로 받들어 모셔야 할 것이니 그 유훈(遺訓)은 물론 생일과 제사에 까지도 정성을 다하라 하였다.

(졸저 『맥이』의 「인정상관기」 p193)

이는 필자가 인정상관의 생존 제자 모(某)씨의 말만을 듣고 이를 그대로 기록한 데서 온 착오이다. 지금까지 여러 생존 제자들의 말을 청취하여 종합해 본 결과 그 모씨 외에는 아무도 그런 말을 들은 사실이 없다고 한다. 이는 아무도 모씨가 증산교에 심취해 있었기 때문에 그렇게 말한 것이다.
대개 그러한 소이로 인하여 당시 외부에서는 인정상관을 추종하는 무리를 증산교의 일파로 보는 수가 있었다. 증산교는 보천교가 해산되자 발흥했는데 옛날에 증산을 추종했던 제자들과 보천교의 간부들이 다 증산을 비조(鼻祖)로 삼아 만든 것이다.
(본주 상 195~196쪽)

이상의 내용으로 볼 때 박문기는 증산 상제님을 전혀 인정하지 않는 분임을 알 수 있다. 나는 여처자라는 분에 대하여 잘 알지 못한다. 다만 영적인 세계에 나름대로 통한 분이라는 사실 정도이다. 그런 분을 흔히 무당(巫堂)이라고 하는데 여처자는 일종의 무당이셨다는 것을 생각한다. 상제님의 부인이신 고수부님도 무당이셨다. 그런데 보통 무당이 아니셨고 상제님으로부터 도통을 받은 천하 일등 무당이셨다. 상제님은 당신을 천하 일등 재인(才人)이라 하셨고 수부님은 천하 일등 무당(巫堂)이라 말씀하셨다.

상세님과 수부님은 **천지공사와 신정공사**로써 선천 세상의 원과 한을 풀어버리는 **천지 굿**을 행하셨다. 천지 굿인 천지공사는 무엇보다도 **신명 해원**이 바탕이 된다. 천지공사라는 천지 굿은 **외짝 굿**이 아니라 천하 일등 재인이신 상제님과 천하 일등 무당이신 수부님 즉 음과 양이 하나로 된 **음양굿**이었다. 나는 상제님의 천지공사와 수부님의 신정공사야말로 음양합덕(陰陽合德)의 완벽한 천지 굿이라고 생각한다.

수부님께 내리신 천하 일등 무당 도수

1 대흥리에서 공사를 행하실 때 하루는 "유생(儒生)들을 부르라." 하시어 경석의 집 두 칸 장방에 가득 앉히시고
2 재인(才人) 여섯 명을 불러오게 하시어 풍악을 연주하게 하시니라.
3 이어 "수부 나오라 해라." 하시니 수부님께서 춤을 우쭐우쭐 추며 나오시는지라
4 상제님께서 친히 장고를 치시며 말씀하시기를 "이것이 **천지 굿**이라. **나는 천하 일등 재인(才人)**이요, **너는 천하 일등 무당(巫堂)**이니 우리 굿 한 석 해 보세.
5 이 당(黨) 저 당(黨) 다 버리고 무당 집에 가서 빌어야 살리라." 하시고 장고를 두둥 울리실 때
6 수부님께서 장단에 맞춰 노래하시니 이러하니라.
세상 나온 굿 한 석에
세계 원한 다 끄르고
세계 해원 다 된다네.
7 상제님께서 칭찬하시고 장고를 끌러 수부님께 주시며 "그대가 굿 한 석 하였으니 나도 굿 한 석 해 보세." 하시거늘
8 수부님께서 장고를 받아 메시고 두둥둥 울리시니 상제님께서 소리 높여 노래하시기를
9 "단주수명(丹朱受命)이라.
단주를 머리로 하여
세계 원한 다 끄르니
세계 해원 다 되었다네." 하시고
10 수부님께 일등 무당 도수를 붙이시니라.
(재판 道典 6:93)

최근 신앙인들 가운데 고수부님의 위격을 망각하고 다른 여성을 천지 어머니라느니 혹은 땅 어머니라느니 말하면서 그 영정 앞에 사배심고

를 하는 등의 경우에 벗어난 행동을 하는 것을 듣게 된다. 내가 볼 때 이것은 상제님 도의 근본에서 벗어난 아주 위태로운 행위라고 생각한다.

14. 학암 선생께서 지으신 장부처세가

장부처세가 丈夫處世歌

[1]
대장부大丈夫 처세處世히니
처세법處世法이 없을쏘냐
건곤乾坤을 집을 하니
오양육주五洋六州가 뜰 앞이라
만고萬古를 휘어잡고
내세來世를 더듬으니
호호탕탕浩浩蕩蕩 천지경天地景은
대자연大自然이 여기로다
석가산釋迦山 제일봉第一峰은
히말라야 산전山巓이요
곤륜崑崙이 둘째로다
지당池塘은 어드메뇨
태평양太平洋이 넓어 있고
대서양大西洋이 버금이라
금강金剛에 비껴앉아
사시四時 연경烟景 구경求景하고
천지대도天地大道 짊어지고
천차정청天下政廳 찾아드니

- 93 -

삼신산三神山이 여기로다

[2]
국사봉國師峰 제령봉帝令峰은
전후前後로 벌였는데
비룡촌飛龍村 어드메뇨
수간초옥數間草屋 석문태벽石門苔壁
만세인지거처萬世人之居處로다
안전眼前에 열린 경景은
억조창생億兆蒼生 제제濟濟하야
만세년월萬世年月이 유구幽久하구나
간디 불러 보고 받고
히틀러 뭇솔리니
순순諄諄히 훈계訓誡하니
천하영웅天下英雄이 게 누구냐
도시왈都是曰 서배鼠輩로다
만권서萬卷書 펼쳐놓고
동서고금東西古今 참작參酌할 새
노자老子는 자慈를 지고
석씨釋氏는 자비慈悲 지고
야소耶蘇는 애愛를 지고
공자孔子는 인仁을 지고
차례로 찾아든다

[3]
삼황오제三皇五帝 무슨 덕德고
경천애민敬天愛民 본本이로다
사단취장捨短取長하여
민리민복民利民福 꾀한 후後에

막대잡고 일어나서
춘풍春風에 비껴서니
화란춘성花蘭春城 만화방창萬化方暢
때 좋다 벗님네야
삼춘시절三春時節이 이 아니냐
동자童子야 술 부어라
취醉하도록 먹어보자
신천新天 신지新地 신일월新日月에
학무봉상鶴舞鳳翔 좋은 경景을
나 혼자 안단말가
때 좋다 벗님네야
삼춘시절三春時節이 이 아니냐
동자童子야 술 부어라
취醉하도록 먹어보자
신천新天 신지新地 신일월新日月에
학무봉상鶴舞鳳翔 좋은 경景을
나 혼자 안단말가

15. 학암 선생께서 지으신 천지일주가

천지일주가 天地一週歌

[1]
탁주삼배濁酒三杯 호기豪氣 발발發發하야
죽장망혜竹杖芒鞋 나선 걸음
한곳을 당도當到하니
천황씨天皇氏 거처居處로다
천도天道의 장장壯한 이치理致
순순諄諄히 말씀 듣고
지황씨地皇氏 찾아뵈니
지덕地德이 관후寬厚하여
함홍광대含弘光大 덕합무강德合無疆
정녕丁寧히 이르시고
인황씨人皇氏를 찾아가니
병호일월炳乎日月 인륜대도人倫大道
그칠 줄을 모르신다
후기後期두고 물러 나와
태산泰山에 높이 올라
천지인궁天地人宮 살펴보니
천지삼재天地三才 정명貞明한대
산자연山自然 수자연水自然에
구목위궁構木爲宮 간소簡素하야
태고풍경太古風景이 완연宛然하다
대붕大鵬을 불러 잡아타고
허공虛空에 길을 열어
수만리數萬里를 내려오니
복희씨伏羲氏 거처居處로다

[2]
벽상壁上에 걸린 하도河圖
한 폭幅을 얻어 들고
신농씨神農氏를 찾아가니
정전庭前에 만초목萬草木은
의민의세醫民醫世 술術이로다
농경의약農耕醫藥 장壯한 공덕功德
무한無限히 찬미讚美하고
헌원씨軒轅氏를 찾아가니
문전門前에 저 비석碑石은
치우정란蚩尤定亂 공덕功德이라
오정午正에 가깝거늘
석계石谿에 걸터 앉아
청류수淸流水에 발을 담고
석벽石壁을 의지依支하니
송금조가松琴鳥歌 청아淸雅하여
망세월忘歲月이 되는구나
곡갱침지曲肱枕之 한잠 자고
산과야채山果野菜 요기療飢한 후
고래등에 발을 부쳐
만경창파萬頃蒼波 헤질 적에
동풍명월東風明月 좋은 때와
은린옥척銀鱗玉尺 뛰는 것이
개개箇箇이 경景이로다
영천수潁千水를 내려와서

[3]
젖은 땀을 씻은 뒤에
소부巢夫 허유許由 잠간暫間 보고

요堯임금을 찾아가니
토계삼등土階三嶝 모자부전茅茨不剪
仁風이 가득하다
단군근역檀君槿域 어드메뇨
대지종령大地鍾靈 받았으니
금수강산錦繡江山 분명分明하다
천은天恩이 망극罔極하사
오는 운수運數 무궁無窮이라
통일천하統一天下 만세사업萬世事業
이 가운데 있단 말가
역산歷山 앞을 내려올새
밭 가는 저 농부農夫는
무슨 근심 대단大端한고
하도뇌어河陶雷漁 천직天職이요
택제위宅帝位도 천명天命이라
효사부모孝思父母 한 마음이
인도人道의 권화權化로다
우禹임금을 찾아가니
치수공덕治水功德 장壯할 새라
삼백여리三百餘里 머나먼 길
경景 찾아 내려갈 새

[4]
넓고 넓은 제단祭壇 앞에
엎드린 저 양반兩班은
전도단발剪爪斷髮 무슨 일고
질제천지質諸天地 묻는 말에
내 마음이 흔들린다
현재현재賢哉賢哉 착한 행사行事

하나님이 감동感動하사
대우방大雨方 수천리數千里로
만고미문萬古美聞 지었어라
후직거처后稷居處 어드메뇨
천재공덕千載功德 싹이 터서
주周나라 판도坂圖로다
문무文武는 순덕純德이라
예악문물禮樂文物 빈빈彬彬하다
강태공姜太公을 잠깐暫間 보고
팔백여리八百餘里 내려오니
내 몸도 곤困커니와
시절時節도 분분紛紛하다
天竺國을 찾아드니
설산雪山에 앉은 양반兩班
대자비大慈悲에 잠겨있고
남방南方을 돌아드니
대자연大自然에 앉은 이는
노자老子임이 분명分明하다

[5]
북방현자北方賢者 누굴런고
우세憂世하여 나선 걸음
철환천하轍環天下 분주紛走하다
진시황秦始皇은 영걸英傑이라
분분세국紛紛世局 걷어잡아
통일천하統一天下 하였으니
치민치정治民治政 득의得宜하면
천추사업千秋事業 되는 것을
바람 앞 거미줄은

만리장성萬里長城 웃고 있고
파도波濤 옆 신기루蜃氣樓는
아방궁阿房宮을 냉소冷笑한다
안계眼界를 높이 들면
천지광대天地廣大 있건마는
힘쓸 바는 아니로다
취화상상공산리翠華想像空山裏
옥전허무야사중玉殿虛無野寺中을
두세 번 읊은 후에
사상촌泗上村을 찾아가니
관인대도寬仁大度 불사생산不事生産
정장댁亭長宅이 어느메뇨
마상馬上에 得天下는
이덕전덕以德傳德 못할 바에
대장부처세법大丈夫處世法이

[6]
장쾌壯快한 일이도다
천추인물千秋人物 삼국시三國時라
그저야 지낼쏘냐
소열황제昭烈皇帝 도원결의桃園結義
천추千秋에 미사美事로다
남양초당南陽草堂 찾아가서
제갈공명諸葛孔明 잠깐暫間 보고
진晉나라를 얼핏다녀
당唐나라를 찾아가니
이두문장李杜文章 찬란燦爛하다
송宋나라를 찾아가니
정주학程朱學이 대성大盛이라

원태조元太祖를 만나보니
판도坂圖도 굉장宏壯쿠나
주대명朱大明을 만나보니
포의창업布衣刱業 장할새라
청淸나라를 찾아가니
만이蠻夷라 웃지마소
치화治化가 장관壯觀이라
유태국猶太國을 찾아가니
십자가十字架에 흘린 보혈寶血
만민萬民을 속죄贖罪하고
소氏를 찾아가니

[7]
약기藥器를 받아들고
웃음 웃고 마시도다
나옹奈翁 일세一世 웅장雄壯하여
영명英名이 하장何壯키로
잠깐暫間 들여 찾아보고
화씨華氏 미주美洲 찾아가니
군자영웅君子英雄 일컫더라
노서아露西亞를 찾아가서
피득대제彼得大帝 만나보고
금강산金剛山에 헐각歇脚하니
동학東學이 대기大起하여
일청日淸 일로日露 상쟁相爭하니
천히대린天下大亂 시작始作된다
독제獨帝가 칭웅稱雄하여
간과干戈를 서로 드니
구주일대歐洲一帶는 전운戰雲이 몽몽濛濛이라

바람결에 들린 소식消息
하나님이 내세來世하사
천지만물天地萬物 개조改造하여
오만년五萬年 선경운수仙境運數
후천개벽後天開闢 하신다고
어화 세상 사람들아
전만고前萬古 후만고後萬古에
이런 일이 또 있으랴
대장부大丈夫 필생사업畢生事業
이 위에 더 장壯하랴
두 팔 걷고 내달아서

[8]
신세身世를 의탁依托하니
이 때 한번 힘을 쓰면
오만년五萬年 천지공정天地公庭
내 안면顔面도 좋으리라
역적배逆賊輩가 발호跋扈커늘
대의大義로 항쟁抗爭하고
천하대란天下大亂 한 가운데
묵묵默默히 앉았으니
히틀러 물러가고
뭇솔리니 뒤따른다
루스벨트 돌아가니
천하天下에 남은 영웅英雄
그 수數가 얼마던고
동방東方에 청룡운靑龍運이
나날이 떠오른다
한 세상世上 벗님네야

내 거처居處를 물어보소
영주瀛州 방장方丈 봉래蓬萊이요
국사國師 제령帝令 삼성三聖이라
정해井海를 찾아들어
계화촌桂花村을 물어보소
초옥삼간草屋三間 얽어놓고
일소사日所事를 무얼는고

16. 대순전경(大巡典經)과 천지개벽경(天地開闢經)의 비교

여기부터는 이인수님의 증언이나 주장이 아니라 내가 상제님 신앙을 하면서 공부하여 개인적으로 깨달은 소견(所見)에 대한 서술이다. 이인수님의 주장이나 생각이 전혀 아니므로 혹여 오해 없기를 당부드린다.

내가 참신앙 혁명운동을 하면서 일관되게 추구한 것이 상제님과 수부님의 '**원형 말씀**'을 찾는 것이었다. 원형 말씀이란 천지공사와 신정공사를 행하신 **상제님과 수부님의 입에서 토해져 나온 본래의 말씀, 그 워딩(Wording)**을 말한다. 나는 상제님 신앙을 하면서 근거로 삼아야 하는 것은 오로지 상제님과 수부님의 천지공사와 신정공사의 성언 성적 **말씀**이어야 한다고 생각한다, 어떤 증산 교단의 교주나 지도자라 할지라도 단체를 이끌고 신도들을 교육하는 데는 오로지 상제님과 수부님의 말씀에 근본하고 기초해야 되며 이를 벗어나서 교주의 개인적인 사설(私說)을 말하면 그것은 증산 상제님의 도가 아니라고 생각한다.

증산 상제님의 9년 천지공사(天地公事)의 성언 성적을 기록한 서책(書冊)으로 우리에게 익숙하게 알려진 **2대 경전**이 있는데 청음 이상호 선생의 『대순전경(大巡典經)』과 학암 이중성 선생의 『**천지개벽경**

(天地開闢經)』이다. 이상호와 이중성 두 분은 증산 상제님을 모시고 천지공사에 수종을 들었던 제자들을 직접 찾아 뵙고 증언을 수집하여 경전을 편술하셨기에 두 경전은 후대 신앙인에게 더없이 중요하고 기본이 되는 핵심 경전이다.

대순전경(초판)[좌]과 천지개벽경[우] 목차 비교

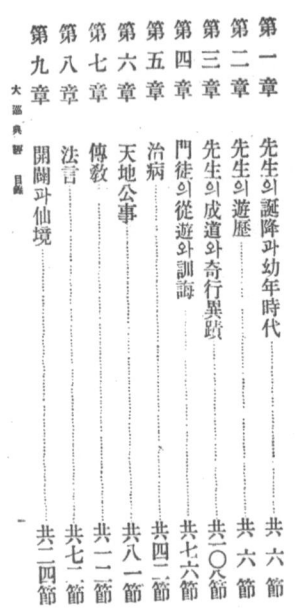
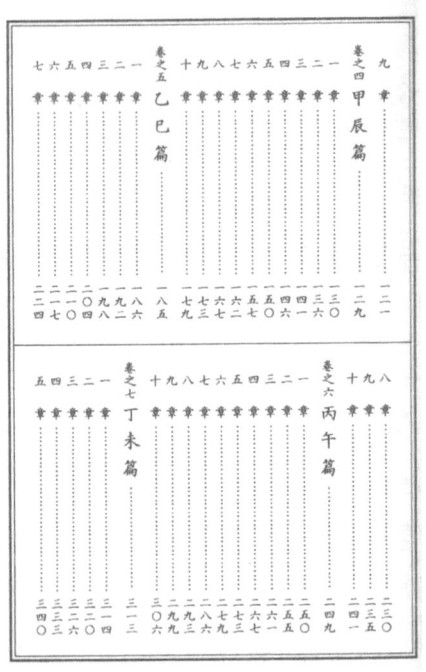

[대순전경은 천지공사에 대한 **주제별 편술**이고 천지개벽경은 **시간대순 편술**이다. 대순전경을 읽어서 천지공사의 목표와 대의를 파악하지 못하는 경우에는 천지개벽경을 읽으면 천지공사의 시종(始終)과 대의(大義)가 금방 드러난다. 천지개벽경에는 대순전경에 나오지 않는 법언과 도수 말씀이 상당 부분 실려 있는데 이것이야말로 모든 일꾼이 알고 싶어하는 판밖 소식이라고 말할 수 있다.]

한편 상제님의 제자들과 동시대를 살며 증언을 들었고 나름대로 신앙에 열과 성을 다하셨던 김낙원 선생이 지으신 『**용화전경(龍華典經)**』

이 있다. 그런데 용화전경은 대순전경이나 천지개벽경과는 그 내용과 구성에 있어 다소 격이 떨어지는 면이 있으며 김낙원 선생의 제자들이 경전을 썼다는 얘기가 있다. 하지만 나는 용화전경 또한 사심 없이 쓰여진 아주 중요한 경전이라고 생각한다.

그리고 대순전경이나 천지개벽경에 못지않은 또 다른 의미 있는 경전(經典)이 ○○선생께서 편술해 내신 『도전(道典)』이다. 그런데 도전은 이러한 1차 경전을 바탕으로 훗날에 쓰여진 2차 경전에 속한다. 그렇다고 도전이 이들 경전보다 중요도에 있어서 낮거나 하위의 경전이라고 생각하지 않는다. 도전에는 이들 경전에 실려 있지 않은 **천지공사에 대한 귀중한 답사 성구**가 상당한 분량으로 실려 있기에 대단히 중요하다고 본다.

대순전경은 청음(靑蔭) 이상호(李祥昊, 1888~1965) 선생이 편술한 것으로 일제시대 1929 기사(己巳)년에 초판이 나오고, 1933년에 2판, 일제가 물러간 해방 이후 1947년에 3판, (4판은 3판과 동일) 1960년에 5판, 1965년에 6판이 나왔다. 1판부터 6판까지 판을 거듭하면서 혹은 크게 혹은 적게 상제님 말씀이 가감(加減)되거나 증보(增補)되었는데 6판까지 발간한 후 이상호, 이정립 형제는 선화하셨다. 6판 이후 현재까지 더 이상 내용상의 증보는 없다.

본래 증산 상제님의 천지공사에 대한 최초 기록은 1926 병인(丙寅)년에 이상호 선생이 발간한 『증산천사공사기(甑山天師公事記)』이다. 이것은 당시 미륵불교에 잠시 가입한 선생께서 교주인 김형렬 성도로부터 짧은 시간 증언을 받아 기록한 것으로 장(章) 절(節) 구분 없이 **시간대 순으로** 상제님의 생애와 천지공사 내용을 쭈욱 서술한 것이다.

얼마 안 있어 청음 선생은 미륵불교 간부들과 불화하면서 교단을 나오게 되었고 더 이상 김형렬 성도나 구리골 안동 김씨 제자들로부터 증언을 듣지 못하게 되자 다른 제자들을 찾아가서 증언을 수집하게 된다. 청음 선생은 이것들을 정리하여 3년 뒤 1929 기사(己巳)년에 대순전경이라는 제호(題號)로 발간하였다.

그런데 대순전경은 증산천사공사기와는 다른 편집 체제를 갖추게 되는데 그것은 9년 천지공사를 시간대 순[편년체(編年體)]으로 서술한 것이 아니라 편찬자가 **임의로 설정한 주제를 따라** 기록하고 있다는 점이다. 상제님의 탄강과 유년시대, 유력, 성도와 기행이적, 문도의 추종과 훈회, 치병, 천지공사, 전교, 법언, 교범, 개벽과 선경, 문명, 인고문명, 화천, 선생의 이표 등으로 나누어 기록한 것이다. 그러니까 일종의 기전체(紀傳體) 방식으로도 볼 수 있으나 꼭 정확한 대비는 아니라고 본다.

상제님의 강세 목적이 천지공사를 행하는 것이고, 천지공사를 행하시는 일련의 과정에서 문도의 추종도 있고, 훈회(가르침)도 있으며, 치병도, 법언도, 교범도 있는 것일진대, 편찬자가 임의(任意) 주제로 나누어서 서술함으로써 오히려 천지공사의 전체 내용을 통관(通觀)해서 맥락(脈絡)을 파악하는 데 어려움이 있다는 지적이 있었다.

우리가 알고 싶은 것은 상제님께서 천지공사를 처음부터 마지막까지 어떠한 흐름과 과정으로 행하셨는가 하는 자연스러운 전후좌우의 상황과 내용이다. 그것을 추적하고 분석하다 보면 **천지공사의 본말(本末)과 시종(始終)**을 알게 되면서 **천지공사의 대의(大義)**와 **궁극의 목표 등 진면목(眞面目)**에 보다 가까이 다가설 것으로 생각되기 때문이다.

하지만 **대순전경**에 대한 이러한 아쉬움에도 불구하고 **증산천사공사기**와 함께 **상제님의 천지공사와 관련한 최초의 경전**이고, 성언 성적을 문서화(文書化)한 **문명(文明)**으로써 **진법(眞法)의 기초를 놓았다는 점**에서 그 의의가 지대(至大)하다 할 것이다.

나는 신앙을 시작한 82년도부터 대순전경을 보았다. 당시는 『증산교의 진리』라는 교리서가 있었고 경전(經典)은 대순전경을 사용했다. 그런데 읽은 판본은 청음, 남주 두 분이 생애 마지막으로 발간한 6판이었고, 공사기나 초판 ~ 5판까지의 대순전경은 아니다. 2013년 옛 교단을 나온 후에 비로소 모든 판본을 비교, 분석하며 보게 되었고 성화진경(동곡비서), 용화전경, 속수전경, 선정원경, 태극도의 선도진경, 대순진리회 전경, 정영규 천지개벽경, 이중성 천지개벽경 등을 함께 보게 되었다.

그러자 대순전경이 판본을 달리하면서 **일부 성구가 어떻게 바뀌었으며** 도전이 각종 경전에서 성구를 취사선택하여 **어떻게 재조립해서 성구화** 하였는지가 눈에 들어왔다. 이를 본서 하권 part 5에서는 대순전경의 성구 변형을 분석하였다.

학암(鶴菴) 이중성(李重盛, 1897~1958) 선생께서 편술하신 천지개벽경(天地開闢經)이 세상에 알려진 것은 1992 임신(壬申)년에 한문본 원본 서책이 발간되면서부터다. 대순전경 초판이 나온 이후 무려 두 세대가 지난 63년 만에 나온 것이다. 이 63년의 세월 동안 세운과 교운은 그야말로 격동의 세월 속에 너무도 큰 변화를 거듭하였다. 상제님의 천지공사가 갖가지 인사로 실현되어 20세기 역사로 전개된 것이다.

한국의 세운을 보면 일정기 36년이 끝나고 해방과 건국 그리고 6.25 동란과 남북 분단의 고착, 이승만을 시작으로 박정희, 전두환, 노태우 정부로 바뀌었다. 이러한 세운의 변화 속에 **1변교운**의 주역이셨던 고수부님과 차경석 성도가 선화하고 청음 이상호, 남주 이정립 형제도 돌아가셨다. 70년대 들어서 서울에서는 대순진리회가 대전에서는 ○○○가 태동(胎動)되어 새로운 교운 시대가 활짝 열리게 된다. 나는 ○○○와 대순진리회 등을 두 번째 교운 시대 즉 **2변교운**이라고 파악한다.

청음 이상호 선생은 일찌감치 1915 을묘(乙卯)년에 고수부님 교단에 입문하였고 이후 차경석이 교권을 움켜쥔 이후 보천교의 60방주 가운데 서방주(西方主)이 되었을 만큼 당시 교계와 신앙사회에 이름이 널리 알려진 분이다.

그런데 학암 이중성 선생은 성(姓)과 이름[名]을 감추고 국내에서 비밀리에 독립자금을 걷어 상해 임시정부로 보내는 결사대장(決死隊長)으로 독립운동에 전념하시다가 **1928년 무진(戊辰)년 동지(冬至)**에 비로소 도문에 얼굴과 이름을 알리며 **나타나신[起頭] 분**이다.

청음 선생과 학암 선생은 상제님의 천지공사에 수종 들었던 제자들을 일일이 만나 천지공사에 대한 재료를 수집하였는데 이상호 선생이 1925년경부터 본격적인 재료 수집을 시작하였고 이중성 선생은 1930년부터 시작했다. 시기적으로 대략 5년의 차이가 있는데 **두 분이 만난 제자들은** 거의 **같았다**.

그런데 천지개벽경의 내용은 대순전경과 많이 다르다는 사실이다. 같은 공사를 두고 조금 다르게 서술하고 있기도 하고 천지개벽경에는 대순전경에 기술되지 않은 공사와 법언(法言) 말씀이 적지 않다는 점이다. 물론 대순전경에도 천지개벽경에 없는 중요한 성언 성적 말씀이 여럿 있다. 두 경전을 비교 분석해 볼 때 대략 50% 정도는 다른 경전이라고 생각한다.

천지개벽경의 큰 특징은 대순전경의 주제별 편술과 달리 **시간대 순 편술**이다. 1901년 신축편, 1902년 임인편, 1903년 계묘편 이렇게 연대(年代)순으로 천지공사를 편술해 나가면서 1909년 기유편으로 매듭 짓고 있다.

따라서 천지개벽경은 상제님께서 천지공사의 착수에서부터 종결할 때까지 시간 흐름을 타고 어느 해에 어떤 공사를 행하셨고, 어떤 가르침[법언]을 내리셨는가 하는 걸 파악하는데 크게 도움이 된다. 그리고 무엇보다도 대순전경에 기술되지 않은 공사 내용들이 큰 관심의 대상이 된다.

이중성 선생은 이상호 선생과 동시대 분이다. 이상호 선생은 1888 무자(戊子)생이고 이중성 선생은 1987 정유(丁酉)생으로 9년의 나이 차가 난다. 두 분은 같은 시대를 사셨고, 도문의 큰 테두리 안에 계셨기에 처음에는 몰랐지만 후일 만나 서로 존대말을 하며[兩尊] 교류하셨다. 김제 용화동에 계시던 이상호 선생이 정읍에 살고 있던 이중성 선생의 집에 여러 번 찾아오셨고 함께 도담(道談)을 나누고 주무시기도 하셨다고 학암 선생의 아드님이신 이인수님은 증언한다.

한편 **학암 선생은 종교단체를 이끄는 교주가 아니었다**는 점에서 큰 차이가 있다. 천지개벽경을 읽고 연구할 때 이점을 염두에 둬야 한다. 청음 선생은 1928 무진(戊辰)년 동지에 김제 용화동에서 동화교(東華敎)라는 독자적인 교단을 창교한 이후 해방 후에는 대법사 증산교(甑山敎)를 만들어 이끄셨고 돌아가실 때까지 많은 신도를 거느렸던 교주(敎主)이셨다. 그러나 **학암 선생은 평생 종교단체를 만들지 않았고** 따라서 **자신을 따르는 신도가** 전혀 **없었다**.

일제 치하에서 보천교를 비롯한 많은 교단들이 난립할 때 각 교단은 신도 쟁탈전이라 할 만큼 경쟁이 치열했다고 한다. 이 와중에서 학암 선생은 어느 교단에서도 환영을 받았다고 한다. 왜냐하면 학암 선생은 교단과 신도를 이끄는 교주가 아니었고 따라서 어느 교단에서도 위협을 느끼는 경쟁 상대자가 아니었기 때문이다.

상제님의 천지공사에 대한 경전은 주로 교단의 교주들이 편찬해 냈다. 증산교 이상호 선생의 대순전경(大巡典經), ○○○ ○○○선생의 도전(道典)이 그것이다. 교단의 교주들은 신도들을 결집해야 하고 자신의 교단이 상제님의 낙점을 받은 특별한 교단이라는 걸 신도들에게 각인하며 이끌어야 했다. 이 과정에서 그들이 편찬한 경전의 말씀은 서로 조금씩 달라질 수밖에 없었다고 보여진다.

그런데 학암 선생은 교단을 만들지 않았고 따라서 결집하고 이끌어야 할 신도들이 없었기에 **사심(私心) 없이 있는 그대로 상제님의 천지공사에 대한 기록을 천지개벽경에 편술했다**고 보여진다.

그런데 더욱 중요한 것은 경전 편술자의 신앙 정신이다. 상제님이 어떠한 분이신가를 진실로 아는 사람이라면 결코 한 단어, 한 음절이라도 성언 성적 말씀을 어떤 의도에 따라 변형하거나 왜곡할 수는 없는 것이다. 학암 선생은 상제님께서 언제 어디서나 자신의 정신과 행동을 환히 내려다보고 계심을 자각하며 사셨다고 아드님은 증언했다. 과연 학암 선생은 경전 편찬에 있어 자신의 생각이나 의견을 단 하나라도 개입시키지 않고 상제님의 말씀을 편술했다고 천지개벽경 서문에서 다음과 같이 말씀하셨다.

> **내가 어찌 감히 한 마디라도 보태리오마는**, 생각건대 우리 대선생이 후천에 운에 임하사 상제의 지위[上帝之位]로 세상에 계시므로 하여, 세상 사람들이 과연 만고에 듣지 못하던 바이므로 모두가 길을 잃고 헤매는지라. (천지개벽경 서문)

한편 이인수님의 증언에 의하면 학암 선생의 경전 편찬 방식은 어느 제자의 증언을 듣고 곧바로 경전의 말씀으로 서술하는 것이 아니라 되도록 공사에 함께 참여한 다른 제자들의 증언을 들어서 일치가 있는 말씀을 중심으로 서술하였다고 말씀하셨다.

17. 그동안 세상에 나온 천지개벽경의 여러 한글 번역본

학암 선생은 1958 무술(戊戌)년 11월 28일에 62세로 필생의 노력으로 편술한 천지개벽경 원고를 아들 이인수 님에게 전수하고 돌아가셨다.

이 원고가 세상에 빛을 보기 시작한 것은 30년 뒤인 1988년 무렵부터다. 학암 선생의 3자녀(큰누나 이옥수, 작은누나 이용수, 남동생 이인수)는 아버지의 유고(遺稿)를 세상에 책으로 펴내기로 결심하고는 한글 문체로 번역해서 내려는 일련의 과정을 밟는다. 이 과정에서 상제님의 교운 역사에서 **학암 이중성**이라는 **판밖의 인물**이 있었고, 그가 편술한 **천지개벽경**이라는 경전이 있다는 것이 알려지게 된다.

약간의 우여곡절이 있었고 1992 임신(壬申)년에 한글 번역본이 아닌 학암 선생의 본래 한문 원고 그대로 3천부가 발간되었다. 그런데 천지개벽경은 누구나 술술 읽을 수 있는 한글 어순의 경전이 아니라 한문 위주에다가 한글 토씨가 달린 한문 경전이다. 발간은 되었으나 한문을 알지 못하는 일반 대중이 쉽게 읽기에는 뚜렷한 한계가 있었다. 또한 책 발간에 대한 홍보가 적극적으로 되지 않았기에 충분히 알려지고 널리 보급되지 않았다.

당시 천지개벽경 원고는 ○○○ 도전팀으로 흘러 들어가 일부분이 도전(道典) 초판본(1992)의 성구 말씀으로 실리게 되었다. 그런데 도전팀은 그 성구의 출처를 낱낱이 밝히지 않았기에 신도들은 그것이 천지개벽경 성구인지조차 몰랐다. 한편 초판 도전에는 천지개벽경과 이중성 선생에 대한 다소 비판적인 몇 개의 주석(注釋) 및 소개 글이 있었다. 그렇지만 당시 나는 ○○○를 굳게 확신했으며 도전 이외의 경전에 크게 관심을 갖지 않았던 시절이라 의혹을 품거나 주의 깊게 주목하지 않았다.

1996 병자(丙子)년에 한학(漢學)에 능하신 동곡서원의 백구(白鷗) **이효진(李孝鎭)** 선생(1920~2008)이 『천지개벽경 주해(註解)』라는 번역본을 냈고 이를 통해 신앙인들에게 알려지게 되는 계기가 된다. 그러나 번역본 편집 과정에서 이효진 선생이 독단적으로 천지개벽경 원본에도 없는 성구를 상당 부분 넣거나 원본 성구와 다르게 한자를 변형시켜 해석했기 때문에 천지개벽경의 원래 면목이 크게 흐려지게 되었다.

1999 기묘(己卯)년에 필명(筆名) **흑운월(黑雲月)**이라는 분이 자신이 번역한 원고를 인터넷에 공유했고 이것이 천지개벽경의 내용을 신앙사회에 알리는데 적지 않은 역할을 하였다. 비록 원고 중에 일부분 번역이 안 된 곳이 있고, 혹 일부 오역(誤譯)된 곳이 있을지라도 전체적으로는 큰 무리 없이 번역했기에, 천지개벽경을 공부하려는 분들에게 큰 도움을 주었다. 그러나 그 당시까지도 증산 상제님 신앙의 큰 맥은 대순진리회와 ○○○ 양대 산맥이었기에 천지개벽경은 큰 관심의 대상이 되지 못했던 것 같다.

세월이 흘러 2012 임진(壬辰)년에 ○○○의 ○○종도사께서 선화하시고 2013 계사(癸巳)년 상제님 진리의 참을 찾기 위한 참신앙 운동이 일어난다. 이 과정에서 대순전경이나 도전 이외의 다른 경전에 대한 관심이 고조되었다.

본래 **도전**은 대순전경을 비롯하여 천지개벽경, 용화전경, 성화진경(동곡비서), 속수전경 등과 고수부님 관련 모든 경전의 말씀과 특히 그 어디에도 없는 김호연 성도의 증언, 김천수 선생의 증언, 나승렬 선생의 증언, 김삼용 선생의 증언, 이우인 선생의 증언, 김경도 선생의 증언 등 많은 것이 망라된 말 그대로 **종합경전**이요 **통일 경전**의 성격을 띠었다.

나는 ○○○ 도전의 출간(초판 1992, 재판 2003)이야말로 100년 교운사에 큰 이정표를 세운, 위대한 사건이라고 본다. 특히 도전 재판본은 그 어떤 경전에도 나오지 않은 김호연 성도의 증언을 비롯하여 여러 답사 성구들이 수록되었기에 천지공사의 진면목을 깊이 알고자 하는 구도자들에게 큰 빛이 되고 나침반이 되었다. 비유하자면 기초적인 교과서만 보던 학생이 많은 참고도서를 함께 보게 되면서 학문의 세계가 넓어지고 학력이 크게 향상되는 것과 같은 것이라고 본다. 하지만 도전의 편제 또한 대순전경과 같은 주제별 구성을 하고 있고 저본(底本)이 되는 각종 원본 경전에서 취사선택(取捨選擇)하여 재조립(再組立)한 성구들을 편집하여 모아 놓았기에 오히려 천지공사의 핵심을 파악하기에는 어려움이 있다는 지적이 있었다.

무엇보다도 도전은 ○○과 ○○ 두 분을 진주(眞主)이자 대두목(大頭目)으로 설정해 놓고 이에 따라 기존 성구를 조합하여 배치한 경전이라는 특징을 띠었기에 모든 상제님의 교단이 객관적으로 인정하는 통일 경전이 되기에는 미치지 못한다는 의견이 있었다.

그러나 나로서는 ○○○와 **도전**을 통하여 상제님 도의 궁극을 깨닫게 되었으므로 100년 교운사에 등장하는 **그 어떤 경전 못지않게 중요한 경전**이라고 생각한다. 모든 경전에 실린 성구는 그것이 상제님과 수부님의 참된 말씀이라고 할진대 구도하는 일꾼에게는 천금보다도 더 중요한 생명의 말씀이다. 도전은 기존의 경전을 모두 망라했기에 일꾼으로 하여금 대순전경 이외의 경전에 눈을 뜨게 하고, 폭넓은 안목을 갖게 하며, 특히 어떤 경전에도 없는 신뢰할 수 있는 답사 성구를 실어놓아 상제님과 수부님의 천지공사를 심층적으로 이해하는 데 **결정적인 도움**을 준다고 생각한다.

2013 계사년에 참신앙 운동이 일어나면서 뜻있는 일꾼들을 중심으로 천지개벽경과 편술자이신 학암 이중성 선생에 대한 관심이 증대되었

다. 그리고 이곳저곳에서 몇 개의 의미 있는 한글 번역본들이 나오게 된다. 그러나 천지개벽경의 편술자이신 이중성 선생의 **신앙 내력**과 **신앙 정신**이 알려지지 않았기에 일부 신앙인들은 천지개벽경에 대한 전폭적인 신뢰를 갖지 못했던 것이 사실이다. 번역본들 중에는 번역자가 임의로 원본 한자를 바꾸어서 해석한 것이 있었고, 어느 경전에도 나오지 않는 토정지결, 영평지결, 무학지결 등을 놓고 상제님과 제자가 문답한 내용은 단순히 한자만 안다고 해서 해석이 되는 것은 아니기에 주요 부분의 번역은 엇갈릴 수밖에 없었다고 본다.

18. 천지개벽경이 출간되기까지의 과정 이야기

학암 이중성 선생은 증산 상제님을 당대에 모시고 수종을 들었던 제자들로부터 9년 천지공사의 재료를 수집하여 천지개벽경이라는 **편년체**의 체계적인 경전을 편술하신 아주 특별하신 분이다. 그럼에도 불구하고 선생은 상제님의 **100년 교운사**에서 가장 알려지지 않은 **판밖의 인물**에 속한다. 선생은 성과 이름을 감추고 생사를 뛰어넘는 독립운동을 하셨던 관계로 사진 한 장이 남아 있지 않아서 어떻게 생기신 분이라는 것을 알 수가 없다.

아드님의 외모를 통해 선생의 모습을 그려보려고 했으나 아드님의 말씀은 아버지의 모습은 자신과 많이 다르다고 했다. 180이 넘는 큰 키와 건장한 몸매에 얼굴의 이목구비는 너무도 뚜렷한 미남이셨고, 정열과 다정다감함과 부드러움이 겸비한 우렁찬 목소리에 달변의 웅변가이셨다고 말씀하셨다. 과연 아들이 보기에도 아버지는 너무도 잘생기고 정녕 문무(文武)를 겸비하고 행동거지가 바르신 인물이셨다고 했다.

학암 선생께서 도문에 몸담고 계시던 1930년대 ~ 1950년대까지 30년간은 선생을 모르는 각 교단의 상층부 인물이 거의 없을 정도로 존재감이 컸던 분이었다. 그러나 학암 선생은 어느 교단에 소속된 신도가 아니었고 더욱이 자신이 교주가 되어 어떤 교단을 만들어 이끈 것이 아니었기에 교운사에서 철저히 **국외(局外)**자의 위치에 있었다.

학암 선생의 존재가 다시 알려지지 시작한 것은 사후 30년이 흐른 뒤 장성한 3자녀에 의해 아버지의 유고(遺稿)를 서책으로 세상에 내어놓으려는 시도가 있던 80년대부터이다. 3자녀가 과거에 아버지와 안면이 있던 증산교의 박기백을 비롯하여 전주의 모 한의사 등에게 천지개벽경 원고를 복사하여 주는 과정에서 까맣게 잊혀져 있던 인물 학암 **이중성**과 그의 유저(遺著) **천지개벽경**이 드러나기 시작했다.

처음에는 한문본 원본을 한글로 번역하여 출간하려는 시도가 있었는데 이것을 담당한 분이 원광대 이상비 교수였다. 그러나 이 작업은 3자녀의 바람대로 원만하게 이루어지지 않았다. 3자녀가 원하는 바람직한 번역본이란 아버지의 한문 원고에 충실하여 그대로를 한글 문체로 옮기는 것이었으나 이상비 교수의 번역 의도는 다소간에 내용상의 변경을 시도한 까닭이었다. 결국 이상비 교수의 번역본은 서책으로 나오지 않게 되었다.

한편 이 당시 ○○선생은 도전 편찬을 하던 때였고 천지개벽경 번역 작업은 ○○선생과도 연결되어 시도되었다. 이 과정에서 3자녀의 어른 격인 큰 누나 이옥수님이 ○○선생과 여러 번의 접촉이 있었고 아버지의 삶에 대한 일부 증언과 유고가 ○○선생에게 전달되었다. 그러나 천지개벽경 한글 번역본 출간은 ○○○에서도 이루어지지 않았다. 여러 이유가 있었으나 천지개벽경의 성구 가운데 ○○○의 교지(敎旨)와는 배치되는 성구들이 있었고 이를 한글 번역본에서 배제하려는 ○○○ 측의 요구와 3자녀와의 의견 대립이 있었기 때문이었다고 한다. 그 대표적인 성구가 다음 말씀이 아닐까 한다.

* 제자가 여쭈기를,
선천은 나라의 보배인 옥새가 하늘에서 명을 받았으니 그 수(壽)가 영원히 창성하리라 하였는데, 후천은 어찌 되나이까?
말씀하시기를,
도둑놈의 생각이니라. 자자손손이 이어받아 천추만세에 혼자 그 자리를 누리면 마음에 흡족하리요.
나의 세상에는 **아비로부터 아들에게 전하지 않고[不以父傳子]**, 반드시 **덕 있는 사람으로부터 덕 있는 사람에게 전하노니[必以德傳德]**, 그러므로 내 세상에는 임금[我世之玉]이 하늘로부터 명을 받아서 백성을 하늘처럼 여기노라. (천지개벽경 갑진 5장)

3자녀가 바라는 번역본은 아버지의 원고 그대로를 드러내서 세상에 알리는 것이다. 여러 우여곡절이 있은 뒤 1992 임신년에 3자녀는 한글 번역본이 아닌 학암 선생 원래의 한문 원고 그대로 3천부를 발간하였고 이로써 천지개벽경은 세상에 모습을 드러냈다.

상제님의 교운 역사에 천지개벽경이라는 경전의 등장은 신선한 충격이었다. 당시까지 대순전경 위주의 천지공사 말씀이 주를 이루었는데 어느 날 갑자기 일정한 체계를 갖춘 또 다른 경전의 출현은 새로운 천지공사의 말씀을 찾고 갈구하던 구도자들에게 큰 반향을 불러 오기에 충분한 것이었다. 천지개벽경에는 대순전경과 유사하면서도 대략 50% 정도는 다른 말씀이 실려 있다. 증산 상제님의 신앙은 선천 인류의 생사를 판단하고 후천 조화선경을 건설하신 천지공사 신앙이기에 구도자들이 상제님의 말씀 한마디 한마디에 큰 관심을 갖는 것은 너무도 당연한 것이 아니겠는가.

이제 천지개벽경 원본이 출간되고(1992) 나서 또다시 30년의 세월이 흘렀다. 그렇다면 과연 지금의 이 시점에 학암 이중성 선생이 누구이며 그가 편술해 낸 천지개벽경이 어떠한 경전인가에 대한 마땅하고도

정당한 대접을 받고 있는가 하는 것을 생각해 본다. 그런데 내가 판단해 볼 때 여전히 아니라고 생각한다.

왜 그러한가? 대순전경과 다른 천지개벽경에만 담긴 상제님의 성언성적 말씀은 두 번째로 치고 우선 학암 이중성 선생의 **지고지순(至高至純)한 신앙 내력**과 특히 **순일(純一)한 신앙 정신**이 제대로 알려지지 않았기 때문이라고 본다. 학암 선생은 박금곡 주지를 매개로 하여 "용봉 독존석가불"이라는 **상제님의 친필**을 **전수(傳受)** 받으셨다. 한편 인암장 박공우 성도와의 진실한 교제 속에 인암은 그 누구에게도 말해주지 않은 의통인패에 대한 온전한 증언을 학암 선생에게 전수 하였으며 자신이 만들어 놓았던 실물 의통인패마저 전수하고자 하였으나 학암 선생께서 상제님의 응답이 없음을 이유로 끝까지 고사하신 일화 등등은 결코 가볍게 볼 수 있는 문제가 아니라고 본다.

지금 인터넷상에 떠돌고 있는 학암 선생에 대한 일부 이야기들은 3자녀의 증언에 충실한 것이 아니라 학암 선생의 일생 이야기를 일부분 전해 들은 것을 바탕으로, 글 쓰는 사람이 추측성으로 쓴 글이다. 역사적인 한 인물에 대한 평가와 평전은 우선 그와 가장 가깝게 지냈던 가족이나 지인들의 증언이 무엇보다 바탕이 되어야 한다. 그런데 인터넷에 떠도는 몇몇 글들 가운데는 그러한 증언에 충실한 것이 아니라 일부 사실을 바탕으로 하면서 어떤 부정적인 의도와 목적을 가지고 일방적으로 매도하는 글들이 있다는 점이다.

19. 한문 경전이라는 선입견에서 생기는 오해와 진실

천지개벽경이 상제님께서 평이하게 하신 우리말을 한자와 한문 문체로 옮겨 적는 과정에서 기록자가 상제님의 언어를 왜곡했다는 지적이 있다. 처음에는 언뜻 이 지적이 일리 있다고 생각했다. 그러나 천지개벽경 한글 번역본 작업을 직접 하는 과정과 특히 대순전경과 비교하며 내용상의 일치 및 차이를 살펴보면서 상제님의 일상 언어를 왜곡하는 그런 성격의 문제는 아니라는 결론에 이르게 되었다.

내가 볼 때 상제님의 일상 언어와 말투 등의 언어 왜곡의 문제가 아니라 정작 중요한 것은 과연 경전에 수록된 공사 말씀의 내용이 상제님께서 공사를 행하실 때 쓰신 주요 어휘와 단어 등을 빠뜨리거나 혹은 왜곡, 변질하지 않고 있는 그대로 담아서 **내용 전달을 제대로 하고 있는가** 하는 문제라고 생각하게 되었다.

경전의 편찬이 천지공사의 현장에서 상제님의 육성 음성을 들은 당대 제자에 의하여 된 것이라면 그 말투와 그 내용에 가깝게 기록되어질 것이다. 그러나 경전의 편찬은 제자들이 아니라 제자들의 증언을 문인[門人, 이상호 이중성 등]이 들어서 재료를 수집하여 이루어진 것이다. 제자의 증언에는 제자들의 생각과 판단이 다소간 가미되어 들어간다고 봐야 한다. 또한 제자들이 증언하는 상제님의 말씀은 생생하고도 적나라한 현장 말씀이 아닐 수도 있다.

한편 제자들의 증언만을 듣고 경전을 꾸미는 청음 선생과 학암 선생이 당시 녹음기라는 문명이기가 있어 이를 가지고 청취한 것이 아니고 그저 간단한 필기도구로 받아 적거나 기억해서 다시 정리해야 하는 절차도 있었다. 또한 제자들의 증언을 전해 듣는 당시 청음과 학암 두 분이 같은 자리에 있던 것이 아니고 시간대를 달리하여 제자들을 찾아뵈었다. 무엇보다도 고려되어야 할 것은 청음과 학암 두 분의 인격과 인생의 삶이 엄연히 다른 개개(箇箇)의 분들이라는 점이다. 따라서 같은 제자로부터 같은 증언을 듣는다 해도 듣는 사람의 입장과 생각하는 중요도에 따라 경전에 수록되는 내용은 똑같을 수는 없다고 봐야 한다.

대순전경(초판)[좌] 과 천지개벽경[우]

[대순전경(초판)은 한글 어순에 상당수의 한자어가 섞인 경전이며 천지개벽경은 한문 문체에 한글 조사[토씨]를 붙인 경전으로 둘 다 **국한문 혼용 경전**이라는 공통점을 갖는다. 대순전경은 3판부터 한자어 옆에 한글을 달아놓아 내용 파악에 다소 용이하지만 천지개벽경은 한문을 알지 못하면 해석이 쉽지 않으며 잘 번역된 한글번역본이 있어야 내용을 파악할 수 있다.]

바로 이러한 여러 이유 등으로 인하여 대순전경과 천지개벽경은 같은 공사의 서술에서 공통점과 차이점을 보일 수밖에 없는 것이다. 따라서 청음과 학암 두 분의 공사 서술이 어느 것이 옳고 어느 것이 그른가의 문제가 아니라 두 분이 진실한 신앙심을 가지고 경전을 편찬했다고 할진대 **두 경전이 모두 옳다**고 봐야 한다는 것이 나의 생각이다.

따라서 나는 대순전경과 천지개벽경 두 경전에서 같은 공사를 두고 서술한 내용상의 차이점을 주의 깊게 살펴보았으며 서로의 경전은 **보완(補完)의 관계**이지 시비(是非)의 문제는 아니라고 생각한다.

한편 교운 역사에 등장한 모든 경전은 그것이 체계적인 구성을 가진 품위 있는 경전이든 아니면 다소 격이 떨어지는 경전이든 간에 상제님께서 허락하셨기에 나왔다고 생각한다. 다만 "나의 말은 쌀에서 뉘 가리기와 같다"라는 상제님의 말씀을 생각하면서 어느 경전이든지 주의 깊게 살피며 차분하게 비교하면서 접근해야 한다고 본다.

그런데 여기서 간과하지 말아야 할 중요한 사실이 있다. 그것은 우리가 쓰는 어휘는 상당 부분이 한자어로 이루어져 있다는 사실이다. 즉 우리 글의 주요 개념어는 거대 다 한자 어휘라는 점이다. 상제님은 필설(筆舌)로 천지공사를 행하셨는데 특히 종이에 쓰신 글은 거개 다 한문이며 한자였다는 것을 생각한다. 상제님께서 신명에게 칙령을 내리시는데 한자와 한문은 결정적인 부호였다는 사실이다.

한편 **천지개벽경**이 순전히 한자로만 적인 오로지 한문 경전이 아니라는 사실을 상기하고자 한다. 천지개벽경의 문자적인 성격을 정확하게 규정한다면 한자 단어와 한문 문체로 서술했지만 그 연결어로는 한글 토씨로 구성한 사실상 **국한문 혼용 경전**이라는 사실이다. 이러한 측면에서 볼 때 대순전경도 마찬가지이다. 증산천사공사기나 초판 대순전경에는 상당히 많은 한자 어휘가 한글 문체에 섞여 있다. 그러기에 최초의 증산천사공사기나 대순전경 초판 등을 보통의 일반인이 읽어서 쉽게 이해하기 어려웠던 것이다. 이렇게 본다면 대순전경 또한 사실상 국한문 혼용 경전이라고 봐야 한다.

우리가 오늘날 쓰는 말과 글은 한자 단어가 없으면 사실상 내용 전달이 불가능할 정도로 한자와 한 몸을 이루고 있다는 것을 인정하고 전제해야 한다. 즉 한자는 중국의 글이 아니라 이미 우리 한민족의 문자이며 글이라는 사실이다. 우리 선조들은 한글[국문]이 아닌 한자[한문]로 역사를 기록하고 이를 후세에 전하였다. 조선왕조실록을 비롯하여 이순신의 난중일기 등은 모두 한자로만 기록한 서책들이다. 그렇다고 해서 후세의 우리들이 글의 내용을 파악하는 데 결정적인 애로점은 없다고 본다.

이러한 사실에 비추어 볼 때 학암 이중성 선생의 천지개벽경은 오히려 한글 토씨 즉 조사(助詞)를 붙이심으로써 문장의 의미를 아주 분명하게 드러내고 있다는 점이다. 나는 천지개벽경이 상제님의 일상의 언어를 왜곡함으로써 천지공사를 제대로 드러내고 있지 않다고는 생각하지 않는다. 직접 한글 문체 번역 작업을 진행해서 막판에 우리말 문체의 번역본을 완성하여 읽어보았을 때 그 내용의 자연스러움에 놀라고 감동하였던 기억이 여러 번 있다.

다시 말하건대 천지개벽경은 오로지 한자로만 쓰여있는 순수한 한문 경전이 아니다. 오히려 문장의 해석을 중구난방이 아니라 일목요연하게 해석하도록 친절하게 유도하는 한글 조사[토씨]가 붙은 국한문 혼용 경전이라는 사실을 강조하고자 한다. 그렇다면 우리에게 요구되는 것은 모르는 한자에 대한 지식과 실력이며 내용 파악에 필요한 인내와 노력의 시간일 뿐이지 상제님의 언어를 왜곡했다는 그런 차원과 성격의 문제는 아니라고 본다.

나는 천지개벽경을 번역하는 과정과 그 결과에서 타인이 번역한 것을 참조함은 물론 동시대의 경전인 대순전경과 늘 비교해 보았다. 그러면서 비록 천지개벽경이 한자와 한문 위주로 쓰여졌으나 나 자신도 알지 못하던 풍부하고 다양한 한자, 그러면서도 상제님께서 말씀하신 단어나 어휘에 적중하는 한자를 학암 선생께서는 사용함으로써 천지공사의 내용과 실상을 너무도 잘 표현하고 서술하고 있다는 사실에 여러 차례 감동을 받았다.

다만 내가 천지개벽경을 읽으면서 상제님의 평소 공사 언어를 제대로 표현하지 못했다고 생각하는 부분은 이 말씀뿐이었다.

* 왈(曰) 방금 천하지세(方今天下之勢)가 여각희(如脚戲)하야
선유동몽지시(先有童蒙之試)하고
차유총각지시(次有總角之試)하고
말유장자지시(末有長者之試)하야
종국(終局)하나니 고(故)
원상시자(願上試者)난 재국외(在局外)하여 포식조력(飽食調力)하야
상시말세(上試末勢)에 일기이결국야(일기이결국야)야니라.
(천지개벽경 갑진 2장)

그런데 이 말씀을 훗날 번역자들은 누구라도 다음과 같이 번역하였다.

* 말씀하시기를, 이제 천하의 대세가 **씨름판**과 같아서
먼저 **애기판** 씨름이 있고,
다음에 **총각판** 씨름이 있고,
마지막에 **상씨름**이 있어서 판을 마치나니, 그러므로
상씨름을 바라는 사람은 판밖에 있으면서 배불리 먹고 힘을 길러,
상씨름 끝판에 한 번 일어나서 판을 마무리하느니라.

왜 누구나 이렇게 번역했는가? 그것은 대순전경에 이미 유사한 다음의 말씀이 있었기 때문이다.

* 현하의 대세가 씨름판과 같으니 애기판과 총각판이 지난 뒤에 상씨름으로 판을 마치나니라. (대순전경 초판 9장 개벽과 선경 23절)

* 일꾼된 자 마땅히 씨름법을 본받들지니 씨름판에 뜻 두는 자는 판 밖에 있어서 술과 고기를 많이 먹고 기운을 잘 길러 끝판을 꼬누고 있나니라. (대순전경 초판 제8장 법언 56절)

짐작하다시피 상제님께서 공사를 행하실 때 씨름판이라고 말씀하셨지 학암 선생이 쓰신 대로 한자어 각희(脚戱)라고 하시지는 않았을 것이다. 또한 애기씨름, 총각씨름, 상씨름이라고 하셨지 동몽지시, 총각지시, 장자지시라는 한자어를 말씀하시지는 않았을 것이다. 그러나 대순전경에 비슷한 성구 말씀이 있었던 때문에 한문 경전이라는 천지개벽경의 단점은 극복되는 것이라고 본다.

지난 100년 교운사에 등장한 모든 경전은 상제님께서 허락하셨기에 나온 것이다. 나는 천지개벽경만이 유일무이한 옳은 경전이라는 편협한 입장이 아니다. 모든 경전은 다 나름의 가치를 가지고 있으며 진실을 담고 있다. 또한 경전 편찬도 사람이 하는 일이기에 완벽이란 것은 없다고 본다. 다만 차이가 있다면 얼마나 더 상제님과 수부님의 공사 말씀과 의도에 적중했으며 내용을 충실하게 기록하였는가의 차이가 있는 것이다.

이인수님의 증언에 의하면 학암 선생과 청음 선생은 살아생전에 적극적인 만남과 교류가 있었다고 하셨다. 학암 선생은 청음 선생께서 편술하신 증산천사공사기를 비롯하여 대순전경 1판~4판까지는 다 보셨나는 것을 능히 짐작할 수 있다. 이인수님도 아버지께서 청음 선생께서 편술하신 경전을 다 보셨다고 말씀하셨다.

학암 선생은 천지개벽경을 한자와 한문 위주의 경전으로 편찬함에 있어 상제님께서 하신 순수한 우리말 단어를 어떤 한자 어휘로 바꾸느냐에 고민하셨을 것이지만 또 다른 경전인 대순전경이 있기에 천지개벽경의 단점이 극복되고 보완될 것을 내다봤다고 나는 조심스럽게 생각해 본다.

우리가 천지개벽경을 읽을 때 가장 관심을 갖고 보아야 하는 것은 대순전경에 나와 있지 않은 공사나 법언 말씀이라고 본다. 그런데 이 말씀들은 상당 부분이 도전에 실려 있다. 그럼에도 불구하고 **도전에 마저 실리지 않은 성구들**이 있는데 바로 그것이 누구나 알고 싶어 하는 **판밖 소식**이라고 보고 있다.

우리 선조는 대대로 수천년간 단군시대와 삼국시대와 고려시대를 거쳐 조선시대와 오늘에까지 이 땅 한반도에서 언어소통을 하며 살아왔다. 그런데 과연 오늘의 우리들이 쓰는 일상 언어로 조선시대나 고려시대로 되돌아간다고 했을 때 의사소통이 제대로 이루어질까 생각해 본다. 전혀 불가능한 것은 아니겠지만 상당히 어려울 것이라고 생각한다.

왜냐하면 말이란 것도 시대에 따라 변하는 것이기 때문이다. 같은 조상을 둔 자손들이라도 다른 곳에 가서 살게 되면서 언어는 달라지고 문자 또한 달라진다. 동일한 곳에 살고 있는 후손이라도 오래전 조상이 썼던 그 언어를 변치 않고 그대로 유지하는 것이 아니다. 1백년, 5백년, 1천년이 넘어가면 말과 글은 상당히 다른 것으로 바뀌는 것이다. 그런데 한자는 이러한 단점을 초월하는 뚜렷한 장점을 가지고 있다.

한자는 표음문자가 아닌 표의문자 즉 **뜻글자**라는 사실이다. 그 한자가 나타내는 뜻은 시대를 초월하여 변치 않고 아주 오래오래 가는 것이다. 천지개벽경은 바로 그러한 장점이 있다는 것을 생각한다. **천지개벽경**은 우리 배달 겨레 동이족의 글자인 **한자와 한글이 병행되어 쓰여진 국한문 혼용 경전**인 것이다.

나는 학암 선생의 상제님에 대한 극진(極盡)한 성경신(誠敬信)과 입문한 이후 죽을 때까지 자신과 자식들의 모든 삶을 오로지 상제님 신앙에 바친 순일(純一)한 신앙심에 대한 생생한 증언을 들었다. 그 결과 학암 선생께서 편술하신 천지개벽경이야말로 비록 양은 많지 않지만 상제님께서 행하신 천지공사의 내용과 정신과 핵심을 일점(一點)의 사심(私心) 없이 있는 그대로 일목요연하게 잘 담고 있다고 생각한다.

20. 학암 선생이 상제님의 말씀을 조작했다는 오해와 진실

학암 선생께서 없는 말씀을 조작하여 상제님의 경전을 편찬했다는 아주 부정적인 견해를 말하는 사람들이 있다. 한 예로 "이중성의 천지개벽경의 개요와 문제점(작성자 대한민국)"이라는 9쪽 분량의 네이버 블로그 운영자의 글이다.
우선 글의 일부 구절을 그대로 소개한다.

> 이중성은 1897년 4월 29일(음력) 경상도 동래군 기장면 동부리에서 부친 이치삼과 모친 밀양 박씨의 장남으로 출생하였다. 그의 본관은 합천(陜川) 이씨였는데 후일 **자신**에게 **종통**을 끌어 붙이기 위해 전주 이씨가 아닌 '**원성(遠姓)의 이씨**'라는 말로 **조작**하게 된다. (1쪽)
>
> 그는 자신의 저서 서문에서 정필정론을 얘기했다. 그리고 그 말씀이 이지에 맞지 않으면 상제님의 말씀이 아니요, 그 행위가 이치에 맞지 않으면 상제님의 행위가 아니라고 집필 원칙을 세웠으나 정작 그 자신이 집필한 저서는 정필정론이 되지 못하였다. 그의 책이 정필정론이 되지 못한 이유는 간단하다. 상제님의 성언을 수집하는 과정에서 **초기**의 **순수**했던 신앙의 열정을 유지하지 못하고 **변질**되어 버린 것이다. 즉, **자신**을 상제님이 정해놓으신 상제님의 **후천대업**을 이룩하는 **주인공**으로 **착각**한 것이다. 이것이 천지개벽경의 첫 번째 **문제**

점이자 가장 큰 문제점이다. (6쪽)

그리고 이 문제점으로부터 천지개벽경의 또 다른 모든 문제점이 불거져 나온다. 결국 그는 이상호와 똑같은 오류에 빠져버린 것이다. 그는 상제님께서 정해놓으신 진주도수에 대하여 전혀 생각해 보지도 않고 알지도 못했다. 초기의 이중성은 얼마나 순수했던가. 그가 조국의 독립운동에 헌신했던 사람이다. 그 순수함으로 상제님 신앙에 뛰어들어 저술까지 완성했다. 그런데 그도 어쩔 수 없이 **변질**되어 버렸다. 상제님의 호호탕탕한 진리의 세계를 성훈 말씀을 통해 알게 되면서 **자신**이 **진리**의 **주인공**이 되고픈 **욕심**이 **발동**한 것이다. (7쪽)

이중성은 자신의 목적을 이루기 위하여 차경석 성도를 비난하는 데서 그치지 않았다. 그는 **상제님**의 **말씀**에까지 **손을 댔다**. 자신의 말을 상제님의 말처럼 꾸민 것이다. 순수한 신앙심이 변질하여 **천지개벽경** 저술 **목적**과 **결론**이 **자신**이 **주인공**이 되는 것이었기 때문에 그로서는 어쩔 수 없이 그렇게 했을 것이다. 그 외는 딴 방법이 없었던 것이다. 그래서 결국 그도 이상호와 같이 돌아올 수 없는 길로 가고 만 것이다. (7쪽)

그는 깊이 생각했다. **자신**이 상제님의 **후계자**가 되어 **종통**을 **계승**하기 위해서 어떻게 해야 할 것인가. 그래서 생각해 낸 것이 **상제님**을 **후천**의 **당요**로 만들어 버리고 **이중성** 자신은 **후천**의 **우순**이 되는 것이었다. 그것도 **상제님**의 **말씀**으로서 그렇게 된 것으로 **왜곡**한 것이다.

당요가 우순에게 자신의 나라를 전해줬지만 그의 혈통은 아니었던 것처럼 자신이 상제님의 혈통은 아니지만 상제님의 종통을 전수받을 수 있는 길을 열어놓은 것이다. 그의 **상제님 말씀 왜곡**은 이러했다. "후천의 대권은 덕 있는 사람에게서 덕 있는 사람에게로 전수된다." 그가 만일 강씨姜氏였다면 이런 식으로 왜곡하지는 않았을 것이다. 다른 식으로 왜곡했을 것이다. 그는 상제님과 성이 달랐기 때문에 요순의 선양고사를 끌고 와 이렇게 왜곡한 것이다. 그렇게 해야 자신에게 상제님의 종통이 돌아올 수 있는 근거가 마련되는 것이다. 그리고 자신을 상징하는 원성의 이씨를 비결 속에 끌어넣는다. 천지개벽경의 두 번째 문제점은 당시 항간에 퍼져있던 **비결**들을 끌어들여 **상제님 말씀**으로 **왜곡**시킨 것이다. 이것 또한 상제님께서 정해 놓으신 진주도수를 인식하지 못했기 때문이다. 상제님은 후천을 건설하시는 조화주 하느님이시지 비결해설가는 아니다. 그런데 이중성은 상제님을 완전히 비결해설가로 만들어 버렸다. 그것도 문답식 구성을 통해서 제자가 물으면 상제님께서 대답하시는 식으로 꾸며 놓은 것이다. (중략) 상제님께서는 비결을 부정하셨지만 이중성은 자신의 책 속에 상제님을 가탁하여 **비결을 50개나 끌어다 넣었다.** 이 50개의 비결 중 오직 천지개벽경에서만 볼 수 있는 것이 50%나 차지한다. 과연 상제님께서 이 많은 비결을 다 말씀하셨을까? 그런 것은 결코 아닐 것이다.(7쪽, 8쪽)

왜냐하면 상제님 당신이 비결을 부정하셨으므로 그리고 천지개벽경에 수록된 상제님 말씀으로 주장 되어지는 이 비결을 이중성에게 증언한 성도뿐만 아니라 일반 증언자의 이름은 단 한 사람도 등장하지 않는다. 그는 이 비결의 주인공으로 원성遠姓의 이씨를 등장시킨다. 전주 이씨가 아닌 원성의 이씨인 것이다. 자신이 합천 이씨이므로 **원성의 이씨**는 **이중성 자신**을 가리키는 것으로 볼 수밖에 없다. (8쪽)

이 모든 노력에도 불구하고 이중성은 결국 후천의 우순이 되지 못하고 1958년에 사망한다. (9쪽)

이글을 학암 선생의 자제분들이 읽는다면 크게 통탄하실 것이라고 본다. 이 글은 학암 선생의 생애에서 가장 극적이고 중요한 사건들에 대해서는 전혀 말하지 않는다. 1929년 양력 5월 24일 즉 기사년 기사월 기사일 기사시에 정읍 보천교 본소에서 있었던 차경석의 배반 발언과 청년 학암 선생이 죽음을 무릅쓰고 일어나 역적놈이라고 꾸짖은 일을 비롯하여 상제님의 친필 용봉 독존석가불을 전수 받은 일화, 인암장 박공우 성도가 만들어 보관하고 있던 의통인패를 전수하려 했으나 이를 고사하신 일화 등등 학암 선생의 생애에서 가장 의미 깊은 진실은 전혀 언급하지 않고 있다.

이것은 글쓴이가 이러한 사실에 전혀 무지하거나 혹은 어떤 교단의 교리에 선동당해서 맹목적인 충성심으로 매도하는 글을 쓰고 있다는 느낌을 받는다.

나는 차분하게 생각해 본다. **과연 상제님께서 말씀이나 조작하고 왜곡하는 사기꾼 인물에게 친필 용봉 독존석가불을 전수하셨겠는가?** 상제님은 누구신가? 모든 것을 환하게 알고 계시는 하느님이시지 않는가? **왜 상제님은 당신님의 친필 용봉 독존석가불을 학암 이중성 선생에게 전수하셨는가?** 이 문제는 워낙 중요한 문제이기에 뒤에서 자세히 알아본다. 또한 김형렬과 박공우 등의 증언 제자들이 일개 말씀 조작자 사기꾼을 신뢰하여 모든 증언 말씀을 해 주셨겠는가?

앞에서 언급한 바 있듯이 학암 선생은 그 어떤 교단이나 종교단체를 만들지 않았고 오로지 한평생 혼자 공부하고 신앙하다가 돌아가신 분이다. 학암 선생의 주변인 누구나가 그 뛰어난 학식과 인품과 능력을 인정하는 분이었다. 만일 학암 선생이 사심(私心)을 갖고 교단을 만들려고 했다면 얼마든지 만들 수 있었다고 본다.

대한민국 건국 이후 이승만 정부에서 요직을 내준다고 했을 때 승낙했다면 일신의 경제적인 편안함과 안위를 보장받는 삶을 살았을 것이다. 하지만 선생은 인간으로 강세하신 하느님의 도에 눈을 떴고 그 이후 오로지 상제님의 말씀을 공부하고 말씀이 지시하는 삶을 사셨다. 선생은 상제님 앞에 한없이 겸손하셨고 진지하셨고 결코 경거망동을 하지 않으셨다.

한평생 인간으로 오신 하느님의 도를 만났다는 기쁨 속에서 촌음을 아껴 수도하시고 공부하셨으며 자신의 삶은 물론 자식들의 삶마저도 상제님 신앙에 바치셨다. 선생은 상제님께서 언제 어디서든지 자신을 내려다보고 있으며 늘 곁에 함께 하신다는 체험과 확신 속에 하루하루를 사셨다. 나는 이인수님의 증언을 들은 결과 **지난 100년 교운사에서 그 어떠한 교주나 지도자라 할지라도 학암 이중성 선생같이 지극한 성경신을 다하며 신앙의 길을 걸은 분은 없다**고 생각한다.

학암 선생은 자신이 대두목이라느니 혹은 후천의 순임금이라느니 하는 생각을 하신 분이 전혀 아니라고 본다. 선생은 그 타고난 밝은 정신과 큰 지식으로 상제님의 말씀을 깊이 연구하고 궁구하신 결과 천지공사의 큰 틀을 웬만큼 환히 파악하여 아셨다고 생각한다. 즉 세운공사와 교운공사에 대한 대세를 감지하셨던 것이다.

학암 선생께서 이인수님에게 이렇게 말씀하셨다고 한다. "**인수야, 우리 3대만 믿어보자.** 조선시대에는 잘못했다가는 3족이 멸하는 멸문지화를 당했지만 상제님의 신앙은 전혀 그런 게 아니고 오직 잘되는 일인 것이다." 나는 학암 선생께서 말씀하신 3대란 무엇을 말하는 것인가를 여쭈었다. 이인수님은 3대란 학암 선생의 아버지, 학암 선생, 그리고 이인수님 이렇게 3대를 말하는 것이라고 했다.

학암 선생께서 정읍에 거처를 마련하고 정착하여 사시면서 고향에 계시는 아버지에게 편지를 해서 태을주를 전하시고 5만독을 읽도록 유도하셨으며 이에 부응한 아버지가 읽고 나서 큰 체험을 하셨고 드디어 아들의 뜻에 따라 상제님 신앙을 결심하고 정읍으로 옮겨오셔서 말년을 함께 사셨다고 한다. 나는 늘상 이인수님의 증언을 통하여 드러나는 학암 선생의 일상의 삶을 그려보려고 했고, 학암 선생의 순일한 신앙심과 상제님 도의 핵심에 다가서려는 간절하신 성경신을 느껴보려고 노력했다.

* 시절꽃은 삼월 비에 활짝 피고,
풍류주는 백 년의 티끌을 씻어내는구나.
時節花明三月雨(시절화명삼월우)오
風流酒洗百年塵(풍류주세백년진)이라.
우리들의 **득의지추(得意之秋)**가 아니겠는가.
말씀하시기를,
나를 스승으로 따르는 사람[師我者]은 창성[昌]하고,
나를 등지는 사람[背我者]은 망(亡)하노라.
말씀하시기를, 내가 하는 일은 다른 사람이 죽을 때 살자는 것이요, 다른 사람이 살 때 영화를 누리자는 일이니라.
(천지개벽경 갑진 8장)

학암 선생은 상제님의 말씀에서 나오듯 "나를 스승으로 따르는 사람 곧 사아자(師我者)"이셨다. 학암 선생께서 아들에게 3대를 말씀하신 것에는 풍류주세**백년**진(風流酒洗百年塵)의 **백년** 말씀과 연관이 있다고 본다. 학암 선생은 자신이 태어난 시대는 교운 추수의 때가 아니라 다만 난법해원시대라는 과도기의 시운이라는 것을 아셨다고 본다.

그리하여 선생께서는 자신이 해야 할 일이란, "문기천추도덕파(文起千秋道德波)"의 말씀 그대로 경전을 쓰는 것이며, 훗날의 3변교운의 일꾼들을 위해 **밑거름이 되는 삶**을 사셨다고 생각한다. 학암 선생께서 소위 대두목을 꿈꾸었다거나 자신을 후천의 순임금으로 생각했다는 것을 감히 상상하기 어렵다. 만에 하나 그러한 생각이 있었다면

응당 교단을 만들고 교주가 되어 사람을 모으고 나름의 가르침을 펴는 삶을 사셨을 것이다. 그러나 선생께서는 어떤 단체도 만들지 않았고[無黨] 아무도 알아주지 않는 삶을 살다가 가셨다.

21. 천지개벽경에 담긴 판밖 소식은 무엇인가?

나는 2016 병신(丙申)년 4월에 이중성 선생의 자제분이신 이인수님을 처음 찾아뵌 이후 지나온 10년의 세월 동안 꾸준한 만남과 접촉을 통해 아버지 학암 선생에 대한 많은 증언 말씀을 듣는 기회를 가졌다.

이인수님은 정읍에서 태어난 이후 어린 시절부터 한결같은 상제님 신앙을 하셨고 성장하고 장성한 시기는 물론 노년에 이르기까지 여러 교운 단체의 다양한 신앙인들과 친밀하게 교류하셨기에 많은 사람들에게 학암 선생에 대한 증언 말씀을 하셨다고 본다. 나 역시 그러한 사람 가운데 한 사람일 뿐이지 특별한 관계는 아니라고 생각한다.

그렇지만 내가 이인수님과의 만남에서 얻은 결론은 학암 이중성 선생이야말로 **100년 교운사**에서 은폐되어 가려져 있던 **판밖의 인물**이며 특히 **성화진경**에 '**붉은 장닭**'으로 상징되어 나오는 그 **인물이었음을** 알게 되었다.

* 나의 일은 판밖에 있단 말이다. **붉은 장닭** 소리치고 **판밖 소식** 들어와야 **도통판**을 알게 되고 도통판이 들어와야 **나의 일이 될 것**이다. (성화진경 24쪽)

여기서 **붉은 장닭이 소리친다**는 것은 1897 정유(丁酉)년에 탄생하신 이중성 선생께서 천지공사에 대한 공명정대(公明正大)한 서책, **천지개벽경을 편술해 낸 것**으로 생각한다. 선생이 편술한 천지개벽경은 선생의 사후 34년 만인 1992 임신년에 출간되어 나왔다. **판밖 소식이 들어온다**는 것은 천지개벽경에만 들어있는 천지공사의 비의(秘義), 즉, 다른 어느 경전에도 실려 있지 않은 천지공사의 핵심 내용들이 **세상에 제대로 알려지는 것**이라고 본다.

* 하루는 용머리 고개에 계시더니 광찬에게 명하사 말씀하시기를, 너는 전주부에 가서 내가 글을 보내기를 기다려 일일이 정서(淨書)하여 오라.
여러 날이 되어 그치시고 말씀하시기를, 이 글을 세상에 돌아다니게 해도 되겠느냐?
광찬이 대답하여 말씀드리기를, 감히 알 수가 없사오니, 처분에 달렸나이다.
그 글을 불사르시고 말씀하시기를, **정읍에 책 하나가 있으니, 그 책이 나오면 천하가 내 일을 아느니라.**
(천지개벽경 기유 5장) (대순전경)

이 성구에서 말하는 **정읍의 책 하나란** 이중성 선생이 정읍에서 편술해 내신 **천지개벽경**이라고 생각한다. 따라서 이 성구를 성화진경의 붉은 장닭 성구와 연결해 볼 때, 판밖 소식이란 천지개벽경에 담겨있는 9년 천지공사의 내용 가운데 천시(天時)와 지의(地義)와 인사(人事)에 대한 것이다.

천시란 상제님의 천지대업이 이루어지는 시간 과정 흔히 신앙인들이 말하는 개벽하는 때를 말한다. 지의는 천지대업이 이루어지는 주요 장소를 말한다. 인사는 천지대업을 성사(成事)시키는 12000 일꾼들의 모임 즉 도통판과 그 조직의 사령탑 및 리더들에 대한 정보를 말한다. 한편 **판밖 소식의 가장 중요한 내용**은 9년 천지공사의 총 결론인 **의통인패의 실체**와 그 **전수에 대한 사실 그대로의 진정한 한 소식**이라고 본다.

천지개벽경이 1992 임신(壬申)년에 세상에 서책으로 나와서 많은 사람들이 접하게 됐지만, 정작 편술자 이중성이라는 분이 과연 어떠한 **신앙 내력**과 **신앙 정신**을 가지신 분이라는 것이 알려지지 않았기에 천지개벽경의 진가(眞價)는 제대로 드러나지 않았다고 본다. 나는 대순전경이나 도전에 실려 있지 않은 천지개벽경만의 성구들이야말로 모든 신앙인들이 알고 싶어하는 천지공사의 핵심 비의(秘義) 즉 **판밖소식**을 말하고 있다고 본다. 대순전경과 도전, 천지개벽경을 세밀히 읽어본 사람이라면 각 경전의 성구들이 무엇인지를 금방 파악할 것이라고 본다
.

학암 이중성 선생은 **천지개벽경**이라는 **공명정대(公明正大)한 경전**을 편술했으며, 특히 **정확한 의통인패 제작법**을 박공우 성도로부터 전수받아, 들은 그대로를 **천지개벽경에 서술해서 후대에 전하셨다.** 대순전경에는 의통인패라는 단어만 나올 뿐, 전수받은 전후 상황이나 제작법에 대한 구체적인 내용이 없다.

이인수님의 증언에 의하면 인암 박공우 성도는 무진 동지가 되기 이전에 찾아온 청음 **이상호에게는 의통인패에 대해 모든 걸 다 말해주지 않았다**고 했다. 박공우 성도가 나중에 찾아온 이중성 선생에게 의통인패를 만드는 법을 빠짐없이 전수하면서 "**내가 이상호에게는 한 두 가지는 가르쳐주지 않았다**"고 말했다는 것이다.

일성기 시절 청음 선생의 교단에서 의통인패 도장을 만들었을 때 인암과 학암 두 분은 당연히 그것을 알고 계셨고 상제님께서 박공우에게 가르쳐주신 것과는 다르게 만들어졌다는 것도 알고 계셨으나 이것을 굳이 시비하거나 지적하지 않으셨다고 한다. 당시는 일반 사람이 하루하루 먹고사는 것이 아주 어렵던 시절이었고 종교단체 또한 유지되기 위해서는 어쩔 수 없이 여러 가지 방편들이 있어야 했던 때였다. 아드님으로부터 들은 학암 선생의 인품을 미루어 보아 다만 지켜

만 보셨을 뿐 어찌 왈가왈부 하셨겠는가 능히 생각해 본다.

1951년에 만든 **호신부 의통**　　최근에 만든 **호신부 의통**

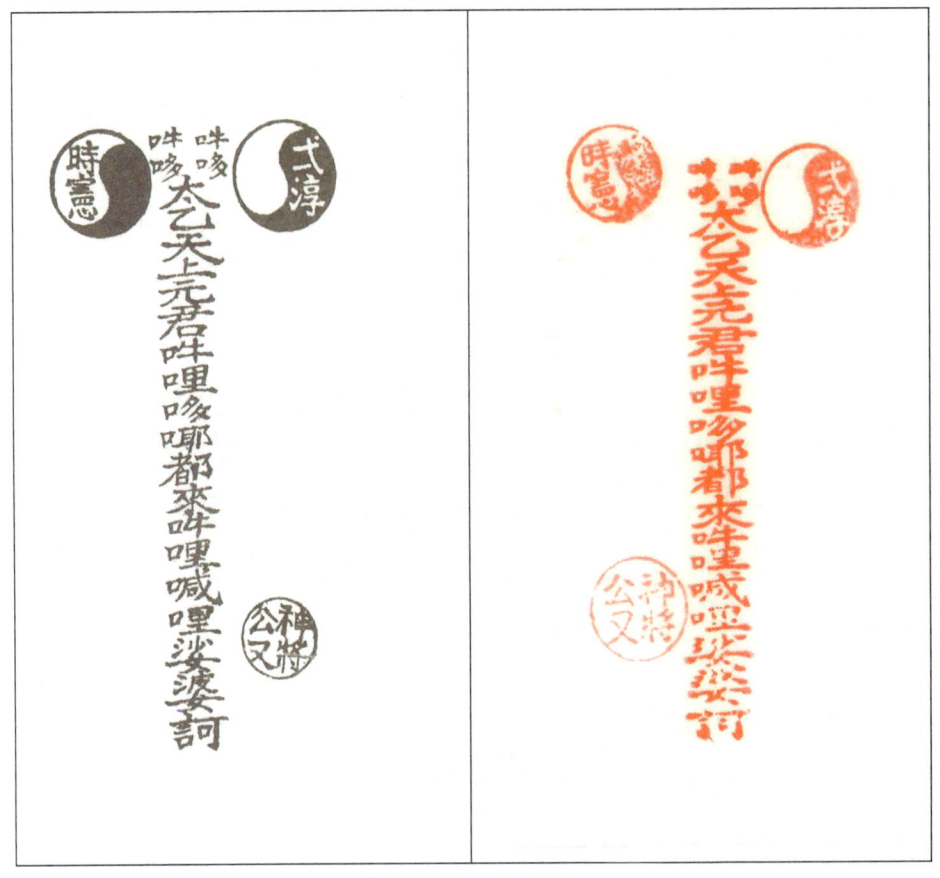

[좌측은 증산교에서 1951년에 최초로 만든 호신부 의통인패인데 최근의 호신부는 오른쪽에 있던 신장공우 도장이 왼쪽으로 이동하였다. 왜 이렇게 바뀌었는가? 그런데 이러한 의문은 물론 위의 호신부는 도장의 형태와 한자(漢字) 등 **여러 군데에서** 상제님께서 박공우에게 말씀하신 내용과는 **상당히 다르다**는 사실이다. 천지개벽경 기유편 11장의 내용에 따르면 태을주와 상제님의 함자를 적은 한자가 다르고, 태극 모양도 다르며, 도장 배치 등 전체적인 디자인이 다르다는 사실이다. 박공우는 이중성을 만나 의통인패의 제작법에 대해 온전한 증언을 하면서 자신이 무진 동지 이전에 찾아와 대선생님의

천지공사 성언 성적을 묻는 **이상호에게 의통인패에 대하여 한두 가지는 말해주지 않았다**고 한다]

1951년에 만든 **호부 의통**　　　최근에 만든 **호부 의통**

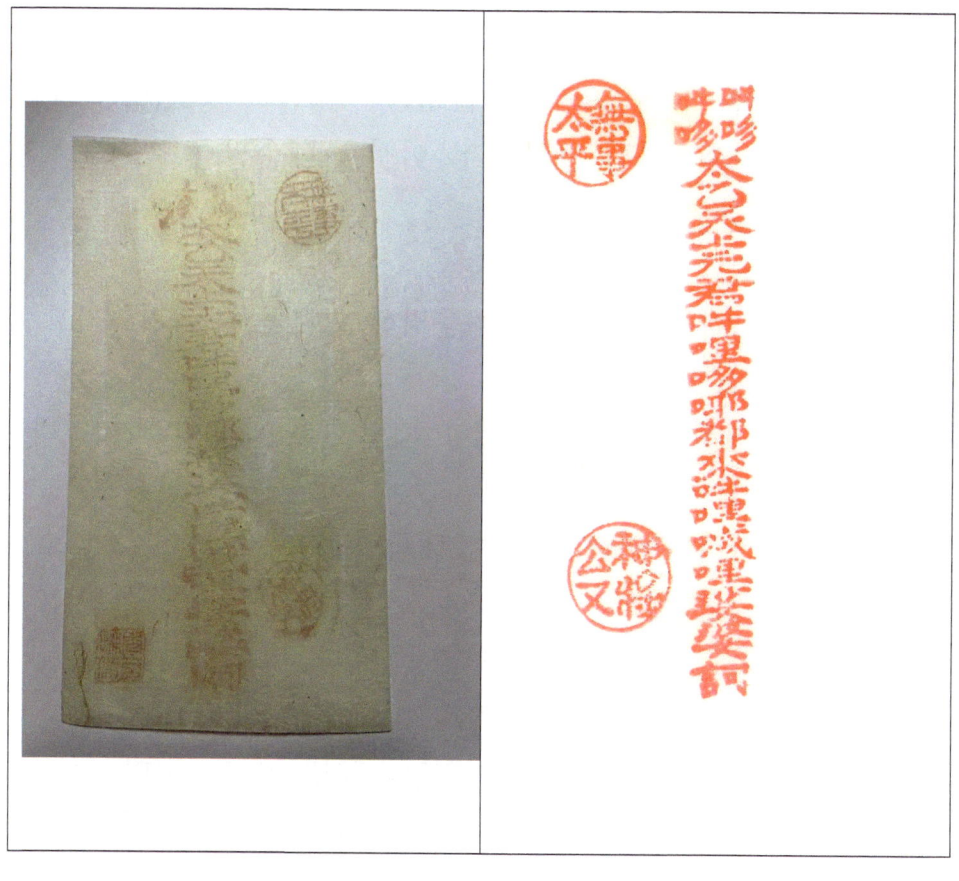

[좌측은 증산교에서 1951년에 최초로 만든 호부 의통인데 중앙에 태을주를 두고 오른쪽 위에 무사태평 도장, 오른쪽 아래에 신장공우 도장, **왼쪽 아래에는 누군가의 네모 도장**이 있었다.(증산교 故 오재환님 세공) 그런데 세월이 흘러 오늘날 네모 도장은 없어지고 무사태평과 신장공우는 오른쪽으로 이동하였다. 왜 이렇게 되었으며 이러한 사실은 무엇을 시사하는가? 그런데 이러한 의문은 물론 위의 호부는 여러 군데에서 상제님께서 박공우에게 말씀하신 내용과는

- 135 -

상당히 다르다는 사실이 천지개벽경 기유편 11장의 말씀을 통해 드러난다. 나는 이상호 선생의 교단에서 만든 호신부와 호부는 상제님의 의도가 정확하게 반영된 의통이 아니라고 본다. 이인수 선생의 증언과 천지개벽경 기유편 11장의 기록은 이를 잘 말해주고 있다]

22. 천지개벽경 서문이 밝히고 있는 상제님의 4가지 위격

한편 천지개벽경에는 상제님의 위격(位格)을 "후천의 당요(唐堯)"라고 말씀하는 성구가 신축편부터 등장한다. 이것은 대순전경이나 도전 등 다른 경전에는 나오지 않는 말씀이다.

* 말씀하시기를, 나는 모든 나라의 **문명신[文明之神]**을 거느리고 **조화정부(造化政府)**를 여느니라.
말씀하시기를, 천지만신(天地萬神)이 떠받들고 바라는 바니, 나는 **후천(后天)의 당요(唐堯)**니라.
말씀하시기를, **나라의 이름[國號]**은 **대시(大時)**니라.
(천지개벽경 신축 10장)

천지개벽경은 후천의 우리나라 이름은 대시(大時)이며 상제님은 이 대시국의 첫 임금인 당요(唐堯) 즉 태조라고 말씀하고 있다. 후천의 당요라는 말씀은 상제님께서 후천 5만년 대시국의 첫 임금이라는 것을 의미하는 말이다. 이 말씀대로라면 어떤 교주도 후천을 여는 태조가 될 수 없는 것이다. 나는 이 말씀을 근거로 그동안 풀리지 않았던 대순전경 6판에 나오는 다음 성구에서 대시(大時)가 무엇이고 태조(太祖)가 누구를 말하는지를 명확하게 알게 되었다.

* 대시 태조 출세 제왕 장상 방백 수령 창생점고 후비소
  大時 太祖 出世 帝王 將相 方伯 守令 蒼生點考 后妃所
  (대순전경 제9장 화천 27절)

대시는 흔히 때를 말하는 것이라고 아는 경우가 있다. 그러나 대시는 때가 아니라 후천 5만년을 내려가는 우리나라의 이름을 말하는 것이다. 지금이 대한민국이듯이 후천이 되면 대시(大時)가 된다는 말씀이다. 이렇게 후천의 우리나라 이름이 대시라는 것을 밝히는 경전은 천지개벽경이 유일하다.

왜 후천의 우리나라 이름이 대시인가 생각해 본다. 대는 대중화의 대 자이다. 크고 위대한 나라라는 의미라고 본다. 시(時)는 때 시자인데 이를 분해하면 날 일(日)과 절 사(寺)이다. 일(日)은 태양이다. 상제님은 당신을 남방삼리화(南方三離火)라고 말씀하셨다. 태양은 상제님을 상징한다. 사(寺)란 지금은 부처님을 모신 불교의 절이란 의미로 쓰이는데 옛적에는 나랏일을 하는 관청의 의미도 있었다고 한다. 내가 볼 때 사(寺)는 임금이나 위대한 성인을 모신 곳을 의미하였다고 보여진다. 그렇다면 대시(大時)란 무엇인가? 남방삼리화이신 상제님[하나님]을 모시는 위대한 나라라는 의미라고 본다.

나는 상제님께서 대시의 태조, 즉 후천의 당요로서의 시작은 1901년 신축(辛丑)년라고 보고 있다. 신축년에 상제님께서는 중통인의 무극대도를 이루시고 인존 천주가 되셨으며, 삼계대권을 주재해서 조화정부를 세워 9년 천지공사를 행하면서 인류 역사를 직접 주재하기 시작했기 때문이다. 상제님의 태조로서의 역할은 지금도 계속되고 있다. 상제님은 언제까지 대시 첫 임금 태조로서의 역할을 하시는가? 천지개벽경 기유 7장에 나오는 384 황극수 공사가 이를 암시하고 있다고 본다.

한편 이중성 선생은 천지개벽경 서문에서 인간으로 강세하신 강증산 상제님의 위격을 다음 4가지로 말씀하고 있다.

    자연에는 도(道)가 있어 일원(一元)에서 음양이 소장(消長)하고, 천지에는 법(法)이 있어 **일회(一會)에 상제께서 자리를 바꾸시니[上帝 改位]**, 생각컨대 우리 대선생께서는 신농의 대덕(大德)과 태공의 대 은(大恩)을 갖추셨으므로 천지만신이 받들어 기리나니, 하늘에 임하 사 **옥황상제(玉皇上帝)**가 되시고, 운(運)에 임하사 **후천의 천황씨(天 皇氏)**가 되시고, 세상에 임하사 **미륵존불(彌勒尊佛)**이 되시고, 나라 에 임하사 **후천의 당요(唐堯)**가 되시니라.
(천지개벽경 서문)

아직 공개되지 않은 천지개벽경 부록에 의하면, 10800년[일회]마다 상제가 바뀐다고 하며, **강증산 상제님은** 12지지의 8번째 **미회(未會) 상제**님이라는 말씀이 있다. 이것은 이중성 선생이 자작(自作)으로 지어낸 말씀이 아니고 제자의 증언을 그대로 쓴 것이라고 한다. 다만 이러한 내용이 천지개벽경 본문에 들어가지 않아 안 알려진 이유는 세인들이 받아들이기에 그 내용이 너무도 엄청난 것이기에 일단 유보하셨던 것으로 보인다.

천지개벽경 서문에서 이중성 선생은 대선생(大先生)이신 상제님의 위격을 4가지로 말씀하고 있다. 먼저 하늘에 임하사 **옥황상제**라고 하셨다. 여기서 하늘이란 천지인을 모두 포함하는 삼계 우주를 말한다. 상제님께서 삼계대권을 주재하시고 천지인 만상을 다스리시는 옥황상제라는 말씀이다. 옥황상제로서 임기는 일회 즉 10800년이다. 다음은 운(運)에 임하사 **후천의 천황씨**라고 하셨다. 이것은 후천 5만년을 여신 후천 역사의 첫머리가 되심을 의미한다. 동양 옛 고전에는 새로운 세상을 여는 개창조를 천황, 지황, 인황이라고 했다.

다음은 세상에 임하사 **미륵존불**이라고 하셨다. 상제님은 불교의 도맥으로는 미륵불이시며 후천 5만년은 미륵불의 용화세계임을 말씀하신 것으로 보인다. 다음으로 나라에 임하사 **후천의 당요**가 된다고 하셨다. 당요는 유가에서 말하는 첫 나라인 당(唐)의 요(堯)임금에서 나온 말이다. 이는 상제님께서 후천 5만년 대시의 첫 임금 곧 태조이심을 말한 것이다.

22. 무진년 동지에 기두한 학암 이중성은 과연 누구인가?

학암 이중성은 과연 누구인가? 그는 상제님 신앙의 100년 교운 역사에서 어떤 의의를 지니는 인물인가? 상제님과 수부님의 참 말씀, 원형 말씀을 추구하는 나로서는 상제님의 천지대도가 인간계는 물론 신명계를 아우르는 신도(神道)라는 것을 생각하면서 심도(深度) 있게 생각해 본다.

1934 갑술(甲戌)년에는 상제님이 쓰신 용봉 독존석가불 친필(親筆)이 박금곡 주지를 매개로 하여 이중성 선생에게 전수(傳授)되는 일이 있었다. 이 사건은 100년 교운사에서 크게 부각되거나 강조되지 않았는데 내가 볼 때 너무도 중요한 사건이라고 본다. 상제님의 어천 이후 어느 특정한 인물에게 이렇듯 분명하게 상제님의 직접적인 지시를 따라 친필(親筆)이나 성물(聖物)이 전수되었다는 이야기를 들은 적이 없다. 우선 갑술년이라는 연도를 생각해 본다. 갑술(甲戌)이란 일등이 되는 개를 의미한다. 상제님의 말씀에서 개란 당신님의 일을 하는 일꾼을 상징한다.

왜 상제님은 용봉 독존석가불이라는 친필을 이중성 선생에게 전수하셨는가? 이 **친필 전수 사건**은 이중성 선생이 **아주 특별한 분**이라는 걸 시사(示唆)한다. 이 사건은 **상제님께서 이중성이라는 인물을 인정하신 것**[종통 전수]이며, 그 실질에 있어서는 **이중성의 신원(身元)과 사명(使命)을 밝혀주신 것**이라고 본다.

이 용봉 독존석가불 친필에 대한 나의 의견을 조심스럽게 말해 본다. 친필은 모두 7자(字) '용봉(龍鳳) 독존석가불(獨尊釋伽佛)'이다. 여기서 용(龍)은 천자이신 상제님을 가리킨다. 이러한 의견에 이의(異義)를 제기할 사람은 거의 없다고 본다. 그렇다면 용과 상하 대각으로 아래에 쓰여있는 봉(鳳)은 누구를 상징하고 가리키는가? 이 친필을 **주신 분**은 **상제님**이시고 **받는 사람**은 **이중성** 선생이다. 그렇기에 나는 봉은 이중성 선생이라고 판단한다.

혹자는 봉(鳳)은 고수부님을 상징한다고 말한다. 그런데 이 친필을 전해 받은 당사자는 이중성 선생이지 고수부님이 아니다. 상제님은 이미 살아생전에 고수부님께는 당신의 신원을 밝혀주시는 '옥황상제'라는 친필을 전수하신 바 있다. 한편 당시까지 이중성 선생은 고수부님을 뵌 적이 없고, 고수부님에 대한 인식이 거의 없었다는 것도 생각해 본다.

이중성 선생은 누구인가? 내가 아드님 이인수님의 증언을 10년을 넘게 경청하고 그동안 천지개벽경을 정독해서 심사숙고하여 내린 결론으로 **이중성 선생**은 천상에서 동방칠성으로 있던 상제님의 신하(臣下)인 **이마두 신부님이 인도 환생한 분**이 아닐까 판단한다.[我臣之李] 왜 그러한가? 우선 천지개벽경에 다음 말씀이 있기 때문이다.

* (형렬이) 여쭈기를, **동방칠성(東方七星)은 어찌하여 직분이 없나이까?**
말씀하시기를, **동방칠성은 신계의 주벽인데, 내 명을 받들어 이미 세상에 내려왔노라.**
여쭈기를, 동방칠성이 인간 세상에 있으면 **만나 볼 수 없나이까?**
말씀하시기를, **지금 초립동년(草笠童年)이니** (형렬이는) 인연이 있으므로 **만날 것이요,** 앞으로 한집 사람이 되리라.
(천지개벽경 계묘 7장)

천지개벽경 임인편 2장에 이미 "**이마두가 신계의 주벽**"이라는 말씀이 나온다. 따라서 이를 계묘편 7장의 말씀과 연결지어 보면 이마두가 동방칠성의 직분을 맡은 신계의 주벽임을 알 수 있다. 주벽(主壁)이란 천상 조정(朝廷) 즉 조화정부의 대신들의 주장(主張)이 되는 신하를 가리킨다. 상제님께서 이 말씀을 하시던 1903 계묘년에 동방칠성 이마두는 천상에 있는 게 아니라 상제님의 어떤 명을 받고 인도 환생해서 인간 세상에 내려와 있다는 말이 된다.

상제님은 이때 누군가로 인도 환생한 이마두는 초립동년의 어린아이라고 밝혀주셨는데 나는 이 초립동이를 정유생 이중성 선생으로 보는 것이다. 1903 계묘년에 선생은 당시 7살의 어린 나이였다. 이인수님의 증언에 의하면 아버지는 이즈음 사서삼경을 뗀 천재이자 신동으로 알려졌다고 한다. 한편 **봉**을 이중성 선생으로 보는 이유 중에 하나는 선생이 정유(丁酉)생 **닭띠**라는 것도 생각한다. 봉황은 닭을 추상화한 상상 속의 **신조(神鳥)**이다.[千鷄一鳳]

친필에서 용봉 왼쪽 옆에 쓰여 있는 독존석가불은 서방칠성 석가모니다. 왜 석가불 글자 앞에 독존(獨尊)이라는 말씀을 붙이셨을까? 독존이란 홀로 존귀하다는 뜻인데 석가모니 한 사람 만이 존귀하다는 그런 의미는 아닐 것이다. 3천 년 전 석가가 깨달은 진리가 무엇인가? 연기(緣起)의 진리와 함께 사람이라면 개개인 누구나가 신분과 지위를 뛰어넘어 불성(佛性)을 가지고 있는 평등하고 지극히 존귀한 존재라는 위대한 진리인 것이다. 이 불성의 문제는 태일(太一)과 연결되는데 part 6에서 나의 소견을 말하였다.

 * **매양** 옛사람을 평론(評論)하실 때 강태공(姜太公) 석가모니(釋迦牟尼) 관운장(關雲長) 이마두(利瑪竇)를 칭찬하시니라.
   (대순전경 3장 문도의 추종과 훈회)

어쨌든 친필의 내용은 상제님과 좌우에서 보좌하는 최고 높은 대신

(大臣)인 동방칠성과 서방칠성을 말하는 것이다. 즉, 천상 신계의 조정(朝廷)인 조화정부의 주재자이신 상제님과 신하들의 우두머리인 동방칠성 이마두와 서방칠성 석가불을 말한 것이다. 글자의 위치에서 용은 위에 있고 봉은 아래에 있다. 위에 있는 용은 하늘에 계신 상제님이며 아래에 있는 봉은 지상에 있는 동방칠성 이마두 곧 이중성 선생을 의미한다.

봉을 이중성 선생으로 보는 이유는 무엇보다도 선생이 정확한 의통인패 제작법을 전수받아 이를 천지개벽경에 담아 후세에 전하신 당사자, 곧 **구세지인(救世之人)**이기 때문이다. 용과 봉이 서로 상하 대각으로 쓰여있는데 용이 위쪽에 거꾸로 쓰여 있는 것은 천상의 상제님의 기운이 지상의 천하사 일꾼, 이중성 선생에게 그대로 내려꽂히는 **인신합덕(人神合德)**을 상징한다고 본다.

이 친필을 이중성 선생에게 전수하신 상제님의 뜻은 무엇인가? 천상의 동방칠성으로 있다가 인간으로 인도 환생한 **이중성의 신원(身元)**을 밝혀주시고 **앞으로의 지상 사명**을 확인시켜 주신 것이라고 본다. [宗統傳授] 그 사명이란 무엇인가? 구리골 김형렬 김자현 등 안동 김씨 후손들이 전하는 속수전경에는 다음과 같은 말씀이 나온다.

* 서양 **이마두는** 동서양 신명을 통솔하니 **나의 서기로 등용하고** 경주 최수운은 천하신명을 임의 용지하니 작반 친구요.
(속수전경 18쪽)

동방칠성 이마두의 후신으로 지상에 온 이중성 선생이 상제님으로부터 받은 사명은 무엇인가? 상제님의 천지공사를 공명정대하게 기록한 경전을 편찬해 내서 상제님의 덕을 세상에 펴는 것이다. 이것은 이마두를 나의 서기로 임명한다는 속수전경의 말씀과도 부합된다. 알다시피 서기란 문서나 기록 따위를 맡아 보는 사람을 의미한다. 한편 친필을 전수받은 1934 갑술년 이때쯤이면 학암 선생의 마음속에도 단순한 재료 수집의 차원을 넘어서 경전 출간의 의지를 갖고 있을 때이며 이 친필 전수는 선생으로 하여금 더욱 마음을 굳히는 계기가 됐을 것이라고 본다.

그런데 한평생 말씀 묵상과 공부를 하신 선생 스스로가 살아생전 자신의 전생을 이마두로 생각했는지는 전혀 확인할 수 없다. 아드님으로부터 전해 들은 선생의 인품으로 보아 학암 선생은 상제님을 진실로 경외(敬畏)하고 한없이 자신을 낮추신 겸손한 분이기에 혹여 속으로 생각을 했을지언정 전혀 입 밖으로 내지는 않았을 것으로 생각된다. 이인수님은 살아생전 아버지로부터 자신을 내세우는 그 어떤 말씀도 듣지 못했고 오로지 진실한 한 사람의 신앙인으로 사는 모습만을 보았다고 하셨다. 아버지는 후천 선경에서 상제님이 계시는 궁전의 정문을 지키며 빗자루로 마당을 청소하는 인물이라도 된다면 더 이상의 원이 없겠다는 말씀을 하셨다는 것이다.

어쨌든 선생이 용봉 친필을 전수받은 이후의 일생은 모든 정성을 들여 수집한 재료를 바탕으로 상제님께서 행하신 천지공사의 깊은 뜻을 궁구하고 천지공사의 전모를 담은 진실한 경전인 천지개벽경을 편술하는 쪽으로 나아갔다. 아울러 선생의 사후 적당한 시간에 이를 출간하고, 훗날 증언을 듣기 위해 찾아오는 3변교운의 일꾼들에게 모든 것을 낱낱이 들려줄 중요한 **중보(仲保) 일꾼**인 **아들 이인수**를 세속 세상에 빼앗기지 않고 오로지 상제님 신앙 속에서 길러내는 데에 모든 노력을 기울였다고 본다.

그린데 나는 봉(鳳)은 이중성 선생 한 사람만이 아니라 후천 5만년을 다스려 나가는 384 황극수 공사에 응한 일꾼들이라고 넓게 보고 있다. 내가 봉(鳳)을 이중성 선생 한 사람에게만 국한하지 않는 이유를 말해 본다.

천지개벽경 임인(壬寅)편에 다음과 같은 말씀이 있다.

> * 쇠북소리 한 번 울려 천하를 호령하고,
> **봉황[鳳]이 한 번 우니 세상 닭이 모두 우네.**
> 鐘鼓一聲(종고일성)에 天下號令(천하호령)하고
> 鳳鳴一唱(봉명일창)에 天下鷄鳴(천하계명)이라.
> (중략)
> 달 밝은 **오동나무**에 **봉황(鳳凰)**이 날아오는구나.
> 멈추면 올바른 자세요 움직이면 올바른 소리라
> 모든 사람이 보는 바요 모든 이가 듣는 도다.
> 도성덕립 된 천지에 **요순세계(堯舜世界)**로다.
> 하늘이 꼭 뜻을 두면 땅이 반드시 따르나니
> **세세토록 이어 나가 천세 만세 영원하리로다.**
> 梧桐明月(오동명월)에 **鳳凰(봉황)**이 來儀(내의)라.
> 靜則正體(정즉정체)오 動則正聲(동즉정성)이라.
> 萬目所照(만목소조)오 萬耳所通(만이소통)이로다.
> 道德乾坤(도덕건곤)에 **堯舜世界(요순세계)**라.
> 天必有志(천필유지)하면 地必有應(지필유응)하나니
> **世世承承(세세승승)하야 千世万世(천세만세)로다.**
> (천지개벽경 임인 12장)

상제님의 천지공사는 100년 난법해원 시간대뿐만 아니라 후천 5만년 세상의 새 판도를 짜신 것이다. 후천 5만년은 어떤 특정 성씨가 천자 집안이 되어 혈통으로 대위(大位)를 계승하며 내려가는 그런 세상이 아니다. 후천은 이덕전덕(以德傳德)으로 대위(大位)가 전해지며 384명의 황극 통치자가 통치하는 천하일가의 요순세계이다. 상제님은 후천을 다스리는 384명의 황극수 공사를 행하셨다.(천지개벽경 기유 7장) 상제님은 384 황극수의 첫머리이신 후천의 당요가 되신다. 나는 상제님을 제외한 이러한 황극수 공사의 주인공들은 모두 상제님의 이상을 지상에 실현하는, 봉(鳳)으로 상징되는 지도자 일꾼으로 생각하고 있다. 그것은 대시(국)의 뿌리가 되는 **대한민국의 대통령의 상징 문양**이 봉황인 것을 볼 때도 자연스럽게 유추(類推)되는 결론이다.

한편 성화전경(동곡비서)에는 다음과 같은 말씀이 있다.

* 또 일러 가라사대 판안 사람 둘러보니 많고 많은 저 사람들 어떤 사람 이러하고 어떤 사람 저러하니 판안 사람 판안 공부 할 수 없어 허리끈 졸라매고 뒷문 열고 내다보니 **봉황**이 지저귄다. **황계**성이 죽지 털면 **판밖 소식** 이르리라.
(성화진경 71쪽)

* 어우 상씨름 구경하러 가자. 끝이 여기 있다.
노른 장닭 두 홰 운다. 상씨름꾼 들어오라
벽력같이 고래장 치니 어느 누가 당적할까
(성화진경 70쪽)

이는 100년 교운사의 막판에 어떤 주역 일꾼이 등장하는 상황을 말씀하신 것이다. 그동안 상제님의 진리를 나름대로 확신하며 세운과 교운의 대세를 관망하던 일꾼들이 아무리 살피고 찾아보아도 진도진법은 보이질 않는데 통상적인 앞문이 아니라 뒷문을 열고 내다보니 그곳에서 봉황이 지저귄다고 하셨다. 여기서 **봉황**은 3변교운의 진도신법을 들고나오는 **주역 일꾼**을 상징하여 말씀하신 것이다. 그런데 상제님은 이를 다시 **황계(黃鷄 노른 장닭)**로 말씀하고 있다.

세간에 천계일봉(千鷄一鳳)이라는 말이 있다. 닭이 천 마리 있으면 그중에 봉황[지도자]이 한 마리 있다는 말이다. 여기서 봉황이란 닭[일꾼] 중에서 뛰어난 우두머리 닭[리더]을 성스럽게 비유하여 일컫는 말이다. 봉황이라고 해서 무슨 외모가 특이하게 다르고 누가 봐도 확

구분되는 그런 닭[인물]을 의미하는 것은 아니다. 겉으로 보면 그저 똑같은 닭[인물]일 뿐이다. 상제님의 "누구인지 모르고 대하다가 다시 보니 낯이 익고 아는 사람이라는 말이니 낯을 잘 익혀 두라"는 말씀처럼 익히 알려진 보통 사람이다.

구리골 안동 김씨 김형렬 김자현 등의 후손들이 전하는 성화진경(동곡비서)에는 두 개의 장닭이 등장한다. '붉은 장닭'과 '누런 장닭'이 그것이다. 이 표현은 다른 경전에는 나오지 않는 성화진경만의 말씀이다. 여기서 **장닭**은 **봉황의 또 다른 말**이다. 붉은 장닭이란 천지개벽경을 편술하신 정유(丁酉)생 이중성 선생 한 분을 특정하신 말씀이다. 그렇다면 누런[노른] 장닭은 무엇을 상징하는 것인가?

혹자는 개벽하는 때가 상제님께서 어천하신 이후에 두 갑자가 되는 기유년이라는 연도에 중점을 둬서 그때 진도진법의 일꾼이 등장한다고 말하기도 하고 혹은 기유년에 태어난 기유생 어떤 일꾼을 상징하여 말씀하신 것이라고 얘기한다. 과연 미래의 일이란 그때와 상황을 닥쳐보아야 아는 것이기에 그 누가 옳고 그름을 말하고 상제님의 말씀을 확정적으로 예단 할 수 있겠는가? 나는 이러한 주장들은 충분히 일리가 있다고 보면서 한편 조심스럽게 이렇게도 생각해 본다.

그냥 닭이 아니라 장닭이라고 하셨으니 여성이 아닌 남성 리더 일꾼을 상징하신 것이다. 그런데 누렇다는 노란색은 오행의 배치에서 중앙 토(土)의 의미이다. 따라서 누런[노른] 장닭은 일꾼들의 중심에 서서 조직의 눈과 머리가 되어 이끄는 리더 일꾼을 상징하여 말씀하신 것으로도 생각한다. 누런 장닭은 상제님의 천지대업, 곧 의통성업을 추진하는 12000 일꾼을 지휘하고 이끄는 12000 일꾼 가운데 중심되는 일꾼, 리더 일꾼을 '누런' 장닭이라고 비유하신 것이라고 보는 것이다.

그런데 성화진경에는 "누런 장닭 **두 홰** 운다"는 횟수의 말씀이 나온다. 이는 무슨 의미인가? 닭은 보통 새벽에 우는데 울 때는 홰대에 올라가서 울게 된다. 옛적에는 한 번 울 때마다 홰대를 한 번씩 쳐 가면서 우는 횟수(回數)를 알렸다.

두 홰[회] 운다는 말씀은 **두 번의 기회와 시도**를 말씀하신 게 아닌가 생각이 든다. 그것은 **일꾼이 신앙혁명을 추진하는 데 한 번에 이루어지지 않고 두 번째 시도로 성공한다**는 것을 암시한다고 본다. 즉 처음 시도에서는 같은 편의 오해(誤解)와 질시(嫉視)를 받아 조직에서 쫓겨나고 또한 반대편의 온갖 모함(謀陷)과 공격을 받아 감옥에 가는 등 실패하게 되지만 다시 충분한 준비를 해서 갑을 **청룡[동청룡]의 시간대에 다시 한번 등장한다**는 말씀으로 볼 수 있다. 그런데 이것을 구체적인 연도로 말하는 경전이 있는데 김낙원 선생의 『용화전경』이다.

* 하루는 **남조선배가 범피중류(汎彼中流)로다 하시고 갑오(甲午)년에는 상륙(上陸)을 못하여 풍파(風波)를 당하였으나** 이제는 상륙을 하였으니 풍파는 없으리라 하신지라. (용화전경 64쪽)

여기서 남조선배는 세운의 대한민국을 말하는 것이 아니라 교운의 진도진법[3변교운] 모임을 상징한다. 이 성구 말씀에서 갑오년에는 상륙을 못하여 풍파를 당하였다고 하셨다. 이 갑오년이란 언제를 말씀하시는 것인가? 1894년, 1954년, 2014년이 모두 갑오년이다. 나는 10년전 2014년이라고 생각한다. 당시는 사오미의 시간대였는데 1차 신앙혁명이 있었다. 그렇다면 '이제는'이 의미하는 시간대는 언제이기? 나는 2029 기유년이 될 수도 있고 혹은 진도진법이 머리를 드는 갑을 청룡의 시간대도 될 수 있다고 본다.

여기서 잠시 "누런 장닭 두 홰 운다"는 말씀의 성화진경 원문과 도전이 합성하여 싣고 있는 성구를 비교해 본다.

성화진경(동곡비서)의 원래 성구

* 나의 일을 상씨름 딸 사람은
술이나 먹고 잠자고 누워 시치렁코 있다가
상씨름이 난다고 야단칠 때
그때야 일어나서 **판 안에 들어와서**
어우 상씨름 구경하러 가자. 끝이 여기 있다.
노른 장닭 두 홰 운다. 상씨름꾼 들어오라
벽력같이 고래장 치니 어느 누가 당적할까
허허 허참봉이로고
소딸 놈은 거기 있든감만
밤새도록 헛춤만 추었구나
육각소리 높이 뜨니 상씨름이 끝이 났다.
(성화진경 70쪽)

도전이 합성하여 만든 성구

1 구릿골에 계실 때 하루는 말씀하시기를 "나의 일은 상씨름 씨름판과 같으니라.
2 상씨름 딸 사람은 술이나 먹고 잠이나 자면서 누워서 시치렁코 있다가 '**상씨름이 나온다.**'고 야단들을 칠 때, 그제야 일어나서 판 안에 들어온다.
3 **다리를 둥둥 걷고 징검징검 들어가니 판 안의 씨름꾼들 여기저기 쑤군쑤군.**
4 들은 체도 아니하고 샅바 잡고 한 번 돌더니, '상씨름 구경하라. 끝내기 여기 있다.
5 **갑을청룡(甲乙靑龍) 뉘 아닌가. 갑자(甲子)꼬리 여기 있다.**
6 **두 활개 쭉 펴면서 누런 장닭 두 홰 운다.** 상씨름꾼 들어오라.' 벽력같이 고래장 치니 어느 누가 당적할까?

7 허허, 헛참봉이로고. 소 딸 놈은 거기 있었건만 밤새도록 헛춤만 추었구나.
8 육각(六角) 소리 높이 뜨니 상씨름이 끝이 났다." 하시니라.
(재판 道典 6:71, 성화진경과 속수전경 말씀을 합성한 성구)

도전은 성화진경의 성구에 속수전경의 성구를 합성하여 새 성구를 만들어 싣고 있다. 3절과 5절, 6절의 짙은 부분은 속수전경에서 성구를 끌고 와서 성화진경의 성구에 합성한 것이다. 나는 이런 도전의 성구를 살펴보면서 성구 합성의 절묘(絶妙)함에 감탄한다. 상제님께서 왜 도전이라는 경전의 출간을 허락하셨는지 십분(十分) 이해하게 된다.

다시 원점으로 돌아와서 붉은 장닭으로 상징되는 학암 이중성 선생은 과연 누구인가 하는 것이다.
태운장 김형렬 선생은 일찍이 상제님께서 자신을 천상 조정에 데리고 가서 참관하게 한 일생일대의 대사건을 겪은 후(천지개벽경 계묘 7장), 너는 장차 지상에 인도 환생한 동방칠성과 인연이 있으므로 만나게 될 것이라고 하신 상제님의 말씀을 굳게 믿고 한평생 기다렸다고 본다.

먼저 김형렬 성도에게 다가온 인물은 이상호 선생이었다. 김형렬은 이상호가 천지공사와 관련한 경전 편찬의 뜻을 말하며 증언 말씀을 해달라고 하자 이에 부응하여 증산천사공사기에 들어가 있는 정도의 싱제님의 성언 성적을 증언해 주었다. 그런데 이상호는 미륵불교 간부들과 불화하였고 미륵불교에 오래 머물지 못하고 떠나갔다. 따라서 더 이상 구리골 안동 김씨 제자들로부터는 증언을 듣지 못하게 되었다.

알다시피 이상호 선생은 1915년에 고수부님의 교단에 입교한 이후 차경석의 보천교에서 아주 쟁쟁한 간부로 성장하였고 한때는 차경석과 대립하기도 하는 등 종교계의 거목으로 성장하신 분이다. 이상호 선생이 미륵불교에 오래 몸담지 못했던 것에는 당시 교운 전개에 얽혀있는 복잡한 사정이 있었다. 이 이야기들은 이정립 선생이 저술한 『증산교사』에 자세히 실려 있다.

그런데 김형렬 성도의 인생 말년 1930 경오(庚午)년에 천지공사의 성언 성적을 듣고자 찾아온 34살의 젊은이가 학암 이중성 선생이다.

> * 하루는 말씀하시기를, 형렬아.
> 늦게 오는 사람[晚來者]이 상등 손님[上等賓]이 되노라.
> (천지개벽경 갑진 5장)

김형렬 성도는 1929 기사(己巳)년 봄에 보천교에서 있었던 차경석의 상제님 배신 사건과 이를 역적놈이라고 꾸짖은 용감한 젊은이 이중성에 대해 들어서 알고 있었다. 궁금하던 차였는데 자신을 찾아온 청년 이중성의 학식과 인품 그리고 신앙 열정을 확인하고는 크게 환대하였다.

아들 이인수님의 증언에는 김형렬과 박공우 두 분이 아버지를 특히 아끼고 사랑하며 모든 증언을 해 주었다고 했다. 천지개벽경에 가장 많이 나오는 성도의 이름은 김형렬과 박공우다. 특히 박공우의 이름이 더 많이 나온다. 1907년 이후의 공사 말씀은 박공우 성도의 증언이 주를 이루고 있다. 그러나 그 이전의 공사 말씀과 전체를 아우르는 말씀은 김형렬 성도의 증언이 많다.

이중성 선생은 천지개벽경을 편술함에 있어 대순전경에 나오지 않는 천지공사의 증언 말씀을 수록하는데 신경을 썼다고 보여진다. 특히 천지개벽경에는 대순전경에는 나오지 않는 **상제님과 제자와의 비결 문답**이 실려 있는데, **이영평의 비결**(계묘편 9장)에는 천하사의 마지막 세운 상황과 시간대에 대한 내용이 담겨 있고, **토정 이지함의 비결**(을사편 4장)에는 장차 초막에서 출현하는 성인과 관련한 시간과 장소 및 상황에 대한 내용이 담겨있다. **무학 비결**(을사편 5장)도 성인의 출현 시기와 긴박한 세운 상황이 묘사되어 있다. 이들 증언 말씀은 김형렬 성도가 학암 선생에게만 들려준 것으로 보여진다.

23. 천자신과 장상신으로 상징되는 상제님 천지대도의 큰 틀

나는 **상제님 천지대도의 큰 틀**을 다음과 같이 정리하고 있다.
천지의 여름과 가을철이 바뀌는 천지일원의 하추교역기, 그것은 우주와 인간 역사에서 가장 극적이고 결정적인 시간대다. 이때는 선천에 지상을 다녀간 모든 인간과 신명에 대한 **선악 판단**, **화복 판단**, **생사 판단**이 이루어지고 선천 상극 세상의 종결과 후천 5만년 상생의 새로운 우주 시대[도술운통**구만리**], 용화세계가 열리는 더없이 중요한 때이다.

그런데 과연 이번 가을개벽에서 얼마나 살아남아 후천 조화선경(造化仙境)으로 넘어갈 수 있을 것인가? 상제님은 숫자가 많지 않다고 말씀하셨다.

* 나의 세상에 사람의 수(數)가 줄고, 신의 수도 주느니라.
(천지개벽경 계묘2장)

그런네 이때는 천지일월부모이신 상제님과 수부님께서 직접 인간으로 내려오셔서 천지공사[西神司命]와 신정공사[首婦司命]를 행하시며 인류 구원을 위해 희생(犧牲)과 대속(代贖)과 헌신(獻身)의 삶을 사시는 등 딩신님의 존새를 인간 역사 속에 드러내는 전무후무한 대전환기이다.

또한 이때는 선천에 지상을 다녀간 모든 역사적인 인물들이 천상에서 안주(安住)하는 것이 아니라 모두 지상에 인도 환생해서 내려와 상제님과 수부님의 중생 구제(救濟) 사업에 동참하는 때라고 본다. 즉, 100년의 세월 동안 미륵부처님[쌍미륵이신 상제님과 수부님]의 제자 즉 일꾼으로 태어나 **3회 설법**(3번에 걸친 교운)을 듣고 후천 용화세계 건설에 각자의 몫을 다해야 하는 때인 것이다.

나는 그 인물들이 12000 일꾼이라고 보고 있으며 상제님의 어천 이후 100년의 세월 동안 3변성국(三變成局)으로 전개되는 교운 역사 속에 출세하는 것이라고 보고 있다. 내가 추리하기로는 12000 일꾼들은 **1변교운**에서 상제님과 수부님을 신앙했으며[1회설법] 이후 1960년대를 전후한 시간대에 다시 인간으로 내려와 **2변교운**에서 상제님의 도를 만나 신앙하고[2회설법] 이제 막판 **3변교운**에서 드디어 진도진법을 만나 최후의 한 소식을 들음으로써[3회설법] 진정한 상제님과 수부님의 일꾼이자 신하로 자리매김 하는 것으로 생각하고 있다.

* 이제는 천지도수가 정리되어 **각 신명의 자리가 잡히는 때**라.
(대순전경 6판 제6장 법언 126절)

* 말씀하시기를, **내 일은 세 번 변하여 판이 이루어지노라**[我事는 三變成局也노라]. (천지개벽경 갑진 5장)

* 바다 해(海)자 열 개(開)자 사 진주(眞主)가 오신다네 옥구(沃溝)가 근본(根本)이네 삼제갈(三諸葛) 팔한신(八韓信) 관우 장비 조자룡 진묵대사 사명당이 **때가 때인 만큼 일제히 서로 나서 만고 성인(萬古聖人)이 다 오신다네** 오방신장(五方神將) 이하로 신영(神迎) 맞이 어서 하소. 나는 바닥에 일(一) 붙은 줄 알고 뽑노라.
(선도신정경 216쪽)

* 이로써 수제는 남들이 하는 현무경 공부가 하도 부러워서 현무경

을 배우느라고 두 달간을 법소에 돌아가지 않았더니 하루는 어느 사람이 와서 말하되 고후비께서 돌아오라 하신다 전하거늘 그제서야 깜짝 놀래며 정신을 차려 생각해 보니 어언간 두 달이 경과했더라 그 길로 법소에 돌아가 고후비님을 뵈오니 가라사대 너는 그간에 무엇을 했느냐 하고 물으시거늘 사실대로 고하니 들으시고 가라사대 현무경 공부는 네가 할 공부가 아니니라. **너는** 집이나 잘 보고 있다가 **일만이천명 속에 빠지지나 말도록 하라** 이어서 가라사대 누가 나든지 사람이 나리니 그때에는 기념각 하나 잘 지어 줄 것이니라 하시더라. (선도신정경 60~61쪽, 제2장 교단개창 12절)

그런데 상제님과 수부님의 인간 강세와 12000 일꾼의 출세에 앞서 우주 문명사적으로 바탕을 조성하고 이를 준비하는 등 **결정적인 역할을 하신 분**이 있는데 그가 누구인가? 바로 신명계의 주벽인 동방칠성의 자리에 오르신 서양 사람 **이마두 신부님**(1552~1610)이라는 **뜻밖의 인물**이다.

선천에 지상을 다녀간 신성불(神聖佛) 등 뛰어난 인재들이 많이 있었지만 신명계의 주벽인 동방칠성의 자리에는 서양 사람 이마두 신부가 올랐다는 사실에 주목한다. 그 연유(緣由)는 그분이 살아생전 쌓은 업적만이 아니라 돌아가신 이후 신명계에서 활동하며 인류 문명사에 남모르게 끼친 지대한 공덕(功德) 때문이라고 상제님께서 처음으로 밝혀주셨다. (증산천사공사기 12쪽)

이마두 신부가 죽은 뒤에 동양의 문명신을 거느리고 서양으로 건너가서 천상에 올라가 모든 기묘한 법을 받아내려 지상의 사람들에게 알음귀를 열어주면서 17세기~18세기에 지구촌에는 산업혁명이 일어났고 이로써 인류사는 과거의 농경시대와는 전혀 다른 질적인 변화를 하기 시작하였다.

그런데 이 물질문명은 인류의 교만과 잔포를 길러내어 천지를 흔들며 자연을 정복하려는 기세로 모든 죄악을 꺼림 없이 범행하니 신도의 권위가 떨어지고 삼계가 혼란하여 천도와 인사가 도수를 어기게 되는 등 오히려 인류가 진멸하는 지경으로 나가게 되었다.

이에 큰 위기를 느낀 이마두를 비롯한 신성불 보살 등은 구천(九天)의 상제님께 나아가 구원해 주시기를 하소연하게 되었던 것이다. 그리하여 천지일월부모이신 **상제님과 수부님의 인간 강세가** 이루어지게 되었고 **천지공사라는 전대미문의 대사건**이 있게 된 것이다. 아무튼 상제님과 수부님의 지상 강세는 이에 앞서 **4백년 전에 이마두 신부님의 등장과 사후(死後) 대역사에서 준비되고 시작되었던 것이다.**

따라서 나는 증산 상제님의 천지대도에서 우주의 주재자 **상제님**과 신명계의 주벽인 동방칠성 **이마두 신부님, 이 두 분**에 주목한다. **이 두 분이 이번 하추교역기 인간 구원의 핵심 주인공이라고 본다.** 이것은 상제님의 성령이 천상에서 지상으로 내려올 때 다른 그 어떤 신하가 아니라 오직 이마두 신부를 데리고 내려와 함께 천하를 대순하셨다는 증산천사공사기의 기록에서도 느낄 수 있다.

* 천사(天師)께서 대법국 천계탑(大法國 天啓塔) 계시다가 서양(西洋)에서 실패(失敗)한 이마두(利瑪竇)를 데리시고 천하(天下)에 대순(大巡) 하시다가 금산사 삼층전 금 미륵(金山寺 三層殿 金 彌勒)에 임어(臨御)하사 삼십년(三十年)을 경(經)한 후(後)
(증산천사공사기 11쪽)

상제님의 성령과 이마두 신부의 성령은 서양 대법국 천계탑을 거쳐 동양 조선국 금산사 미륵전으로 함께 오셨다. 상제님은 1860 경신년에 최수운에게 천명과 신교를 내려 대도를 세우게 하였으나 뜻대로 되지 않자 5년 후인 1864 갑자년에 천명과 신교를 거두셨고 다시 8

년이 경과한 뒤인 1871 신미년에 조선 전라도 고부군 우덕면 객망리에 강씨 문중으로 태어나시게 되었다.

동방칠성, 마테오 리치 이마두 신부님

 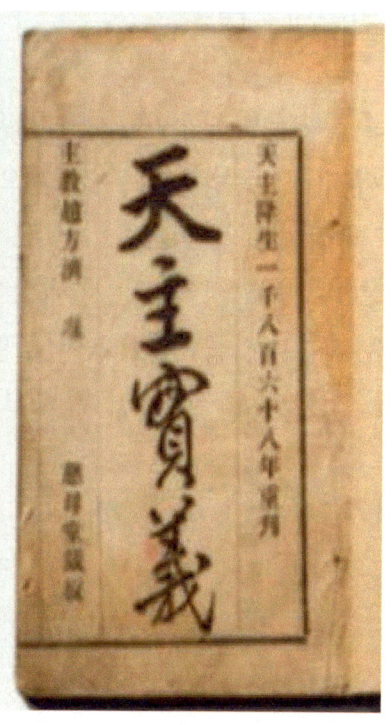

[로마 카톨릭 예수회 소속의 신부로 명나라 말기의 중국에 와서 전교 활동을 하고 북경에 묻혔다. 사서(四書)를 라틴어로 번역했으며 24절기를 서양의 태양력에 맞춘 **시헌력**을 개발하였고 『천주실의』를 저술하였다. 죽은 뒤에 동양의 문명신을 거느리고 서양으로 건너가서 천상에 올라가 기묘한 법을 받아내려 17~18세기 산업혁명이 일어나게 하여 인류문명이 본질적으로 바뀌게 하는 주역이 되셨다. 상제님은 리치 신부가 인류문명에 끼친 위대한 공덕으로 조화정부의 주벽인 동방칠성(東方七星)의 직위에 올랐으며, 상제님의 성령 강세 시에 함께 내려와 천하를 대순하다가, 천지공사를 행하시던 즈음 인도환생하여 1903 계묘년에 초립동이로 지상에 있음을 밝혀주셨다. **이마두 신부님이 인도환생한 인물은 과연 누구인가? 그 인물을 찾는 것이야말로 교운공사의 비밀을 푸는 핵심 주제라고 생각한다**]

나의 관심은 상제님의 성령은 강 일(자) 순(자)로 탄강하셨는데, 상제님을 모시고 함께 내려왔던 동방칠성 이마두 신부는 어떻게 되었는가 하는 것이다. 그런데 천지개벽경 계묘 7장에 의하면 동방칠성 이마두 또한 인도환생 했으며 1903 계묘년 당시에 초립동년의 어린아이라는 구체적인 말씀이 나온다.

> * 여쭈기를, **동방칠성(東方七星)은 어찌하여 직분이 없나이까?**
> 말씀하시기를, **동방칠성**은 신계의 주벽인데, **내 명을 받들어 이미 세상에 내려왔노라.**
> 여쭈기를, 동방칠성이 인간 세상에 있으면 만나볼 수 없나이까?
> 말씀하시기를, **지금 초립동년(草笠童年)**이니 인연이 있으므로 **만날 것이요,** 앞으로 한집 사람이 되리라. (천지개벽경 계묘 7장)

이를 깊이 생각해 보면 동방칠성 이마두가 우리나라 사람 누군가로 태어났다는 말씀으로 추리되고 귀결된다. 나는 **동방칠성의 후신**으로 오신 분을 천지개벽경을 편술하신 **학암 이중성 선생**이라고 판단하고 있다.

한편 천지개벽경에는 세간에 유행하던 비결서에 나오는 양백(兩白)에 대한 상제님과 제자와의 문답이 실려 있다.

> * 제자가 여쭈기를, 세상에 양백(兩白)에서 사람 종자를 구한다는 말이 있으니 어떻습니까?
> 말씀하시기를, **양백이 각(角)에 있느니라.**
> 世(세)에 有求人種於兩白之說(유구인종어양백지설)하니
> 何以乎(하이호)잇가.
> 曰(왈), 兩白(양백)이 在角也(재각야)니라.
> (천지개벽경 갑진 4장)

* 말씀하시기를, 너는 **동남쪽 하늘**에 별이 있는지 살펴보라.
제자가 명에 따라 살펴보니 **동쪽 하늘**은 엷은 구름이 사이사이로 열려서 간간이 별이 나타나 있고, **남쪽 하늘은 활짝 개어 별무리가 밝게 빛나니라.**
이로써 복명하니 말씀하시기를, **서북은 살아날 사람이 드물고 남방은 많이 살아나니 남조선의 운(南朝鮮之運)이요,** 양백(兩白)에서 사람 종자를 구(求)한다는 말이 헛말이 아니로다.
제자가 여쭈기를, 이번 공사에서 센 바람에 마당의 촛불이 꺼지지 않고, 남쪽 사람이 많이 살게 되어 사람 종자를 양백에서 구한다 하시니, **양백의 가르침이 무엇이옵니까?**
말씀하시기를, **토정이 내 일을 알았느니라.**
(천지개벽경 기유 7장)

양백이 무엇인지를 묻는 제자의 질문은 천지개벽경 1904 갑진편에 처음 나오는데 이를 여쭌 분은 평소 비결을 공부하였던 김형렬 성도로 보인다. 상제님은 직답(直答)을 안 하시고 힌트만 주고 피해 가셨는데 오히려 궁금증만 더하는 대답이었다. 김형렬은 1909 기유년에 기회가 되자 또다시 질문을 던진 것이다.

여기서도 상제님은 다만 하나의 힌트를 주셨다. "토정이 내 일을 알았느니라"라는 말씀이 그것이다. 천지개벽경에는 토정이 말한 비결이 임인편, 갑진편, 을사편에 분산되어 나온다. 내가 생각하기로는 이 말씀들을 종합하여 연구하면 김형렬 성도가 그토록 알고 싶어하는, 오늘날 격암유록에도 나오는 양백이 무엇인지를 추리하여 알 수 있지 않을까 싶지만 나는 아직까지 명쾌하게 풀지를 못하였다.

백(白)자는 신선 선(仙)자에서 뫼 산(山) 자를 옆으로 돌려서 변형시킨 글자다. 따라서 **양백(兩白)**이란 **두 신선**을 가리킨다. 그렇다면 두 신선은 누구를 가리키는가? 우선 천지일월부모이신 상제님과 수부님이 아닐까 생각한다. 앞에서도 말했듯이 천지공사는 천하일등재인이신 상제님과 천하일등무당이신 수부님께서 음양합덕으로 행하신 외짝 굿이 아닌 천지 음양 굿이다.

그런데 한편으로는 인간으로 강세하신 조화주 하느님 **강증산 상제님**과 천상 조정의 주벽인 동방칠성 **이마두 신부님**이 아닐까도 생각해 본다. 상제님은 **천자신(天子神)**이고 이마두는 **장상신(將相神)**이다. 상제님과 수부님은 음양동덕, 부부일체로 천자신이시다. 그런데 천지 정사(政事)도 그렇고 인간 정사도 천자[대통령]와 장상[실무 장관]이 팀[정부, 조정]을 이루어 추진하는 것이다. 그래서 **천자신과 장상신을 상징하는 두 분의 도장, 일순(一淳)과 시헌(時憲)이 의통인패 호신부의 상단에 음각과 양각으로 찍혀 있는 것**이라고 생각한다.

내가 판단하기로는 조화주 하느님이신 상제님의 성령은 강일순(姜一淳)으로 태어나셨고, 동방칠성 이마두의 성령은 이중성(李重盛)으로 태어났다. **천자신(天子神)**이신 **상제님**은 강증산으로 환생하여 천지공사(天地公事)를 행하셨고, **장상신(將相神)**의 주벽인 **동방칠성 이마두**는 붉은 장닭 **이중성 선생**으로 환생해서 상제님의 천지공사에 대한 공명정대한 기록인 천지개벽경을 편술한 것이다. 이마두를 서기로 임명한다는 속수전경의 말씀이 그것을 뒷받침한다.
왜 후대에 신앙하는 우리들에게 거짓이 한 점이라도 섞이지 않게 기록된 올바른 경전이 있어야 하는가? 물론 경전 편찬이라는 것도 사람이 하는 것이기에 완벽이라는 것은 없다고 본다. 옥에도 티가 있으며 의도하지 않은 사소한 실수는 있을 수 있는 것이다.

어쨌든 후대의 신앙인들이 **상제님을 신앙**할 때 **가장 중요한 근거**가 되는 것은 일개 교주의 영적 체험이나 수행법, 역사관 등의 개인 사설(私說)이 아니라 무엇보다도 경전에 기록된 상제님과 수부님의 성언 성적 말씀이다. 따라서 경전에는 상제님과 수부님이 누구시며, 어떻게 천지공사를 행하셨고 어떤 말씀을 내리셨는가 하는 것이 올바르고 정확하게 기록되어야 한다. 그것은 어떤 의도에 따라 왜곡, 조작, 날조되지 않은, 있는 그대로의 말씀이어야 한다. 그래야 천하사를 추진하는 3변교운의 일꾼들이 정확한 정보를 알고 의통성업을 추진할 수 있으며 후천 5만년 인류가 올바르게 상제님과 수부님을 인식하고 신앙할 수 있는 것이다.

무엇보다도 경전에 수록된 상제님과 수부님의 말씀이 왜곡되지 않아야 하는 가장 중요한 이유는 후천으로 넘어가는 생사 판단의 그 절체절명의 순간에 3변교운의 일꾼들이 **올바른 상제님의 말씀에 근거해서 올바른 의통인패를 만들어야 인류를 구원할 수 있기 때문**이다. 의통성업은 천지공사의 총 결론이다. 이토록 중요한 의통성업도 결국은 올바른 상제님의 말씀이 기록된 올바른 경전에 바탕을 두어야 한다는 것이 나와 뜻을 같이하며 천하사를 추진하는 증산천지대도 동지 일꾼들의 공통된 생각이다.

2016년 1월 하순, 내가 증산참신앙 3기 대표로 뽑혔을 때 일부 동료들은 나를 대두목 의식을 가진 불손한 자라고 매도(罵倒)하며 배척(排斥)했다. 그들이 갖고 있는 대두목에 대한 인식은 옛 교단에서 배운 바대로 상제님과 동등의 위격의 존재이고, 봉건 시대의 수직 조직에서 군왕으로 군림하는 최고 정점의 천자라는 생각이었다. 당시 나는 참신앙 사이트를 통하여 내가 생각하는 대두목관이 옛 교단의 그것과 무엇이 다른지를 여러 개의 닉네임[신비전, 북극성 등]을 가지고 많은 글로 써서 밝힌 바 있다. 그러나 그들은 예전의 관념을 벗어나지 못하고 있었고 따라서 그 당시 내가 했던 다음의 말이 그들의 귀에 거슬렸다고 생각한다.

당시 증산참신앙 3기 대표로 선출됐을 즈음 "내가 살릴 수 있다"라고 자신있게 말한 적이 있다. 그 말은 내가 무슨 특별한 조화능력이 있거나 특별한 자라서 인류를 살리고 구원할 수 있다는 게 아니었다.

내 말의 진정한 의미는 왜곡, 조작, 날조되지 않은 상제님과 수부님의 **원형 말씀**을 찾아서 이를 궁구하고 연구하여 실천해 나간다면 궁극에는 인류를 구원할 수 있다는 지극히 원칙적인 말이었다. 내가 참 신앙 혁명운동을 하는 바탕에는 그런 확고한 신념이 있었던 것이다.

그러나 이런 말을 하는 나의 심중의 뜻을 모르는 그들에게는 한낱 허령에 들려서 천자나 대두목 교주가 되려는 난법자의 허황(虛荒)된 말로 들렸을 것이다. 사람이 어떤 사상에 세뇌되어 의식에 깊이 박히면 그것을 벗어나는 게 쉽지 않다고 본다. 또한 그들이 보기에 노상균이란 인물이 바로 얼마 전까지도 한 단체 안에서 함께 신앙하던 일개 평범한 일꾼이었을 뿐이며 특별히 외모가 다르거나 인품이 돋보이는 존재가 아니었음도 사실이다. 그런데 나는 상제님의 다음 말씀에 비추어 어떤 일꾼이라도 상제님께서 낙점하는 12000 일꾼은 저 멀리 보이지 않는 곳에 있는 게 아니라 바로 우리들 가까이 있으며 나아가 바로 우리 자신일 수 있다고 생각한다.

* 말씀하시기를, 시속에 수원 나그네라 이르나니, **만나 보면 그 사람이 곧 그 사람**이니라. (천지개벽경 갑진 5장)

* 하루는 제자가 모셨더니 말씀하시기를,
시속 말에 이제 보니 수원 나그네라 하나니, 이는 **누군지 모르고 만나다가 다시 보니 낯이 익고 아는 사람**이라는 말이라. 그러니 너희들은 내 얼굴을 잘 익혀 내가 돌아오기를 기다리라.
(천지개벽경 기유 9장)

천지개벽경에는 대순전경과 달리 수원 나그네라는 말씀 표현이 두 번 나온다. 이 중에 기유편 9장에 나오는 수원 나그네 말씀은 증산 상제님 한 분을 특정하여 지칭하는 것이고 갑진편 5장의 수원 나그네 말씀은 일꾼 상호간의 말씀이 아닐까도 생각한다.

사람의 사고작용이란 자신이 아무리 직, 간접적인 인생 경험과 노력을 많이 했어도 한정된 시대 배경과 개인만의 체험에서 오는 지극히 제한적인 것이다. 특히 사람은 물질계에 국한된 작은 시야와 경험에서 오는 결과물을 전부라고 생각한다. 그러나 상제님의 도는 천지자연 물질세계는 물론 이를 뛰어넘는 보이지 않는 신명계, 신도(神道)이다. 나는 인생의 성여불성(成與不成)은 개인의 현실적인 능력과 노력도 중요하지만 궁극으로는 조상의 음덕과 보이지 않는 인연(因緣)의 문제, 전생과 이생에서 쌓은 업(業)의 문제 등 비물질 세계의 영향을 더 크게 받는다고 생각하고 있다.

나는 참신앙 혁명운동 초기에도 그랬지만 지금도 여전히 대두목을 다음과 같이 생각하고 있다. **대두목이란** 인물은 상제님께서 주재하시는 삼계대권(三界大權)의 근처에도 못 간 사람이며, 상제님의 천지공사를 한치도 벗어날 수 없고, 다만 지상에서 의통성업을 추진하는 12000 **일꾼** 조직[도통판]의 러더로써 **상제님과 수부님의 신하의 한 사람일 뿐이다.** 굳이 그의 위상을 높게 비유하여 말한다면 한 나라를 이끌어가는 대통령 정도의 위격이라고 생각한다.

물론 대통령이 시시하거나 비중없는 인물이라는 것이 아니다. 그런데 나라는 대통령 혼자 이끌어 가는 게 아니라 많은 부서에서 자기 분야에 전문성을 가진 뛰어난 인재들이 모여들어 종합된 사령탑[정부]을 이루어 이끌어 가는 것이다. 대두목은 장차 상제님과 수부님의 천명과 신교를 받아 천하 창생을 구원하는 12000 일꾼 조직의 리더이며 대표일 뿐이다. 대두목에 대한 옛 교단의 잘못된 가르침과 그릇된 환상 등을 단호히 벗어나야 한다. 특히 대두목이란 존재를 12000 일꾼에게 도동을 수는 특별한 신적 존재로 인식해서 그를 신앙한다는 것은 절대 옳지 않으며 반드시 벗어나야 한다고 보는 것이다. 대두목은 천자가 아니며 군사부가 아니다. 천자와 군사부는 오직 천지일월 부모이신 상제님과 수부님 두 분이신 것이다.

대두목은 상제님과 동격이 아니라 신하(臣下)일 뿐이다

상제님과 수부님께서 행하신 천지공사의 최종 결론은 **12000 일꾼이 출세**하여 **의통성업**으로써 **인류를 구원**해 내고 **후천선경을 건설**하는 것이다. 상제님은 장차 출현할 12000 도통판이 일사불란한 육임군(六任軍) 조직을 이루도록 공사를 보셨고, 그 12000 일꾼 가운데 수장(首長)을 대두목이라고 말씀하셨다. 일반적으로 두목(頭目)이란 조직의 머리[頭]가 되고 눈[目]이 되는 일꾼을 말한다. 그런데 80년대에 등장한 일부 교단들은 전혀 터무니없는 대두목 교리를 정립하였다. 마치 대두목의 위상을 상제님과 동격이며 천자(天子)로 둔갑시켰고, 급기야 대두목이라고 주장하는 **교주를 신격화**하여 **신앙하는 잘못된 신앙문화**를 추구하였다. 그러나 분명히 알아야 한다. 대두목이란 상제님과 수부님을 천지일월부모님으로 모시고 두 분의 천명과 신교를 받아 의통성업을 이루는 일꾼이자, 장상(將相)이며 **신하(臣下)** 가운데 한 사람일 뿐이다.[我臣之李]

서신사명으로 오신 상제님은 삼계대권을 주재하여 후천 5만년 천지공사를 행하신 조화주 하느님이시고 대두목은 상제님의 무상(無上)한 조화권능인 삼계대권에는 근처도 못 간 자로써 장차 상제님께서 내려주시는 도통을 받아 인류 구원의 육임군 조직을 거느리고 병란병란(兵亂病亂)의 위급한 개벽 상황을 극복하는 일꾼일 뿐이다. 대두목이 12000 일꾼에게 도통을 주는 것으로 생각하는 잘못된 교리 해석과 일체의 환상을 버리고 올바른 대두목관, 일꾼관을 정립해야 한다. **도통이란** 일꾼 스스로의 공덕과 근기에 따라 상제님과 수부님이 내려주는 것이지 일개 일꾼인 **대두목이 주는 게 아니다.** 장차 12000 일꾼 가운데 수장인 대두목을 낙점하는 분은 상제님과 수부님이시지 자신이 무엇이라는 허황된 생각에 심취하여 그릇된 사제 교리로 혹세무민하며 사람이나 모으고 건물을 짓는 등 허송세월을 한 자가 원한다고 되는 것이 아니다.

◆ 상제님은 3명의 제자를 통해 이중성에게 종통을 전하셨다

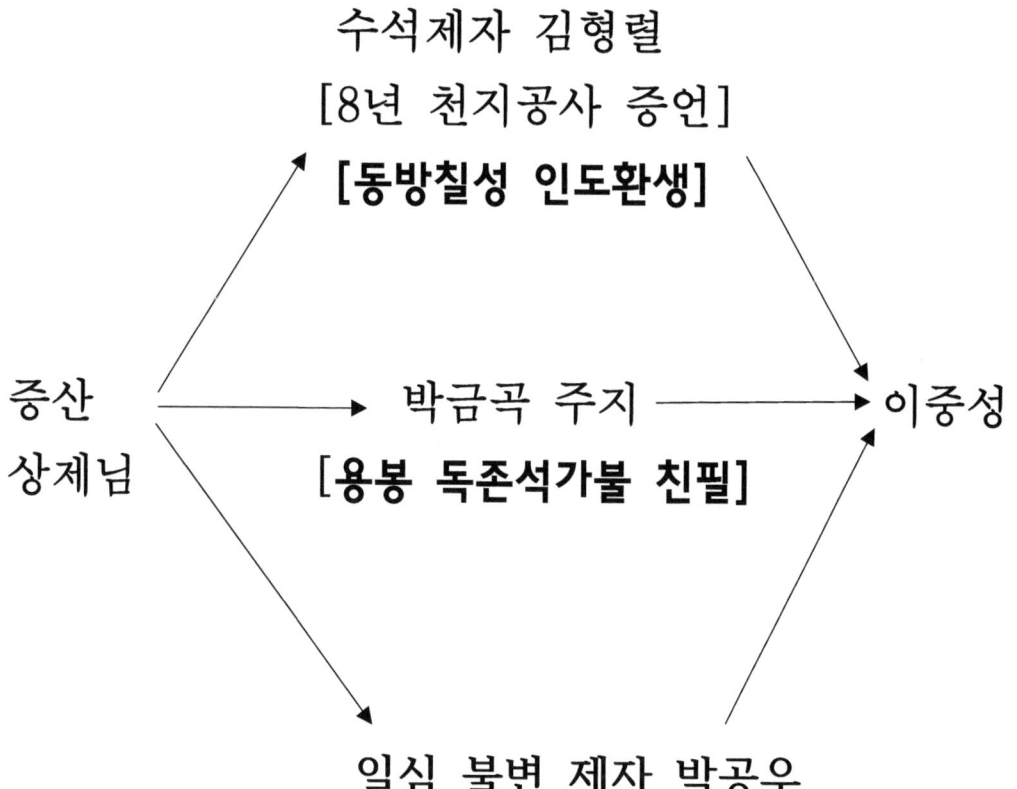

part 2

나의 증산 상제님 신앙 40여 년의 여러 단계들

[이중성 선생의 맥을 잇는 노상균의 신앙 스토리]

【한없이 부족하기만 한 내가 **증산 상제님**의 후천 5만년 **무극대도**인 **천지대도**를 만나 천하사 신앙을 시작한 것이 1982 임술(壬戌)년 3월 초, 대학 3학년으로 만 스무 살을 갓 넘긴 어린 나이였다.

이때부터 시작된 구도의 삶은 2024, 2025 갑진(甲辰) 을사(乙巳), 갑을(甲乙) 청룡(靑龍)의 시간대까지 대략 40년을 넘었다. 그런데 이러한 구도의 인생 항로 과정이 어찌 나 한 사람에게만 국한된 것이겠는가? 당시 전국적으로 2변교운의 새바람이 불면서 많은 도생들이 분연히 일어나 천하사 신앙에 휩쓸려 몰두하기 시작했다. 일꾼이라면 누구라도 인생의 매 순간순간이 자신의 의지대로 살아온 것 같지만 실상은 상제님의 12000 일꾼 기르기 도수에 따라 살아온 것이 아니겠는가 생각한다.

이 part 2에서는 나의 지난 **40여 년의 신앙 역사**를 몇 단계로 나누어 간략하게 살펴본다.

우선 일 단계는 1982~2011까지의 30년 기간인데 구체적인 이야기는 생략한다. 따라서 이 part 2에서 주로 다루는 것은 2013~2024년까지의 11년 새로운 진리 탐구의 과정에서 일어난 여러 사건과 일화들이다.

2013년 증산참신앙 출범 이후 3년이 지난 2016년 초에 대표 선출을 둘러싼 내적 갈등과 조직의 분화, 그해 봄에 부안 변산에 **도목(桃木)**을 **식수(植樹)**한 일, 5일 뒤 내 신앙 인생을 송두리째 돌려놓은 학암 이중성 선생의 아들이신 이인수님과의 극적인 만남, 2017년 6월 내가 주축이 되어 만들고 운영해 왔던 증산참신앙에서 돌연(突然) 제명(除名)된 사건, 2018년 11월 대전교도소로 전격 수감(收監)된 일화, 감옥에서 공부하며 새롭게 깨달은 상제님의 말씀과 유서 이야기, 2020 경자년에 출소(出所)하여 뜻을 같이하는 동지들과 은두장미(隱頭藏尾)하며 추진한 일 등을 다루고 있다.】

1. 천지대도의 큰 틀을 배웠던 30년의 세월(1982~2011)

나의 40여 년 신앙의 첫 단계는 1982.3 ~ 2011.3월까지 **30년의 긴 세월**이다.

나는 **2011 신묘(辛卯)년 4월, 내 나이 50이 되던 무렵 새로운 생각**을 하게 되었다. 그동안 나를 한없는 사랑으로 아끼고 길러주신 두 분 스승님의 슬하(膝下)를 떠나 더 넓은 세상으로 나가서 그동안 배우고 닦은 것을 바탕으로 새로운 세상을 경험하며 **도문의 원 스승이신 천지일월부모님, 상제님과 수부님께서 펼치신 천지공사의 진면목(眞面目)을 꼭 알고자 결심**하게 되었다.

이것은 마치 유치했던 어린 자녀가 나이가 차면서 지각이 열리고 성년이 되면 길러주신 부모의 곁을 떠나 외지로 나가서 자신만의 독자적인 삶을 개척하는 것과 같은 자연스러운 모습이다. 또한 그동안 가르침을 주셨던 스승으로부터 독립하여 새로운 경지를 개척하고자 하는 청출어람(靑出於藍)의 기대와 욕망에서 나온 것이었다.

내가 30년의 세월 동안 두 스승님으로부터 배운 상제님의 도는 너무도 위대하고 큰 것이었다. 어찌 나 혼자 그 많은 것을 알아내고 깨달을 수 있단 말인가. 나는 지금도 두 스승님께 너무도 감사한 마음뿐이다. 정녕 두 분이 없었다면 어찌 코흘리개 어린놈이 오늘날까지 성장할 수 있었겠는가. 그렇지만 이제는 두 분의 세계에만 안주하지 않고 과감하게 밖으로 나가 나만의 경지를 이루는 것이 오히려 길러주신 스승에 대한 효도이며 보은이라고 생각했다. 또한 그 길이 궁극으로는 도조(道祖) 되시는 상제님과 수부님을 올바로 믿는 길이라고 판단한 것이다.

일찍이 2004년 4월에 외곽부서에서 글이나 쓰고 강의나 하던 서생(書生) 일꾼이 느닷없이 최고 간부로 임명받아 두 분 스승님의 비서실장 같은 역할을 하게 되었다. 이러한 경험은 너무도 큰 기회이며 은혜였다고 생각한다. 2006년 다른 보직으로 자리를 옮겼으나 여전히 주요 간부로서 활동하다가 2011년 4월에 이르러 큰 스승님께서 중병(重病)과 노환(老患)으로 조만간 별세할 것을 알게 된다.
사람은 누구나 태어나면 죽는 것이다. 그런데. 나는 스승님은 돌아가시지 않고 영원히 살아계실 거라고 믿고 있었다. 이것은 마치 어린 아들이 아버지는 언제까지나 살아계시며 나를 돌봐 주실 것이라고 믿는 것과 같은 유치한 철부지와 무엇이 다른 것이겠는가.
오랜 세월 두 분 스승님 밑에서 본부의 간부 생활을 하면서 나는 많은 것을 배우고 경험하고 조금씩 조금씩 성숙하고 서서히 **깨어나고 있었다**. 그것은 **숙구지(宿狗地) 자는 개**를 깨우러 직접 태인 숙구지로 행차하셔서 행하신 어머니 수부님의 신정공사가 인사에 영향을 미쳐서 나타난 결과이며, 상제님께서 금산사 청련암이 있는 안양동(安養洞)에서 **노광범(盧光凡)의 뺨을 수없이 때려서 삐뚤어진 정신을 올바로 돌려놓은 천지공사**의 결과라고 생각하고 있다.

* 건존 증산(乾尊甑山)께서 예언(豫言)하시대 태인(泰仁) **숙구지(宿狗地) 자는 개가 일어나면 산 호랑이를 잡는다**는 말씀을 하셨는데 고씨(高氏)께서 무진(戊辰) 구월(九月度)에 말씀하시되 **시대(時代)가 불원(不遠)하니 자는 개를 깨워야겠다** 하시고 신도(信徒) 수십인을 영솔(領率)하시고 숙구지에 행차(行次)하시와 공사(公事)를 설행중(設行中) 고기국에 밥을 교화(交和)하여 일통(一桶)을 정전(庭前)에 놓으시며 많이 먹으라 하시고 **이제는 잠든 개를 깨웠으니 염려(念慮)는 없다** 하시니라. (선정원경 45쪽)

8 "**어떠냐, 고치겠느냐?**" 하고 물으시나 광범이 전혀 아랑곳하지 않더라.
9 이에 뺨을 한 대 더 때리시며 "**이놈아, 고치겠느냐? 네 혓바닥 좀 짧은가 긴가 내놔 봐라.**" 하시거늘
10 광범이 여전히 기세를 피우며 "짧으면 어쩌고 길면 어쩔 것이오?" 하고 말대꾸를 하는지라
11 상제님께서 더욱 노하신 음성으로 "짧은 놈은 상놈이요, 긴 놈은

양반이니라.
12 감히 나를 네게다 대느냐? 구릿골 무엇이? 얼마나 똑똑한가 네가 봐?"하며 한 말씀을 하실 때마다 **이리 치고 저리 치고 하시니**
13 **광범이 팽이 돌아가듯 이쪽 저쪽으로 정신없이 넘어지며 코피를 줄줄 흘리더라.**
14 광범이 그제야 "제가 잘못했습니다. 제가 몰라서 그런 것이니 용서해 주십시오."하며 사죄하거늘
(재판 道典 9:132)

2011 신묘(辛卯)년 4월경 나이 50에 나의 정신은 새롭게 깨어났다. 어린아이가 성장해서 몸집이 커지면 어릴 때 입던 옷이 맞지 않아 새 옷이 필요한 것처럼 나는 커져 버린 내 정신을 담을 수 있는 새로운 진리의 옷을 갈구(渴求)하게 되었다.
2012년 한해 내내 물밑 작업을 하면서 많은 고민과 번민을 하였다. 나는 본래 안주하던 편안한 곳을 버리고 미지의 새로운 세계로 나가야 한다는 막연한 두려움도 있었으나 이미 몸과 마음이 커질 대로 커진 성장한 자식이 더 넓은 세계로 나가야 한다는 끓어오르는 욕망을 물리칠 수 없었다.

2. 새로운 진리 탐구를 시작하다 (2013)

드디어 2013 계사(癸巳)년 3월 26일 나는 미지의 영역을 향해 도전과 새 출발을 선택하였다. 그날 이후로 나의 신앙 역사는 **둘째 단계**로 들어간다.
먼저 자칭 혁명가를 자처하는 어떤 분의 모임에 갔으나 채 두 달도 머무르지 않고 나오게 된다. 처음에 그쪽으로 간 것은 그분이 혹시 50살에 개심하고 '걸지망 탕지흥 재이윤'의 역성혁명을 추진하는 이윤도수의 주인공이 아닌가 하는 기대감 때문이었다. 그러나 가서 확인해 보니 아니었다. **4월 초에 나의 정체성과 향후 활동 방향을 알려**

주는 **계시적 사건**이 있었다. 그것은 하산(下山)한 이후 하늘(상제님)로부터 오는 **첫 번째 싸인**이었다. 나는 일말(一抹)의 주저함이나 망설임 없이 그 모임에서 나왔다.

5월에 몇몇 동지들과 **참신앙 바로 세우기** 모임, **증산참신앙**을 만들어서 본격적인 활동에 들어갔다. 나는 **모든 걸 원점에 서서 다시 정립한다**는 굳은 결심을 하였다. 그것은 어린 시절의 스승이신 두 분의 교리 해석을 벗어나, 상제님과 수부님의 본연의 천지공사 구도를 찾는데 활동의 초점을 맞춘 것이다.

'내가 그동안 몸담았던 곳은 과연 100년 교운사에서 어느 위치에 있는 단체인가? 무엇보다도 가장 중요한 **의통인패는 그 실체가 무엇인가?** 그리하여 **진품 의통, 진짜 의통은 무엇이며 어떻게 전수된 것인가?** 선천을 마감하는 최후의 개벽 현상은 언제 어떠한 과정을 거쳐서 오는 것이며 누가 세상을 구원하는 것인가?'

이것이 내가 알고자 하는 것이다.

나는 그동안 소홀히 했던 다른 경전들을 찾아서 읽고 분석하기 시작했으며, 전라도에 산재한 여러 교단을 찾아가 답사(踏査)하였다. 증산법종교, 증산교, 순천도, 오성산, 진혜원 등을 살펴보았고, 30년 세월 동안 찾아가지 못했던 증산법종교 영대 성묘원의 **아버지 상제님 산소**, 제비산 중턱에 있는 **어머니 수부님 산소**, 제비창골에 있는 **수석 제자 김형렬 성도의 묘소를 참배**하고 여러 성지를 둘러보았다. 그러면서 내가 답사한 모든 결과를 참신앙 사이트에 낱낱이 공개하여 공유했으며 **동지들을 현장으로 데리고 가서 눈으로 확인시켜 주었다.**

(좌측) 고수부님 산소 참배   (우측) 김형렬 성도 산소 참배

[과거에는 상제님의 체백과 고수부님의 체백이 모셔져 있는 산소가 어디인지 전혀 알지 못하였다. 그런데 전라도 일대를 답사해 보니 증산법종교 영대에 상제님의 체백이 모셔져 있었고 제비산 중턱에 고수부님의 산소가 있었다]

그리고 인터넷 사이트에서 진리 토론을 하고 의견을 나누면서 나의 부족한 생각을 보충하고자 하였다. 당시 나는 참신앙을 이끄는 대표는 아니었으나 활동비를 받는 총무 격의 유일한 일꾼이었기에 큰 사명감을 가지고 적극적으로 활동하였다.

그렇게 활동을 해 나가던 중 2015 을미(乙未)년 가을 9월 13일(음력 8월 1일)에 대전 선화동에 **증산참신앙 도장**이 **설립**되는 대역사가 있게 된다. 그날은 공교롭게도 **"8월 초하루에 환궁하리라"** (증산교사 40쪽)하신 상제님의 말씀과 부합되는 날이다. 천지개벽경을 비롯한 여러 경전을 공부해 보니 이 도장은 **상제님께서** 100년 전 천지공사로 **예정하신 도장**이었음을 알게 된다.

[증산참신앙 도장. 2015년 음력 8월 1일에 개창했다. 이날은 공교롭게도 상제님께서 "내가 8월 초하루에 환궁하리라" 하신 날짜와 부합되는 날이다. 상제님과 수부님께서 남기신 유일한 사진을 바탕으로 어진을 제작하여 봉안하였다. 성전의 좌향은 정확하게 오좌자향이다]

* 대선생께서 말씀하시기를,
옛적에 방탕한 한 사람[蕩者一人]이 있어서 사방으로 떠돌아다니더니, **마침내 잘못을 뉘우치고 깨달아[悔悟], 좋은 땅을 골라 단을 쌓고[擇地設壇]** 선학을 닦으며(攻仙學) 지성으로 하늘에 기도하니, **따르는 사람이 몇 사람에 불과하더라.**
한세상의 비웃음과 손가락질을 받더니
끝에 가서는 도를 이루어 하늘에 오를 때, 하늘 문이 홀연히 열리며 선관 선녀가 선경의 음악으로 마중 나와
한세상의 공경과 부러움을 받았나니,
나의 도 아래에 이와 같은 사람이 있으리라.
(천지개벽경 갑진 9장)

나는 참신앙 대학을 열어 동지들과 본격적인 진리 공부에 들어갔다. 이때 중점적으로 파고들기 시작한 경전이 과거에는 전혀 눈을 뜨지 못했던 **이중성 선생**의 **천지개벽경**이다. 그런데 한문 경전이었기에 내용 파악에 어려운 점이 있었고, 무엇보다도 편술자 이중성 선생이 어떠한 신앙 내력을 가지신 분인지 정확한 정보가 없는 게 큰 아쉬움이었다. 당시 인터넷에 떠도는 이중성 선생에 대한 추측성 글들은 일방적으로 매도하는 것들이 많아 신뢰하기 어려웠다. 우선 세 차례 참신앙 대학 강좌를 열어 주제 발표하며 경전의 내용을 분석하고 공부했다.

증산참신앙 모토, 원형 말씀을 추구한다

[이중성 선생의 자제이신 이인수님을 만난 2016년 4월 21일에 의통인패의 정확한 제작법이 이상호 선생이 아니라 이중성 선생에게 전수된 것을 알게 되었다. 상제님과 수부님의. 원형 말씀의 추구는 2013년 참신앙 초기부터 지금까지 굳게 견지하는 모토이다.]

2016년 1월로 접어들면서 내가 3기 증산참신앙 대표로 뽑혔는데 뜻밖에 **반란(叛亂)**이 일어났다. 그것은 대표 선출에 불복하는 자들이 내가 대두목을 꿈꾸는 난법자라는 거짓말 선동(煽動)을 한 것이다. 그들이 생각하는 대두목이란 천자 교주를 뜻하는 것이다. 그런데 이 **거짓 선동**에 상당수 동지들이 **부화뇌동(附和雷同)**하며 동조했고 증산○○도를 만들어 떨어져 나가면서 끊임없이 공격하고 괴롭혔다.

3. 도목(桃木) 식수와 학암 이중성 선생의 자제와의 만남 (2016)

대표 선출 불복 파동이 진행되던 2016 병신(丙申)년 4월 16일, 나는 **부안 변산에** 임야 7백 평을 마련하여 **도목(桃木) 250그루를 심게 된다.**
이미 다수 일꾼들이 증산○○도로 만들어 떨어져 나갔고 남은 분들은 채 10명도 되지 않는 가운데 나와 뜻을 함께하는 동지(同志)는 2~3명 뿐이었다. 그러나 나는 더 이상 시간을 지체할 수 없었다. 어린 도목(桃木)을 심어서 의통인패 제작에 필요한 동도지(東桃支)로 기르는 데는 적어도 10년의 세월이 걸릴 거로 보았기 때문이다. **동도지는 사물약재(四物藥材), 사물탕(四物湯)**으로 상징되는 **의통성업의 첫 재료다. 동도지가 없으면 의통성업은 절대로 이룰 수 없다.**
상제님께서 "**천지는 도수가 있고 인사는 기회가 있다**"고 말씀하셨지 않았는가. 천하사 일꾼이 그때와 기회를 놓친다면 어찌 진정한 일꾼이라 할 수 있겠는가. "**바둑도 한 수만 높으면 이기나니 남모르는 공부를 하고 기다리라.**" 하신 말씀을 가슴 깊이 새기며 실천(實踐)에 옮겼다. 비록 작은 발걸음이었으나 이것이 **인류를 구원하는 위대한 첫걸음**이라는 걸 확신했다.

* 천하사를 하는 사람은 **먼 훗날의 일을 헤아리고** 뜻밖의 일을 대비하며, 편안한 가운데에서도 위태로움을 생각하고, 위태로움 속에서도 편안함을 구하여 반성하고 경계해야 하느니라.
  **천하사를 하는 사람은 준비를 하면 근심이 없고[有備無虞],
  준비가 없으면 근심이 생기노라[無備有患].**

(천지개벽경 병오 2장)

도목(桃木)을 심고 나서 불현듯 천지개벽경의 편술자이신 이중성 선생의 자제분이 생존해 계시다는 것이 생각났다. 일찍이 성지 답사를 할 때 누군가에게 들어서 머리에 입력되어 있었다. 나는 더 늦기 전에 자제분을 찾아뵈어야겠다고 생각하고는 **2016 병신(丙申)년 4월 21일**, 무작정 정읍으로 차를 몰고 물어물어 가서 드디어 **이인수(李仁壽) 선생님(1937~)을 만나 뵙게 된다.**

바로 이날이다. 이날이 내 신앙 역사에서 일체(一切) 허상에서 벗어나 천지공사의 핵심을 풀어낼 수 있는 계기를 이룬 날이며 **셋째 단계**가 시작한 날이다. 이인수 선생님은 초면인 나를 반갑게 맞이해 주셨고 그날 세 시간 정도 아버지에 대한 증언 말씀을 해 주셨다.
나의 궁금증은 도대체 이중성이라는 분이 어떤 과정으로 도문에 들어왔고, 어떤 계기로 천지개벽경이라는 경전을 쓰게 되었으며, 어떤 정신으로 천지개벽경을 편술하셨는가 하는 것이다.

학암 이중성 선생의 증언자 이인수님(1937~)

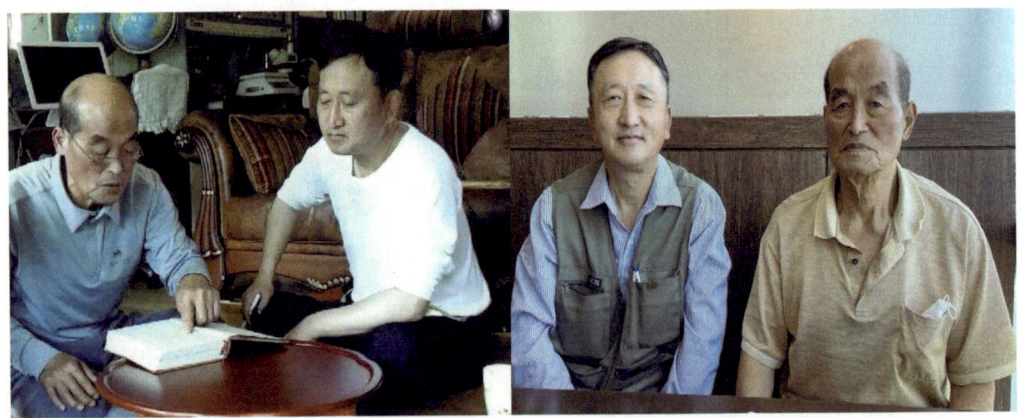

[이인수님은 아버지 학암 선생의 유지를 받들어 천지개벽경을 서책으로 펴내셨다(초판 1992, 재판 2020). 2016년 4월 21일 처음 뵌 이후 10년 세월 동안 꾸준한 만남(60회)을 가졌는데 학암 선생의 상

제님을 향한 순일한 신앙과 삶을 생생하게 증언해 주셨다. 상제님의 친필 용봉독존석가불이 박금곡 → 이중성 선생에게 전수된 과정, 정확한 의통인패 제작법이 박공우 → 이중성 선생으로 전수된 과정 등 결정적인 증언을 해 주셨다. part 1의 1~15에 기술된 내용은 모두 이인수님이 증언해 주시고 책으로 성편되기 전에 직접 감수하신 내용이다]

천지개벽경의 마지막 기유편 11장에는 **9년 천지공사의 총 결론**인 **의통인패를 만드는** 자세한 **방법**이 기술되어 있다. 그때까지의 내 통념은 의통인패가 '박공우 성도 → 이상호 선생'으로 전수되었다고 알고 있었다. 상제님께서는 박공우에게 "너의 입에 곤륜산을 달라"고 엄명하시며 전수하셨던 것이 의통인패 제작법인데 도대체 이렇게 중요한 도비(道秘)를 어떻게 이중성이라는 분이 알게 되었으며 자신이 편술한 경전에다 그렇게 자세하게 쓸 수 있었을까? 일찍이 의문은 들었지만 무슨 정보가 없으니 답답할 뿐이었다.

그런데 그날 이인수님의 증언을 들으니 그 진솔하신 말씀 속에서 아버지의 어린 시절과 성장 과정, 독립운동 하시던 때의 일화, 드디어 1928 무진(戊辰)년 동지(冬至)에 정읍으로 와서 도문에 기두(起頭)하셨던 일, 두 달 뒤 차경석과의 첫 대면에서 사위가 되기를 권유(勸誘)받았으나 성사되지 않은 일화, 최(崔) 세대충군(世代忠君)이라는 신이(神異)한 여성을 만나 결혼하시게 된 이야기, 1929 기사(己巳)년 기사월 기사일 기사시[양력 5월 24일]에 십일전 낙성식에서 있었던 **차경석의 노골적인 상제님 배반 발언과 청년 이중성 선생이 일어나 당당하게 역적놈이라고 꾸짖었던 대사건**, 그 후 1930 경오(庚午)년부터 천지공사의 재료를 수집하기 위하여 김형렬 성도 이하 여러 제자를 찾아뵌 일, 1934 갑술(甲戌)년 대원사에서 **박금곡 주지를 매개로 하여 상제님의 친필(親筆) 용봉독존석가불(龍鳳獨尊釋伽佛)을 전해 받은[傳受] 일화**, 1940 경진(庚辰)년에 **박공우 성도가 만들어 보관하**

고 있던 **의통인패(醫統印牌)를 이중성 선생에게 전수(傳授)하려 했으나 이를 고사(固辭)하신** 충격적인 **일화** 등을 전해 들었다. 참으로 놀랍고도 감동적인 증언 말씀이었다.

이인수님의 증언에서 알게 된 핵심 내용은 1928 무진(戊辰) 동지에 도문에 **기두(起頭)한 인물**은 이상호 선생이 아니라 **이중성 선생**이라는 사실, **의통인패 제작법의 정확한 전수**가 '박공우 → 이상호'가 아니라 '**박공우 → 이중성**'이라는 것, 이중성 선생은 제자들의 증언을 수집해서 일 점 사심(私心) 없이 상제님의 말씀을 있는 그대로 천지개벽경에 담아 편술했다는 것, 또한 **이중성 선생은 평생 종교단체를 만들지 않았으며** 남들이 자신을 어떻게 평가하든 개의치 않고 오로지 상제님의 말씀을 갈고 닦고 공부하였다는 것, 그리고 자신의 모든 삶을 후대의 일꾼에게 전해줄 아드님을 모든 걸 희생시키면서 오로지 상제님 신앙의 틀 속에서 기르셨다는 것이다.

그날 이인수님을 만나 뵙고 대전으로 올라오면서 나는 벅차오르는 감동과 흥분을 주체할 수 없었다. 그 어디에서도 들을 수 없는 교운사의 핵심 증언을 이중성 선생의 아드님으로부터 직접 들은 것이다. 도저히 고속도로 운전을 평소처럼 할 수 없어서 여러 번 휴게소에 들러서 마음을 안정시켜야 했다.

그날이 내 신앙 역사에서 영원히 잊을 수 없는 날이다. 일꾼이라면 무엇이 가장 소중한 것인가? 무엇보다도 상제님의 도에서 그토록 알고 싶어하는 **천지공사의 비의(秘義)**를 확연히 알게 되는 사건이 아니던가? 어린 시절부터 몸담았던 교단에서 하산한 뒤 여러 경전을 읽으면서 대순전경(大巡典經)과 도전(道典)이 100년 교운사에 정말로 중요한 경전이지만, 이를 편찬해 내신 분들이 많은 신도들을 거느린 교주이셨기에, **주요 부분이 감추어져** 있거나 **서로 다르게 서술되어** 있어 무엇이 진실인지 몰라 많은 궁금증을 가지고 있었다.

내가 애타게 찾고 있던 것은 후대인의 손이 타지 않은 **상제님과 수부님의 원형 말씀, 참 말씀**이었다. 경전 편술자의 사심(私心)이 전혀 들어가지 않은, 있는 그대로의 상제님과 수부님의 말씀이었다. 이것이 바로 내가 참신앙 운동을 하면서 일관되게 추구한 것이다. 천지공사를 행하신 상제님과 수부님의 입에서 토해져 나온 그 워딩(wording) 그 '원형(原形) 말씀'을 무엇보다도 알고 싶었다. 그 말씀을 받들어서 실천 역행하는 것만이 진정 내가 사는 길이고 인류가 사는 길이라고 생각했기 때문이다. 그런데 **드디어 그것을 찾은 것이다**.

그날 이인수님은 아버지의 신앙 정신을 학암 선생께서 평소에 하신 말씀을 인용하며 이렇게 말씀하셨다. "내가 밟혀서 열길 파묻혀 내려간다 해도 그로 인해서 상제님의 도가 한치라도 높아질 수 있다면, 그리하여 상제님의 도가 드러난다면 나는 아무래도 괜찮다" 이것이 이중성 선생의 신앙 정신이었다. 선생은 남들이 어떻게 자신을 폄하(貶下)하고 인정해 주지 않더라도 전혀 괘의치 않고 오로지 상제님의 참된 말씀으로 경전을 꾸미고 말씀이 지시하는 대로 실천하는 삶을 일평생 추구하셨다.

한편 선생은 **상제님께서 언제 어디서나 자신을 환히 내려다보고 계신다**는 것을 생애 내내 여러 번 체험했으며 이를 깊이 자각하고 사셨다고 한다. 그래서 당시 농경사회에서 무슨 사소한 먹거리라도 구하면 꼭 상제님 신단 위에 올려놓고 기도를 드리고 나서 드셨다고 한다. 선생은 증산 상제님께서 천지와 역사를 주재하시는 조화주 하느님이심을 굳게 믿은 것은 말할 것도 없고, 지상 일꾼의 정신과 행동 하나하나를 환히 내려다보고 계신다는 것을 확신하고 사신 분이었다. 그런 신앙 정신을 가진 분이 어떻게 감히 상제님의 말씀을 단 한 마디라도 덧붙이고 조작하고 왜곡하고 날조할 수 있단 말인가.

2016년에 나는 이인수님을 열 번 정도 찾아뵈었다. 참신앙 동료들을 데리고 가기도 했고, 혼자 찾아뵙기도 했다. 그리고 여러 이야기를 경청하고 궁금한 것을 여쭈었다. **이인수 선생님과의 만남을 통해 나는 완전히 깨어났다. 숙구지 자던 개가 잠에서 완전히 깨어나고 일어난 것이다.**

나는 내 신앙 인생을 통째로 돌려놓아 제 자리를 찾게 해 주신 이인수 선생님과 그 만남에 대해 깊은 감사를 드린다. 물론 이러한 만남은 하늘의 상제님과 수부님의 계획과 인도이었음을 잘 알고 있다. 나는 즉각 천지개벽경 번역 작업에 착수하였다. 이미 몇몇 번역본이 있었지만 다소 미진했고 만족스럽지 못했기 때문이다. 내 손으로 직접 번역해서, 그 책 그대로를 드러내서 사람들에게 알려야겠다고 생각했다. 또한 이인수님과의 만남에서 알게 된 교운사에 감추어졌던 진실을 알려야 한다고 생각하고 차분하게 준비하였다. 이 과정에서 사전 작업으로 천지개벽경 유튜브 강의 100강을 하게 된다.

부안 변산에 역사적인 도목 식수

[2016 3월초 부안 변산 산신에게 인류를 구원할 도목을 식수하겠다고 치성을 드리고 4월 16일 임야 7백평에 어린 도목 250그루를 식수하였다]

그러나 50일 만에 무참히 짤린 어린 도목

[그런데 한 달 보름이 지나고 어느 날 밭에 가 보니 도저히 믿을 수 없는 경악할 일이 벌어져 있었다. 그것은 마을회관 뒤쪽에 심어져 있는 50그루를 제외한 나머지 200그루가 예리한 칼날로 밑둥이 무참히 짤려져 이곳저곳 널부러져 있는 것이 아닌가. 황당하기 그지없었다. 도대체 누가 왜 이런 만행을 저질렀단 말인가? 즉각 경찰서에 신고해서 수사가 진행되었으나 외딴 곳의 밭에서 일어난 일이었기에 범인을 잡을 수는 없었다.

누군가 예리한 낫이나 칼로 어린 도목의 밑둥을 단칼에 짜른 것이다. 도대체 누가 왜 이런 만행을 저질렀단 말인가? 이 나무가 무슨 나무인가? 장차 인류를 구원할 의통인패의 재료로 쓰일 성스리운 나무가 아닌가. 나는 이 황당한 일을 겪으면서 끓어오르는 분노를 삭히지 못하고 결국 덫에 대한 깊은 연구를 시작하게 된다. 또 다시 나무를 심었을 때 또 짜른다면 은밀히 쳐 놓은 덫에 걸려 범인의 신체에 회복할 수 없는 상처를 입혀서 응징하려는 심산이었다. 후일 4개의 덫을 주문 제작하여 마을 주민 몰래 놓게 되는데 공교롭게도 고라니와 멧돼지가 걸려들어 죽었고 뒤늦게 이를 알게 된 마을 이장이 긴급 전화를 해와서 어쩔 수 없이 해제한 적이 있다. 나무를 저렇게 짜른 것은 내 팔다리와 목을 짜른 것과 무엇이 다르단 말인가. 천지에 어찌 영원한 비밀이 있겠는가. 사람이 한 말과 행동은 천지시공에 그대로 박혀서 남아 있다. 가까운 훗날 이와 관련한 모든 범인들이 색출되어 천지신명의 응징을 받을 것을 기대하고 있다]

4. 증산참신앙에서 돌연 제명되다 (2017)

해가 바뀌어 2017 정유(丁酉)년 6월 9일 내가 만들고 이끌었던 **증산참신앙에서 한순간에 제명**되어 쫓겨 나가는 어처구니없는 일을 겪게 된다. 어느 날 갑자기 찾아온 너무도 황당한 사건이었는데 이것은 지금도 그 정체를 알 수 없는 어떤 세력이 나에게 씻을 수 없는 **망신살(亡身煞)**을 입혀서 사회적으로 매장하려는 것이었다. 그런데 알고 보니 이것은 불법 세력이 오랫동안 공들인 결과로 일어난 일이었고, 궁극으로는 상제님 천지공사의 한 도수였음을 알게 된다.

* 말씀하시기를, 예로부터 **선지선각(先知先覺)이 험담을 많이 듣나니, 천하사를 하면서 비방(誹謗)과 조소(嘲笑)를** 많이 받는 사람이 천지공정에서 큰 공[上功]이 되느니라. (천지개벽경 갑진 1장)

* 말씀하시기를, **조소(嘲笑)**를 조수(潮水)로 여기고, **비방(誹謗)**를 비수(匕首)로 여기라. 용이 물이 없으면 하늘에 오르지 못하고, 장수가 칼이 없으면 적을 무찌를 수 없느니라. (천지개벽경 갑진 1장)

* 말씀하시기를, 아는 사람은 모르는 사람의 웃음거리가 되느니라. (천지개벽경 을사 6장)

이 일의 발단은 누군가가 일찌감치 내 스마트폰에 **도감청 앱**을 심어놓고 **2014 갑오(甲午)년부터 나의 모든 걸 감시**한 것이다. 나중에 대전지방경찰청 사이버 수사대에서 확인해 보니 그러한 앱이 2개나 심어 있었다. 지금까지도 그 정체를 알 수 없는 불법 세력은 내가 휴대폰으로 주고받았던 일반 문자, 카톡 문자, 찍어서 보관하고 있던 사진, 남과 통화한 모든 생생한 음성 기록 등을 해킹하여 하나도 빠짐없이 자신들의 컴퓨터에 파일로 저장해 놓고는 2017년 들어서 도감청한 자료를 바탕으로 나의 모든 걸 유튜브에 **익명(匿名)으로** 까발렸다.

거기에는 나를 희화화(戲畫化)해 해서 음해(陰害)하는 온갖 것이 있었고, 가족 간의 사적인 통화는 물론 특히 모텔에서 여성을 만난 음성 파일 등 자극적인 것이 등장했다. 대략 20편 정도가 올라왔는데 일개인이 한 것이 아니라 전문 팀을 만들어서 올린 것으로 보인다. 한 마디로 나를 **사회적으로** 완전히 **매장하려는 시도**로 보인다. 이러한 치졸하기 짝이 없는 사건은 누가 왜 일으킨 것인가? 나를 사회적으로 매장함으로써 누가 반사 이익을 보려는 것인가?

노가리의 천자 등극식 이라는 음해 동영상

12.[정말중요] 노상균의 천자 등극식

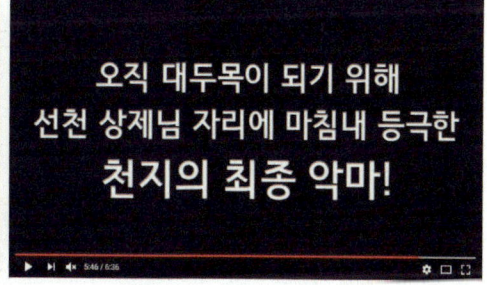
12.[정말중요] 노상균의 천자 등극식

[정체 미확인의 불법 세력이 유튜브에 올린 동영상은 대략 20편 정도인데 아직도 삭제하지 않아 검색하면 누구나 볼 수 있다. 이 동영상은 신앙혁명을 주도하는 노상균에게 **망신살**을 주어서 사회적으로 매장시키려고 온갖 음해성 편집으로 일관한 것들이다. 그들이 부각하려는 것은 **첫째**, 노상균이 황색 곤룡포를 입고 치성을 함으로써

대두목[천자]가 되기를 꿈꾸는 완전 또라이 미친놈 난법자이며 **둘째**, 윤락여성을 수시로 모텔에 불러 성관계를 하는 난잡하기 짝이 없는 개잡종놈이며 **셋째**, 인류구원의 의통인패에 자기 이름의 도장을 찍음으로써 상제가 되려 한다는 천만고에 다시없는 최종 악마라는 이미지 부각이다.

이 지면을 빌려 혹여 의문을 갖고 있는 **황색 곤룡포 사건**과 개인 도장(圖章)에 대한 저간의 사정을 있는 그대로 밝히고자 한다. 2013년 증산참신앙 출범이후 나의 관심은 오직 진리 정립과 의통성업에 있었다. 당연히 의통인패를 제작하고자 하였고 부안 변산에 수시로 가서 도목의 분포를 살폈으며 일부를 채취하여 2015년에 나를 지극히 따르던 충성스런 동지 A와 제작을 하게 되었다. 수개월이 지난 뒤에 원하는 데로 제작이 완료되어 참신앙 원룸 성소에서 상제님과 수부님, 박공우 성도님 신단에 이를 진열하고 치성을 하며 고(告)하였다.(2015.7.19.) 그런데 이날 A는 나의 의사와 전혀 관계없이 자신의 독단으로 불교용품점에서 파는 황색 곤룡포를 사 가지고 와서 입기를 종용하였다. 나는 당황하였고 입기를 거부하였다. 그런데 그의 생각은 아주 순수한 것으로 나를 의통성업을 집행하는 주인공이라고 확신하였기에 그런 옷을 사왔다고 하며 입기를 강하게 요구하였고, 결국 나는 죽은 사람의 소원도 들어준다는데 산 사람의 소원 하나를 들어주지 못하겠는가 하는 생각에 입게 되었다. 문제는 인패 제작에 오로지 그의 돈이 전적으로 들어갔었던 것도 요인이었다. 그런데 그는 그날 내가 요구하지도 않은 비디오 카메라를 가지고 와서 촬영했다. 그는 이 역사적인 날을 영원히 기억하고자 했다고 정말 순수한 의도를 말하였다. 나는 내심으로 불안하고 편치 않았지만 우리 둘만의 치성인데 무슨 일이 있겠는가 하며 애써 자위(自慰)하였다. 그런데 결국 단호하게 거절하지 못한 나의 우유부단한 성격이 나중에 화근이 되었다. 그날 치성 후에 A는 촬영한 캠코더를 가지고 갔으며 후일 물어보니 보관하던 곳에 도둑놈이 들어서 분실했다고 말하였다. 도난품에는 당시 A가 보관하고 있던 나의 대용량 USB 2

개도 있었다. 나는 단순히 도적맞아 사라졌다고 생각했다. 그렇게 알고 있었는데 2년 뒤 느닷없이 그날 치성을 찍은 동영상이 화면 캡춰되어 위와 같이 유튜브에 등장했다. 도대체 이것을 어떻게 이해해야 하는가? 그러나 나는 자신의 결백과 순수한 의도를 말하는 A를 여전히 믿고 있다. 왜냐하면 세상사는 인간의 추리만으로 풀기 불가능한 기묘한 일들이 얼마든지 있을 수 있기 때문이다. 유튜브 동영상 파동으로 나의 명예가 훼손된 것은 나 혼자는 감내할 수 있는 일이다. 그런데 문제는 동영상을 본 가족들이 씻을 수 없는 상처를 받았으며 그 이후 실낱같이 연결되던 처자들로부터 연락이 끊기며 완전히 고립되게 되었다.

다음은 의통인패에 나의 이름을 새긴 도장을 찍어 제작하게 된 소이연이다. 당시 나의 관심 가운데 하나가 의통인패 제작에 있었다. 알다시피 호신부 상단 오른쪽은 일순 도장이고 왼쪽 상단은 시헌 도장이다. 왜 이곳에 시헌이라는 도장이 찍혀야 한단 말인가? 당시 나는 단순한 생각에 왼쪽 상단에는 고수부님의 도장이 찍혀야 한다고 생각했다. 사람들은 시헌을 이마두 신부의 호라고 알고 있지만 시헌은 이마두의 호(號)나 자(字)가 아니다. 이마두 신부님은 생전에 시헌이라는 호를 쓴 적이 없기 때문이다. 다만 신부님이 중국에 와서 제작한 역법이 시헌력(時憲曆)으로 알려져 있다. 나는 시헌을 달리 생각했다. 때 시(時)자에 법 헌(憲)자 인데 헌 자는 관리(官吏) 상관(上官)이라는 뜻도 있다. 상관이란 의통성업을 집행할 그 때의 관리 즉 상관이라고 생각했던 것이다. 이것은 아직 상제님 천지공사의 전체 맥과 진리를 제대로 파악하지 못했을 때의 과도기의 생각이다. 사람의 생각이란 수시로 변하는 것이며 시간과 더불어 인격도 또한 바뀐다. 천지공사의 진면목을 알고자 하는 나의 생각은 지금도 진행중이다. 흐르넌 물이 정체되면 썩기 시작하고 사람도 생각 작용이 멈추면 치매가 오는 법이다. 상제님은 박람박식(博覽博識)을 강조하셨고 공부 않고 아는 법은 없다고 말씀하셨다. 당시 만들었던 의통인패 디자인은 그 당시까지 내가 알고 있던 지식과 의식을 반영한 것이다. 당시 나는 도장에 새긴 글자보다도 과연 무른 나무인 도목에 글씨가 제대로 파지는지를 확인하고 싶은 마음이었다. 천하사의 과정상에 무슨 생각인들 못하겠는가. 나는 많은 분들이 지금도 떠 있는 유튜브 동영상을 보기를 바란다. 왜냐하면 누가 나의 폰을 해킹했으며 동지 A가 보관하고 있던 캠코더를 도둑질하여 저런 저질 동영상을 20편씩이나 만들어 올렸는지를 모르겠지만 그들에게 있어 노상균이라는 인물이 얼마나 위협적인 인물인가 하는 것을 반증하기 때문이다. 사람은 정정당당해야 한다. 정당하지 못한 사람은 뒷구멍에서 이름을 감추고 불법을 자행하며 자신의 치부를 감추기 위해 거짓말을 하게 되고, 하나의 거짓말은 다시 그 거짓말을 덮기 위해 또 다른 거짓말을 부르는 법이라고 보고 있다. 그 끝에 거짓말의 산을 이루게 되며 결국 그 산이 무너지면서 종말을 맞이한다고 보고 있다. 이제 사오미 계명의 시간대를 맞아 그 종말의 순간이 가까웠다고 본다]

그런데 유튜브를 본 참신앙 동료들은 이 모든 게 노상균을 매장하려는 불의한 난법 세력의 음모와 계략이라는 걸 생각하지 못하고 증산참신앙 대표로서의 도덕상의 흠결에만 집중하며 일순간 흥분했다. 얼마 뒤 소집된 긴급 모임에서 문제의 모텔 동영상 두 개를 표본으로 틀면서 해명을 요구하였고, 즉시 **'노상균 증산참신앙 영구제명'**이라는 극약처방을 안건으로 올리고는 거수 찬반 절차가 진행되었다. 총 9명이 참여한 이날 반대 1, 기권 2, 찬성 6으로 졸지에 영구제명 처분을 받았다.

아니, 영구제명이라니 이게 말이 되는가? 누가 이러한 저질 동영상을 올렸는가에 대한 차분한 분석은 전혀 없었다. 또한 무슨 반성이나 근신(謹愼) 기간이라도 있는 게 아니고 아주 영원히 제명한다는 성급한 결론이다. 너같이 불의하고 부도덕한 놈과는 영원히 서로 얼굴 보지 말자는 결정이다. 불과 얼마 전까지만 해도 인류 구원의 의통성업을 하자고 함께 도목(桃木)을 심고 한솥밥을 먹었던 너무도 가까운 동료이자 천하사 동지였다. 그들은 내가 관리하던 성금 장부와 성금 통장을 회수했으며 그 돈으로 무슨 저질 음란 행위를 했는지 확인하고자 했다. 그러나 재정상에 아무런 부정의 내용은 없었다. 그러나저러나 그들은 한순간에 등을 돌리고 잔인하게 내쳤고 나는 너무도 큰 충격을 받았다. 이런 행위들이 사람이 자기 정신으로 하는 짓인가 아니면 천상의 신명이 만드는 일이란 말인가?

어쨌든 나는 이 사건을 계기로 수준이 고르지 못한 사람들이 다수결로 의사결정을 하는 민주주의의 단점을 뼈저리게 느끼게 된다. 이미 증산○○도 파동에서 거짓말 선동의 폐해를 몸서리치게 겪은 뒤 두 번째 경험이었다. 하나의 거짓말이 퍼지면 그것이 아니라는 걸 해명하는 데는 수십 수백 페이지의 자료와 노력이 필요하다. 일일이 만나서 해명할 수도 없다. 평소에 알고 지내던 사람이 차분히 앉아서 이성적으로 일의 선후를 따지는 게 아니라 어느 날 갑자기 정신이 확 뒤집혀 오로지 감성과 증오만이 작동하게 되는 것이다. 악화(惡貨)가 양화(良貨)를 구축(驅逐)한다는 말처럼 진실은 묻히고 거짓으로 덮여간다. 세운과 교운이 모두 그렇다고 생각한다.

그들은 당장 도장에서 나가기를 요구하였다. 무슨 귀신에 빙의된 듯 이성이 마비된 그들을 설득하는 것은 불가능했다. 나는 모든 걸 포기하고 나가야 했다. 무엇을 생각할 겨를도 없었고 살 셋방부터 알아봐야 하는 절박한 입장이 되었다. 불필요한 옷가지는 과감하게 버리고, 꼭 필요한 책과 소지품을 챙기면서 지역 생활정보지를 보고 여기저기 일자리를 찾았다.
다행히 하늘이 도왔는지 신탄진에 있는 제조공장에 들어가게 되었고 얼마 뒤 작은 주상복합 아파트 경비 자리로 옮기게 된다. 나는 2017 정유년 **하지(夏至)날 새벽**에야 **마지막 짐을 빼고** 참신앙 도장을 완전히 나왔다. 2013년에 내가 앞장서서 만들고 이끌었던 증산참신앙과

5년 만에 돌연(突然)한 결별을 한 것이다.

졸지에 참신앙에서 쫓겨 나가던 그 당시 치오르는 울분(鬱憤)을 주체할 수 없었다. 그런데 신탄진에 작은 월세방을 마련하고 여러 차례 개인 짐을 옮겼는데 공교롭게도 **하지날 새벽에 마지막 짐을 빼고 나오면서** 나는 갑작스럽게 닥쳤던 증산참신앙 제명의 전말이 하늘의 뜻이었음을 문득 깨닫게 되었다.
왜 완전히 손 털고 나오는 그 날짜가 정유년 하지였을까?
하지(夏至)는 일년 중 낮이 가장 길고 밤이 가장 짧은 날이다. 즉 양기운이 가장 많아서 모든 게 환하게 드러나 있지만 그날부터 음기운이 스며들기 시작하여[一陰始生] 일년 중 낮이 가장 짧고 밤이 가장 긴 동지(冬至)로 가는 첫 출발점이다. 그러니까 **하지부터 어두워지기 시작하는 것**이다.

나는 일음시생하는 하지날부터 신앙혁명을 주도하며 교운의 참을 밝히고 의통성업을 추진하는 주역 일꾼을 이제부터 **감추고 은두장미(隱頭藏尾) 시킨다**는 상제님의 공사였음을 문득 알게 된 것이다. 그러자 마음에 꽉 찼던 분노와 울분을 서서히 잠재우며 차츰 평정심을 되찾게 된다.

* 무신년 겨울에 대흥리에 계시며
양지로 책을 만드시니, 종이 숫자가 모두 서른 장이더라.
앞의 열다섯 장은
한 장 두 쪽에 가로로 **배은망덕만사신(背恩忘德万死身)**이라 쓰시고, 가운데에 세로로 **일분명일양시생(一分明一陽始生)**이라 쓰셨으며,
뒤의 열다섯 장에는
한 장 두 쪽에다 가로로 **작지부지성의웅약(作之不止聖醫雄藥)**이라 쓰시고, 가운데에 세로로 **일음시생(一陰始生)**이라고 내려 쓰시니라.
(중략)

제자가 여쭈기를, 배은망덕만사신 아래에는 **일분명(一分明)**이 있고, 작지부지성의웅약 아래에는 **일분명이 없으니** 어째서입니까?
말씀하시기를,
배은망덕은 일분명이 있어서 세상이 모두 알게 하고,
성의웅약은 일분명이 없으니 하늘이 숨겨 두어 때가 오면 천하가 알게 하노라.
(천지개벽경 무신 20장)

대순전경과 도전에도 비슷한 성구가 실려 있지만 천지개벽경의 성구 말씀은 더욱 자세하다. 위 성구의 뒷부분에 있는 상제님과 제자와의 문답은 다른 경전에는 실려 있지 않은 천지개벽경만의 말씀이다. 왜 상제님께서 이 공사에서 **일양시생[동지]**과 **일음시생[하지]**을 말씀하셨는가를 정작 하지날 새벽에 마지막 짐을 빼고 나오면서 깨닫게 되었다. 내가 추진하는 신앙혁명에서 그 핵심인 의통성업을 위한 도목 작업은 아직은 세상이 알아야 할 때가 아니기에 **숨기겠다는 하늘[상제님]의 뜻**이라는 것을 알게 된 것이다.

* 말씀하시기를, 향기로운 좋은 꽃이 길가에 피면 사람들에게 꺾이나니, **너희들은 몸을 숨기고 남모르게 일하라[隱身密事]**.
(천지개벽경 병오 10장)

* 안다는 자는 죽으리니 아는 것도 모르는 체하여 어리석은 자와 같이 하라. **남이야 어떻게 알든지 실지만 있으면 좋으리라**. 길가에 좋은 꽃을 심어두면 아해도 꺾고 어른도 꺾느니라.
(대순전경 제6장 법언 73절)

* 상제님께서 어천하시기 전 공신에게 일러 말씀하시기를 "남은 7년의 공사를 너에게 맡긴다" 하시고 "은두장미(隱頭藏尾)를 해야 살아 남으리라" 하시니라. (재판 道典 10편 136장)

그러나 어쨌든 순식간에 벌어진 영구제명 처분으로 졸지에 **완전한 외톨이**가 되었다. 불의한 세력에 의해 온갖 음해로 조작된 유튜브 동영상 파동으로 실낱같이 연결되던 가족마저 완전히 단절되어 고립되고 참신앙에서조차 쫓겨나며 추종자와 동지가 하나도 없는 마치 천애고아(天涯孤兒)와 같은 신세가 되었다. 그런데 이러한 비참한 상황이 다음의 상제님 말씀이 인사로 실현되기 위한 조건임을 깨닫게 되었다.

* **진주(眞主) 노름**에 독조사라는 것이 있어 **남의 돈은 따 보지 못하고 제 돈만 잃어 바닥이 난 뒤에** 개평을 뜯어가지고 새벽물꺼리에 회복하는 수가 있느니라. (대순전경 3판 제4장 천지공사 56절)

나는 무슨 교주가 된다거나 진주가 되어야겠다는 생각으로 상제님 신앙을 한 것이 아니다. 증산참신앙 출범 이후에도 다만 상제님 도의 참을 찾고 그것을 실천하고자 하는 순수한 마음이었다. 그러나 인생 항로는 나의 의도와는 전혀 다르게 전개되었던 것이다. 결국 가구진주치기노름이라는 도박판[노름판]에 뛰어들고 말았던 것이다.
그러나저러나 상제님의 일은 언제나 그렇게 전개되지 않았던가. 새로운 사건이 벌어지는 것은 무슨 예정을 하고 마음의 준비가 되었을 때 찾아오는 게 아니다. 한 치 앞의 앞일을 전혀 모르는 가운데 단 하루 만에 그날 그 순간 부로 인생은 전혀 새로운 국면으로 전환되는 것이다.

* 말씀하시기를, **천지의 일은 불시에 오는 것이요 사람이 감히 알지 못하나니**, 그러므로 때가 오지 않아서 내 일을 알면 하늘이 벌하느니라[誅之也]. (천지개벽경 임인 4장)

그 당시 흥분 상태에서 나를 내어 쫓는 동료들에게 도목 밭 관리만은 내게 맡겨 달라고 간곡히 부탁하였다. 부안 변산에 의통성업에 대비하여 도목 심는 것을 구상한 것도 나고, 마무리할 사람도 나다. 내 생각에 그들은 밭을 책임지고 관리할 사람이 아니다. 그러나 그들의 생각에 천고에 불의하고 부도덕하기 짝이 없는 네놈은 모든 권리를 내려놓고 무조건 당장 나가라는 거였다. 그러니 어쩌겠는가. 모든 걸 하늘에 맡기고 나갈 수밖에 없었다. 마음속에 시간이 지나면 언젠가 그 밭이 다시 내게로 돌아올 것을 믿을 수밖에 없었다. 설혹 돌아오지 않으면 다시 새로 심으면 그만이라고 애써 자신을 위로하였다. **벼랑 끝으로 몰리는 심정**이었으나 다른 선택의 카드가 없었다. 졸지에 길거리에 나앉는 절박한 처지에서 일단 생존부터 해야 했다.

그런데 참신앙에서 제명당해 도장에서 쫓겨 나가고 공장을 다니던 7월 초 어느 날 모르는 분에게서 문자 연락이 왔다. 일단 만나고 싶다는 거였다. 그분이 대전으로 와서 만났는데 옛날에 안면(顔面)이 있던 분이다. 그는 참신앙에 가입하지는 않았지만 **초기부터 나의 발언과 행동을 주시하고 있었고** 제명되어 쫓겨 나간 일 등을 잘 알고 있었다. 만나러 온 이유는 상제님과 수부님의 원형 말씀, 참된 말씀을 추구하는 노상균씨의 신앙 비전이 자신의 생각과 부합되는 것이고, 의통성업이 천지공사의 결론이기에 다가올 괴질 병겁에 대비하여 의통인패 제작에 필요한 도목을 심고 기르는 일에 동참하고 싶다는 거였다.

그런데 기묘하게도 7월 말까지 이러한 분이 4분이나 모여들었다. 이건 또 무슨 하늘의 조화인가. 극즉반(極卽反)이라고 해야 하나, 궁즉통(窮卽通)이라고 해야 하나. 나중에 알고 보니 이 모든 건 상제님의 도수였던 것이다. 나는 그렇게 생각하고 있다.

나는 증산삼신앙을 시작하던 초기에 무슨 교주가 되거나 지도자가 되려는 생각은 전혀 없었다. 다만 상제님 진리의 참을 밝히고 이것을 추구해야 내가 살며 내 가족을 살리고 나아가 주변의 모든 분을 살릴 수 있다고 생각했을 뿐이다. 어쨌든 세상은 넓고 사람은 다양하게 많은 것이다. 태을주만이 아니라 의통인패로써 의통성업을 해서 인류를 구원하는 것이 9년 천지공사의 총결론이라고 마음속에 깊이 자각하고 있는 참일꾼들은 이 세상 어딘가에 반드시 있는 것이고 그들 일꾼들은 하늘의 상제님과 수부님께서 내는 것이라고 확신하고 있다.

* 하루는 상제님께서 내성에게 이르시기를 "내 종자는 삼천 년 전부터 내가 뿌려 놓았느니라." 하시니라.
(재판 道典 3:276)

나는 2013~2017년까지 5년 동안 온갖 우여곡절을 겪으며 추진하여 온 참신앙 운동에서 모든 걸 잃어버리고 나서야 진정으로 나의 뜻에 공감하는 **새로운 동지(同志)**들을 만나게 되었다. 그리고 이제는 남의 이목(耳目)에서 벗어나 홀가분하면서도 은밀하게 의통성업을 위한 준비를 할 수 있게 된 것이다.

증산참신앙에서 제명된 이후 나는 급속히 세인들의 관심 속에서 사라져 버리는 인물이 된다. 그러나 진정으로 뜻을 같이하는 천하사 동지(同志)들을 만나 새로운 구상 속에 더 큰 임야를 여러 곳 마련해서 밭을 조성하고 나무를 심었다.

동지들과 다시 심은 도목

[밭은 총 5군데다. 애초에 불법 세력이 알고 있는 밭뿐만 아니라 여러 곳에 밭을 만들어 분산하여 심었다. 의통성업을 이루는 천하사

일꾼이 되고자 스스로 찾아온 동지들의 일하는 스케일은 달랐다. 당시 내 생각에 인류를 구원하려 한다면 적어도 1만평은 되어야 한다고 생각했다. 동지들은 이 뜻에 적극 동참하였다. 그러나 아쉽게도 5천평에 그쳤고 A,B,C,D,E 밭으로 명명하였다]

5. 대전교도소로 전격 수감되다 (2018)

그렇게 세인의 이목을 받지 않고 홀가분하게 천하사를 추진해 나가는데 또 하나의 위기와 시련이 다가왔다. **2018 무술(戊戌)년 11월 15일** 2016년부터 진행 중이던 명예훼손 재판에서 패해 하루아침에 **법정 구속되어 대전교도소에 전격 수감** 된다.

그날 2심 재판 선고일인데 '명예훼손 재판인데 설마 구속이야 되겠나 아마 집행유예 정도가 나오겠지' 하고 방심하며 기대했다. 그런데 '피고 노상균을 법정구속에 명한다'는 예상하지 않던 판결이 내려졌고 그 순간 법정 옆방에 있는 철창으로 직행했다. 새로운 도수가 인사로 실현되는 데 시간은 오래 걸리지 않았다. 단 하루 만에, 그날 그 순간에 또 다른 인생 지평이 열린 것이다. 그날 점심 무렵 대전시 유성구 **대정동(大井洞)**에 있는 **대전교도소**로 이동되어 죄수복으로 갈아입고 전격 수감(收監)되었다.

황당하기 짝이 없었다. 이제 막 정말로 뜻을 같이하는 새로운 동지들을 만나 은밀하게 밭을 조성하고 나무를 심으며 천하사를 추진하고 있는데 왠 갑작스런 감옥생활이란 말인가. 감옥에 수감된 직후에는 갑자기 바뀌어 버린 인생 항로와 뜻밖의 환경 속에서 정신이 혼란했다. 그러나 어쩌랴. 애써 정신을 수습하고 일방 감옥생활에 적응하면서 상세님의 말씀 속에서 해답을 찾고자 하였다.

그러다가 대순전경과 도전에 있는 상제님의 다음 말씀이 떠올랐다. 이 말씀을 음미하면서 천하사를 추진하는 주역 일꾼인 내가 **왜 무술**

(戊戌)년에 감옥에 들어오게 되었는가를 깨닫게 된다.

* **일입유배 日入酉配** 해자난분 亥子難分
  일출인묘진 日出寅卯辰 사부지 事不知
  일정사오미 日正巳午未 개명 開明
  일중위시교역퇴 日中爲市交易退 제출진 帝出震
  (대순전경 6판 제5장 개벽과 선경 31절)

상제님은 선천 역사가 마무리되는 **마지막 시간 과정**을 하루 중에 **해가 졌다가**(sunset) **다시 떠오르는**(sunrise) **자연의 변화**에 비유하여 12지지로 말씀하셨다.
세상을 밝게 비추던 태양은 유(酉)시가 되면 서산을 넘어가고[日入酉] 어둠의 세상이 찾아온다. 그리고 술시를 지나 해시와 자시가 되면 칠흑같이 어두운 깜깜한 한밤중이 된다. 그런데 위 말씀에서 유(酉)와 해(亥) 자(子)는 있는데 술(戌) 자는 보이지 않고 그 자리에 정배(定配) 간다는 배(配)자가 들어가 있다. 정배란 죄인을 지방이나 섬으로 보내 정해진 기간 감시를 받으며 생활하게 하는 조선시대의 형벌을 말한다. 이것은 지금으로 말하면 감옥생활을 의미한다.

예전부터 저 성구를 보아왔지만 왜 술(戌)이 들어갈 자리에 술(戌) 자는 없고 정배(定配) 간다는 배(配)자가 쓰여있는지를 이상하다고 생각은 했지만 알지는 못했다. 일찍이 한동석 선생의 『우주변화원리』책에 **술(戌)에는 정배 간다는 의미가 있다**는 것을 읽어서 알고는 있었지만 상제님의 저 성구를 천하사의 주역 일꾼을 자처하는 나의 삶과는 전혀 연결시키지 못했다.
그런데 해가 진다는 2017 정유(丁酉)년에 증산참신앙에서 돌연 제명되어 사람들의 이목에서 차츰 사라지게 되었고, 2018 무술(戊戌)년에 갑자기 감옥에 갇히게 되면서 저 배(配)자의 의미를 이해하게 되었다. 술년에 감옥에 가는 것은 **천지공사로 정해진 나의 운명**이었던 것이다. 이른바 3변교운의 주관자 문공신 성도에게 붙이신 **문왕도수(文王度數)가 인사로 이루어진 것**이다.

신앙인들은 **문왕도수에 대하여 너무도 잘못 알고 있다.** 천하사 일꾼이 자기 당대에 대업을 이루지 못하고 죽은 다음에 그 아들이 대업을 이룬다는 그런 천하사의 부자 세습 도수로 알고 있다. 그러나 그러한 도수 해석은 상제님의 말씀과는 전혀 맞지 않는 것으로 일부 교단이 아전인수와 견강부회로 꾸민 교리다. 상제님은 증산천사공사기에 나오는 다음의 성구 말씀을 통하여 **문왕도수**가 무엇이며 **강태공도수**가 무엇인지에 대해 아주 구체적이고도 명백하게 말씀하셨다.

* 천사(天師) 가라사대
  문왕(文王)은 유리(羑里)에서 삼백팔십사효(三百八十四爻)를 지었으며 **태공(太公)**은 위수(渭水)에서 삼천육백구(三千六百鉤)를 광장(廣張)하였는데, **문왕(文王)의 도술(道術)**은 먼저 나타났거니와 **태공(太公)의 도술(道術)**은 이때에 나오느니라 하시고 천지무일월공각 일월무지인허령(天地無日月空殼 日月無至人虛靈)이라 이르시더라.
  (증산천사공사기 115쪽)

후대의 신앙인들은 이 말씀의 진의(眞意)를 궁구하여 깨닫지 못하고 그저 문왕이 대업을 이루지 못하고 죽은 다음에 아들 무왕에 의해 일이 이루어진다는 부자 세습의 그릇된 교리 해석에만 휘둘려 머릿속에 엉뚱한 관념이 자리 잡은 것이다. 문왕도수와 강태공도수에 대한 바른 교리 해석은 본서 part 3, part 5에서 자세히 알아본다. **이윤도수**와 함께 **문왕도수 및 강태공도수**가 무엇인지를 정확히 아는 것이 **진도진법을 찾는 관건**이 된다고 생각한다. 즉 이윤과 성탕, 문왕과 강태공이 현실 교운 역사에서 누구를 상징하고 가리키는 것인지를 명확히 알아야 하는 것이다. 상제님께서 이윤과 성탕, 문왕과 강태공에 대한 고사를 말씀하신 것은 단지 과거의 역사적인 인물과 사실을 교육하려는 것이 아니다. 상제님은 과거의 사실(史實)을 바탕[프레임]으로 하여 앞으로 일어날 교운공사의 도수를 짜신 것이다. 따라서 천하사 일꾼은 상제님께서 어떠한 점에 방점을 두고 그런 말씀을 하시고 도수를 짜셨는지를 깊이 궁구해야 한다. 일부 교주의 개인 희망적인 교리 해석에만 휘둘려 의식이 정체되어 있으면 진도진법은 절대로 보이질 않는다.

50대 인생 후반에 처음 들어간 교도소, 인신(人身)이 구속(拘束)되어 좁은 방에서 옴짝달싹하지 못하는 수감생활이었다. 초기에는 답답하기 그지없고 모든 게 헝클어지고 정신을 수습하기 어려웠다. 그런데 상제님께서 나의 삶을 환히 내려다보고 콘트롤하고 있다는 것을 확인하는 신비로운 체험을 하게 된다. 그것은 무슨 신명을 본다거나 소리를 듣는다는 그런 체험을 말하는 게 아니다. 하늘(상제님)은 삶의 환경이 갑작스럽게 바뀐 나에게 용기를 주고 감옥생활을 알차게 보내라는 격려와도 같은 사건으로 **과거에 깨닫지 못했던 상제님의 말씀**을 비로소 **확연히 깨닫게 된 것**이다.

하나는 일입유배 말씀에 대한 새로운 깨달음으로 술년에 감옥에 들어오는 것이 천지공사의 도수였다는 것을 이미 말하였다. 그런데 또 하나는 내가 감옥에 들어온 게 천지공사의 예정된 프로그램이라는 것을 상제님의 '유서(遺書)'를 새롭게 해석하면서 알게 된 것이다. 그리고 또 하나는 대순전경 초판과 재판에만 나와 있는 성구를 읽으면서 다른 교도소가 아닌 유독 **대정동(大井洞)** 대전교도소에 들어온 것이 상제님의 천지공사로 일어난 일임을 알게 된 것이다. 그리고 내가 언제까지 감옥생활을 한다는 것을 하늘이 정확한 숫자로 계시한 사건이다.

6. 상제님의 유서(遺書) 해석을 통해 확인한 이윤도수와 문왕도수

수감(收監)되고 나서 감방에서 달리 할 일이 없었다. 여러 명의 죄수가 비좁은 공간에서 하루 종일 쭈그려 앉아서 시간을 보내야 한다. 독방이라면 누구의 간섭도 없는 편안한 생활이겠지만 좁은 방에서 불특정의 사람들과 단체 생활을 해야 하기에 온갖 괴로움과 부작용이 발생한다. 정녕 다시는 그곳에 가고 싶지 않은 답답하고 괴로운 감옥생활이다. 그저 하루 30분간 주어지는 건물 사이에 있는 마당 산책이 바깥 공기를 마시고 자유롭게 움직이는 유일한 시간이다.

감옥생활에 적응하는 초기에 문득 **상제님의 유서(遺書)**가 생각났다. 유서란 돌아가시는 부모님이 자식들에게 생전에 벌려 놓았던 사업이나 재산을 어떻게 처리하고 뒷일을 어떻게 마무리하라는 것을 문서로 지시하신 것이다. 상제님의 유서는 김형렬, 김자현을 거쳐 김태진, 김태준 형제가 상제님의 따님 교단인 증산법종교에 전해준 것인데 (1947년) 대략 480자 정도의 한자(漢字)와 소만부(小滿符)라는 부적 하나가 그려져 있다(화은당실기, 증산법종교60년사). 이미 세상에 많이 알려진 것인데 토씨 하나 없이 오로지 한자로만 쓰여 있기에 사람들의 해석은 다 달랐다. 나도 참신앙 초기에 일찌감치 유서를 본 적이 있지만 해석이 안 되는 곳이 많았다.

감옥에 들어오고 나니 이 갑작스러운 인생 변화가 도무지 황당하기만 했다. 진정으로 뜻을 같이하는 동지들과 부안 변산의 여러 곳에 임야를 마련하여 남의 이목을 받지 않고 정말 홀가분하게 천하사를 추진하지 않았던가. 그런데 왜 이 중요한 시점에 갑자기 감옥에 들어왔단 말인가?
문득 문왕(文王)이 유리(羑里)라는 곳에 7년간 유폐되어 주역 64괘 384효를 해석했다는 상제님의 말씀이 생각났다. 나는 감옥에 들어오기 전까지는 문왕도수를 깊이 생각하지 못하였다. 내가 **50살에 개심**

(改心)하고 먼저 교단에서 하산하여 상제님과 수부님의 참을 찾고 의통성업이라는 천하사를 앞장서서 추진하는 **이윤도수의 주인공**이라는 의식은 있었지만 설마 문왕처럼 감옥에 갈까 하는 생각이었다. 그런데 상제님의 말씀은 한 치의 어긋남도 없이 그대로 현실로 전개되는 것이 아니던가.

> * 한 여자를 점찍은 사람[문공신]에게 가르침을 내려 말씀하시기를, 너는 **정음정양도수(正陰正陽度數)**를 이겨 받겠느냐. 덕 닦기에 힘쓰라. **문왕도수(文王度數)**가 있고 **이윤도수(伊尹度數)**가 있으니, 받기가 아주 어려우니라.
> 말씀하시기를, 비록 보잘것없는 벌레[微物昆虫]라도 원망이 있으면 천지공사가 아니니라.
> (천지개벽경 정미 12장)

나는 일찍이 문왕도수를 받은 문공신 성도가 일제시대에 7년 감옥살이를 했다는 서대전형무소가 있던 자리에 세워진 중촌동 현대아파트에 들어가 5년을 살았던 적이 있다. 2천년대 초기에 있었던 사오미개벽 파동으로 전 재산을 헌납하고 신용불량에 몰리던 끝에 최후적으로 가족을 끌고 살기 위해 들어간 소형 아파트 자리가 문공신 성도가 7년 형을 살았던 그곳이었다. 그것은 알고 들어간 것이 아니라 모르고 들어가 살게 되면서 우연히 확인하게 된 것이다. 당시 도문에서는 진주도수의 주인공 문공신 성도가 7년 형무소살이를 했던 그 장소를 성지(聖地)로 취급하지 않았고 알리지도 않았기에 나 역시 전혀 몰랐다.
그런데 2018년 11월 15일 느닷없이 감옥에 들어오게 되고 삶의 환경이 바뀌면서 문왕이 유리에서 7년간 감옥생활을 했다는 상제님의 문왕도수 말씀을 떠올리며 문득 짚이는 데가 있어 상제님의 유서가 생각난 것이다.

유서는 세상에 다 공개되어 알려진 것이기에 상제님께서 인류에게 내리신 것이겠지만 의통성업이라는 천하사를 앞장서서 추진하는 대표 일꾼에게 뭔가를 계시한 것이라는 생각이 들었다. 그래서 유서를 차분하게 다시 읽어보자고 생각하고는 접견 오신 분에게 유서 원문과 한자 옥편을 넣어달라고 부탁했다.

그렇게 해서 교도소 입소 후 한 달쯤 되는 시점에 차분히 유서를 읽어보았는데 과거에는 해석이 되지 않던 **글자 하나가 눈에 확 들어왔다.** 특히 유서 앞부분에 7언절구(七言絶句)의 시(詩) 24구(句) 170자가 쓰여 있는데, 거기에는 천지공사를 행하신 상제님의 일생을 말하는 12구(句) 84자와 상제님의 천지 대업을 이루는 천하사 일꾼의 마무리 과정을 말하는 12구(句) 86자가 적나라하게 적혀 있는 것이 아닌가. 감옥에 들어와서 **새로운 환경**에 처하게 되니까 그것이 **홀연히 해석**되는 것이다.

놀랍게도 유서에는 이윤도수, 문왕도수, 단주수명 기러기도수, 옛 주인을 찾는 제비도수 등 주역 일꾼을 포함한 12000 일꾼들이 걸어가는 마무리 과정이 한자 특유의 간결한 은유와 상징으로 적혀 있었다. 그것은 내가 감옥에 들어오는 사건과 나가서 전개하는 일련의 일들을 잘 말해주고 있었다. **나는 감옥에 들어와야만 하는 운명**이었던 것이다. 유서 해석을 통한 현실 인식은 감옥에서의 고통스러운 하루하루를 참고 이길 수 있는 묘한 약(藥)과 같은 것이 되었다.

유서 해석을 통해 감옥에 들어온 것은 리더 일꾼[큰 기러기 홍(鴻)]에게 정해져 있는 운명, 즉 문왕도수가 현실로 나타난 것이고, 이곳에서 해야 할 일을 찾아서 해야 한다는 걸 자각했다. 한편 그동안 동지들과 추진해 왔던 일련의 일들이 진정 상제님의 뜻과 부합되는 것임을 확인했고 더욱 용기를 가지게 되었다. 감옥에서 새롭게 해석한 **유서 풀이**는 뒤의 **part 3에서** 하기로 한다.

수감생활 내내 감방 생활에 적응하면서 정밀한 천지개벽경 번역 작업에 박차를 가했고, 아울러 도전과 대순전경 등을 비교하면서 여러 번 읽게 된다. 주지하다시피 감옥생활은 개인의 독립과 자유가 보장되는 편안한 생활이 아니다. 불특정 인생들과 하루하루 부대끼면서 자신만의 시간을 확보해야 하는 다소 고통스러운 나날이다. 그런 과정에서 옛날에는 그 의미를 알지 못했던 대순전경 초판과 2판에만 나오는 다음의 성구 말씀이 자연히 풀리는 되었다.

> * 하루는 태인 백암리에 사는 김경학이 와서 선생을 뵙거늘 선생께서 명하시어 김자선의 집에 머물러 자게 하시고 다음 날 자선의 집에 오셔서 경학에게 어젯밤에 꿈속에서 본 것을 말하라 하시니 경학이 여쭈어 말씀드리기를 꿈에 **개 한 마리가 테두리 없는 우물에 빠지는 것**을 보고 죽을까 걱정이 되어서 쫓아가서 구해내려고 하였더니 그 개가 다시 **우물에서 뛰어나와 다른 곳으로 가더이다** 하므로 선생께서 말씀하시기를 속말에 **강씨 성을 개라 하나니** 네가 꿈을 옳게 꾸었다 하시니라.
> (대순전경 초판과 2판 성구, 재판 도전 2편 99장)

이 성구는 숙구지(宿狗地) 자던 개[일꾼]가 깨어나 활동하다가 우물[대정동 대전교도소]에 빠져 죽을 위기에 처하게 되지만 무사히 빠져나온다는 일종의 **문왕도수**에 대한 말씀이다. 이 성구도 감옥에 들어와서 삶의 환경이 바뀌게 되면서 비로소 이해하게 된 것이다.

우물에 빠지는 개는 강씨(姜氏) 성을 가진 어떤 인물을 말하는 것인데 누구를 말씀하신 것인가? 나는 광주(光州) 노씨(盧氏)인데 노씨는 그 시원(始原)이 강씨에서 파생되어 나온 성씨다. 제나라 시조인 강태공의 11대에서 노씨가 파생되었다. 노태우, 노무현 전임 대통령을 위시하여 대한민국에 살고 있는 대략 25만명의 노씨가 모두 강태공의 후손이며 더 멀리는 염제 신농의 후손이다. 즉 노씨는 곧 강씨다.

그런데 감옥에 들어와 외부인과 서신 왕래를 하면서 대전교도소의 지번이 '한우물로 66-6번지'라는 것을 알게 되었고, 큰 대(大), 우물 정(井)자의 대정동이라는 것을 알게 되었다. **개가 우물에 빠진다는 것은, 개로 상징되는 천하사 일꾼이 우물로 상징되는 대전교도소에 수감되는 것**을 말씀하신 공사임을 알게 된 것이다. 이것은 상제님의 유서에서도 나오는 리더 일꾼의 감옥생활을 말하는 획각(畵閣)과 롱홍(籠鴻, 대그릇 롱, 큰 기러기 홍)과 동일한 공사 말씀이다

대전교도소는 큰 우물 대정동(大井洞)에 있었다

[대전교도소는 현재 대전시 유성구 대정동(大井洞)에 소재해 있는데, 그 뿌리는 1920년에 일제에 의해 대전시 목동에 세워진 서대전형무소다. 문왕도수를 받은 문공신 성도는 일정기때 목동 서대전형무소에서 7년을 복역한 바 있다. 그런데 이 형무소는 1984 갑자년에 대정동으로 이사 가는데 대정동(大井洞)이란 지명은 현지에서는 '한우물'이라고 한다. 그러니까 큰 우물이라는 의미이다. 아마도 동네에 큰 우물이 있어 그러한 지명이 생겨난 것으로 보인다. 나는 감옥에 오기 전에는 그러한 사실을 전혀 알지 못하였다.
김경학 성도는 개 한 마리가 우물에 빠지는 것을 보고 구해주려는 묘한 꿈을 꾸게 되는데 이는 **개로 상징되는 천하사 일꾼이 우물로 상징되는 대전교도소에 수감되는 공사였음이 드러나게 되었다**]

7. 수인(囚人) 번호 428번과 428일의 수감생활

또 하나는 수인(囚人) 번호 428번에 얽힌 이야기다. 죄수 번호는 감옥에 들어오는 날 부여받는다. 감옥에서는 이름이 쓰이질 않고 이 수형자 번호가 죄수 본인의 신분을 나타낸다. 본래 8개월 형을 받고 들어왔지만 들어오자마자 다시 또 다른 혐의로 추가 기소되어 수형생활 도중 법정에 나가 재판을 받았고 6개월이 더해져서 14개월 형이 되었다.

그런데 나에 대한 고소는 멈추지 않았고, 계속해서 쪼개기 고소를 당하게 된다. 이러다가는 아무래도 상당 기간 교도소를 나가지 못할 것 같은 위기감이 몰려왔다. 이미 천지개벽경을 읽어서 알게 된 개벽의 때는 저만치 기한이 정해져 있고 나는 하루빨리 나가서 어린나무를 가꾸고 관리해야 하는데 걱정이 이만저만이 아니었다.

수인번호 428은 428일의 감옥생활을 계시했다

[나는 감옥에 들어오는 날 428번이라는 수인번호를 부여 받았다. 그런데 이 428이란 숫자는 나의 감옥생활이 14월 428일이라는 하늘의 계시였음을 감옥생활 3개월을 남겨두고 알게 된다]

2019 기해(己亥)년 10월 중순 무렵 죄수복을 입고 법원에 나가 재판을 받는 도중에 판사가 갑자기 질문을 한다. 그 판사는 예전에 나를 법정구속시킨 판사다. "노상균씨가 지금 14개월 형을 받고 옥살이하고 있는데 그것이 끝나는 날짜가 언젠가요?"라고 묻는 것이다.
나는 정확한 날짜를 알고 싶지만 어떻게 따지는지를 몰라서 모른다고 대답하자 판사는 법원 서기에게 당장 따져 보라고 했다. 그런데 서기는 판사의 갑작스러운 요구에 당황했는지 잘 따지질 못하고 시간을 지체하자 이번에는 판사가 직접 종이에 써가며 따져 보는 것이다. 그리고 말하였다. "아! 내년 2020년 1월 15일이면 노상균씨의 14개월 형이 끝나는군요."

그날 저녁 감옥으로 돌아와서 차분히 교도소를 입소한 2018년 11월 15일부터 판사가 말한 출소 예정일 2020년 1월 15일까지 날짜 계산을 해 보았다. 몇 번을 거듭해도 427일이 나왔다. 그런데 나의 죄수 번호는 428번이다. 427과 428은 하루 차이다. 그런데 감옥에서는 하루 차이가 아니라 단 1초 차이로 바뀐다. 밤 12시가 되면 428일이고 1초가 모자라면 427일이 된다. 나는 그게 그것이라고 생각했다. 다시 4 + 2 + 8 하니까 14가 나왔다. 그러니까 달로는 정확히 14개월이 된다. 아! 14개월의 감옥생활이 하늘에서 정해진 운명이었구나 하고 깨달음이 왔다. 그리고 날짜로는 427일이다. 그런데 나의 죄수 번호는 428번이다. 날짜는 하루 차이로 달랐지만 우선 개월 수가 정확히 14개월이다. 개월 수가 먼저고 그다음이 날짜라고 생각했다.

나는 순간 **신묘(神妙)하다**는 생각과 함께 작은 전율이 왔다. 이게 단순한 우연의 일일까? 이중성 선생이 태어나신 날은 4월 29일이다. 또 4월 27일은 선생께서 천지개벽경 서문을 쓰신 날짜다. 427, 428, 429. 교도소 입소하는 날 부여받은 죄수 번호 428은 내가 감옥에 들어앉아 수형생활을 하는 개월(個月)과 날짜를 하늘이 미리 정해놓은 거라는 생각이 들었다. 나는 처음에는 8월형을 받고 들어왔지만 하늘의 시간표에는 이미 **14개월 428일**이었던 것이다.

* 크고 작은 일을 물론하고 신도(神道)로써 다스리면 현묘불측(玄妙不測)한 공을 걷우나니 이것이 무위이화(無爲以化)라
(대순전경 제5장 개벽과 선경 3절)

교도소 생활 11개월쯤 되는 시점에 중부경찰서 형사들이 또 다른 혐의를 가지고 수사 접견을 하러 왔다. 이것은 나를 오랫동안 감옥에 가두어 둘 의도로 계속해서 쪼개기 고소를 시도한 까닭이다. 나는 극도의 위축감을 느끼고 하루하루가 괴롭기만 했다. 그런데 곧바로 수사 접견을 다시 오겠다는 중부경찰서 형사들은 오질 않았고 조마조마한 가운데 달이 넘어가고 12월 중순쯤에야 다른 형사들이 수사 접견을 왔다. 나는 출소가 채 한 달도 남지 않았다는 것을 말하고 감옥을 나가면 자진출두(自進出頭)해서 적극적으로 조사를 받겠으니 기다려 주기를 간곡히 요청하였다. 새로 온 형사들도 이를 받아들였고, 결국 나는 해를 넘겨 예정대로 2020 경자(庚子)년 1월 중순에 무사히 출소할 수 있었다.

8. 경자년 초에 풀려나다, 동청룡은 자자래라 (2020)

2020 경자년이 과연 어떤 해인가? 상제님은 1908 무신(戊申)년 납월(臘月) 공사를 보셨는데, 천지개벽경의 기록에는 그 공사의 의미를 제자들에게 가르쳐 주시지 않았다고 한다. 다만 "무신 납월 공사가 천지의 대공사가 되노라"라는 말씀과 함께 다음과 같은 시를 내려주셨다.

* 가르침을 내리시니,
北玄武謝亥去(북현무사해거)오
東靑龍自子來(동청룡자자래)라.

默然坐通古今(묵연좌통고금)하니
天地人進退時(천지인진퇴시)라.
片片雪棋一局(편편설기일국)이오
家家燈天下花(가가등천하화)라.
去歲去來歲來(거세거래세래)하니
有限時萬方春(유한시만방춘)이라.

북현무는 사양하며 해에서 물러가고
동청룡은 스스로 자로부터 오는구나.
말없이 앉아 고금을 꿰뚫으니
천지인이 나아가고 물러나는 때로다.
송이송이 내리는 눈은 한판의 바둑이요
집집마다 밝힌 등은 천하의 꽃이로다.
가는 해는 가고 오는 해는 오니
정한 그때가 되면 만방에 봄이더라.
(천지개벽경 무신 20장)

북방은 계절로는 겨울이다. **북현무**는 차가운 냉기로 만물을 동결 동사시키는 기운 혹은 인물을 가리킨다. 그 **북현무의 기운은 해(亥)에서 부터 꺾이기 시작한다**는 말씀이다. 동방은 계절로는 봄이다. **동청룡**은 따뜻한 훈기로 만물을 소생시키고 살리는 기운 혹은 인물을 가리킨다. 그 **동청룡의 기운은** 천개어자의 천리를 따라 **자(子)로부터 시작한다**는 말씀이다. 송이송이 내리는 눈은 겨울철을 말씀하신 것이요, 집집마다 밝힌 등이란 한밤중을 말씀하신 것이다. 나는 2020 경자년 한겨울철 밤에 감옥을 나왔다. 그런데 속수전경에도 다음과 같이 경자년을 암시하는 말씀이 있다.

　　* 기유팔월(己酉八月)에 김태운(金太運) 차경석(車京石) 김광찬(金光贊) 삼인(三人)이 모여 공론(公論)하되 선생님(先生任) 생존시(生

存時) 말씀하시기를 우리 공부는 상재(上才)는 칠일(七日) 중재(中才)는 십사일(十四日) 하재(下才)는 이십일일(二十一日)이라 하셨으니 우리가 하재(下才)는 될 것이니 **금산사(金山寺)에 들어가서 공부(工夫)나 하여보자** 하고 삼인(三人)이 공부(工夫)를 시작(始作)한바 칠일(七日)만에 태운(太運)이 먼저 눈이 열리어 지장보살(地藏菩薩)이 보이거늘 태운(太運)이 물어 가로대 **우리 선생님(先生任)이 어찌 선화(仙化)하셨습니까** 하니 지장보살(地藏菩薩)이 나는 모르니 미륵불(彌勒佛)에게 물어보라 하시기로 형열(亨烈)이 미륵님(彌勒任)으로 관(觀)을 하니 과연(果然) 미륵님(彌勒任)이 나타나시는지라 형열(亨烈)이 또 우리 선생님(先生任)은 어찌 선화(仙化)하셨습니까 물으니 미륵불((彌勒佛)이 가라사대 너희들은 알 일이 아니니 죽기로 공부(工夫)하면 자연(自然)히 **쇠꽃쥐를 만나 보면 푸른 용을 기를찌니** 나를 보고 묻지 말고 너를 보고 묻게 하라 하시니라 형열(亨烈)이 이인(二人)을 돌아보며 **쇠꽃쥐는 경자(庚子)요 푸른용(龍)은 청룡(靑龍)이라 경자년(庚子年)을 말씀하시니** 힘이 풀려 경황이 없으니 집으로 돌아가서 수련(修鍊)이나 하여보자.
(속수전경, 대선생님 유적 김형렬 가중유서)

속수전경의 성구에서 쇠꽃쥐의 쇠는 경금(庚金)이요 꽃쥐는 자(子)를 비유하신 것으로 경자년을 말씀하신 것이다. 쇠꽃쥐 경자년은 김형렬의 입장에서는 다가오는 1960 경자년이 되므로 이는 김형렬 일행이 늙어 죽은 이후의 시간이 된다. 이것을 감지한 세 사람이 그만 마음이 풀려 공부를 중단하고 집으로 돌아간 것은 이해가 간다. 여기서 푸른용은 무엇을 말씀하시는 것인가? 쇠꽃쥐가 경자(庚子)라면 푸른용은 갑진(甲辰)을 말한다. 그런데 정작 **쇠꽃쥐는 1960 경자년이 아니고 다시 한 바퀴 더 돌아 2020 경자년**이었던 것이다. 그렇다면 **푸른 용은 2024 갑진년**을 말한 것이다.

상제님은 '해자난분(亥子難分)'이라고 말씀하셨다. 해시와 자시는 가장 캄캄한 한밤중으로 어둡기는 매한가지다. 그러니까 분간하기가 어렵다는 말씀이다. 그런데 해시는 전날의 마지막 시간이고 자시는 다음날의 첫 시간이다. 즉 해에서 전날이 마감되고 자에서 새로운 하루가 시작한다. 그래서 천개어자, 지벽어축, 인기어인으로 이어지며 다음날이 전개된다.

알다시피 해시에서 전날이 마감되고 자시에서 새로운 하루가 시작되지만 아직 세상은 어둠이 걷힌 것이 아니다. 자시나 축시나 인시가 되어도 여전히 깜깜한 세상이다. 대략 묘시부터 아침 해가 뜨며 진시를 거쳐 **사시에 이르러야 비로소 밝음의 세상이 된다.** 그러니까 어둠이 완전히 걷히고 밝음으로 온 세상이 꽉 차는 때는 해자축의 정반대인 사오미의 시간대이다. 그래서 상제님은 사오미를 개명(開明, 啓明) 이라고 하셨다. 개명(開明)은 대순전경, 계명(啓明)은 천지개벽경의 표현인데 나는 계명(啓明)이 옳은 기록이고 보고 있다.

나는 판사의 예상대로 경자년 1월 중순에 감옥을 나왔다. 그리고 두 달 뒤 2020 경자(庚子)년 3월 중순에 부안으로 내려와 둥지를 틀었다. 추가 고소를 당해 검찰에 송치된 사건이 2개 더 있지만 동지들과 벌려 놓았던 부안 변산의 도목 밭 관리를 더 이상 방치할 수 없었기 때문이다. 또한 더 이상 감옥에는 가지는 않을 거라는 자신감도 있었다. 천지의 시간표로는 더 이상 한가롭게 감옥에 있을 때가 아닌 것이다. 그렇다면 무엇을 추진해야 하는가?

이것은 인류의 생사가 달린 천지 사업이다. **인류 구원**은 태을주로만 되는 게 아니다. **무형의 태을주**를 바탕으로 한 **유형의 의통인패**로써 세상 사람을 살리는 **의통성업**인 것이다. 이것이 **상제님 9년 천지공사의 총 결론**이 아니던가.

* 말씀하시기를, 공우야.
병이 와서 너희들이 천하에 덕을 베풀고[布德天下] 백성을 널리 건지기[廣濟蒼生]를 이것[의통인패]으로써 하노라.
사람에게 전하되 가난하고 약하고 병들고 고생하면서[貧弱病苦] 하늘의 마음을 가진 사람[天心者]을 가려서, 나에게 일심으로 도를 받들 것을 서약하게 하고 그 뒤에 전하도록 하라. (중략)
인암이 여쭈기를, **때가 되어 병이 오면 서양 사람도 또한 이것으로써 구하나이까?**
말씀하시기를, **천하가 모두 그러하니라.** (천지개벽경 기유 11장)

의통성업은 남이 대신해 주는 게 아니다. 일꾼이 주문 수행이나 말씀 공부에만 치우쳐 도수나 따지면서 세상 돌아가는 것을 바라만 보며 때나 기다리고 있어서야 되겠는가. **일꾼은 상제님의 천명(天命)을 받들어** 이를 이루어 내기 위해 의통성업을 위한 **현실적인 준비를 해야 한다.**

마침 2020 경자(庚子)년 들어서 코로나가 세계적으로 유행하며 펜데믹이 선포됐다. 나는 천지개벽경을 읽으며 난법 해원의 마무리 시간표를 대강 짐작하고 있었고 코로나 펜데믹으로 더욱 실감했다. 드디어 천지는 경자년부터 지구촌의 병란병란(兵亂病亂)을 향해 발동을 걸고 막 달려가기 시작했다.

* 천하사를 하는 사람은 **먼 훗날의 일을 헤아리고** 뜻밖의 일을 대비하며, 편안한 가운데에서도 위태로움을 생각하고, 위태로움 속에서도 편안함을 구하여 반성하고 경계해야 하느니라.
천하사를 하는 사람은 준비를 하면 근심이 없고[有備無虞],
준비가 없으면 근심이 생기노라[無備有患].
(천지개벽경 병오 2장)

* 하루는 구릿골에 계신데 제자가 아뢰기를,
천하사는 앞으로 어떤 때를 기다리이까?
가로로 글을 써서 보여주시니,
子丑寅卯辰巳午未申酉戌亥(자축인묘진사오미신유술해)
제자가 여쭈기를,
십이지지로 천하사가 어느 때에 이루어지는지를 어떻게 아나이까?
그 위에 가로로 글을 쓰시니,
甲乙丙丁戊己庚辛壬癸(갑을병정무기경신임계)
말씀하시기를,
이 두 줄은 베 짜는 바디와 같고, 머리 빗는 빗과 같으니라.
(천지개벽경 기유 8장)

* 하루는 제자가 모셨더니 말씀하시기를,
나의 일[천하사]은 갑을에 머리를 들고, 무기에 몸을 뒤집노라.
(천지개벽경 정미 8장, 기유 8장)

* 이 운수는 천지에 가득찬 원원한 천지대운이므로 **갑을로써 머리를 들 것이요 무기로써 구비치리니** 무기는 천지의 한문인 까닭이니라. (대순전경)

* **일정사오미(日丁巳午未)하니 계명(啓明)이오**
  일중위시(日中爲市)하야 교역이퇴(交易而退)라
  제출진(帝出震)이라 (천지개벽경 갑진 5장)

* 상제님께서 말씀하시기를, **개명장(開明章) 나는 날에 일체 개심하느니라** 하시니라. (재판 道典 5:362)

비록 14개월의 짧은 수감 기간이지만 천지개벽경 번역 작업을 꾸준히 해서 거의 마무리했다. 대순전경과 도전을 함께 읽으면서 비교 분석하며 **무엇이 다르고 서로 어떻게 보완되는지**를 확인했다. 무엇보다도 다른 경전에는 없는 천지개벽경만의 말씀을 궁구(窮究)하며 **천지개벽경**에 담겨있는 **판밖 소식**을 확인하였다. 틈틈이 천자문을 여러 번 써가며 사자성어와 함께 기초 한자를 익히고, 혜능 스님의 육조단경, 묘협 스님의 보왕 삼매론 등을 읽으며 마음의 안정을 찾고자 하였다. 그리고 서전 서문, 천지개벽경 서문, 상제님 유서, 한문으로 된 상제님 말씀 카드 50장을 만들어 매일 밤 가슴에 안고 외우면서 스르르 잠에 들었다.

9. 경자부터 갑진까지 5년의 세월 (2020~2024)

* 우리 선생님(先生任)은 어찌 선화(仙化)하셨습니까 물으니 미륵불(彌勒佛)이 가라사대 너희들은 알 일이 아니니 죽기로 공부(工夫)하면 자연(自然)히 **쇠꽃쥐를 만나 보면 푸른 용을 기를찌니** 나를 보고 묻지 말고 너를 보고 묻게 하라 하시니라 (속수전경)

2020 경자(庚子)년 봄에 부안에 내려와 월세방을 잡고 도목 밭을 둘러보았다. 감옥 가기 전에 심었던 큰 밭의 나무들이 풍해(風害)와 수해(水害)를 받아 반이나 죽어 있었다. 감옥 간 사이에 동지들이 많은 노력과 애를 썼지만 현지에서 상주하며 돌봐야 하는데 각자의 고향에서 경제활동을 하는 생활인이었으니 안타까운 한계가 있었다.

죽은 나무를 골라내고 여러 날 포크레인 작업을 해서 깊이 땅을 파고 수로(水路)를 만들고는 새 나무와 함께 다시 심었다. 그리고 강한 바람에 쓰러지지 않도록 지주대를 박아서 고정하였다. 또 욕심을 내어 새로운 밭도 조성하고 새 나무를 심었다. 의통성업의 준비에 모자라는 게 문제지 남는 건 문제가 아니기 때문이다.

무엇이든지 초기가 중요하다. 과수나무는 욕심을 내서 밀식(密植)하면

안 되고 적당한 거리를 유지해서 심어야 한다. 무엇보다 **물이 잘 빠지게** 해야 하며 땅에 충분한 비료를 적절한 시기에 공급해 주어야 한다. 물론 거름 진 땅이라면 나무의 생장은 아주 빠르다. 굳이 10년까지 갈 필요가 없다.

감옥에서 나온 직후 다시 정리한 C 와 D 밭

[애초에 나무 기르기를 10년이라고 생각했으나 나무의 생장은 생각보다 빨랐다. 기름진 밭이라면 5~7년이면 넉넉하다고 본다. 비료만 적기에 부면 시간을 훨씬 단축할 수 있다]

밭이 여러 군데다 보니 풀 관리를 비롯하여 신경 써야 할 일이 많았다. 나는 농사를 지어본 적이 없는 초짜였기에 많은 시행착오를 겪어야 했다. 여기 와서 겪어보니 농사도 전문가가 되어야 고생하지 않는다. 부안에 내려온 지 6개월 만에 체중이 10킬로나 빠지며 돈이 바닥이 났다. 천하사는 1~2년 할 일이 아닌 장기전(長期戰)이다. 뜻을 같이하는 동지들이 격려와 성원이 있었지만 뭐든지 재정이 문제다. 8

월부터 돈을 벌러 나갔다. 농촌이라고 일이 없는 게 아니다. 그런데 문제는 코로나 펜데믹 상황이라는 것이다. 사람과의 대면이 용이하지 않는 상황에서 2020년은 전국의 모든 일용직 일꾼들이 어렵던 시절이다.

2020년 12월까지도 밭을 조성하고 나무를 심었다. 겨울을 지내고 2021 신축(辛丑)년 봄이 되면서 모든 밭에 대한 풀관리를 하게 된다. 농사는 풀과의 전쟁이다. 바닷가인지라 바람도 강하게 불었다. 뿌리가 약한 어린 나무는 여지없이 쓰러진다. 그래서 쓰러지지 않게 크고 작은 지주대를 1500개를 박았다. 처음에는 겁 없이 했다가 어깨에 통증이 오면서 상당히 고전을 했다. 농사는 힘으로 하는 게 아니라는 걸 깨달았다. 이곳 농사꾼들은 다 장비를 잘 다루고 슬기롭게 농사를 짓는다.

2021년 중반에 부근의 아파트 경비로 취직하기로 생각하고 경비교육을 받고 원서를 내서 합격하였다. 경비는 하루 일하고 하루는 쉰다. 나로서는 정말 좋은 직장인데 알고 보니 감옥에 갔다 온 사이에 경비업법이 바뀌어 있었다. 금고 이상의 형을 받은 사람은 출소 후 5년이 지나야 경비를 할 수 있다는 것이다. 며칠 뒤 신원조회에서 불합격 처리가 되었다. 낙심했지만 그렇다고 죽으라는 법은 없다. 이즈음 두 분을 만났고 나에게 여러 일자리를 알선해 주었는데 천하사 동지는 아니다. 약골(弱骨)인 나는 그분들을 통해 많은 도움을 받았다.

2022 임인(壬寅)년 가을부터 동도지를 수거하기 시작했다. 2016~2017년에 임대해서 심었던 밭을 2023년 가을까지는 원상복구를 해 주어야 하기 때문이다. 당시 심었던 나무들은 상당히 자라 있었고, 그런대로 의통목으로 쓰기에 충분했다. 이제 나무를 베어내서 말리고 가공하고 보관하는 일을 해야 한다. 나무는 베게 되면 그 순간부터 갈라지기 시작한다. 갈라진 나무는 도장을 새길 수 없다. 이

문제 때문에 고민과 심려가 컸다. 둥근 도장, 태을주판 등을 가공하여 만들고 말리는 작업이 절대 만만치 않다. 이 과정에서 동지들과 함께 의견을 나누고 연구하고 이리저리 찾아가서 지혜를 얻고자 했다. 호남에 있는 두 분의 동지가 적극적으로 나서주었고 함께 행동했다.

밭을 원상 복구해 주는데 가장 큰 애로점은 브로크와 벽돌을 주워내고 부직포를 벗겨내는 일이다. 부직포가 바람에 날려서 뒤집히지 않도록 상당한 갯수의 브로크와 벽돌로 눌러 놓았는데 그것을 일일이 걷어내야 한다.

일꾼을 사서 하면 되지만 그럴 만한 충분한 경제적 능력이 안된다. 또 현장에 있는 내가 하면 되는 것이니까 말이다. 개미가 먹이들 주어 나르듯이 서두르지 않고 하나씩 둘씩 다 걷어냈다. 5천평 되는 여러 밭을 홀로 감당해서 관리하기는 불가능하다. 애초에 나무 심기는 말할 것도 없고 풀 관리, 부직포 깔기, 전지 작업 등등 동지들이 함께 하였다. 이러한 과정을 통해 상제님의 천하사는 주문 수행이나 도수 풀이 등의 이론 공부가 다가 아니라 말 그대로 몸으로 때우는 천하사라는 것을 실감했다.

의통성업에 필요한 재료를 몸소 만들고 준비하고 마지막에는 의통인패를 제작하는 것이 바로 천하사인 것이다. 청수 모시고, 주문 읽고, 각종 치성과 교리 공부는 천하사의 기초 과정이라는 생각이 들었다. 그건 누구나 할 수 있는 일이다. 원형 도장과 태을주판을 만드는 현장 콩밭 태전에서 의통성업을 위한 준비가 실질적인 천하사인 것이다. 그것은 하나부터 열까지 직접 몸으로 때워야 하는 일꾼들의 경제적인 출혈과 육체적인 노고와 땀이 요구되는 작업이다.

도목 농사 현장의 모습들

[도목 농사는 그저 밭에다가 도목을 심어놓고 세월만 기다린다고 저절로 되는 일이 아니다. 농자재 준비. 해마다 풀 관리, 비올 때 배수 관리. 전지작업, 이파리 오그락병 농약치기 등등 현장에서 일일이 관찰하며 해야 할 일이 하나 둘이 아니다. 반드시 현장에서 상주하며 살피고 문제가 발생하면 즉각 해소해야 한다. 동지들과 비닐하우스 창고를 짓고 농업 전용 차량도 구입하여 농사를 지었다. 이 지면을 빌려 오랜 세월 함께 땀을 흘리고 크고 작은 일에 열과 성을 다한 동지들에게 깊은 감사를 드린다. 상제님은 "일꾼"이라는 표현을 하셨다. 천하사 일을 하는 꾼이라는 말씀이다. 천하사는 무엇인가? 그 일이란 무엇인가? 원형 도장과 태을주판을 만드는 현장 콩밭 태전에서 의통성업을 위한 준비가 실질적인 천하사인 것이다.]

수거한 동도지와 가공한 원형도장과 태을주판

[2023 계묘(癸卯)년에 수거한 동도지를 가지고 원형 도장과 태을주판을 만드는 작업을 했다. 여기서 그 세세한 공정과 신경 썼던 일을 다 말할 수는 없다. 복숭아나무는 무른 나무이기에 도장 파는 나무로는 적절치 않다. 기계가 필요했다. 때맞추어 2022년 인기어인의 시간대에 두 명의 동지가 동참했고 이분들이 큰 역할을 하셨다]

* 갑진년 구월 ○일 ○시에 대선생께서 **함열(咸悅) 회선(會仙)**동에 계시며, 천지대신문을 여시고 천지대공사를 행하시니라.
짚으로 **북**을 만들어 **대들보** 위에 매다시고 흥겨이 치시며
말씀하시기를, **좋구나 좋구나.** 이 북소리가
멀리 서양(西洋)까지 들리리로다.
흥을 돋우어 노래하시니
丙子丁丑 丙子丁丑 丙子開路아
병자 정축, 병자 정축, 병자에 길이 열리도다.
흥을 돋우어 노래하시니,
자(子)여, 자여, 하늘이 열리고,
축(丑)이여, 축이여, 땅이 열리도다,
인(寅)이여, 인이여, 사람이 일어나니,

묘(妙)여, 묘여, 기묘(奇妙)하도다.
진(辰)이여, 진이여, 구름이 일어나고,
아홉 마디 대지팡이의 기운이 높으니,
육장(六丈) 금부처가 틀림없도다.
時節花明三月雨(시절화명삼월우)오
風流酒洗百年塵(풍류주세백년진)이라.
시절꽃은 삼월 비에 활짝 피고,
풍류주는 백 년의 티끌을 씻어내는구나.
우리들의 **득의지추(得意之秋)**가 아니겠는가.
(천지개벽경 갑진 8장)

상제님은 천지대업이 마무리되는 시간표를 12지지로 말씀하셨다. 이 공사 말씀은 여러 각도로 해석할 수 있는데 출발점을 2020 경자년, 쇠꽃쥐의 해에 맞추어 살펴본다. 예전에는 왜 병자, 정축인지를 도무지 알 수 없었다. 그런데 100년 전 상제님은 경자년으로 들어가는 초입을 월(月)로 말씀하신 것이 아닐까 생각하게 되었다. 바로 그때가 코로나 펜데믹이 시작되던 2019~2020의 때인데 경자년으로 들어가는 2019 음력 11월이 병자(丙子)월이고, 12월이 정축(丁丑)월이다. [기해소춘강증산] 그리고 다음 해 1월 무인(戊寅)월이 되면서 2020 경자년으로 들어간다. 나중에 알고 보니 사오미 계명의 첫해 2025년 을사년으로 들어가는 2024년의 11월과 12월도 병자월, 정축월이다.

2022~2023 임인, 계묘년에 우리 동지들은 모두 뜻을 모아서 동도지를 수거하고, 가공하고, 보관하고, 기계를 만드는 일에 매달렸다. 각자의 처지에서 가능한 힘을 모았다. 아직 경면주사까지는 우리 힘으로 준비할 수는 없다, 그것은 뒤에 합류하는 일꾼들이 몫이라고 생각했다.

2023 계묘년에 일꾼들 모두가 공감하는 **상제님의 계시적인 행사가**

있었다. 천간의 계(癸)는 10년 세월의 마지막을 의미한다. 그러니까 2014 갑오년에 시작된 기운이 2023 계묘년에 마무리되는 것이다. 이것을 천지에서 기념하는 행사가 **부안 새만금 세계 잼버리 대회**다.

2023 부안 새만금 세계 잼버리 대회

[지구촌의 푸릇푸릇한 청소년 4만 명이 모이는 세계적인 행사가 부안에서 개최되었다. 이는 2014~2023의 **1차 신앙혁명 10년의 마감과 함께 갑진 을사에 본격적인 천하사가 개막된다는 것을 알리는 행사**였다. 세상 사람들은 다 잊었지만 우리들은 이 행사가 왜 이 시간대에 하필이면 이곳 부안에서 열리는가 알아차렸다. 잼버리 행사의 본부가 있던 곳은 네 번째 밭에서 걸어서 불과 10분 거리에 있다. 그러니까 상제님온 의통인패를 준비하는 밭 바로 코앞에다가 세계의 청소년들을 끌어모아 기운을 수놓아 보신 것이다]

묘(妙)여, 묘여, 기묘(奇妙)하도다! 묘(妙)는 묘(卯)와 통한다. 2023 계묘년에 정말 기묘한 일이 우리 일꾼들에게 있었다. 그것은 나중에 얼굴을 맞대고 해야 할 이야기다. 왜 상제님은 신묘(神妙)하다고 안 하시고 기묘(奇妙)하다고 하셨을까. 예전에는 알지 못했지만 그 해를 지나고 나면서 우리 일꾼들은 이 말씀의 의미를 저절로 이해하게 되었다.

2024 갑진(甲辰)년은 새로운 10년의 첫 번째 해로써 상제님께서는 **청룡황도대개년(靑龍黃道大開年)**이라고 말씀하셨다. 황도(黃道)란 상제님의 5만년 무극대도, 천지대도를 의미한다. 아마도 무언가를 간절하게 기다리던 일꾼들은 갑진 청룡의 해에 어떤 진인이 황도를 열며 판 안에 등장하는 것을 기대했다고 본다. 이러한 바람은 판밖 소식이 들려오기를 간절히 마음에서 나오는 것으로 그릇된 소망은 아니다.

갑진년은 갑을 청룡의 첫 해로써 세운으로는 공교롭게도 지구촌 인구의 절반이 선거를 하는 해다. 첫 선거는 대만 총통 선거였고 마지막 선거가 미국 대통령 선거였다. 그러니까 동북아의 한반도를 중심으로 한 오선위기 형국에서 새로운 진용을 갖추며 후천개벽을 위한 판짜기와 준비를 하는 해다. 상제님은 **인묘진(寅卯辰) 사부지(事不知) 사오미(巳午未) 계명(啓明)**이라고 말씀하셨다. 갑진년에 천하사가 머리를 들고 시작은 하지만 아직은 사부지의 시간대이다. 갑진은 동지한식백오제의 105년이 되는 마지막 해로서 일꾼이 숨을 고르고 준비를 완료하는 해다. 본격적인 시작은 을사년으로부터다.

1 너희 아버지께서 하시는 일은 이 세상에서 누구 하나 알게 하시는 줄 아느냐.
2 천부지(天不知) 신부지(神不知) 인부지(人不知) 삼부지(三不知)이니, **참으로 종자 외에는 모르느니라.**
3 선천 운수 궁팔십(窮八十) 달팔십(達八十)이요
4 지금 운수 동지(冬至) 한식(寒食) 백오제(百五除)니라.
5 후천 창생 되기도 어려우니 살아 잘되기를 바랄지라.
6 내 일은 되어 놓고 봐야 아느니라.
7 일은 딴 사람이 하느니 조화 조화 개조화(改造化)라.
(재판 道典 11:250) (원본 경전 선도신정경)

어머니 수부님은 이 말씀에서 아버지 상제님의 동지한식백오제의 말씀이 무슨 의미인지를 친절하게 잘 가르쳐주고 계신다. 선천에 **강태공의 인생**이 궁팔십 달팔십이라 하듯이 **80살에서 운수가 꺾였다. 상제님의 교운**은 동지한식백오제의 말씀처럼 **105년에서 꺾인다**는 말씀이다. 그렇다면 언제부터 105년인가? 1변교운의 파종(播種) 도수를 맡은 고수부님이 정읍 대흥리 교단을 떠나고 차경석의 이종(移種) 도수, 그러니까 난도난법이 시작되는 해가 1919 기미(己未)년이다. 그때부터 105년이다. 이 기간은 **차정(車鄭)으로 상징되는 난법 교운**의 시간대이고 진법이 모습을 드러내지 않는 시기다.

차는 차경석을 말씀하신 것이고 정은 계룡산 정씨를 말씀하신 것이다. 어머니 수부님은 상제님이 성령 감화를 받고 도통하시던 날 차경석에게 "나는 낙종물을 맡으리니 너는 이종물을 맡으라, 추수할 자는 다시 있으니라" 말씀하신 바 있다. 이 말씀에서 교운이 매듭짓기까지 낙종→이종→추수의 3단계가 나오는데 이종도수는 차경석 혼자만 맡은 게 아닌 것이다. 이종은 차(車)와 정(鄭)으로 상징되는 두 인물의 교운 역사가 있는 것이다. 그러나 이제 106년 되는 을사년부터는 사오미 계명의 시간대로 들어가며 참과 거짓이 구분되고 진도진법이 모습을 드러낸다.

* 하루는 말씀하시기를, **동학이 차정(車鄭)으로 망하느니라.**
  제자가 여쭈기를, 동학이 어찌 차정으로 망할 일이 있사옵니까?
  말씀하시기를, 정씨로 임금을 삼으니 어찌 망하지 않으며, 차씨로 임금을 삼으니, 망하지 않고 어쩌겠느냐?
  제자가 여쭈기를, 그러면 동학의 운수가 길지 않사옵니까?
  말씀하시기를, **정씨를 가까이하지 말고, 차씨를 가까이 하지 말라.**
  동학의 운수가 천지의 대운이요, 만세의 대운이거늘 어찌 망하리오.
  동학 신도로서 정씨와 차씨를 찾는 사람이 망할 뿐이니라.
  (천지개벽경 무신 8장)

* 그 후 다시 동학을 열렬히 신봉하여 동학도들이 갑진년에 **'얼싸 좋다, 갑진(甲辰) 을사(乙巳)'**를 노래하며 강경에서 큰 집회를 열 때 논 열세 마지기를 성금으로 내놓을 정도로 신심이 도탑더니
(재판 道典 3:202)

* 말씀하시기를,
세상에 **진사(辰巳)에 성인이 나온다**는 말이 있느냐?
세상에 **오미(午未)에 즐거움이 당당하다**는 말이 있느냐?
후천의 **요순세계**이니라.
(천지개벽경 계묘 1장)

2024 갑진년으로 들어가는 동지(冬至)에 일꾼들이 모여 치성을 모시고, **천지개벽경 한글 번역본 정식 출간**을 고축(告祝)하였다. 아울러 지난 7년의 과정을 되돌아보며 서로를 격려하고 천하사의 결의를 다졌다. 이제 갑진, 을사로 들어가며 **교운의 새로운 시대**가 열린다는 것을 직감했다. 마침 1월에 대시국의 뿌리가 되는 대한민국의 건국 대통령 이승만에 대한 잘못된 프레임을 벗기는 기록영화가 히트를 쳤다. 우연한 사건이 아니다.

갑진년 청룡의 해 양력 **6월 12일**에 하늘의 **상제님으로부터** 일꾼들에게 특별한 **격려의 계시**가 내려왔다. 그날 새벽부터 돈벌이하러 일 나갔다가 부근 식당에서 아침 식사를 마치고 나오는 참이었다. 갑자기 쿵 하는 소리와 함께 땅이 흔들렸다. 뜻하지 않은 지진(地震)이었다. 식당 주인과 손님들은 화들짝 놀라서 안절부절했지만 나는 순간적으로 상제님께서 일꾼에게 전하는 계시의 징표라는 것을 알아차렸다.

부안발 4.8도 지진이었다. 부안은 평생을 가도 지진 한번 나지 않는 평화로운 곳이다. 이 지진은 2024년 한 해에 우리나라에서 발생한 지진 가운데 가장 강력한 것이다. 갑진년 중반에 느닷없이 이곳 부안

에서 큰 지진이 발생해서 전국을 깜짝 놀라게 만들었다.

지진의 진앙지는 바닷가가 아니라 세 번째 밭 바로 밑에서 지진이 터진 것이다. 상제님은 회문산에 24혈이 있고 부안 변산에 24혈이 있다고 하셨다. **회문산**은 **산군(山君)도수**, **변산**은 **해왕(海王)도수**를 처결하셨다. 상제님은 부안 변산에서 자란 도목으로 해인(海印)을 만들어 사람을 살리는 의통인패를 만들도록 공사를 보셨다.

2024 청룡황도대개년을 알리는 부안발 대지진

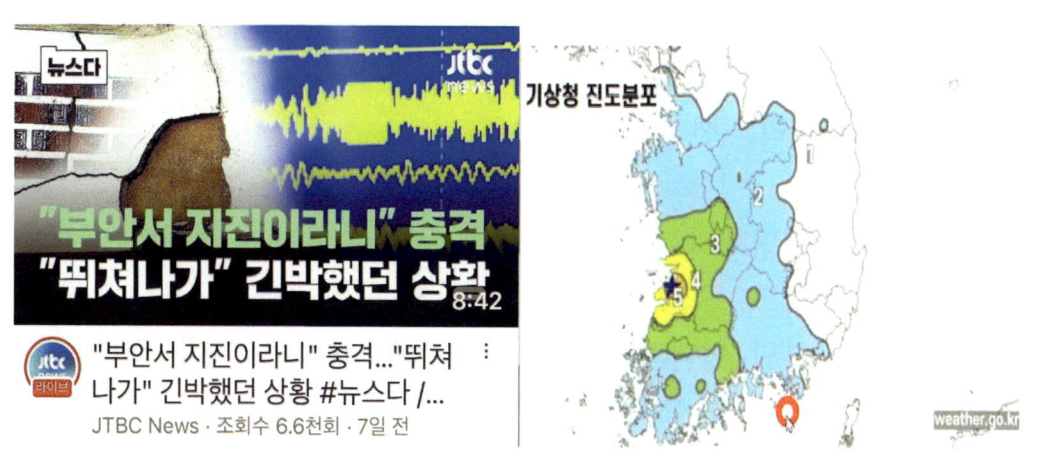

[지진이 일어나던 날 전국은 크게 요동쳤다. 그러나 사람들은 이내 잊고 만다. **왜 2024 갑진년에 평생 가도 지진 한 번 일어나지 않는 부안에서 지진이 발생했던 것일까?** 그 해답을 조금이나마 추리하고 짐작하는 것은 상제님의 도문에 몸담고 있는 일꾼들일 것이다. 부안은 변산 해왕도수를 붙이신 곳이며 회문산 24혈에 대응하는 변산 24혈이 있는 곳이다. 이 지진은 **장차 24혈에 응한 일꾼들이 출현하여 의통성업을 완수한다는 상제님의 계시**라고 생각한다. 아울러 **진도진법을 들고나오는 갑을 청룡의 기두를 알리는 천지의 싸인**이라고 생각한다]

왜 갑진년 청룡황도대개년의 해에 이곳 부안에서 전국을 진동시키는 지진이 일어났는가? 단순한 우연의 일인가? 세상에 우연이란 없다. 사람들은 보통 신명이 꿈에 나타나서 소리쳐서 말해 줄 거라고 생각한다. 그러나 신계의 신호는 꼭 그런 식으로만 오는 것이 아니다. 상제님은 당신님의 모습을 보이신다거나 직접 말씀을 하시는 게 아니고 뇌성과 지진으로 표징한다고 어천 직전에 말씀하셨다.

* 하루는 성도들에게 말씀하시기를, 세상이 너무 악하여 몸 둘 곳이 없으므로 **장차 깊이 숨으려 하니** 어디가 좋겠느냐 하시니라.
(재판 道典 10 : 33)

* 말씀하시기를, 천지는 말이 없으므로 **천동지진(天動地震)으로 그 말을 대신하노라.** (천지개벽경 기유 11장)

나는 지진이 상제님께서 우리 일꾼에게 보내는 희망과 격려의 메시지라는 것을 감지하고, 즉각 동지들에게 문자를 보내서 이 사실을 알렸다. 이 지진은 부안 변산의 24혈음이 발동해서 장차 그에 응하는 천지의 일꾼이 들어와 천지대업이 성공리에 마무리될 거라는 계시라고 확신한다. 나는 이미 **개명장(開明章=啓明章) 서책 작업**에 하루하루 매달리고 있었다. 주 3일은 생계를 위해서 일하고 주 4일은 책 작업을 하였다. 부안 지진은 우리 일꾼들에게 그동안의 수고에 희망과 격려의 메시지를 담은 상제님의 싸인이며 계시라고 생각한다. 그 이외에는 2024 갑진년 청룡황도대개년의 이 시점에 갑자기 부안에서 지진이 일어나야 할 아무런 이유가 없기 때문이다.

감옥에서 나와 부안에 내려온 이후 매년 몇 번씩 정읍의 이인수 선생님을 찾아뵈었다. 부안과 정읍은 불과 40분 거리에 있다. 혼자 가기도 했고 동지들과 함께 가기도 했다. 선생님은 고령이신데도 2023년 초까지 일을 하셨다. 이제는 기력이 약해져서 오래 말씀을 못하시고 다만 아버지 이중성 선생에 대한 못다 한 말씀을 짧게라도 들려

주셨다. 이 음성 증언들은 잘 보관하고 있으며 후천 5만년 영원히 남겨야 한다고 생각한다.

가을로 접어들면서 이곳 생활을 정리하고 다른 곳으로 거처를 옮기는 작업을 시작했다. 이곳에서의 생활은 쇠꽃쥐[경자]에서 푸른용[갑진]까지의 과정이다. 상제님의 천지대업이 마무리되는 마지막 장소는 부안이 아니라 다른 곳으로 천지개벽경에 자세히 명시되어 있다.

10. 오직 인연 있는 일꾼들이 모여들어 의통성업을 완수한다

2017 정유년부터 2024 갑진년까지 7~8년의 세월은 순식간에 지나갔다. 누구나의 인생도 그러하겠지만 한번 간 시간은 다시 오지 않는다. 1982년 3월에 상제님의 도문에 입신한 이후부터 순식간에 40여 년이 지나갔고 교운과 세운은 변하고 또 변했다. 20대의 푸르른 청춘은 어느덧 60대 초로의 나이에 접어들었다. 내가 주체적으로 살아온 인생이지만 어찌 내 의지대로만 살아온 것이겠는가. 물 샐 틈 없이 짜 놓으셨다는 상제님의 말씀과도 같이 신명공사로 짜신 천지공사, 특히 일꾼에 대한 교운공사의 도수 안에서 살아왔다고 생각한다.

상제님의 **천지공사**는 후천개벽의 극적인 순간에 인류를 구원해 내는 **12000 일꾼[도통판]**을 내는 **공사가 그 핵심**이다. 나도 그 일꾼 가운데 한 사람[1/n]일 뿐이다. 나의 흘러온 지난 삶이 그러한 것처럼 모든 일꾼들이 상제님께서 짜 놓으신 그물 안에서 각기 다양한 모습으로 살아왔다고 생각한다. 지나온 100년의 세월은 천지가 천하사 일꾼들을 내고 양육하고 겁기를 벗기는 인고의 세월이었다고 보고 있다. 상제님은 길러지고 다듬어진 일꾼들이 **막판에** 한 자리, **한 마당에서 만나도록** 공사를 보셨다고 생각한다. 이제 그 일꾼들이 만나야 할 시간에 다다랐다고 생각한다.

* 天地有無窮之福　天地有無窮之才
  천지유무궁지복　천지유무궁지재
천지에는 무궁한 복이 있고 천지에는 무궁한 인재들이 있다
(상제님의 유서)

* 말씀하시기를, 병가(兵家)의 오묘한 계략은 공명이 조조로 하여금 **화용도로 오게 하고**, 손빈이 방연으로 하여금 **마릉에 이르게 한데** 있느니라. (천지개벽경 갑진 1장)

이 말씀은 삼국지 등 고전에 나오는 역사적인 사실을 가르치려는 말씀이 아니다. 과거에 공명이나 손빈이 그러한 오묘한 계책을 썼듯이, 상제님께서도 당신님이 예정하고 기른 **12000 천하사 일꾼들**이 개벽의 마지막 운수 마당, 사오미 계명 장터에서 진도진법을 **만나도록** 공사를 보셨고 도수를 짜셨다는 말씀이다. 이제 그때가 다다른 것이다.

* **시절꽃은 삼월 비에 활짝 피고,
풍류주는 백 년의 티끌을 씻어내는구나.**
時節花明三月雨(시절화명삼월우)오
風流酒洗百年塵(풍류주세백년진)이라.
우리들의 **득의지추(得意之秋)**가 아니겠는가.
(득의지추 : 바라던 일이 뜻대로 이루어질 좋은 기회)
(천지개벽경 갑진 8장)

* 가르침을 내리시니,
**꽃은 부안에서 피고
열매는 태인에서 맺노라.**
花開於扶安(화개어부안)하고
結實於泰仁(결실어태인)하노라.
(천지개벽경 갑진 4장)

* 갑자기 팔을 치켜드시며 큰 소리로 말씀하시기를,
천지대운이 떠서 왔다 갔다 하니 먼저 잡는 사람이 주인이 되노라.
(천지개벽경 정미 14장)

* **그런 좋은 복을 너희들만 하지 말라.** 방금 만난 병오(丙午)는 요 깔고 받으나 **오는 병오(丙午) 불말[火馬]을 뉘가 탈까 큰 복은 덜컥 채여야지 으름 어름 하면 복이 있느냐** 하시고 웃으시며 너희끼리만 받지 말고 내 있는 곳을 잘 가르켜주라 하시고 떠나시니라.
(속수전경 19쪽)

때와 진인을 기다리는 일꾼들은 다음의 수부님 말씀을 떠올리며 누군가 옳은 줄을 추켜들 때가 오며 그때 다 모이면 된다고 생각한다.

* 또 가라사대 사람 욕심 내지 말라. **옳은 줄 하나만 추켜들면 다 오느니라.** 이로써 장광팔십리(長廣八十里)가 꼭 차느니라. **잘못된 그 날에야 제 복장을 제가 찢고 죽을 적에 앞거리 돌멩이가 모자라리라** 하시더라 하니라.
(선도신정경 제4장 11절)

장차 누군가 옳은 줄을 추켜들고 나오면 지난 100년 교운사에 펼쳐졌던 대나무 9마디의 교단들이 다 회심하여 하나로 통일될 거라고 생각한다. 그리하여 그러한 옳은 줄을 추켜드는 진인(眞人)이 나오기를 열망하고 있다. 물론 이 생각은 당연한 것이라고 본다. 그러나 수부님 말씀의 속뜻을 잘 음미해야 한다고 본다.

우선 수부님의 이 말씀에서 과연 **옳은 줄이란 무엇인가**를 제대로 아는 것이 중요하다고 본다. 혹자는 상제님과 같은 권능과 도술 조화를 부리는 진인이 나타나는 것을 기대하기도 한다. 나는 이러한 바람이 터무니없거나 틀렸다고 생각하지는 않는다. 그러나 옳은 줄이란 그 핵심이 천지공사의 총 결론인 **의통성업에 대한 한 소식**을 포함해야 한다고 본다. 그것은 100년 세월 동안 왜곡되어 감추어져 있던 의통인패 전수에 대한 비의(秘義)가 사실 그대로 드러나서 천하사 일꾼들이 제대로 된 의통성업을 추진하는 것을 말하는 것이다.

그런데 정작 문제는 누군가 옳은 줄을 추켜들고 나오지만 아무나 다 알아보고 모여드는 게 아니라는 것이다. 수부님께서는 과연 그것이 옳은 줄인지를 알아차리고 모여드는 숫자는 다만 장광팔십리가 꼭 찰 정도라는 어떤 제한성을 말씀하셨다. 그러니까 누구나 다 오는 것이 아니고 **오직 진도진법과 인연이 있는 일꾼들만이 모여드는 것**이라는 사실이다. 그렇다! 세상사는 궁극에 가서는 그것이 악연(惡緣)이든 선연(善緣)이든 오로지 인연(因緣)의 문제인 것이다. 신앙인들 가운데는 그것이 옳은 줄인지를 알아 보질 못하고 외면하거나 부정함으로써 참석하지 않는 자가 왜 없겠는가? 그들은 자신의 신념대로 가던 길을 가게 되며 그 끝에 잘못된 그날을 맞이하여 앞거리 돌멩이로 제 복장을 제가 찢고 죽게 된다는 무서운 경계의 말씀인 것이다.

> * 대선생께서 발을 쓰다듬으시고 말씀하시기를,
> 세상에 **발복**이란 말이 있느냐?
> 대답해 말씀드리기를, 그러하나이다.
> 말씀하시기를, 잘 가면 **복**이 되고, 잘못 가면 **화**가 되느니라.
> (천지개벽경 기유 1장)

누구나 하루 세 끼 밥을 먹고 사는 똑같은 사람이지만 생각은 개인마다 다르고 천차만별(千差萬別)이다. 인생길에서 어떤 생각이나 가치관이 한번 고착화(固着化)되면 쉽게 바뀌지 않는다. 관념이란 무슨 눈에 보이는 물건이 아니기에 틀렸다고 한순간에 바꾸거나 교정할 수 있는 게 아니다. 개인이 갖고 있는 세상사의 정치적인 입장도 그러하고 종교적인 신념은 더욱 그러하다. 인간으로 강세하신 하느님의 천지대도를 알아보고 받드는 것은 물론 그 가운데서 다시 진도진법을 찾는 것은 절대 쉽지 않으며, 궁극에는 **오로지 인연(因緣)의 문제**라고 말씀하셨다.

> * 제자가 아뢰기를, 천하의 모든 사람이 도(道)를 받들면 대병이 온다고 하여도 무엇을 근심하겠습니까?
> 말씀하시기를, **도를 받들기가 매우 어려우니** 부유하고 강하고 권세 있고 교만한 사람[富强權驕]에게 알려주면 도리어 모욕을 당하고, 가난하고 약하고 병들고 고생하는 사람[貧弱病苦]은 권하면 따르나니, **삼생(三生)의 인연(因緣)이 있는 자가 받들 수 있느니라.**
> (천지개벽경 을사 8장)

> * **굽은 길과 갈림길이 많아 쉽게 빠져드는데**
> **탄탄한 대도가 없는 게 아니요**
> **바로 찾기가 어려우니라.**
> 多有曲岐橫易入이나 非無坦道正難尋이라
> 다유곡기횡이입 비무탄도정난심
> (道典 6:61) (원본 대순전경)

세상에 수많은 종교가 있고 분파가 있다. 그 가운데서 인간으로 강세하신 조화주 하느님이신 강증산 상제님의 천지대도를 만나 받들고 신앙하는 것은 기적에 가까운 일이라고 본다. 그런데 그 상제님의 대도 안에서도 진도진법을 찾는다는 게 또한 결코 간단한 문제가 아닌 것이다. 그것은 학식이 많거나 돈이 많거나 세상 경험이 많거나의 문제가 아니라 **오로지 인연의 문제**라고 상제님은 말씀하셨다. 대순전경과는 달리 천지개벽경에는 인연이라는 단어가 무려 10번이나 나온다. 이것은 상제님께서 무엇보다도 인연(因緣)을 중시(重視)하셨다는 것을 의미한다. 뒤에서 알아볼 상제님의 유서에도 **유연자개문지래(有緣者皆聞知來)--인연있는 자는 다 듣고서 알고 찾아온다** 라는 말씀이 나온다. 이 말씀은 뒤집어 생각하면 인연이 없는 자는 옳은 줄을 눈앞에 보고도 다른 생각을 하게 되며 결국 알아보질 못하고 외면하고 만다는 참으로 안타까운 말씀이다.

* 하루는 상제님께서 내성에게 이르시기를 "**내 종자는** 삼천 년 전부터 **내가 뿌려 놓았느니라.**" 하시니라. (재판 道典 3:276)

3 천지간에는 **작은 검불만도 못한 놈도** 많으니라.
4 **모르는 놈은 손에 쥐어 줘도 모르느니라.**
(재판 道典 8:10)

우리가 신앙하는 증산 상제님은 천지인 삼계대권을 주재하시는 조화주 하느님이며 미륵불이시다. 우리 증산신앙인에게는 의심할 여지 없이 너무도 분명한 사실이지만 세상의 대다수 사람들에게는 강증산은 한낱 역사의 인물일 뿐이다. 누구는 강증산 상제님을 삼계대권을 주재하여 천지공사를 행하신 하느님으로 믿게 되고 누구는 그저 한때 있었던 신인(神人)이나 기인(奇人) 정도라고 생각하게 되는 것은 어디서 기인(起因)하는 것일까? 상제님은 오로지 삼생의 인연을 말씀하셨다는 것을 떠 올린다. 상제님은 제자 박공우 와의 만남에 있어서도 **인연의 중요성, 인연의 절대성**을 다음과 같이 말씀하셨다.

* 말씀하시기를, 공우야 만났을 적에.
공우가 바로 동학가사에 만났을 적에 따라가면 너희 집안 운수니라는 **한 구절이 깨달아져서** 제자가 되기를 원하니라.
공우가 밤새워 향을 피워 모기를 쫓으며 아뢰기를, 제자가 본래 동학 신도로서 언제나 식고 드리기를 대신사응감(大神師應感)이라는 정해진 예규대로 하지 않고, 스스로 하느님[天主] 뵈여지이다 라고 고하였사오며, 지금도 사십구일 기도를 드리던 중이라서 속으로 이상하게 여기나이다.

말씀하시기를, **인연이 없었다면 어찌 만날 수 있었겠느냐?**
말씀하시기를, 이제 만날 사람을 만났으니 통정신이 나오노라.
나의 일은 부모, 형제, 처자 사이라도 알지 못하나니, 나는 서양 대법국 천계탑 천하대순이노라.
(천지개벽경 정미 3장)

육신의 옷을 입고 오신 상제님에게는 아버지, 어머니, 남동생, 여동생, 정씨 부인 등의 가족이 있었다. 그러나 가족 중 그 누구도 상제님이 인간으로 강세하신 조화주 하느님이심을 알아차리지 못하고 그저 자신이 생각하는 혈육의 관념 속에 살다 가셨다. 한편 상제님은 굳이 가족에게 당신님이 조화주 하느님이심을 밝히고 증거하지 않으셨다는 사실이다. 이것은 당대의 세속 사람들에게도 마찬가지이다. 그들에게 강증산이란 인물은 대신인(神人) 혹은 기인(奇人) 심한 경우에는 강미치광이라고 생각되었을 뿐이다. 상제님의 몇몇 제자들이 삼생의 인연을 따라 상제님의 신격(神格)과 조화 권능을 체험하고 추종(追從)했지만 상제님의 어천 이후 신앙심은 점차 시들어졌으며 수십 년이 지나면서 한결같이 변치 않는 신앙심을 유지한 제자는 극소수에 불과했다. 이러한 사실은 많은 것을 시사한다. 장차 진도진법을 들고 나오는 일꾼들의 출세와도 연결지어 생각해 본다.

* 말씀하시기를, 시속에 수원 나그네라 이르나니, **만나 보면 그 사람이 곧 그 사람**이니라. (천지개벽경 갑진 5장)

상제님은 장차 교운에서 도통이 나온다는 것을 여러 번 말씀하셨다. 그러하기에 일꾼들은 누군가 진인이 나올 때 무슨 도통의 징표라도 들고나와서 자신을 증명(證明)하리라고 생각한다. 또한 진인을 자처하는 자가 나왔을 적에 무슨 도술 조화라도 부려보라고 해서 검증할 것이라고 말한다. 나는 이러한 견해가 옳지 않다거나 틀렸다고 생각하지 않는다. 그러나 상제님의 다음 말씀에 비추어 볼 때 또 다른 생각을 하게 된다. 천지개벽경 계묘 9장에는 다음과 같은 경계(警戒)의 가르침이 있다.

> * 말씀하시기를, **도가 이루어지더라도 마음속으로만 알고, 있어도 없는 듯 해야 하나니,** 사람들에게 자랑하여 남의 비밀을 많이 누설하면 하늘이 도로 거두어서 어두워지느니라.
> 말씀하시기를, **아는 사람이 함부로 행동하여 말로써 기밀을 누설하고 행동이 천리(天理)를 거스르면,** 작게는 신벌을 받고 크게는 천벌을 받느니라.
> 어떤 사람이 아뢰기를, 무장 선운사에 이인(異人)으로 불리는 처사(處士)가 있어서 다가올 세상의 일을 불 보듯 환히 알고, 세상을 건질 하느님[濟世之主]이 세상에 계시니 강씨라고 하더이다.
> 말씀하시기를, 그러하더냐.
> 며칠이 못 되어 그 사람이 아뢰기를, 선운사의 그 처사가 아무 병이 없이 건강하거늘 며칠 사이에 비명횡사했다 하옵니다.
> 말씀하시기를, **천기(天機)를 누설하면 살 수가 없느니라.**
> 말씀하시기를, 때가 오면 한 사람이 먼저 도통을 받나니, 이는 모든 도가 하나로 되돌아가는 하늘의 명[萬道歸一之天命]이니라.
> (천지개벽경 계묘 9장)

일꾼들이 크게 관심을 갖고 있는 도통의 문제는 part 6에서 대두목의 문제와 함께 다시 말하기로 한다. 수부님이 말씀하시는 이른바 옳은 줄 추켜드는 사건은 무슨 권능을 보이며 의통(醫通)이나 도술(道術)을 부리는 진인이 나오는 것을 말씀하신 것이 아니라고 본다. 어느 날 갑자기 보기만 해도 낫고 만져만 봐도 낫는 등 신이(神異)한 의통(醫通) 능력을 갖은 인물이나 도술 조화를 뜻대로 부리는 인물이 등장해서 내가 진인이며 대두목이니 나에게 오라는 식으로 상제님의 100년 교운사가 종결되고 통일된다고 생각하는가? 나는 한편으로 그것을 바라면서도 아닐 수 있다고 생각한다. 천지일월부모님이신 상제님과 수부님께서 생각하신 것은 **12000 일꾼 각각의 양육과 성장**이지 어느 특정 인물이 도술 조화를 부리는 것에 있다고 생각되지 않기 때문이다.

상제님과 수부님 당대에도 두 분은 보통의 범인으로 일상적인 행동을 하셨을 뿐이지 사람과 제자를 모으기 위해서 당신님의 신권을 자랑하고 광고하지 않으셨다는 사실을 생각해 본다. **상제님께서** 천하사를 추진하는 **일꾼에게** 한결같이 **강조하신 것**은 조작되고 거짓된 말씀이 아니라 참된 말씀을 찾아 궁구하고 연구하라는 것이며 천지공사의 대의(大義)가 가르치는 바를 따라 **의통성업을 위한 준비를 하라**는 것이다.

* 바둑이 **한 수**가 높으면 이기나니 **남모르는 공부**를 하고 **기다리라**. (천지개벽경 을사 2장)

남모르는 공부란 무슨 묘한 수행법이나 만병통치의 신유(神癒)와 의통(醫通)의 능력을 공부하라는 말씀이 아니라고 본다. 상제님의 9년 천지공사는 마지막에 천지 신장들의 신명 심판으로 나타나는 괴질 병겁과 이를 극복하는 의통성업이 그 결론이다.

반평생을 오로지 상제님 신앙 속에 순일(純一)한 성경신을 다하며 매두몰신(埋頭沒身)하셔서 참 경전인 천지개벽경을 편술하신 이중성 선생도 서문에서 무슨 도술 조화를 부리는 진인이 나타나기를 기다리라고 하신 것이 아니라 다만 다음과 같이 말씀하셨던 것이다.

오호라. 그렇지만 세상에 떠도는 말들이 헛되이 전해지고 함부로 말해져서[虛傳妄說], 옳지 않은 말들이[不可言者] 많으니 한탄을 이길 수 없도다.
천운(天運)이 돌고 돌아 난법(亂法)의 운이 장차 끝나고 진법(眞法)

의 운로가 새로워지면[維新], **성덕군자(盛德君子)**가 그 사이에 나와 [出於其間], **올바른 붓과 올바른 이론[正筆正論]**으로 반드시 알맞음을 얻어서[必得其中] 큰 덕이 더럽혀지지 않으리니[大德無濱], 이리하여 대학(大學) 우경(右經) 장하지교(章下之敎)가 명명백백(明明白白)해지리라. (천지개벽경 서문)

난법의 운[2변교운]이 끝나고 진법의 운로[3변교운]가 새로워질 때 나오는 진도진법의 일꾼은 무슨 도술 조화나 기적의 신유 능력을 가지고 나오는 인물이 아니라는 말씀이다. 상제님의 대학 우경장하의 가르침과도 같이 갱고경문(更考經文)하여 정필정론(正筆正論)의 가르침을 들고나오는 인물이 나온다는 것이다. 따라서 자신이나 누구의 전생이 무엇이라느니, 상제님의 당대 제자가 지금 어디에서 누구로 태어나 살고 있다느니 주장하는 사람들은 일단 경계해야 한다고 본다.

또한 상제님과 수부님의 천지공사 말씀이 아닌 개인 사설(私說)이나 없는 법을 말하는 사람도 크게 경계해야 한다고 본다. 우리들의 천하사 신앙은 천지공사를 행하신 상제님과 수부님의 말씀에 기반하여 이를 궁구하고 연구하며 실천하는 신앙이다. 상제님의 9년 천지공사와 수부님의 10년 천지공사[신정공사]의 결론은 무엇인가? 그것은 **태을주**와 **의통인패**로써 인류를 구원하여 후천 5만년을 개창하는 **의통성업**이 아니던가. 그렇다면 의통성업을 위한 준비가 일꾼의 사명인 것이다.

> # 나는 대두목이 아니고 일개 신도일 뿐입니다.
> ## (나의 진실한 고백)

대두목이란 용어는 상제님께서 천지공사에서 하신 말씀입니다. 대순전경(3판)과 천지개벽경(기유편 9장)에 동시에 나옵니다.
나도 한때는 내가 대두목이지 않을까 하는 생각을 한 적이 있습니다. 그러나 진실하게 말씀드리자면 나는 대두목도 아니고 진주도 진인도 아닙니다. 왜냐하면 **상제님으로부터** 그 어떠한 직접적인 **천명과 신교 혹은 도통을 받은 적이 없기** 때문입니다.

다만 신앙을 하다 보니 나만의 소소한 체험을 했을 뿐이며 경전에 실려 있는 말씀을 공부하고 추리하고 짐작하여 이 글을 쓰는 정도입니다. 한편 지금까지 상제님 신앙 속에 살아있고 이 정도의 일이라도 추진해 온 것이 보이지 않는 상제님과 수부님의 가호라고 생각하는 정도입니다.

내가 글을 써 가면서 가끔씩 자신감과 자만감 있는 표현을 하지만 그것은 나만의 생각이요 스스로에게 자신감을 갖자는 취지의 얘기이며 또한 나만의 착각일 수 있습니다.

이중성 선생의 자제분이신 이인수님을 만나 뵙고 아버지의 신앙 내력과 신앙 정신을 줄기차게 들으면서 그리고 천지개벽경, 대순전경과 도전 등의 각종 경전의 말씀을 비교하며 읽고 묵상하면서 일꾼은 무엇보다도 상제님과 수부님 앞에 어떠한 자만감이나 터럭 같은 자존감도 비워야 하는 것을 깨닫습니다.

이인수님께서 평생 옆에서 함께 살면서 경험한 아버지 이중성 선생님에 대하여 말씀하시기를 아버지는 당신의 전생이 뭐라든지 혹은 앞으로 어떤 사람이 된다든지 하는 일체의 말씀이 없었고, 오로지 소원이 있다면 후천 선경에서 상제님이 계시는 곳의 정문을 지키며 빗자루로 청소하는 사람만 되어도 원이 없겠다는 말씀을 하셨다고 합니다.

이인수님은 말씀하시기를. 증산신앙인들이 관심을 갖는 2가지가 있는데 하나는 대두목이요 하나는 의통인패라는 하셨습니다. 아마도 내가 기회가 될 때마다 의통인패에 대한 정보를 알고자 질문하는 것을 보고 경계의 말씀을 하신 것으로 보입니다. 나는 대두목과 의통인패의 문제가 상제님 신앙의 궁극의 주제인 것은 부인할 수 없습니다만 조금이라도 분에 넘거나 허황한 생각은 비록 사소한 것이라도 독약이며 자멸의 길일 뿐이라고 생각합니다.

이인수님은 이렇게 말씀하셨습니다. '대두목을 낙점하시는 분은 상제님과 수부님이시지 자신이 원한다고 되는 것이 결코 아니다!' 그렇습니다. 너무도 당연한 말씀입니다. 신통이든 도통이든 기운이든 상제님과 수부님께서 내려주셔야 받는 것이지 떡 줄 분은 생각도 안 하는데 자신은 미리 받은 것처럼 생각하고 말하고 행동한다면 그것처럼 꼴불견이 없으며 나중에 쪽팔리는 일이 없을 것입니다.

장차 인류의 상당 숫자가 낙엽이 되어 소멸되는 이 가을 추살 개벽의 운명 앞에서 자신이 살아남고 사랑하는 소중한 가족과 친지 지인을 살릴 수 있다면 더 이상 그 무엇을 바라겠습니까. 그보다 더한 행복은 없을 것입니다.

나와 함께 천하사를 추진하고 있는 증산천지대도 동지 일꾼들은 그 누구도 오지 않은 미래에 대한 허망한 생각을 하지 않습니다. 개벽이 꼭 언제 온다느니 또 자신이 누구라든지 하는 생각이나 말을 하지 않습니다. 우리들은 다만 천지일월 부모님이신 상제님과 수부님의 말씀을 따라 오로지 의통성업의 준비를 위해 진인사 대천명의 길을 가는 것이 순수한 신앙인의 본분이라고 생각할 뿐입니다.

우리 증산천지대도에 동참하길 바라는 동지 일꾼은 바로 이러한 마음에 함께 하는 분들입니다. "**오로지 순결한 마음으로 정심 수도하여 천지공정에 참여하라**"는 말씀을 받들어 상제님과 수부님께서 가신 그 희생의 길을 가슴 깊이 공감하며 오늘의 우리들을 이만큼 길러주신 천지와 조상님께 보은하는 신앙의 길을 걸어가길 원하는 분을 증산천지대도는 찾고 있으며 기다립니다. 구체적으로 말하자면 의통성업의 준비에 뜻과 행동을 같이할 분들입니다.

상제님과 수부님의 성구 말씀을 읽어도 그 말씀을 해석하고 받아들이는 것은 사람마다 다 다릅니다. 그러기에 상제님도 결국은 **인연의 문제**라고 말씀하셨습니다. 우리 증산천지대도 일꾼들과 함께 할 분들은 상제님과 수부님의 경전 말씀을 읽고 태을주는 기본이고 의통인패의 의통성업으로 인류를 구원하는 것이 천지공사의 최종 결론이라고 생각하는 분들입니다. 그러한 생각을 발(發)하는 것이 바로 우리 증산천지대도와의 인연의 시작입니다.

저는 이렇게 생각합니다. '천하사의 성취는 사람이 많고 집이 크고 화려하다고 이루어지는 것이 아니다! "사지당왕은 재어천지요 필부재어인이라"고 말씀하셨지 않았는가.' 상제님의 9년, 수부님의 10년 도합 19년 천지공사는 상제님과 수부님 두 분이 하셨습니다. 그러기에 일을 기획하시고 사람에게 신명을 붙여 궁극으로 이루시는 분은 천상의 상제님과 수부님이십니다.

우리는 다만 일꾼입니다. 그러나 남이 대신해 주기를 바라는 수동적인 일꾼이 아니라 일을 만들고 개척해 나가는 진취적이고 적극적인 일꾼입니다. 물론 일꾼은 의욕만 가진다고 되는 게 아니고 결국 두 분의 말씀을 정확하게 해석하고 기운을 받아야만 일을 이루는 것입니다. 천지공사란 어떤 의미에서는 상제님과 수부님께서 일꾼에게 주시는 100년전의 약속입니다. "내가 천지공사를 이렇게 보아 놓았으니 너희 12000 일꾼들은 남모르는 공부 즉 의통성업을 위한 준비를 하면서 기다리고 있으라. 그러면 때가 되어 너희들에게 일할 수 있는 능력을 주겠노라"라는 약속이라고 봅니다.

의통성업에 뜻을 함께 할 일꾼들의 적극적인 동참을 기다립니다.

part 3

증산 상제님은
100년 교운 공사의 큰 틀을
이렇게 짜셨다

【상제님께서 9년 천지공사를 마치고 어천하신 이후 100년이 넘는 시간이 흘렀지만 아직도 교운에서는 진도진법(眞度眞法)이 나오지 않고 안개 속에 머물러 있다. 왜 진도진법은 나오지 않았던 것인가?
상제님의 천지공사 말씀을 읽고 분석해 보면 해답은 자명하다. 아직까지 **진도진법이 드러날 시운(時運)이 되지 않았기 때문**이다. 새 생명 아기는 열 달이 차야 나오듯이 만사는 정해진 때가 있는 것이며 진도진법의 출현 역시 상제님께서 짜 놓으신 **차정(車鄭)의 난신 해원 도수**가 차야 하는 까닭이다. 상제님은 이를 **풍류주세백년진**이라는 100년으로 말씀하셨고 더 정확하게는 동지한식백오제라는 105년이라고 구체적인 시간 단위를 말씀하셨다. 언제부터 100년이고 105년인가? "동학은 차정(車鄭)으로 망하느니라"는 말씀과도 같이 차경석이 1변교운의 이종도수 사명이 시작된 1919 기미년이 그 시작점이 된다. 이제 **갑을 청룡과 일정 사오미 계명의 시간대**를 맞이하면서 난신 해원이 끝나고 진도진법이 드러날 천지의 때가 된 것이다.
천지공사는 세운공사와 교운공사로 대별(大別)된다.
세운공사는 4대 강국이 한반도를 바둑판으로 하여 패권 다툼을 하며 동북아와 세계 정세가 흘러가도록 **오선위기(五仙圍碁) 도수**로 짜셨다. 그렇다면 교운공사는 어떻게 짜셨는가? 한마디로 말한다면 1변, 2변, 3변으로 전개되는 **삼변성국(三變成局) 도수**로 짜셨다.
따라서 교운에서 진도진법의 출현을 알려면 이 삼변성국 도수에 대한 충분하고도 분명한 이해가 있어야 한다. 아울러 상제님께서 38일간 고부경무청에 잡혀 들어가서 보신 **백의군왕(白衣君王) 백의장상(白衣將相) 도수**와 숙구지(宿狗地) 자는 개가 일어나는(깨어나는) 일명 **숙구지 공사**가 무엇인지를 확실히 알아야 한다. 이장에서는 이것들을 중점적으로 알아보며 아울러 상제님께서 후세에 남기신 **유서(遺書)**를 집중 분석해 본다.】

1. 교운은 100년 동안 삼변(三變)하며 성국(成局)한다

대순전경이나 천지개벽경 등을 비롯한 1차 경전을 살펴보면, 세운공사에 해당하는 말씀은 많지 않고 교운공사에 해당하는 성구가 상대적으로 많다는 것을 알게 된다.

그중에 한 예로 기유년 봄에 구릿골에서 제자 아홉 사람을 벌려 앉히시고 김갑칠에게 대나무를 뜻대로 꺾어오게 해서 보신 공사에서 상제님은 "이제 교운을 전하리라"고 말씀하셨다. 그런데 이것이 과연 무슨 공사인지 현실의 교운 전개와 쉽게 매치되지 않았다. 한편 교운공사와 관련한 법언 말씀 들이 많이 있지만 이 모든 것을 하나로 관통하며 교운의 전체 맥을 뚫어주는 상제님의 말씀을 찾는 것은 쉽지 않았다.

과연 지난 100년의 세월 동안 흘러온 복잡다단한 교운 역사, 즉 교운공사를 어떻게 이해하고 정리해야 하는가?

나는 2013 계사년에 증산참신앙 혁명운동을 시작하면서 여러 경전들을 읽고 분석하면서 이 문제를 언제나 마음속에 넣고 있었다. 그러던 중 2013년 12월에 들어 문득 하나의 깨달음이 왔다. 그것은 1907 정미(丁未)년 12월 25일 새벽에 행하신 **후천음양도수가** 실질적으로는 **1변, 2변, 3변으로 전개되는 교운공사의 틀**이며 **차경석, 안내성, 문공신 세 분이 지상 혹은 천상에서 이를 주관하는 주인공**이라는 깨달음이었다. 즉, 차경석 성도는 일제시대에 직접 주인공이 되어 1변교운을 진행한 장본인이고, 안내성 성도는 80년대 이후 펼쳐진 2변교운을 천상에서 주관하는 분이고, 문공신 성도는 100년 난법해원시대가 마감되는 즈음에 개창되는 3변교운 즉 진도진법을 천상에서 주관하는 주인공임을 깨달은 것이다.

이때는 아직 이중성 선생의 자제분을 만나기 3년 전이었지만, 흑운월이 번역한 천지개벽경을 이곳저곳 읽으면서 어느 날 후천음양도수가

100년 동안 3변하며 전개되는 교운공사의 틀을 짜신 것임을 확연히 깨닫게 된 것이다. 나는 너무도 기쁜 나머지 즉시 유튜브 방송을 통해 이 깨달음을 동료 일꾼들에게 공유하였다. 이를 도표로 그려보면 다음과 같다.

[내가 깨달은 교운 전개 3변의 맥]

1변교운	2변교운	3변교운
차경석 12점	안내성 8점	문공신 1점
일제시대	80년대 이후	2013년 이후

이 깨달음은 마치 산을 정복하려는 일꾼이 그 복잡한 산세(山勢)를 한눈에 파악할 수 있는 특수지도를 발견한 것 같은 큰 기쁨을 주었다.
증산참신앙 진리탐구를 처음 시작하던 2013년 상반기까지는 아직 100년 교운 역사의 전체 틀과 세세한 공사 말씀이 어떻게 매치되는지를 알지 못하였다. 그런데 2013년 하반기에 이 깨달음이 열림으로써 삼변성국(三變成局)이 무엇이며 교운의 참을 찾는 참신앙 진리 탐구에서 내가 지금 어디에 놓여있기에 장차 어디로 걸어가야 하는지를 보다 명확하게 인식하기 시작한 것이다.

후천음양도수에 참여한 3제자, **차경석(車京石)**과 **안내성(安乃成)**과 **문공신(文公信)**의 이름은 그들의 본래 이름이 아니라 천지공사를 행하시던 상제님께서 지어 주신 도명(道名)이다. 이렇게 이름을 지어 주신 것에는 상제님의 특별한 의도가 있다고 본다. 차경석(車京石)에서 경석이란 이름은 바탕이 되는 큰 돌[반석]이라는 의미이다. 상제님의 100년 교운사는 일제시대 1변교운 차경석의 보천교를 기반으로 해서 시작되고 파생되어 나왔다. 상제님은 안내선(安乃善)을 안내성(安乃

成)으로 고쳐주셨다. 성(成)자는 이룰 성자라는 좋은 의미이다. 그런데 상제님은 이를 다음과 같이 말씀하셨다.

* 상제님께서 떼굴떼굴 구르시며 "아이고, **이놈이 나를 죽이네! 이룰 성(成)자로 이름을 고쳐줬더니 나를 죽이네!**" 하고 비명을 지르시니라. (재판 道典 5:341:10)

흔히들 내성(乃成)을 '일을 이룬다'는 좋은 의미로 해석했기에, 안내성을 안씨가 상제님의 천지대업을 성취한다는 쪽으로 해석하였다. 그러나 상제님은 **나를 죽인다**는 전혀 다른 의미로 말씀하신 것이다. 안내성으로 상징되는 교단은 상제님의 일을 이루는 최종 교단, 궁극의 교단이 아니라는 말씀으로 보인다. **문공신(文公信)**의 이름이 갖는 의미는 **글[文]이 공적으로[公] 믿을 수[信] 있어야 한다**는 의미이다. 이것은 문공신으로 상징되는 3변교운의 사명을 말씀하는 것이라고 본다. 그것은 천지공사를 기록한 서책이나 경전의 글이 왜곡, 조작, 날조되지 않은 참 말씀이어야 한다는 것과 아울러 잘못된 말씀을 바로잡는다는 의미도 내포하고 있다고 본다.

2. 후천음양도수는 100년간 3변하는 교운의 맥을 알려 준다

상제님은 1907 정미(丁未)년 12월 무렵, 고부 와룡리 문공신의 집과 운산리 신경수의 집을 왕래하시며 여러 가지 공사를 행하셨다. 지구촌 대전쟁공사, 재주 일등나라 상등국공사, 비인복종공사 등이다. 12월25일 새벽이 되자 제자들에게 종이 한 조각씩 나누어주시며, 각기 마음에 있는 대로 **점 하나에 아내 하나씩 표하여 점쳐 들이라**고 하는 **후천음양도수**를 보시게 된다.

* (정미년 12월 25일 새벽에) 종이 조각을 나눠주시며 말씀하시기를, **후천 음양도수(陰陽度數)**를 정하리니, 각기 제 소원

에 따라 여자 하나에 점 하나씩을 치라.
제자들이 명을 받들어 점을 치니,
어떤 사람[문공신]은 한 점이요,
어떤 이[황응종]는 두 점이요,
어떤 이[신경수]는 석 점이요,
내성은 여덟 점이요,
경석은 열두 점이더라.
말씀하시기를, **경석아.**
너는 유독 여자가 많구나.
대답해 아뢰기를, **십이 제국에 각기 한 여자씩 아내로 맞아 들이는 게 바람이나이다.**
말씀하시기를, **내성아.**
너는 팔선녀(八仙女)를 바란 것이냐?
말씀드리기를, 그것이 제 소원이옵니다.
한 점을 친 사람[문공신]에게 물으시기를, 모두 여러 여자를 원하거늘 **너는 홀로 한 여자를 원하니 어째서이냐?**
말씀드리기를, **한 하늘[一天]에는 한 땅[一地]이 천지의 정해진 이치**이옵니다.
대선생께서 크게 칭찬하시고
말씀하시기를, 네 말이 옳으니라.
경석이 명을 받아 정읍으로 돌아가거늘 탄식하여 말씀하시기를, 경석을 장차 달리 쓰려 하였더니 운수는 어쩔 수가 없도다.
동학란을 일으킨 사람들이 모두 왕후장상(王侯將相)이 되려는 마음을 품었다가 원통히 죽어서 한을 품었나니, 그 무리가 몇 만 명이라. 이제 원한을 풀어주지 않으면 뒷세상에 정사를 보기 어려우니라.
그러므로 이제 **두령을 정하여 그 원한을 풀어주려** 하는데 경석이 십이제국 여자를 들먹여서 자청하니, 그 아비가 일찍이 동학의 접주(接主)요 경석도 또한 총대(總代)라.
원한 품은 신명을 모두 경석에게 붙이노라.

행법하시어 신명에게 칙령을 내리시고, 사람들의 출입을 막으시니라.

말씀하시기를, 이제 그 신명들의 원한을 풀어주노니, 너희들은 나중에 두고 보라. 경석이 재물을 갑오년보다 많이 쓸 것이요, 경석이 모으는 사람도 갑오년보다 많으리라.

한 여자를 점찍은 사람에게 가르침을 내려 말씀하시기를,

너는 **정음정양도수(正陰正陽度數)**를 이겨 받겠느냐. 덕 닦기에 힘쓰라. **문왕도수(文王度數)**가 있고 **이윤도수(伊尹度數)**가 있으니, 받기가 아주 어려우니라.

말씀하시기를, 비록 보잘것없는 벌레[微物昆虫]라도 원망이 있으면 천지공사가 아니니라.

(천지개벽경 정미편 12장)

과연 이 공사는 무슨 공사일까? 음양도수라는 말처럼 후천에 남자가 여자 몇 명을 데리고 사느냐를 정하시는 공사인가? 나는 이 공사가 상제님의 어천 이후 100년의 시간대를 통하여 벌어지는 일제시대 **1변교운**과 80년대에 새롭게 일어난 **2변교운**, 그리고 2013년 이후에 일어나는 **3변교운**에 대한 공사라고 보았다. 그 주인공은 각각 **차경석**과 **안내성** 그리고 **문공신**이다. 가장 젊은 청년층에 속했던 문공신이 한 점을 쳐서 올리자 상제님은 "네 말이 옳으니라." 크게 칭찬하시며 문공신을 정음정양도수, 문왕도수와 이윤도수로 상징되는 3변교운을 천상에서 주관하는 인물로 확정하셨다.

상제님께서 이 공사를 보신 1907년 12월의 시점은 차경석, 안내성, 문공신 등이 도문에 들어온 지 불과 반년 정도밖에 안 되는 시간대다. 그들은 아직 상제님이 누구시며 천지공사가 무엇인지 전혀 눈치채지 못하고 있던 때로서 그들의 평소 속마음은 있는 그대로 공사에 투영되었다. 이 공사에서 차경석은 12점, 안내성은 8점을 쳤다. 이것은 차경석과 안내성이 상제님과 천지공사를 어떻게 인식하고 있는지

를 극명하게 보여준다.

그들은 상제님을 진실하게 믿어 인생의 참된 구도자가 되려고 했던 것이 아니라, 어쩌면 상제님을 등에 업고, 상제님을 이용하여 자신의 영화와 복록과 쾌락을 누리려는 마음이 앞섰던 것이 아닐까 한다. 그러니까 참된 스승님의 바른 가르침을 받아 자신의 단점을 깨닫고, 자신의 부족한 점을 갈고 닦아, 대인(大人)이 되고자 했던 것이 아니라고 보여진다. 오히려 보통 세속 사람들이 갖고 싶어 하는 권력, 돈, 명예, 쾌락 등의 탐욕을 꿈꾸었다고 보여진다. 그것이 이른바 선천식 왕천자(王天子)가 되는 것이며 12점과 8점으로 상징되는 것이다.

   * 경석에게 물으시기를 "너는 웬 아내를 열둘이나 원하느냐?" 하시니 경석이 대답하기를 "**십이제국**에 한 명씩 두고 달마다 한 나라씩 순유하면 **남아 행락(行樂)의 극치**일까 하옵니다." 하니라. 내성에게 말씀하시기를 "육관대사(六觀大師)의 제자 성진(性眞)이 **팔선녀를 데리고 희롱한다** 하였으니 네가 선관이 되려고 여덟 점을 쳤구나." 하시니라. 공신이 대답하기를 "**하늘도 하나고 땅도 하나입니다.**" 하매 상제님께서 **무릎을 치며** 말씀하시기를 "그려, 그렇지! **네 말이 옳도다.** 오직 건곤뿐이니 이로써 공사를 마치노라." 하시니라. (재판 道典 5편 204장)

상제님은 종도들을 돌려보내신 뒤에 공신, 경수, 응종 세 제자에게 말씀하셨다.

   * 경석에게 동학 역신 해원의 삼태육경도수를 붙이리라. **경석은 제왕만큼 먹고 지내게 되고 그 아래에서 왕후장상의 해원이 되게 하리라.** 이렇게 풀어놓아야 후천에 아무 일도 없으리라.
   (재판 道典 5편 205장)

삼태육경(三台六卿)이란 삼공육경(三公六卿)과 같은 말로서 조선시대, 삼정승과 육조 판서를 통틀어 이르던 말이다. 이 말씀은 차경석에게만 해당이 되는 말씀이 아니다. 12점이나 8점은 그 숫자가 크게 다르지 않다. 우리가 간파해야 할 것은 숫자의 이면에 담겨있는 차경석과 안내성 두 분의 본마음이다. 그들의 마음에는 조선 봉건 왕조시대의 양반, 상민, 천민, 노비의 신분제도와 지도층의 특권의식 등이 있었고 그러한 세상에서 상류층을 동경했던 것이다.

이 공사에 의해 일제시대에 1변교운과 80년대 이후 2변교운 시대가 열렸다고 본다. 그것은 천자 노름하는 교주를 정점으로 하여 왕후장상을 꿈꾸는 신도들이 뭉쳐 들어 큰 해원의 판이 열리는 것을 의미한다. 겉으로는 인류 구원의 위대한 사명을 외치지만 안으로 들어가면 조선 왕조시대의 품계 조직과 같은 시스템 속에 왕후장상이 되려는 기운이 꿈틀거린다. 80년대 이후 대한 사회에 등장한 큰 교단 몇 개가 겉으로는 인류 구원이라는 좋은 의도를 가지고 있으나 내면에는 여기에 해당하는 기운이 있다고 보는 것이다.

상제님은 이 공사에서 12점을 친 차경석이 장차 펼치는 1변교운의 의의(意義)를 말씀하셨다. 그것은 동학란 때 왕후장상이 되려다가 그릇 죽은 수만 명의 원혼들의 한을 풀어주는 계기가 되며 재물과 사람이 갑오동학의 갑오년(1894)보다 비교가 안 되게 많이 모이게 된다고 말씀하셨다. 그러니까 이 공사는 단순히 후천에 남자가 여자 몇 명을 데리고 산다는 음양도수의 공사만이 아니었던 것이다.

그런데 묘한 것은 상제님은 이 자리에서 8점을 친 안내성으로 상징되는 인물이 개척하는 2변교운의 특성은 말씀하지 않았다는 사실이다. 왜 그러셨을까? 이것은 상제님의 어떤 의도였다고 보여진다. 상제님은 안내성을 건너뛰어서 문공신으로 상징되는 인물이 펼치는 3변교운의 핵심 정신을 말씀하셨다. 그것이 정음정양도수, 문왕도수,

이윤도수라는 말씀이다. 만일 이 자리에서 안내성으로 상징되는 교운의 특성을 함께 말씀하셨다면 후일 경전 말씀을 읽는 신앙인들이 1변교운(차경석), 2변교운(안내성), 3변교운(문공신)이라는 교운공사의 전체 맥과 각 교운의 차별성을 금방 쉽게 눈치챘을 것이라고 본다.

나는 예전에는 후천음양도수 공사가 무슨 공사인지 모르고 더 이상 의식을 확장하거나 다른 생각을 하지 못했다. 그런데 2013년 이후에 천지개벽경 무신편 10장을 읽어보니 안내성으로 상징되는 교운의 특징이 너무도 자세히 서술되어 있는 것을 확인하면서 깜짝 놀라게 되었다. 이 내용은 초판 도전에는 실려 있었으나 재판 도전에는 삭제되어 실리지 않은 말씀이다. 또한 대순전경 2판에도 비슷한 성구가 있지만 3판부터 사라져 버려서 이후 전혀 드러나지 않았던 말씀이다. 그런데 천지개벽경에서 이 말씀을 새삼 확인하면서 마치 보석을 발견한 것과 같은 큰 기쁨이 왔다. 다음의 말씀이다.

* 하루는 대선생께서 대흥리에 계신데 **내성(乃成)**이 와서 뵈오니, 이보다 먼저 시키신 대로 방에서 홀로 지내며 여러 날 동안 가난하게 지내고, 여러 날 동안 밥을 제대로 먹지 못하여 목소리가 모기소리 같고, 간신히 걸음을 걸으니라.
슬피 울며 애원하여 아뢰기를, 거의 죽을 지경에 이르렀사오니, 쇠잔한 목숨을 구하여 주소서.
건너다보시고 슬퍼 하사 눈물을 흘리시며
말씀하시기를, 네가 굶주림이 심하냐?
말씀드리기를, 굶어 죽겠나이다.
불쌍히 여기사 허락하여 말씀하시기를, **내성아.**
네 몸에 두터운 녹을 넉넉히 내려주노니,
이 뒤로는 잘 먹고 잘 입으라.
조상의 제사에 정성을 다하고, 오로지 농사에 힘쓰라.
남의 재물을 탐내지 말고, 남의 자녀를 유인하지 말라.

간음(姦淫)하지 말고, 진실(眞實)을 지키라.
서출과 상민을 **천대하지 말고**, 백정과 무당을 **공경히 대하라**.
네가 죄를 짓지 않아, 내 명을 기다린다면,
나의 세상에 너 또한 영화가 있으리라.
제자가 여쭈기를, 이제 내성이 명에 따라 여러 날을 굶주리며 홀로 지내니, **내성이 앞으로 대도를 따르며 폐를 끼치나이까?**
말씀하시기를, **내성의 바라는 바가 먹는 것과 입는 것과 여색[衣食色]에 있으므로, 그 녹을 내려줌이니라.**
내성이 어질어진다면 대도에도 또한 다행이리라.
(천지개벽경 무신 10장) (초판 도전 3:170:5~12)

이 성구를 음미해 보면 안내성으로 상징되는 2변교운의 특성을 잘 파악할 수 있을 것이다. 이 성구와 함께 후천음양도수의 말씀은 **1변교운(차경석), 2변교운(안내성), 3변교운(문공신)**이라는 삼변성국(三變成局)의 전체 맥을 확 뚫어주는 깨달음과 큰 기쁨을 주었다.

그런데 상제님께서 이렇게 서로 다른 3사람의 성도에게 교운공사를 보셨던 것이건만 왜 예전에는 미처 이를 깨닫지 못했던 것인가? 그 이유는 도전 재판본의 간행사 머리말의 다음 말씀을 읽어보면 확연히 드러난다. 나는 오랜 세월 이 의식의 범주를 벗어나질 못했던 것이다.

[재판 도전 간행사]

태을주 전수의 중요한 사명을 받은 안내성 성도의 입문 과정이, 어린 시절부터 부친 안내성에게서 실감나게 말씀을 들으며 자란 그 아들(정남)에 의하여 최초로 명쾌하게 밝혀졌다. **안내성 성도는** 그의 제자들과 도문의 많은 이들이 믿고 있듯이 **제3변 추수도운을 마무리짓는 인사의 지도자를 상징**한다.

그리고 또 다른 추수 도수의 주인공, 즉 진주(眞主) 도수의 문공신

성도가 상제님을 만나는 극적인 과정과 최창조, 신원일, 김광찬 성도의 입문 과정이 처음으로 밝혀졌다. (재판 도전 간행사 21쪽)

그런데 나중에 새로운 깨달음이 열리고 나니까 아니 어떻게 8점을 친 안내성과 1점을 친 문공신이 함께 3변교운을 상징하는 인물이 될 수 있겠는가? 상제님은 12점(차경석)이나 8점(안내성)이 아니라 1점을 친 문공신 성도를 크게 칭찬하시며 후천음양도수를 확정하셨지 않는가? 차경석, 안내성, 문공신 세 분은 엄연히 다른 교운 사명을 맡고 있는 것이 아니겠는가. 나는 그렇게 생각한다.

2003년판 재판 도전을 보면 새롭게 증언된 안내성 성도에 관한 공사 말씀이 여럿 나온다. 이 중에서 특히 **안내성**을 '**계룡산 도둑놈**'이라고 하신 말씀(道典 6:33:8), 안내성에게 '**온갖 것은 다 주어도 감 하나는 아니 주네(←안이 주네)**' 라고 하신 말씀(道典 6:76:7) 등등을 통해 안내성으로 상징되는 교단이 최종교단(3변교운), 곧 도통판이 아니라는 것을 짐작할 수 있다. 더욱이 2004년 초에 김천수 선생이 태을궁에 와서 증언한 다음 말씀도 시사하는 바가 아주 크다고 본다.

* (상제님께서 말씀하시기를) 내가 편안 안(安)자 **안씨(安氏)에게 인신합덕(人神合德)을 해서 지상에 와서 일을 보는데**, 가을 도수를 보는 **가을용을 찾는다**. 가을 용을 찾을테니, **그 어떤 선생이 가을 용인가, 어째서 대전을 찾는가**. (2004년 초 태을궁 김천수 선생의 증언 말씀)

나는 참신앙 진리 탐구를 하던 2013년에 서울 휘경동에 살고 계시던 김천수 선생을 3번 방문하여 직접 증언을 들은 바 있다. 이때 저 말씀을 다시 여쭈었고 선생님께서 생각하시는 가을 용이란 안씨를 말씀하는 것인지 여쭈었다. 선생님의 대답은 안씨가 아니라 그 안씨판에 들어있는 또 다른 인물이라는 대답이셨다.

후천음양도수로 본 3변성국(三變成局) 도표

차경석 車京石 12점 1변교운	일제시대 보천교 등, 이종(移種) 사명(1), 아방궁 * 경석에게 동학 역신 해원의 삼태육경도수를 붙이리라. 경석은 제왕만큼 먹고 지내게 되고 그 아래에서 왕후장상의 해원이 되게 하리라. 이렇게 풀어놓아야 후천에 아무 일도 없으리라.
안내성 安乃成 8점 2변교운	80년대 이후, 이종(移種) 사명(2), 동작대 * 내성의 바라는 바가 먹는 것과 입는 것과 여색[衣食色]에 있으므로, 그 녹을 내려줌이니라. 내성아 남의 재물을 탐내지 말고, 남의 자녀를 유인하지 말라. 간음(姦淫)하지 말고, 진실(眞實)을 지키라. 서출과 상민을 **천대하지 말고**, 백정과 무당을 공경히 대하라. 네가 죄를 짓지 않아, 내 명을 기다린다면, 나의 세상에 너 또한 영화가 있으리라
문공신 文公信 1점 3변교운	2013년 이후 증산천지대도, 추수(秋收) 사명, 초막 * 문공신에게 가르침을 내려 말씀하시기를, 너는 **정음정양도수(正陰正陽度數)**를 이기어 받겠느냐. 덕 닦기에 힘쓰라. **문왕도수(文王度數)**가 있고 **이윤도수(伊尹度數)**가 있으니, 받기가 아주 어려우니라. → **의통성업 완수**

상제님은 12점을 친 차경석에게 1변교운 개척의 사명을 맡기셨다. 그리고 8점을 친 안내성으로 상징되는 인물에게 2변교운 개척의 사명을 맡기셨다고 본다. 그리고 그 2변교운판 속에다가 장차 3변교운을 맡을 인물, 가을용을 숨겨놓았다는 말씀으로 해석된다. 바로 그 가을용에 해당하는 인물이 신앙혁명 도수인 문왕도수와 이윤도수를 받는 것이고 3변교운을 일으켜 도통판을 만들어 의통성업을 성사재 인하는 것이다.

어쨌든 **문왕도수와 이윤도수 등의 말씀은 안내성 성도 8점으로 상징되는 인물과는 전혀 관계없는 것**이며 후천음양도수 1점을 친 문공신으로 상징되는 3변교운의 일꾼에게 해당되는 말씀인 것이다.

그런데 **3변교운 진도진법**에는 100년 교운 역사를 마무리하는 최종 교운으로서 천지공사의 총결론인 **의통성업의 완수**라는 사명이 주어져 있다는 사실이다. 그러니까 문왕도수나 이윤도수는 천지공사의 궁극 목표인 의통성업을 위해 있는 것이다.

문왕도수와 이윤도수는 그 핵심이 무엇인가? 이윤은 하나라의 마지막 임금인 폭군 걸(桀)왕을 쫓아내고 탕임금을 태조로 하는 상나라를 만들었던 명재상이자 창업공신이다. 문왕은 위수에서 10년 낚시를 하며 사람을 기다리던 강태공을 만나 스승으로 모시고 상나라의 마지막 임금 폭군 주(紂)왕을 쫓아내고 새 왕조 주(周)를 만드신 분이다.

그런데 문왕도수와 이윤도수는 세운공사에 붙이신 도수가 아니고 교운공사에 붙이신 혁명도수이다. 따라서 문왕도수와 이윤도수는 이전 교단의 잘못된 신앙문화와 교리를 혁명해서 상제님의 본래 뜻에 부합하는 새로운 교단을 만드는 것이다. 3변교운 진도진법 교단의 목적은 어디에 있는 것인가? 그것은 의통성업으로 인류를 구원하고자 하는 것에 있는 것이다. 문왕도수와 이윤도수를 받는 일꾼이 중심이 되어 이루어지는 3변교운[진도진법]은 과거 과도기 교단에서 만들었던 잘못되고 부정확한 의통인패의 디자인을 사용하는 것이 아니라, 상제님의 본래 의도에 맞는 올바른 의통인패를 만들어 인류를 구원하는 사명이 주어지는 것이다. 바로 그것을 기록한 경전이 학암 이중성 선생의 천지개벽경인 것이다.

3. 백의군왕 백의장상 도수란 무엇인가?

후천음양도수에서 문공신 성도가 1점을 쳐서 3변교운의 천상 주관자로 확정되었다. 상제님은 곧바로 이 도수의 주인공인 문공신 성도와 그를 중심으로 뭉쳐있는 고부 일대의 제자들을 데리고 고부 경무청에 잡혀들어가서 **후천의 새로운 정치 질서**를 짜는 **백의군왕 백의장상 도수**를 보시게 된다. 이것은 후천음양도수를 보신 다음 날인 12월 26일의 상황이다.

상제님은 이 날짜를 **재생신(再生身)**이라고 하셨다. 재생신이란 죽었다가 다시 살아난 몸이라는 말씀이다. 재생신(再生辰)이 아니라 재생신(再生身)임에 주목해야 한다. 재생신(再生辰)은 죽어서 육체를 버리고 혼령이 되었다가 다시 어머니 뱃속에 들어가서 어린 아이로 태어났다는 의미인데 반하여 재생신(再生身)은 죽음의 경계에 갔다가 죽지 않고 살아 돌아왔다는 의미로서 차이가 있다

  十二月二十六日　再生身姜一淳
  십이월이십육일　재생신강일순

왜 상제님은 고부경무청에 잡혀들어가서 38일간의 옥고를 치른 백의군왕 백의장상 도수를 행하신 첫날을 재생신이라고 말씀하셨는가? 혹자는 상제님이나 상제님의 대행자가 장차 12월 26일에 인도환생 즉 인간으로 태어나는 것이라고 말한다. 그러나 이는 전혀 잘못된 해

석이다. 재생신은 그런 의미가 아니다. 상제님께서 고부 경무청에 잡혀들어가서 그 혹독한 고문을 받아 죽음의 직전까지 갔다가 다시 살아나셨다. 이 공사야말로 묵은 선천이 끝나고 새로운 후천이 탄생하는 것을 말해주는 공사다. 그러니까 이 도수로 인해서 **선, 후천 정치 질서의 판이 근본적으로 바뀌는 것**이다.

이 38일의 백의군왕 백의장상 도수가 워낙 중요한 공사였기에 상제님은 이 공사를 보러 들어가시는 첫날을 당신께서 죽었다가 다시 살아나신 날, 재생신(再生身)이라고 하신 것이다. 실제로도 상제님은 이 공사에서 온갖 고문을 당해 죽음의 문턱에 가셨다가 다시 살아나시게 된다.

이 공사의 구체적인 내용을 알아보기 전에 대순전경이나 천지개벽경 등 각종 경전에서 어떻게 기술하고 있는지 살펴볼 필요가 있다

공사기, 백의군왕 백의장상 도수
* 천사(天師)께서 형렬(亨烈)다려 일러 가라사대 너는 자현(自賢)과 함께 문공신(文公信)의 집에 있어 옴기지 말라. 나는 신경수(申京守)의 집에 있으리라. 만일 관리(官吏)가 와서 나의 거처(去處)를 묻거든 은휘(隱諱)치 말고 실고(實告)하라. (중략) 이때는 천사(天師)께서 **백의군왕 백의장상(白衣君王 白衣將相)의 도수(度數)를 보시는 때라**. (최초 기록 1926년 증산천사공사기 82쪽)

대순전경, 백의군왕 백의장상 도수
* 이 뒤에 **천자신(天子神)**과 **장상신(將相神)**을 모아들여 **백의군왕(白衣君王) 백의장상(白衣將相) 도수를 보실 새** 사람 수효를 삼십삼천수(三十三天數)로 채우신 뒤에 일러 가라사대 만일 순검(巡檢)이나 병정(兵丁)이 들어오는 것을 보고 겁을 내어 도망할 마음이 있는 자는 다 돌아가라 (중략) 모두 대하여 가로대 삼가 마음을 굳게 지켜

변함이 없겠나이다 하여 다짐을 드리니 모두 스물 한사람이라 이날은 섣달 스무닷샛날이러라. (대순전경 제4장 천지공사 50절)

천지개벽경, 백의군왕 백의장상 봉조공사

정미년 겨울 섣달 ○일 ○시에 대선생께서 와룡리에 계시면서 천지대신문을 여시고 천지대공사를 행하시니라.
설법하시고 행법하시사 신명에게 명령하시니라.(중략) 옷을 가지런하고 밝게 잘 차려입으시고 윗자리에 단정히 앉으사 **백의군왕 백의장상 봉조공사(白衣君王 白衣將相 奉朝公事)를 보시니**, 의식이 엄연하고 질서가 정연하여 조정의 모습과 꼭 같이 엄숙하더라.
(천지개벽경 정미편 13장)

초판 도전, 백의군왕 백의장상 봉조공사

1. 정미년 12월에 상제님께서 고부 와룡리 문공신의 집에 계시어 천지대신문을 열고
2. 와룡리 문공신과 운산리 신경수 두 성도의 집에 왕래하시며 공사를 행하시니라.
5. 상제님께서 밝게 새 옷을 차려 입으시고 단위에 단정히 앉으시어 **백의군왕 백의장상 봉조공사**를 집행하시니
6. 의식이 엄연하고 질서가 정연하여 완연히 천자가 묘당에 임어하는 모습과 같이 엄숙하니라.
(1992년 초판 도전 5편 149장)

재판 도전,
후천 선경 건설의 **진주천자 도수** : 문공신
진주천자 도수를 준비하심

1 12월에 상제님께서 와룡리 문공신의 집과 운산리 신경수의 집을 왕래하시며 공사를 행하실 때
2 "이곳에 천자피금혈(天子被擒穴)이 있으니 이제 그 기운을 풀어

쓰리라." 하시며 여러 가지 의식을 행하시니라.
3 이 일을 행하시기 한 달 전에 상제님께서 공신의 집에 이르시어 말씀하시기를
4 "쓸데가 있으니 돈 천 냥을 준비해 놓으라." 하시매 공신이 돈을 준비하여 궤짝에 넣어 두니라.
(2003년 재판 도전 5:201)

이상에서 보듯이 초판 도전(1992)까지는 공사기나 대순전경, 천지개벽경 등의 성구를 그대로 인용해서 백의군왕 백의장상 도수라고 기록하고 있다. 그러나 재판 도전(2003)에서는 '백의군왕 백의장상'이라는 말은 사라지고, 저본이 되는 1차 경전 그 어디에도 없는 '진주천자도수'라는 새로운 단어가 등장한다. 그렇다면 이 단어는 답사 과정에서 새롭게 수집된 말씀이란 말인가? 측주나 각주 그 어디에도 아무런 설명이 없다. **왜 '백의군왕 백의장상'이라는 상제님의 원래 말씀은 사라진 것인가?** 대순전경과 천지개벽경의 편술자는 공사에 수종들은 제자의 말을 듣고 있는 말씀 그대로 백의군왕 백의장상 도수라고 적어놓은 것이지 없는 말을 만들어서 적어놓은 것이 아니라고 본다. 그래서 나는 일단 백의군왕 백의장상 도수가 맞다고 생각하면서 글을 이어 나간다.

상제님의 이 공사는 선천 역사에 모든 천자를 지냈던 신명[천자신]과 장상을 지냈던 신명[장상신]을 불러 모아 행하신 대공사이다. 대순전경에서는 천자신과 장상신을 불러 모아 이 공사를 보셨다고 서술하고 있다. 천자와 장상은 어느 국가든지 나라를 이끌어가는 지도층이며 중심 주체 세력이다. 흔히 말해서 지배 계층인 조정(朝廷)의 왕과 신하를 말한다. 쉽게 말해 천자(天子)는 오늘날로 말하면 국정의 중심 인물인 대통령에 해당하고, 장상(將相)은 그를 보좌하여 국가의 실질적인 살림을 맡고 있는 각 부의 상위 책임자들과 실무자들을 말한다. 상제님의 이 공사는 선천의 **묵은 정치 질서**를 뒤집어엎고 후천의 **새**

정치 질서를 짜신 정말로 혁명적인 위대한 공사다.

4. 상제님은 죽음의 문턱에 가셨다가 살아나셨다

상제님의 9년 천지공사를 여러 편의 아주 긴 장편 영화의 시나리오를 짠 것이라고 본다면, 그 구성에 있어 헤아릴 수 없는 많은 사건과 클라이막스와 대반전이 있을 것이다. 이 영화는 상제님의 어천 이후 장장 100년이 넘는 난법해원의 세월에 걸친 지구촌의 대역사에 대한 수십 수백 편의 영화이다. 그 안에는 수많은 영웅 호걸과 인물들이 등장하며 전쟁, 평화, 혁명, 번영, 파괴, 건설 등 나라마다 온갖 사연과 파란곡절이 있을 것이며, 그 누구도 상상할 수 없는 극적인 변화와 사건들이 벌어질 것이다.

그렇다면 그 복잡다단한 시나리오 중에 과연 어떤 장면이 가장 감동적(感動的)이고 극적인 절정(絶頂)의 순간일까?
나는 1907 정미년 음력 12월26일 상제님께서 고부 경무청에 의병(義兵)으로 오인(誤認)되어 잡혀가셔서 모진 고문 끝에 죽었다가 다시 살아나서 석방되어 나오신 38일의 공사, 그러니까 백의군왕 백의장상 도수야말로 천지공사라는 영화 시나리오의 핵심 포인트가 아닐까 생각한다. 왜냐하면 다른 어떤 공사와는 달리 인간으로 강세하신 상제님께서 처참하게 고문당하고 수없이 맞아서 죽음의 경계에 가셨다가 살아 돌아오셨기 때문이다.

오랜 신앙 세월에 도무지 이해되지 않는 것이 상제님께서 고부 경무청 감옥에 잡혀가서 행하신 이 공사였다. 감옥에 잡혀 들어가신 상제님은 모진 고문을 당하며 죽도록 맞으셨다. 상투가 풀려 이를 말아 대들보에 매달리고, 상의가 벗겨진 채 죽검으로 명태 두들기듯 수없이 맞으셨는데, 온몸은 그만 피투성이가 되고 안구(眼球)가 튀어나왔으며, 상제님은 모진 고통을 이기지 못하고 마침내 혀를 깨물어 혼절하셨다고 증언되었다.

삼계대권을 뜻대로 하시는 상제님이시건만 왜 이러한 처절한 고통을 자초하며 감내하시려 했던 것인가? 감히 상상조차 할 수 없는 공사다. 아무리 우주의 조화주 상제님이라 할지라도 육신의 옷을 입고 이 땅에 오셨으니, 먹고, 입고, 자는 것과 육신의 즐거움과 괴로움을 느끼는 것이 보통 범인의 그것과 큰 차이가 없으셨을 것이다. 그 음산한 일제 감옥에 갇혀 들어가서, 세상에서 악독하기로 이름난 일본 순사에게 고문당하신 이 뜻밖의 공사는 도대체 무슨 공사이며, 왜 상제님은 이러한 공사를 피하지 않고 온몸으로 받아 행하셔야 했던 것일까?

상제님이 천지공사로 꾸미신 후천 세상은 선천과 같은 상극과 갈등과 투쟁과 원과 한으로 점철되는 세상이 아니다. 정치 질서로 볼 때 위로는 천자가 있고, 삼태육경 등 크고 작은 지배층이 있어 백성 위에 군림하며 지배하는 계급사회, 권력을 가진 자와 못 가진 자, 금권을 가진 자와 못 가진 자가 대립하며 고통스럽게 사는 극단적인 차별 세상이 아니다.

후천은 모든 사람이 각자의 기국과 심법대로 열매 맺어 인존(人尊) 태일(太一)이 되며 스스로의 분수를 알고 기회가 된다면 남 잘되게 하는 상생을 실천하는 세상이다. 모든 허례허식이 없고, 개인간 국가간의 갈등과 전쟁이 없는 평화 낙원의 세상이다. 보통 상재, 중재, 하재로 구분되는 12000 도통군자를 어떤 도권의 계급으로 생각하지만 나는 그것이 후천 선경사회의 어떤 계급을 의미한다고 생각하지 않는다. 이 도통의 문제는 뒤에서 다시 말하기로 한다.

과연 후천에도 선천과 같은 천자 문화가 있고, 천자 혈통이 있고, 왕후장상의 씨가 있고, 그들이 백성[白衣] 위에 군림하며 통치하는 세상이 되는 것일까? 그런 선천식 세상을 연장하려고 상제님께서 인간으로 오셔서 그 모진 고통과 어려움을 겪으시며 지공무사한 천지공사를 보셨을까? 그에 대한 해답의 실마리가 상제님께서 직접 감옥에 들어가서 행하신 백의군왕(白衣君王) 백의장상(白衣將相) 도수 여덟 글자에 들어있다고 본다.

천지공사를 최초로 기록한 『증산천사공사기』에 "백의군왕 백의장상 도수"라는 단어가 처음 등장한다. 공사기는 이상호 선생이 김형렬 수석 제자로부터 직접 전해 들은 말씀을 기록한 책이다. 서책이 나올 당시 김형렬 성도는 살아계셨고, 이상호 선생이 없는 말을 꾸며서 책에 기록했을 가능성은 전무(全無)하다고 본다. 혹 인명이나 지명, 년도에 있어 약간의 착오가 있을지 모르나 중요 단어는 김형렬 성도가 구술하고 알려준 그대로인 것이다.

상제님은 초기 경전이나 1차경전에서 "백의군왕(白衣君王) 백의장상(白衣將相)"이라는 말씀을 하셨다. 이 용어는 과연 무슨 의미일까? 백의(白衣)는 일반백성, 평민이 입는 옷이다, 따라서 백의(白衣)는 평민을 말한다. 그렇다면 후천에는 평민 중에서 군왕이 나오고, 평민 중에서 장상이 나온다는 말씀일까? 그렇게 생각할 수 있다고 본다. 군왕과 장상의 혈통이 따로 있고 평민의 혈통이 따로 있는 것이 아닌 것이다. 한편 이렇게도 생각해 본다. 후천에는 모든 평민이 다 군왕과 같은 존재요, 모든 평민이 다 장상과 같은 위격이다. 그리고 한 걸음 더 나가서 **군왕과 장상이 있다면 백의를 위해 있는 것이다. 그래서 백의를 군왕과 장상이란 단어 앞에 두고서 백의군왕 백의장상이라고 말씀하신 것**이라고 생각한다. 상제님은 후천에도 왕은 있다고 하셨다. 그런데 그 왕이란 존재는 선천식의 그런 왕은 아니라고 이렇게 말씀하셨다.

* 제자가 여쭈기를, 선천은 나라의 보배인 옥새가 하늘에서 명을 받

앉으니 그 수(壽)가 영원히 창성하리라 하였는데, 후천은 어찌 되나이까?
말씀하시기를, **도둑놈의 생각**이니라.
자자손손이 이어받아 천추만세에 혼자 그 자리를 누리면 마음에 흡족하리요. 나의 세상에는 아비로부터 아들에게 전하지 않고[不以父傳子], 반드시 덕 있는 사람으로부터 덕 있는 사람에게 전하노니[必以德傳德], 그러므로 **내 세상에는 임금[我世之玉]이 하늘로부터 명을 받아서 백성을 하늘처럼 여기노라.**
(천지개벽경 갑진 5장)

그렇다. 후천은 임금이 **백성을 하늘처럼 여기는 세상**이다. 상제님께서 천지공사로 내리신 결론은 후천은 더 이상 선천과 같은 하향식 천자 장상 제도는 안된다는 것이다. 선천의 수직적인 천자 제왕 장상 문화를 뒤집어야 한다는 것이다. 이러한 공사 말씀을 적나라하게 수록하신 분은 용화전경의 편술자 김낙원 선생이다. 용화전경에는 백의군왕 백의장상 도수라는 말씀은 나오지 않는다. 다만 '선천 천자제왕(天子帝王) 전도(顚倒)공사'라고 나온다. **전도(顚倒)**란 흔히 주객(主客)이 전도된다는 말처럼 위치나 차례가 뒤바뀌어 **거꾸로 되는 것**을 말한다. 나는 용화전경의 해당 구절을 읽으면서 큰 감동을 받았다.

* 정미년 12월 25일 **선천 천자제왕(天子帝王) 전도(顚倒) 공사**를 행하실새 세존님께서는 항상 삿갓을 쓰신 바 영초 바지저고리와 모초 두루마기를 새로 지어 입으시고 좋은 통냥 갓을 정제하시고 종도들도 새옷을 입게 하신 다음 신경수의 집에 삽십여명을 집회시켜 놓으시고 말씀하시기를 순검에게 체포되는 것이 두려운 자는 다 돌아가라 하시니 (용화전경 13절 총할공사)

선천 천자제왕 전도 공사가 바로 백의군왕 백의장상 도수라고 생각한다. 한편 대순전경은 이 공사의 시작을 이렇게 적고 있다.

* 이 뒤에 **천자신(天子神)과 장상신(將相神)을 모아들여** 백의군왕(白衣君王) 백의장상(白衣將相) 도수를 보시니라.

상제님은 고부 경무청에 잡혀 들어가서 보신 이 공사에서 선천에 그 특별한 지위를 누렸던 모든 천자신과 장상신을 불러 모았다. 그들 천자와 장상들은 결코 백의(평민)에서 천자나 장상이 된 것이 아니라 거개 다 세습(世襲)을 통해 된 자들이다. 이 공사에서 상제님은 후천의 통치자인 왕과 장상에 대한 새로운 이정표를 세우는 공사를 행하셨다. 더 이상 군왕과 장상이 평민 위에 군림하는 것이 아니고, 군왕과 장상이 평민과 차별적인 것이 아니라는 공사를 행하신 것이다. 후천은 선천과 같은 계급사회, 혈통 세습(世襲)주의, 특권의식과는 완전 정반대의 세상을 만드신 것이다. 고부 경무청에 의병으로 오인되어 잡혀가신 상제님은 순검의 심문에 다음과 같이 대답하셨고 이후에 상상을 초월하는 온갖 고문을 당하고 완전히 거꾸러져 죽음의 경계로 가신다.

1 경찰서에 이르니 수사관이 성도들에게 "병기를 가졌느냐?" 하고 묻거늘
2 모두 없다고 대답하니 즉시 여러 사람을 구류간(拘留間)에 가두고 공신은 모든 것을 볼 수 있도록 임시 막간 문턱에 앉혀 놓으니라.
3 이어 순검들이 **상제님의 상투를 풀어 대들보에 매달고 옷을 다 벗긴 뒤에 십여 명이 사방에 늘어서서 죽검으로 사정없이 옥체를 후려치며** 묻기를
4 "네가 대장이냐? 관리는 몇 명이나 죽였으며, 일본 사람은 몇 명이나 죽였느냐?" 하매
5 상제님께서 말씀하시기를 "**우리를 의병으로 알고 묻는 말이냐?**" 하시니 순검이 "**그러하다.**" 하니라.
6 이에 말씀하시기를 "의병을 일으키려면 깊숙한 산중에 모일 것이거늘 어찌 태인 읍내에서 오 리 안에 들 하나 떨어져 사람들이 날마

다 왕래하는 번잡한 곳에서 의병을 일으키리오." 하시고

7 물으시기를 "그대들이 묻는 의병이란 것은 무엇을 이름이냐?" 하시니

8 순검이 말하기를 "이씨 왕가를 위하여 일본에 저항하는 것을 이름이라." 하는지라

9 말씀하시기를 "그러면 그대들이 그릇 알았도다. 우리는 그런 일을 아니하노라." 하시니라.

10 순검이 다시 묻기를 "그러면 무슨 일로 모였느냐?" 하거늘

11 상제님께서 말씀하시기를 "이제 혼란복멸(覆滅)에 처한 천지를 뜯어고쳐 새 세상을 열고

12 대비겁(大否劫)에 싸인 사람과 신명을 널리 건져 각기 안락을 누리게 하려는 모임이로다." 하시니라.

13 이에 통역순검 문형로(文亨魯)가 놀라 말하기를 "어찌 감히 그런 대담한 말을 하느냐!" 하거늘

14 말씀하시기를 "**사람마다 지혜가 부족하고 도략(韜略)이 없으므로 천하사를 도모치 못하나니 천하사에 뜻하는 자 어찌 별로히 있으리오.**

15 그대가 만일 도략과 자비가 있다면 **어찌 가만히 앉아서 볼 때리오.**" 하시니라.

16 이에 순검들이 계속하여 심문하며 "**네가 누군데 감히 그런 말을 하느냐?**" 하니 상제님께서 큰 소리로 "**나는 강 천자(姜天子)다!**" 하시매

17 "어찌 강 천자냐?" 하니 "너희가 나를 강 천자라 하니 강 천자이니라. 나는 천하를 갖고 흔든다." 하시거늘

18 형렬과 자현은 이 말씀을 듣고 혼비백산하여 "**이제 우리는 다 죽었다.**" 하고

19 성도들 가운데 누군가는 "**저, 죽일 놈 보게.**" 하며 욕을 하니라.
(재판 道典 5:213)

고부경무청 순검의 심문에 상제님은 당신의 신원(身元)을 천만뜻밖에도 아주 당당하게 강천자(姜天子)라고 말씀하셨다. 당시는 이조 말엽이었고, 고종과 순종이 봉건왕조의 황제를 표방하는 때다. 대한제국은 어쨌든 이씨 천자가 다스리는 나라다. 강천자라는 표현은 나라에 대한 반역이며, 대역죄가 된다. 천자를 표방하거나 나타내는 것은 곧 죽음이다. 그런데 왜 상제님은 이렇게 무모한 말씀을 하셨을까? 그 말씀의 결과로 반역으로 오인되어 순검들로부터 받게 될 참혹한 고문과 죽음에 이르는 고통을 모르셨을 리 없으셨을 터인데, 왜 이런 말씀을 거침없이 하셨던 것일까?

상제님은 선천식 혈통 세습(世襲)주의, 계급주의, 특권의식을 가진 천자와 장상 제도를 완전히 종식시키는 공사를 생각하셨던 것이라고 보여진다. 이를 위해서는 상제님이 한번 죽음의 경계를 가야 한다. 후천은 선천과 같은 천자를 도모하는 자는 더 이상 발붙일 곳이 없다는 것을 당신이 직접 죽음의 경계에 감으로써 보여주신 게 아닐까 한다. **누구에게 보여주는 것인가?** 이 공사를 참관하고 있는 **천자신과 장상신들에게 보여주신 것이다. 우주의 조화주 하느님인 강증산 나도 선천과 같은 수직적인 세상의 천자를 자처하면 이처럼 죽는다**는 것을 보여주신 것이라고 본다.

선천에 천자와 장상을 했던 모든 신명들이 바라보는 가운데 스스로를 강천자라고 말씀하신 상제님은 죽도록 맞으셨다. 만일 보통 사람이 이렇게 맞는다면 사실상 죽고 말 것이다. 죽음도 불사하신 상제님은 온 몸이 피투성이가 되면서 결국 고통을 참지 못하고 혀를 깨물고 혼절하셨다. 지존하신 상제님이 왜 이렇게 혹독하게 맞아 죽는 죽음을 선택하셨던 것일까? 그것은 선천과 같이 특별한 존재로 군림하는 천자, 혈통으로 세습하는 천자, 특권의식을 가지고 평민 위에 군림하는 천자 세상을 완전히 종식시키기 위함이었다.

상제님은 "너희가 나를 강천자라 하니 강천자이니라" 하신 말씀 그대로 선천의 천자가 되어, 맞아 죽으신 것이다. 이로써 선천의 수직적인 천자 문화를 끊어버리고 더 이상 그러한 천자가 되기를 도모하는 자는 모두 죽는다는 것을 몸소 보여주신 게 아닌가 생각한다. **선천식 천자나 제왕 장상 문화가 후천에는 없다**는 것을 선천의 역대 모든 천자신과 장상신을 불러 모은 자리에서, 가장 지존하신 상제님[강천자]이 맞아 죽음으로써 보여주신 게 아닌가 생각하는 것이다. 백의군왕 백의장상 도수는 평민 위에 군림하며 통치하는 선천의 하향식 천자와 장상 문화, 그 기운을 뿌리째 뽑아버리시는 공사라고 보여지는 것이다.

* 여러 제자에게 물으시기를, 와룡에 전해오는 말에 **천자피금도수(天子被擒度數)**라는 것이 있느냐?
대답해 여쭈기를, 그런 말이 있나이다.
말씀하시기를, 나는 천지의 임금[至尊]으로 천하 모든 나라에 내리어 임금[君]이 되고 스승[師]이 되나니, 천하에 어떤 나라가 감히 나를 치며, 천하의 어떤 임금이 감히 나를 해치리오마는, 나라를 세우고 도를 세워[建邦設道] **앞으로 영원히 만백성을 구하고자 하면, 천지의 정해진 운이 있음으로부터 말미암노라.**
이제 내게 피금도수가 있으니, **만약에 권능으로 물리치면 만세의 억조에게 끼칠 영향을 헤아릴 수 없노라.**
내가 세상에 온 것은 나를 위한 것이 아니요, **천하의 백성들을 위함이니 내가 이제 스스로 그 운수를 받으리라.**
(천지개벽경 정미편 13장)

* 성도들을 앞에 엎드리게 하시며 말씀하시기를 "**이제 만국 제왕의 기운을 걷어 버리노라.**" 하시고 성도들에게 "하늘을 보라." 하시매 하늘을 보니 문득 구름과 같은 이상한 기운이 제왕의 장엄한 거동처럼 허공에 벌여져 있다가 곧 사라지니라. (재판 道典 5:325)

* (이 공사를 마치고 난 후) 차경석이 따르거늘 이때 상제님께서 말씀하시기를 "천자를 도모하는 자는 다 죽으리라." 하시고 "꿈만 꾸는 자도 죽으리라." 하시니라.
(재판 道典 5:223) (원본 경전 용화전경)

상제님이 천지공사를 행하신 이후, 대 해원의 시대가 열리고 세상의 흐름은 질적으로 달라졌다. 여성 해원을 비롯하여 이름 없는 사람이 기세를 얻고, 이름 없는 땅조차 길운이 돌아오는 대 해원의 시대로 방향 전환하였다. 세계 대전쟁을 두 차례나 겪으면서 동서양의 왕정(王政)은 무너져 사라지고 입헌 군주제 정도로 유지되기에 이르렀다.

그런데 교운에서는 그게 아니었다. **"이렇게 풀어놓아야 후천에 아무 일도 없으리라"** 는 말씀과도 같이 1변과 2변이라는 과도기 교운을 통해 선천과 같은 천자 장상 문화가 등장했다는 사실이다. 세운과 달리 교운에서는 왜 선천의 천자 장상 문화가 지속되었던 것일까? 뒤에서 알아보겠지만 백의군왕 백의장상 공사에서 응기하지 않았던 장상신이 마지막에는 응기하는 **'숙구지 자는 개 깨어나는 공사'**가 있어야 했기 때문이었다고 본다. 이는 잠시 뒤에서 알아본다.

과도기 교운 시대의 천자는 세운의 천자와는 자못 달랐다. 특히 2변 교운에서 일부 교주들이 꿈꾸었던 천자는 한 나라나 지역이 아니고 지구촌을 넘어 **우주촌의 천자**라는 극치의 천자 의식으로 확대되었다. 그것은 **이른바 상제를 꿈꾼 것이다**. 2변교운의 어떤 천자 집안은 천자의 아들과 딸이라는 환상 속에서 한세월을 살았다. 전만고 후만고에 없는 자기 착각이요 자기 도취였다. 거기서 대 해원의 한마당이 열렸다. 천자를 자처하는 한두 사람만 해원했던 게 아니다. **"그 아래에서 왕후장상의 해원이 되게 하리라."** 하신 말씀과도 같이 교단은 선천식 품계 체계, 벼슬 체계를 유지하였고 많은 일꾼들이 모여들어 휘말렸다. 그리고 거기에는 천자인 교주가 내려주는 12000 도통의 순번이 연결되었고 이른바 교주를 신앙하는 대두목 신앙문화가 형성되었다.

상제님이 천지공사에서 세우신 후천의 새로운 정치질서는 백의를 위한 군왕이요 백의를 위한 장상인 "백의군왕 백의장상" 도수다. 평민의 세상, 상민의 세상이었던 것이다. 그러나 선천식 왕후장상과 천자 의식에 도취되어 있던 그들의 눈에 그것이 들어올 리 만무했다. 선천식 천자 의식에 사로잡혀 난신 해원의 두령이 되어 날뛰었던 것이라고 생각한다. 물론 이것은 큰 틀에서 본 것이다. 세운이건 교운이건 상제님이 쓰신 역사적 인물에는 반드시 공(功)과 과(過)라는 것이 있다. 그렇게 도수를 짜신 것에는 상제님의 또 다른 의도와 계획이 있었을 것이다.

우리가 상제님의 도를 만나 구도의 길을 가는 것은 선천 세상에 진실한 구도자들이 걸어갔던 구도의 길과 특별히 다른 것은 아니라고 본다. 그것은 한마디로 진실한 사람, 참된 사람[眞人]이 되고자 하는 것이다. 진정으로 예수를 믿는 자는 예수가 말한 진의를 깨달아서, 예수를 닮아 예수가 되어야 하고, 진정으로 석가를 믿는 자는 석가의 가르침을 깨달아 석가처럼 되어야 한다. 마찬가지로 진정으로 상제님을 믿는 자는 상제님의 가르침을 깨닫고 상제님의 삶과 정신을 본받아 상제님께서 가신 길을 가야 한다고 본다.

선천 성자들의 가르침에도 위대한 메시지가 있다. 구도의 길이란 좁아터진 **자기 부정**의 길이며 **자기 극복**의 길이다. 예수 성자는 십자가에 손과 발이 대못에 박히며 죽는 고통을 모르지 않았다. 그는 자기가 걸어가야 할 마지막 인생길을 알고 있었으며 이를 회피하지 않고 자기 십자가를 지고 그 길을 걸어갔다. 석가는 왕자라는 지존의 신분과 행복과 쾌락을 모두 내려놓고 참을 찾기 위한 고행의 길을 갔고 깨달음을 얻은 이후에 다시 왕자의 지위로 돌아오지 않았다. 철저한

자기 절제와 자기 극복의 길이었다.

상제님의 도라고 다르지 않다고 본다. 상제님께서 일제 순검에 잡혀 들어가 죽도록 맞아 죽는 경계를 모르셨을 리가 없다. 어찌 그 고통의 순간을 모르셨겠는가. 그러나 상제님은 그 길을 마다하지 않고 가셨다. 왜인가? "천하의 백성들을 위함이니 내가 이제 스스로 그 운수를 받으리라." 말씀하신 상제님은 후천 5만년 새 세상의 정치 질서를 세우는 백의군왕 백의장상 도수 공사에서 회피(回避)하지 않으시고 **희생(犧牲)**과 **대속(代贖)**과 **헌신(獻身)**의 길을 가셨던 것이다.

5. 천자신은 응했으나 장상신은 응하지 않았다

그런데 선천과는 전혀 다른 후천의 새 정치 질서를 짜는 백의군왕 백의장상 도수는 상제님의 의도대로 100% 성취되지 않고 끝났다는 사실이다. 이 공사에서 천자신은 응하였으나 장상신은 응하지 않았다는 말씀이 그것을 말해 준다. 그 내용을 알아본다.

> * 그믐날 저녁에 우뢰와 번개가 크게 일어나거늘 천사 가라사대 이는 서양에서 천자신이 넘어옴이니라 또 가라사대 **이제 천자신은 넘어 왔으나 너희들이 혈심을 가지지 못하였으므로 장상신이 응하지 아니하는도다** 하시니라. (대순전경 제4장 천지공사 54절)

> * **정미년 겨울 섣달 그믐날 밤**에 고부 경무청에 계시면서, 천지대신문을 여시고 천지대공사를 행하시니라.
> 행법하시고, 신명에게 명령하시니라.
> 말씀하시기를, 오늘이 섣달 그믐날 밤이냐?
> 말씀드리기를, 그러하나이다.
> **갑자기 하늘에서 천둥 번개가 크게 일어나니라.**
> 마침 그때 형렬과 자현이 같은 방에서 모시고 있었더니

말씀하시기를, 형렬아.
세 사람이 한자리에 모이면 관장의 공사를 볼 수 있다 하노라.
말씀하시기를, 자현아.
백만 명이 화액(禍厄)에 걸렸을지라도 나는 다치지 않고 풀어낼 수 있노라.
제자가 여쭈기를, **이번 공사에 천둥 번개가 크게 일어나니 어째서입니까?**
말씀하시기를, **천자신명(天子神明)이 서양으로부터 넘어오니** 행차가 커서 적막할 수 없음이니라.
말씀하시기를, **천자신명은 이번에 넘어왔으나, 너희들이 혈심이 없었으므로 장상신은 너희들의 몸에 응(應)하기 싫어하노라.**
제자가 여쭈기를, 장상신이 저희 제자들 몸에 응하려 하지 않으면, 제자들이 장상이 될 수 없나이까?
밥 한끼 먹을 시간이나 지나서
말씀하시기를, **끝내는 응하게 되노라.**
(천지개벽경 정미 14장)

이 공사는 선천의 모든 천자신과 장상신을 불러 모아 후천의 새로운 정치 질서[도수]에 대해 그들의 승복(承服)을 받는 공사였다. 위 성구의 말씀을 보건대, 죽음을 각오한 상제님의 불퇴전(不退轉)의 자세를 본 천자신은 깊이 감동하여 순순히 감복(感服)하였으나, 장상신들은 그렇지 않았음을 알 수 있다. 왜 그랬던가? 장상신은 상제님이 아닌 제자들에게 응해야 하는데 상제님과 함께 감옥에 들어간 문공신 이하 고부 일대의 제자들은 이 공사의 의미를 전혀 깨닫지 못한 채, 혈심(血心)을 가지신 상제님과 보조를 맞추어 몸과 마음을 함께 하지 않았기에 그런 결과가 나온 것이다.

이 공사에 참여한 문공신 이하 제자들은 상제님의 도문에 입문한지 채 몇 개월이 되지 않았고, 당연히 상제님의 정체와 천지공사가 무엇인지 모르는 가운데 그저 당대에 발복(發福)하여 잘 사는 것과 선천과 같은 왕후장상이 된다는 꿈에 젖어 있었다. 그들은 상제님의 권능을 믿고 두려운 마음을 뒤로하고 고부 경무청 감옥에 들어갔으나 막상 기대했던 상제님의 권능은 나오지 않았고 오히려 상제님이 처참하게 무너지는 장면을 목도(目睹)하였다. 그 순간 그들은 얄팍한 믿음은 한순간에 무너지고 상제님을 원망하고 불평하며 독한 욕설을 퍼붓게 된다.

* 옥에 갇혔던 스무 사람 중에서 형렬과 자현 이외에는 **다시 스승으로 모시는 사람이 없고 원망하는 말을 많이 하였으니**,
말하기를, **선경세상을 열어 평생 영화를 누리게 해준다고 하더니**,
그 사람에게 **속아서 거의 죽을 뻔하였다** 하니라.
그중에서도 세 사람이 가장 심하여 조사관에게 온갖 없는 말을 지어내어 **헐뜯어 비방하더니**, 한 사람[이화춘]은 신벌을 받아서 죽고, 한 사람[박장근]은 신벌을 받아 폐인이 되니라.
대선생께서 정해진 수(數)를 순하게 받으시고 경칩절에 마침내 액(厄)을 푸시니라. (천지개벽경 무신 1장)

상제님과 함께 21명이 감옥에 들어간 이 공사에서 김형렬과 김자현 두 사람을 제외한 나머지 제자들은 원망의 소리를 내며 상제님을 부정하고 한순간에 배반하였다. 특히 세 사람이 가장 큰 반발을 하였는데, 이화춘, 박장근과 정음정양도수의 주인공이며 3변교운의 천상 주관자인 문공신 성도였다. 이화춘은 너무도 심하게 패역(悖逆)하다가 천지신명에게 벌을 받아 의병에게 총을 맞아 죽게 되고, 박장근도 의병에게 맞아서 다리가 부러지며 폐인이 되게 된다.

문제는 정음정양도수의 주인공이자 3변교운의 주관자인 문공신 성도였다. 그는 이 공사 이전 정미년 가을에 상제님을 **순창 농바우**에서 처음 뵈었을 때 천냥이라는 거금을 쾌척할 정도로 초발 신심이 대단

했다. 그런데 이 고부경무청 고부화란을 겪고 출옥한 후에 고부 주막 주인이 찾아와서 공신 앞으로 달아 두었던 주식(酒食)값을 내놓으라며 살림살이를 차압하는 일을 당하게 된다. 공신은 상제님께서 출옥하면 압수당한 돈과 무명을 찾아 외상값을 갚아주실 줄 믿고 있었는데 느닷없이 집안의 수저 하나 남김없이 압류되는 험한 꼴을 당하게 된 것이다. 그러자 공신의 불평불만은 극에 달하게 되고 얼마 후 찾아온 상제님께 불쾌한 어조로 폭담을 거침없이 늘어놓았다. 묵묵히 들으시던 상제님은 다음과 같이 말씀하셨다.

* 이 뒤에 고부 식주인이 공신의 집에 와서 외상으로 달렸던 주식(酒食)값을 독촉하니 공신은 천사께서 돈과 백목(白木)을 찾아서 외상을 갚아주지 아니하셨음을 크게 불평히 생각하였더니 얼마 후에 천사 공신의 집에 이르시니 **공신이 천사께** 불평을 품었던 일을 낱낱이 헤어 아뢰며 **불쾌한 어조로 폭담(暴談)을** 하거늘 천사 가라사대 네 말을 들으니 그렇겠도다 내가 **순창 농바우**에서 사흘 동안을 유련(留連)하여 너를 만난 뒤에 여러 가지 큰 공사에 참관(參觀)하였거니와 **고부도수를 보려 하니 가감(可堪)한 사람이 없으므로 네게 주인을 정하여 독조사도수를 붙였노라**
진주(眞主) 노름에 독조사라는 것이 있어서 **남의 돈을 따보지 못하고 제 돈만 잃어 바닥이 난 뒤에 개평을 뜯어가지고는 새벽녘에 회복하는 수가 있느니라** 고부서도 주식 값을 말한 일이 있었으나 **그 돈을 쓰면 독조사가 아니니라** 만일 네가 돈이 있어야만 되겠으면 달리 주선이라도 하여주리라 공신이 이윽히 생각하다가 여쭈어 가로대 일이 그와 같을 진대 그만 두사이다 하니라 이 뒤에 천사 구릿골로 가시니라
(대순전경 제4장 천지공사 62절)

이후 공신은 마음을 고치지 않고 불평하다가 신명에게 벌을 받아 깊은 병이 들어 죽음의 문턱까지 가게 된다. 그러다가 가까스로 반성하

고 회심하여 차츰 신앙심과 건강을 회복하게 된다. 상제님의 말씀에서 고부도수란 그 핵심이 고부 경무청에 잡혀 들어가셔서 보신 백의군왕 백의장상 도수를 말하며, 이를 천지개벽경에서는 천자피금도수(天子被擒度數)라는 말로도 기록하고 있다. 여기서 천자는 당연히 상제님을 일컫는 말이며 피금(被擒)이란 사로잡힌다는 말로서, 천자이신 상제님께서 고부에서 사로잡혀 감옥에 갇히는 도수라는 말이다.

상제님의 말씀 가운데 '진주노름의 독조사도수'라는 말씀이 나온다. 이는 공신이 주식(酒食)값을 갚아주시지 않은 것에 불평을 품은 것 등에 대해 답하는 과정에서 나온 말씀이다. 이 진주노름의 독조사도수란 장래의 천하사 일꾼이 가구진주치기 노름판으로 짜신 교운에 뛰어들어 의통성업을 추진하는 과정에서 자기가 가진 것을 모두 잃고서 완전 빈털터리가 되며 개평으로 얻은 일꾼을 바탕으로 3변교운을 일으키게 되는 과정에서 녹줄이 회복된다는 3변교운의 극적인 과정에 대한 말씀으로 보인다.

그런데 우리가 주목해야 할 것은 백의군왕 백의장상 도수에서 제자들에게 응(應)하지 않은 장상신이 장차 어떻게 응하게 되는가 하는 것이다. 상제님은 감옥에 들어갔던 제자들이 혈심(血心)을 갖지 않았기에 **장상신이** 응하지 않았지만 **끝에 가서는 결국 응하게 된다**고 말씀하셨다. 천자신만이 아니라 장상신도 함께 응함으로써 후천의 새로운 정치질서, 백의군왕 백의장상 도수는 상제님의 이상대로 확정되어 진정으로 선천과 다른 후천 세계가 열리는 것이다. 과연 어떤 연유로 인해 처음에 응하지 않던 장상신이 제자들에게 응하게 되는 것인가? 그것에 대한 해답은 **숙구지 자는 개 깨어나는 공사**에 있다.

6. 왜 숙구지 자는 개가 깨어나는 공사가 나왔는가

백의군왕 백의장상 도수를 짜는 공사에서 제자들에게 응하지 않았던 장상신이 결국에는 응하게 되는 까닭은 무엇인가? 이러한 의문에 대한 해답은 대순전경이나 천지개벽경, 성화진경, 용화전경 등에는 나오지 않는다. 그 해답의 실마리 말씀은 정영규 선생(1929~2021)이 편술한 천지개벽경에 나온다. 이 경전은 이중성 선생이 편술한 천지개벽경과 이름만 같을 뿐 전혀 다른 경전이다.

> * 어느 날 **문공신**에게 가라사대 **잠든 개가 일어나면 산 호랑이를 잡는다는 말이** 있나니 **태인 숙구지 공사로 일을 돌린다** 하시며 공사를 계속하시었다 하니라. (정영규 천지개벽경 제2장 개벽도세 61절)

이 말씀에서 잠든 개가 일어난다는 것은, 개[일꾼]가 잠들어 있다가 깨어나서 활동을 한다는 의미이다. 정 선생의 천지개벽경에는 상제님께서 **다른 제자가 아닌 문공신에게** 하신 말씀, "**태인 숙구지 공사로 일을 돌린다**"고 말씀하신 기록이 나온다. 여기서 주목해야 할 부분이 "**일을 돌린다**"는 말씀이다. 도대체 무슨 일을 어디에서 어디로 돌린다는 것인가? 이것이 우리가 알아야 할 주제이며 관건이다. 상제님께서 말씀하신 **태인(泰仁) 숙구지(宿狗地) 공사**, 이는 정확하게 말하면 태인 숙구지 잠자던 개가 깨어나는(일어나는) 공사를 말한다. 숙(宿)은 잘 숙자이고 구(狗)는 개 구자로서 숙구(宿狗)란 잠자는 개(sleeping dog)를 의미한다.

이 숙구지 공사의 구체적인 내용을 알아보기 전에 먼저 숙구지란 지명이 갖는 의의를 알아본다.
예로부터 부안과 태인, 정읍을 포함하는 전북 쪽에 9구지가 있었다고 한다. 구지(狗地)란 개 구(狗)자에 땅 지(地)자로서, 모두 개와 관련한 지명이다. 9구지란 진구지, 거멍구지, 배양구지, 돌구지, 역구지, 석구지, 숙구지, 흙구지, 미륵구지를 말한다. 후대인들이 이들 지역이 어디인지를 찾게 되는데 흙구지와 서구지는 찾질 못하였고, 나머지 7군데는 수소문 끝에 찾았는데, 이중 3군데가 부안에 있었고 4군데는 지금의 행정구역으로 정읍에 있었다.

   진구지--부안군 동진면 원하장리 전체가 진구지
   거멍구지--부안군 백산면 금판리 현호마을 전체, 검은구지라고도 불리웠다
   역구지--부안면 외하 2구가 밖역구지, 내요1구가 안역구지
   숙구지--신태인읍 화호리 용서, 용교, 포룡, 정자 4개마을
   배양구지--정읍 영원면 장재리가 배양마을, 도로를 중심으로 윗배양, 아랫배양이 있다
   돌구지--신태인읍 남계동 일대
   흙구지-- 미상(부안쪽?)
   서구지--미상(전설상에 있음)
   미륵구지--정읍 덕천면 신월리쪽에 있다고 한다

미륵구지로 밝혀진 정읍군 덕천면 신월리는 상제님께서 탄강하신 고부군 우덕면 객망리[당시 지명]를 말한다. 예로부터 이곳을 **미륵구지**라고 부른 것은 **미륵불이신 상제님께서 강씨 성으로 오신다는 것을** 암시한 것이다. 상제님은 **강씨(姜氏) 성을 개라고 한다**는 말씀을 천지공사를 행하시며 말씀하신 바 있다.

  * 하루는 태인 백암리에 사는 김경학이 와서 선생을 뵙거늘 선생께서 명하시어 김자선의 집에 머물러 자게 하시고 다음 날 자선의 집에 오셔서 경학에게 어젯밤에 꿈속에서 본 것을 말하라 하시니 경학이 여쭈어 말씀드리기를 꿈에 **개 한 마리가 테두리 없는 우물에 빠지는 것을 보고 죽을까 걱정이 되어서** 쫓아가서 구해내려고 하였더니 그 개가 다시 우물에서 뛰어나와 다른 곳으로 가더이다 하므로 선생께서 말씀하시기를 속말에 **강씨 성을 개라 하나니 네가 꿈을 옳게 꾸었다** 하시니라.
(대순전경 초판과 2판 성구, 도전 2편 99장)

이 숙구지 공사에서 **개란 상제님의 일을 하는 천하사 일꾼**을 말하는 것이다. **개가 잠들었다는 것은** 일꾼이 교주를 천자로 받드는 2변교운에 몸을 담고 교주를 도통 주는 대두목으로 알고 상제님과 동등한 위격으로 신앙하는 것, 한마디로 그릇된 대두목 신앙을 하는 것을 말한다. **개[일꾼]가 잠을 자다가 깨어난다는 것은** 교주를 천자나 도통 주는 대두목으로 받드는 신앙이 잘못이라는 것, 교주나 대두목은 상제님 앞에서는 한낱 신도이며 일꾼일 뿐이라는 것, 그 교단의 봉건 왕조와도 같은 벼슬 품계 문화는 상제님의 뜻과는 전혀 거리가 멀다는 것, 상제님의 뜻은 선천의 수직적인 천자 제왕 장상 문화가 아니라 백의군왕 백의장상 도수의 세상이라는 것, 기존에 몸담고 있던 교단이 궁극의 3변교운이 아니라 2변교운임을 깨달아 알게 되는 것을 말한다.

그러니까 상제님의 일꾼들이 일개 교주를 천자나 도통주는 대두목으로 받들어 모시는 과도기 2변교운의 교단에 들어가 시한부 개벽과 왕후장상 노름인 품계 문화에 빠져 **청춘과 재산을 날리며 오랜 기간 한세상을 보내고 난 후에 그것이 잘못된 신앙이었음을 절실히 깨닫고 나오면서** 상제님의 백의군왕 백의장상 도수의 진정한 의미를 알게 되고 **이로써 성숙(成熟)한 일꾼이 됨으로써** 그동안 응기하지 않던 **장상신이 응하게 하도록 하신 공사가 바로 숙구지 자는 개가 깨어나는 공사**인 것이다.

상제님은 이 **숙구지 공사를 왜 문공신에게** 말씀하셨는가? 문공신은 3변교운, 문왕도수와 이윤도수의 주관자이며 백의군왕 백의장상 도수의 주인공이기 때문이다. 문공신을 비롯한 고부 일대 제자들은 백의군왕 백의장상 도수를 보는 공사 현장에서 상제님과 같은 피 끓는 혈심을 갖지 않았기에 장상신이 응하지 않은 채로 끝났고, 그리하여 백의군왕 백의장상 도수는 상제님의 뜻과는 달리 절반만 이루어진 공사가 되고 말았다.

여기서 주목해야 할 말씀이, "숙구지 공사로 **일을 돌린다**"는 말씀이다. 무슨 일을 어디로 돌린다는 말씀인가? 그것은 절반의 성공으로 끝난 고부 경무청 감옥 가서 보신 **백의군왕 백의장상 공사를 숙구지 잠자던 개가 깨어나는 공사로써 보완(補完)하셨다는** 것이며 이것을 가리켜 "일을 돌린다"고 하신 것이다.

그러니까 상제님은 백의군왕 백의장상 도수에서 응하지 않았던 장상신이 결국은 응하게 되는 또 다른 공사를 기획하신 것이고, 그것이 숙구지 자는 개가 깨어나는 공사, 줄여서 숙구지 공사였던 것이다.

이 숙구지 공사, 숙구지 잠자던 개가 깨어나는 공사를 먼저 경전에 서술하신 분은 『선정원경』을 편술(1960)하신 성포(聖圃) 고민환(高旻煥) 선생이다. 선정원경은 그 내용이 앞부분은 상제님의 천지공사 및 성훈 성적이고, 뒷부분은 수부님의 신정공사 및 성훈 성적이다. 여기에는 숙구지 자는 개가 깨어나는 공사가 다음과 같이 나온다.

* 건존 증산(乾尊甑山)께서 예언(豫言)하시대 태인(泰仁) **숙구지(宿狗地) 자는 개가 일어나면 산 호랑이를 잡는다**는 말씀을 하셨는데 고씨(高氏)께서 무진(戊辰) 구월도(九月度)에 말씀하시되 **시대(時代)가 불원(不遠)하니 자는 개를 깨워야겠다** 하시고 신도(信徒) 수십인을 영솔(領率)하시고 숙구지에 행차(行次)하시와 공사(公事)를 설행중(設行中) 고기국에 밥을 교화(交和)하여 일통(一桶)을 정전(庭前)에 놓으시며 많이 먹으라 하시고 **이제는 잠든 개를 깨웠으니 염려(念慮)는 없다** 하시니라. (선정원경)

수부님께서 이 공사를 행하신 년도는 1928 무진년 9월이다. 무진년은 기사년과 함께 100년 전 진사 성인출의 시간대이다. 자는 개가 일어난다는 것은 잠자던 개[일꾼]가 깨어나서 어떤 활동을 한다는 말씀이다. 개가 잠을 자다가 깨어난다는 것은 천하사 일꾼이 교주 신앙, 대두목 신앙, 머슴 신앙에 빠져 있다가 이것이 잘못이라는 것을 깨닫고는 상제님과 수부님을 군사부로 모시는 시천주 신앙을 한다는 것을 말하는 비유적인 표현이다. 그런데 선정원경에는 이 공사가 백의군왕 백의장상 도수의 주인공이자 3변교운의 천상 주관자인 문공신에게 붙이신 공사라는 언급은 나오지 않는다.

나는 과거에는 백의군왕 백의장상 도수에서 제자들에게 응하지 않던 장상신이 나중에 어떻게 응하게 되는가에 대해 전혀 알지를 못했다.

그런데 2013년 새로운 진리 탐구를 하면서 이렇게 생각이 정립되었다. 잠자는 개란 상제님의 일꾼이 그릇된 상제관과 대두목관 등에 세뇌되어 심취(深醉)해 있는 것을 말한다. 다시 말해 일꾼이 2변교운에 몸을 담고 교주를 천자로 받들며, 교주를 상제님과 동등한 군사부로 받드는 이른바 대두목 신앙을 하는 것을 말한다. 또한 왕후장상의 품계 문화 속에 물들어 상제님의 천지공사 의도와는 다른 수직적 신앙 문화에 깊이 빠져 있는 것을 말하는 것이다. 그러니까 대두목 신앙, 교주 천자 신앙, 머슴살이 신앙이라는 그릇된 신앙관에 빠져서 상제님의 본연의 천지공사와는 완전히 거리가 멀어져 버린 것을 비유하여 말씀하신 것이다. 그렇다면 숙구지 자는 개란 어느 일개 일꾼만을 말하는 것이 아니라 교단의 교주를 도통 주는 대두목, 상제님과 동등한 천자로 받드는 2변교운에 휘말린 모든 상제님의 일꾼을 말하는 것이다.

자던 개[宿狗]가 잠에서 깨어나는 것은 일꾼이 대두목 신앙, 교주 신앙, 선천식의 천자 제왕 장상 문화에 젖어 있다가 이러한 신앙행태가 상제님의 뜻이 아님을 깨닫고 새롭게 태어나는 것을 의미한다. 그러네 이것은 나이 50에 지난 49년 세월의 잘못을 깨닫고 드디어 탕임금[상제님]을 도와 폭군 걸[난법교주]을 쫓아내고 새 왕조[후천세계]를 건설하는 이윤도수와 상통(相通)하는 것이다.

"자는 개가 일어나면 산 호랑이를 잡는다"는 말씀에서 자는 개가 깨어난[일어난] 것은 이윤이 나이 50에 지난 49년의 잘못을 깨닫게 되었다는 것과 같은 맥락의 말이다. 한편 산 호랑이란 폭군 교주[걸임금]를 상징하는 말이다. 산 호랑이를 잡는다는 말은 잠에서 깨어난 이윤이 하늘의 천명은 걸에게 있는 것이 아니고 탕임금에게 있다는 것을 깨닫고는 드디어 역성혁명을 통해 폭군 걸임금을 쫓아낸다는 말씀과 같은 것이다. 숙구지 자던 개가 일어나는 공사는 이윤도수의 또 다른 말씀이었던 것이다.

다시 한번 요약하면 천하사 일꾼이 선천식 수직적인 천자 왕후장상 문화를 추구하는 2변교운에서 몸을 담고 한평생 신앙하다가 마침내 이것이 잘못임을 깨달아 상제님이 참뜻을 알게 되는 것을 숙구지 자던 개가 일어난다는 비유적인 표현으로 말씀하신 것이다.

그런데 이러한 숙구지 공사가 장상신이 일꾼에게 응하는 것과 무슨 연관이 있는가?
그것은 일꾼이 선천식 천자 왕후장상 문화를 추구하는 교단에서 몸을 담고 수십 년 신앙하는 과정에서 한 번뿐인 귀중한 청춘과 전 재산을 날린 끝에 그 교단의 모든 것이 허망(虛妄)함을 알게 되고 드디어 진주천자도수가 거짓이며 백의군왕 백의장상 도수가 천지공사의 진실임을 깨닫고 되는 것과 연관이 있기 때문이다.

왜 장상신이 끝내는 응하게 되는 것인가? 그것은 **일꾼이** 상제님의 후천의 새 정치질서인 백의군왕 백의장상 도수를 제대로 인식할 정도로 **성숙(成熟)해졌기 때문이다.** 애초에 일꾼이 선천식 천자제왕 장상의 품계 문화를 추구하는 교단, 대두목 신앙을 하는 교단에 들어가 한평생 도를 닦았지만 결국 돌아온 것은 죽지 않고 살아서 도통을 준다던 교주의 허망한 죽음이었다. 뒤늦게 정신을 차려서 깨달은 일꾼은 비로소 천지공사의 대의(大義)와 일꾼의 사명, 특히 의통성업에 눈뜨게 되고, 의통성업의 대열에 동참하게 됨으로써 드디어 후천 선경 세상에서 **치천하(治天下)**할 수 있는 **일꾼의 자격과 심법을 갖기 시작**한 것이다. **이렇게 성숙해진 일꾼에게 드디어 장상신이 응하게 되는 것**이다.

한편 상제님은 일꾼을 개[狗]에도 비유하셨지만 다음 말씀처럼 소[牛]에도 비유하셨다.

> 9 상제님께서 주신(呪神) 공부를 시키신 후 말씀하시기를 "**내 일은 나나니같이 되느니라.** 너희는 죽일 공부를 하지 말고 **살릴 공부를** 하라." 하시고
> 10 또 말씀하시기를 "훔치는 소울음 훔 자이니라. **나는 소체니라. 장차 소가 나와서 좋은 세상을 만들 것이니라.**
> 11 **소가 하도낙서(河圖洛書)를 지고 나오리라.**" 하시니라.
> (재판 도전 5:308, 김천수 선생 증언)

염소띠이신 상제님은 스스로를 소체라고 말씀하셨다. 본래 염소는 수염이 난 소라는 의미이다. 여기서 소체란 소의 본체를 말한다. 소는 농경시대에 소가 없이는 농사를 지을 수 없는 절대적인 일꾼이다. 교운공사에서 **소란 천하사[의통성업]를 하는 12000 일꾼**을 말한다. 따라서 소체란 일꾼의 본체라는 의미로 상제님 스스로가 천지 일을 하는 일꾼들의 본체, 총 우두머리 일꾼이라는 말씀이다.

우리가 흔히 말하는 희생(犧牲)이란 단어는 본래 제사를 지낼 때 제물로 바치는 산 짐승을 일컫는 말이다. 희생이란 글자에는 소 우(牛)자가 붙어있듯이 그 짐승에는 소나 염소[양]가 쓰였다. 그래서 백의군왕 백의장상 도수를 보실 때 일꾼[소]의 우두머리인 상제님부터 모범을 보이시며 당신의 생명을 후천 창생들의 새로운 정치제도를 짜는 천지 제단에 기꺼이 바치셨던 것이다.

* 제자가 여쭈기를, 비록 지극히 존귀한 자리에 계시더라도 반드시 어려운 뒤에야 영화롭게 되나이까?
말씀하시기를, **괴로움 뒤에 즐거움이 있고, 곤궁한 뒤에 영달하며, 가난한 뒤에 부유하고, 천한 다음에 귀해지나니 이는 하늘의 이치[天理]니라.**
천복(天福)이 다시 시작하는 첫머리부터 위에서 모범을 보이지 않는다면 아래에서 따르겠느냐.
(천지개벽경 갑진 7장)

죽음마저 불사하신 상제님, 고통을 이기지 못해 혀를 깨물고 혼절하신 상제님, 당신의 생명마저 후천 백성들을 위해 기꺼이 바치신 상제님이시다. 따라서 천하사 일꾼이 대속(代贖)과 헌신(獻身)과 희생(犧牲)의 길을 가신 상제님을 진정으로 느끼고 하나가 되었을 때, 그리하여 그러한 상제님을 닮아 천하사 일꾼의 길을 가고자 하는 성숙한 정신을 가지게 되었을 때 이러한 3변교운의 일꾼에게 마침내 장상신이 응하게 되는 것은 당연하다고 본다.

그런데 이러한 성숙한 천하사 일꾼은 일조일석(一朝一夕)에 길러지는 게 아니다. 모든 일꾼이 경험했다시피 일꾼은 먼저 2변교운이라는 과도기 교단에 들어가 누대에 걸친 겁기를 벗기는 담금질을 당하게 하신 것이다. 그곳에서 천하사 일꾼이 되고자 하는 장한 신심(信心)을 발하기도 하지만 한편으로는 교주가 주는 도통을 꿈꾸고, 선천의 천자 제왕 장상 문화를 체험한다고 본다. 그러다가 마침내 그것이 상제님의 원뜻이 아님을 알게 되고 나와서 **지난 세월의 자신을 깊이 반성하면서 성숙해지는 것**이다. 이것을 숙구지 잠자던 개가 일어난다고 말씀하신 것이 아니겠는가 생각한다. 그런데 일꾼이 잠자는 기간은 개인마다 다르다는 사실이다. 상제님의 다음 말씀에는 일꾼이 난법 교단에 몸을 담는 기간이 최장 40년 가까운 세월이라고 말씀하는 내용이 나온다.

* 기유년 봄에 구릿골에 계시며,
천지대신문을 여시고 천지대공사를 행하시니,
설법하시고 행법하시사 여러 날 칙령을 내리시니라.
제자에게 명하시어 **종이 등(燈)을 여러 개 만들게** 하시더니,
모두 점화하시어 처마 밑에 다시니라. 제자들이 명을 받아 열을 지어 앉더니, 손바닥으로 무릎을 치시며 **간곡한 목소리로**
말씀하시기를, **빼내는 게 어렵도다 어렵도다.**
시를 노래하시니
面分雖舊心生新(면분수구심생신)
只願急死速亡亡(지원급사속망망)
虛面虛笑去來間(허면허소거래간)
不吐心情見汝矣(불토심정견여의)
歲月汝遊劍戟中(세월여유검극중)
往劫忘在十年乎(왕겁망재십년호)
不知而知知不知(부지이지지부지)
嚴霜寒雪大烘爐(엄상한설대홍로).

얼굴 아는 것은 비록 오래지만 마음은 새롭게 생겨나고
다만 바라기는 급히 죽고 속히 망하고 망하는 것이라.
허면 허소하면서 오고 가는 사이에,
그대를 보고도 내 마음을 토로하지 못하노라.
세월아 너는 칼과 창 가운데 놀고 있는데,
지나가는 두려움의 세월이 십년에 있음을 잊었느냐.
모르면서도 알 것이요 알 것 같으면서도 모르리니,
엄한 서리와 차가운 눈이 큰 화톳불과 화로에 녹으리라.

제자가 여쭈기를, 이번 공사에서 그 빼내는 게 어렵다 하시고, 시(詩)중에 서로 도모하려는 뜻이 있으니 무슨 공사이옵니까?
말씀하시기를, **이는 선과 악으로써 천하에 구분이 되게 하노라.**

제자가 여쭈기를, **지나가는 두려움의 세월이 십년에 있음을 잊었느냐** 라는 것은 무슨 말입니까?
말씀하시기를, **십년이 십년이 되고, 이십년이 십년이 되고, 삼십년이 십년이 되노라.**
제자가 여쭈기를, 사십년에도 십년의 이치가 있사옵니까?
말씀하시기를, **사십년은 십년이 되지 못하노라.**
제자가 여쭈기를, 대도 아래에서
장차 망할 자가 삼십년 동안 복을 누림이 있고,
장차 흥할 자가 삼십년 동안 고통을 겪는 일이 있나이까?
말씀하시기를, 때가 오면 아느니라.
(천지개벽경 기유 4장)

과거에는 이 성구를 세운공사의 성구로만 알았는데, 나중에 천지개벽경을 정독해서 알고 보니 교운공사에 관한 말씀이었다.
어둠을 밝히는 종이 등(燈)을 달았다는 것은 어느 시점에 진도진법이 환히 드러난다는 것이며, 빼어내는 게 어렵다는 것은 잘못된 교주 신앙, 천자 문화에 빠져있는 일꾼들을 난법판에서 뽑아내는 게 어렵다는 말씀이다. 왜 그러한가? 오랜 세월 너무도 깊이 함몰되고 세뇌(洗腦)되어 있기 때문이다. 선과 악으로써 천하에 구분이 되게 한다는 말씀은 결국 올바르지 않은 교단을 온 세상 사람이 다 알게 되는 때가 온다는 말씀이 아니고 무엇이겠는가. 지나가는 두려움의 세월이란 12지지가 도는 과정에서 매 사오미가 오면 어김없이 시한부 종말 개벽설을 주장하며 신도들을 겁박하던 그것이 아니고 무엇이겠는가.

100년의 세월에 걸쳐 1변, 2변, 3변으로 전개되도록 교운공사를 짜신 상제님의 뜻은 과연 어디에 있었던 것인가? 일제시대 1변교운은 상제님의 도를 처음으로 파종하고 옮겨심는[이종] 과정이었다. 당시는 조선 봉건 왕조시대가 끝나고 나라의 주권을 일제에 빼앗긴 식민시대로서 상제님의 도가 처음으로 발아되어 자라나기 시작한 때다, 이때는 열매에 해당하는 진도진법이 나올 수 없는 것은 너무도 당연하다. 세월이 흘러 갑작스런 해방과 건국, 6.25동란, 4.19, 5.16 등 많은 변화가 있고서 드디어 80년대에 세운이 안정궤도에 들어서면서 비로소 2변교운은 시작되었다. 나는 이때부터 천하사 일꾼의 치천하 50년 공부가 시작됐으며 숙구지 자는 개 깨어나는 공사를 따라 일단 천하사 일꾼들이 천자 문화를 표방하는 2변교운 교단에 들어가 깊은 잠을 자는 시간이 시작되었다고 본다.

그때부터 매 사오미 마다 시한부 개벽을 앞세우며 두려움에 떨게 한 시간이 40년 가깝게 흐른다. 그리고 드디어 청룡황도대개년의 2024 갑진 2025 을사의 갑을 청룡의 시간대를 맞이한 것이다. 이제 천지의 때는 일꾼이 깨어나기에 충분히 무르익었다고 본다. 지금 세운은 장차 있을 지구촌 병란 병란을 향한 막바지 과정으로 다가서고 있고 교운은 과도기 2변교운이 무너지며 3변교운 진도진법이 머리를 드는 갑을 청룡과 사오미 계명의 시간대를 맞이하였다.

　* 또 일러 말씀하시기를 "판안 사람 둘러보니 많고 많은 저 사람들 어떤 사람 저러하고 어떤 사람 이러하니, 판안 사람 판안 공부 소용없어 허리띠 졸라매고 **뒷문 열고 내다보니 봉황(鳳凰)이 지저귄다.**
　(성화진경)

1 기유(己酉 : 道紀 39, 1909)년에 하루는 어떤 사람이
'有天下之病者는 用天下之藥이라야 厥病이 乃癒라'
유천하지병자 용천하지약 궐병 내유
하는 구절의 뜻을 여쭈니
2 말씀하시기를 "**천하사에 뜻하는 자 일을 이루지 못하여 병을 이루어 골수에 들어서 백약이 무효하다가**
3 **어디서 좋은 소식이 들리면** 약을 쓰지 않고도 저절로 병이 낫나니 [勿藥自效] 이 일을 이름이라.

4 운수에 맞추지 못한 자는 내종(內腫)을 이루리라." 하시니라.
(재판 道典 8:92) (원본 경전 대순전경)

지금 일꾼에게 요구되는 것은 참 진리의 한 소식, 이른바 판밖 소식을 듣고 깨어나는 것이다. 천지공사의 결론이 의통성업으로 인류를 구원하는 것이고, 일꾼이 이 시점에 무엇을 준비해야 하는지를 알려주는 진도진법의 한 소식을 듣고 깨어나야 하는 것이라고 본다. 숙구지 **잠자던 개가 깨어나는 것**이야말로 지금 **이 시간대의 교운의 주제**인 것이다.

그런데 무엇으로 깨어나는가? 어느 날 누군가 갑자기 나타나 상제님과 같은 권능과 기적을 보이며 내가 진인(眞人)이 맞으니까 나에게로 오라는 그런 것을 기대하고 기다리는 것인가. 그러한 진인이 어느 날 갑자기 나타나서 100년을 넘게 끌어온 교운 역사가 종결된다고 생각하는가?

나는 상제님의 뜻은 그것이 아니라고 본다. 물론 앞으로 어느 시점에 일꾼이 상제님으로부터 도통(道通)과 의통(醫通)의 신권(神權)을 받는 때는 반드시 온다고 본다. 그것은 상제님께서 명백하게 말씀하신 것이기 때문이다. 그러나 천지공사의 사건에는 도수에 따라 순서가 있는 것이다. 지금은 일꾼이 상제님의 정확한 의도를 아는 것이 중요하다고 본다. 즉, 상제님의 천지공사 대의와 구도를 정확하게 인식하는 것이 선결 과제인 것이다. 무엇보다도 **의통인패가 전수된 진실**, 즉 **올바른 의통맥**을 알아야 한다. 의통맥이 곧 종통맥인 것이다. 그리하여 이를 바탕으로 **의통성업을 위한 준비를 해야 하는 것**이다. 아무것도 준비한 게 없는 일꾼이 무슨 도통을 바라고 천명과 신교를 바란다는 것인가? 무슨 오성인을 바라고 24장 28장을 바란다는 말인가?

일찍이 그 누구도 흉내 낼 수 없는 혈심과 일심을 갖고 반평생을 상제님 신앙에 몸과 마음을 다 바친 학암 이중성 선생은 천지개벽경 서문에서 이렇게 말씀하셨다.

> 오호라. 그렇지만 세상에 떠도는 말들이 헛되이 전해지고 함부로 말해져서[虛傳妄說], 옳지 않은 말들이[不可言者] 많으니 한탄을 이길 수 없도다.
> 천운(天運)이 돌고 돌아 난법(亂法)의 운이 장차 끝나고 진법(眞法)의 운로가 새로워지면[維新], **성덕군자(盛德君子)**가 그 사이에 나와[出於其間], **올바른 붓과 올바른 이론[正筆正論]으로 반드시 알맞음을 얻어서[必得其中] 큰 덕이 더럽혀지지 않으리니[大德無瀆]**, 이리하여 대학(大學) 우경(右經) 장하지교(章下之敎)가 명명백백(明明白白)해지리라. (천지개벽경 서문)

> 오로지 한마음으로 정성 들여[惟精惟一] 도를 구하여 얻음이 있으면 이 책을 올바로 고쳐서 아버지와 할아버지의 죄를 가볍게 하고, 이로써 **정덕군자(正德君子)의 글을 기다리면** 나의 허물을 덜게 될 것이요, 너의 덕이 나아갈 것이요, 도(道)에 빛남이 있게 되리라.
> (천지개벽경 서문)

천지개벽경 서문 어디를 읽어봐도 상제님과 같은 권능과 기적을 행하는 도통자가 나오기를 기다리라는 말씀은 없다. 다만 진도진법의 3변 교운에서는 정필정론을 추구하여 조작된 말씀과 왜곡된 교리를 걸러 내고 **천지공사의 대의를 깨달으라**는 말씀이며, 대학 우경장하지교의 가르침에 따라 정필정론으로 상제님의 도를 드러내는 일꾼이 나온다는 말씀일 뿐이다. 그 일꾼을 중심으로 세운과 교운의 **마지막 시간대에 의통성업에 대한 만반의 준비**를 하고 **상제님의 천명과 신교를 기다리라**는 말씀으로 이해하고 있다.

[정영규 선생의 천지개벽경]

참신앙 활동에 열중하던 2013~2014년 무렵 당시 증산교의 종령을 하시던 정영규 선생님을 여러 번 찾아뵈었으며 많은 귀중한 말씀을 경청하는 기회가 있었다.

선생께서는 상제님 경전인 『천지개벽경』(1987)과 수부님 경전인 『선도신정경』(1989) 등을 편술하셨는데 이는 100년 교운사에 큰 이정표를 세우는 대역사라고 생각한다. 상제님의 도를 공부하는 도생들은 꼭 정독해서 그 안에 들어있는 상제님과 수부님의 말씀을 궁구하고 새겨야 한다고 생각한다. 특히 정영규 선생의 『천지개벽경』에는 다른 어떤 경전에도 없는 말씀이 제4장 **「천훈신칙(天訓神則)」** 편에 실려 있는데, 이는 보천교지 계언에 나오는 말씀으로 상제님의 성언이라고 여겨지는 한문 말씀을 선생께서 풀이하여 서술한 것으로 보이며 나는 큰 감동을 받았다. 이중성 선생의 『천지개벽경』을 보면 상제님은 차경석을 어린 자식 기르듯이 많은 정성을 들으셨다는 내용이 나오는데 이로 미루어 볼 때 상제님은 차경석에게 많은 법언 말씀을 내리셨고, 이것이 보천교지 계언에 실리게 되었으며 다시 정영규 선생의 천지개벽경에 한글 문체로 실리게 된 것으로 보인다. 나는 천훈신칙 편에 실린 말씀을 상제님의 성언(聖言)이라고 확신하고 있다.

정영규 선생께서는 필자의 이름을 살핀 후 농사꾼 즉 농부라는 호를 지어주셨다.

7. 상제님은 이윤도수로 3변교운이 열리도록 짜셨다
   [대순전경에서 변형된(초판 → 2판) 이윤도수 성구 분석]

지금부터는 3변교운 진도진법의 천상 주관자인 문공신에게 붙이신 이윤도수와 문왕도수의 성구에 대한 집중 분석을 해 본다.

상제님의 천지공사를 기록한 최초의 경전은 대순전경인데 안타깝게도 이윤도수에 대한 기록이 초판(1929)에서 2판(1933)으로 넘어가면서 변형(變形)되어 실리게 된다. 이제 그 실상(實相)을 알아본다. 대순전경의 전체 판본에서 성구 변형의 구체적인 분석은 part 5에서 자세히 하기로 하고 여기서는 이윤도수와 문왕도수에 대한 성구 변형 및 교리 분석을 한다.

대순전경 초판에서 2판으로 넘어가면서 몇 개의 성구가 변형되어 실리게 되는데 가장 눈에 띄게 변형된 성구는 이른바 '이윤도수'에 대한 성구이다. 이 성구의 변형은 9년 천지공사의 최종 결론 도수로 천명(闡明)하신 이윤 도수 말씀을 바꾼 것이라서 다른 변형 즉 '만국의원 → 광제국'이나 '탕자 → 부랑자' 등으로 단어 하나 바꾼 것과는 전혀 성질이 다른 성구 변형에 속한다. 대순전경 초판과 바뀐 2판 성구는 다음과 같다.

초판 대순전경. 이윤과 성탕이 등장함

* 先生이 天地公事를 마치신後 『布敎五十年工夫終筆』이라 써서 불살으시고 모든 從徒다려 일러가라사대 <u>伊尹(이윤)이 五十(오십)에 四十九年(사십구년)의 非(비)를 알고 드디어 成湯(성탕)을 도와 大業(대업)을 일우엇나니 그 度數(도수)를 썻노라</u> 이제 내가 天地의 運路를 更正하여 물샐틈업시 度數를 굿게 짜노앗으니 그 度數에 도라닷는대로 새기틀이 열리리니 너희들은 다만 마음을 한결갓치 가져 墮落치말고 믿어나가라. 이제 九年동안 行하여온 開闢公事의 確證을

天地에 質正할 터이니 너희들도 參觀하여 믿음을 굿게 하라 오직 天地는 말이 업스니 雷聲과 地震으로 表徵하리라 하시고 글을 써서 불사르시니 문득 天動과 地震이 大發하더라.
(초판 대순전경 제6장 천지공사 장 마지막 구절 81절)

2판 대순전경, 이윤과 성탕이 사라짐

* 당신이 천지공사를 마치신뒤에 『포교오십년공부종필』이라써서 불살으시고 모든 종도다려 일러가라사대 **옛사람이 쉬운살에 마흔 아홉 해 동안 글음을 깨다럿다 하였나니 이제 그 도수를 썻노라** 내가 천지의 운로를 뜯어고쳐 물샐틈업시 도수를 굿게 짜노앗으니 제도수에 돌아닷는대로 새기틀이 열리리라 너희들은 오직 마음을 한결 갓치하여 타락치말고 나아가라 이제 구년동안 보아온 개벽공사의 확증을 천지에 질정하리니 너희들도 참관하여 미듬을 굿게하라 오직 천지는 말이 업스니 뇌성과 지진으로 표증하리라 하시고 글을 써서 불살으시니 문듯 천동과 지진이 아울러 크게 발하더라.
(2판 대순전경 제6장 천지공사 장 마지막 구절 94절)

이 **이윤도수** 성구는 대순전경 초판과 2판 모두 제6장 **천지공사 장(章)**의 **마지막 구절**에 배치되어 있다. 이 성구가 마지막 절에 배치되었다는 것은 이 도수가 시간 순서로 보아 맨 마지막에 처결하신 천지공사, 즉 **천지공사의 총 결론에 해당한다**는 것을 의미한다.

초판 대순전경의 성구에 등장하는 역사상의 인물인 '이윤(伊尹)'과 '성탕(成湯)'은 2판에서 자취도 없이 사라졌다. 따라서 재상(宰相) 이윤이 성군(聖君) 탕(湯) 임금을 도와 역성혁명(易姓革命)으로 폭군 걸(桀) 임금이 다스리던 하(夏)나라를 뒤집어엎고 상(商)나라를 개창하는 '대업을 이루었다'는 역사적인 내용도 사라져 버렸다. 이윤 대신에 그저 '옛사람'이라는 누구인지 모르는 애매한 표현으로 바뀌었고, 다만 50살에 49년의 그름을 깨달았다는 다소 뜬구름 같은 내용만 남게 되었다. 도대체 누가 무슨 그름을 어떻게 깨달았다는 것인지 막연하기 짝이 없는 말씀이 되어버렸다.

과연 이렇게 바뀐 2판의 성구가 천지공사를 마치는 상제님의 마지막 도수이며 최종 결론 말씀이란 말인가? 도대체 누가 왜 무슨 그름을 깨달았다는 것인가? 그런 내용은 전혀 없고 그저 옛사람이 50살에 그름을 깨달았다는 것만 남은 것이다. 천지공사의 결론 말씀으로는 너무도 막연하고 알맹이가 없는 부실(不實)한 말씀이 되고 말았다.
과연 2판 대순전경에 축소 변형되어 실린 말씀이 진정으로 상제님의 원래 말씀이라면 이윤과 성탕의 고사(古事)에 바탕을 둔 이윤도수는 원래 없는 상제님의 말씀이었던가?

그러나 초판 대순전경에는 이윤도수에 대한 또 다른 말씀이 엄연히 실려 있다. 초판 대순전경 제10장 문명(文明) 장(章) 20절에는 이윤과 성탕과 걸에 대한 상제님의 한문 말씀이 등장한다. 이것은 많이 알려져 있는 말씀이다.

* 正心修身齊家治國平天下 (정심수신제가치국평천하)
爲天下者 不顧家事 (위천하자 불고가사)
桀惡其時也 湯善其時也 (걸악기시야 탕선기시야)
天道敎桀於惡 天道敎湯於善 (천도교걸어악 천도교탕어선)
桀之亡 湯之興 在伊尹 (걸지망 탕지흥 재이윤)

정심수신제가치국평천하
위천하자는 불고가사라
걸이 악성을 행한 것도 그때가 있는 것이요
탕이 선정을 베푼 것도 그때가 있는 것이라
천도는 악에 대해서는 걸을 가르쳤고
천도는 선에 대해서는 탕을 가르쳤나니

대순전경 초판(1929) 　　대순전경 2판(1933)

（세로쓰기 원문）

대순전경 초판(1929):

八一　先生이 天地公事를마치신後「布敎五十年工夫終筆」이라써 불살으시고 모든從徒다려일너가라사대 伊尹이 五十에四十九年의非를알고 드대여成湯을도아大業을일우엇나니 그度數를써 노앗스니 그度數에도라닷는대로새기틀이열니리니 너희들은다만이제내가天地의運路를更正하야 물샐틈업시度數를굿게싸노앗스니 이제九年동안行하야 너희들도參觀하야 온開闢公事의確證을 天地에質正할터이니 隋落치말고나어가라 이제내가 天地는말이업스니 雷聲과地震으로表徵하리 음을굿게하라 오직天地는말이업스니 마음을한글갓치가저

대순전경 2판(1933):

九四　당신이 텬지공사를맛치신뒤에 「포교오십년년공부종필」이라써서 불살으시고 모든종도다려 일러가라사대 옛사람이 쉰순살에 마흔아홉해동안굴음을새다럿다 하엿나니 이제 그도수를썻노라 내가 텬지의운로를 뜨더고쳐 물샐틈업시 도수를한글갓치하야 새기틀이열니리라 너희들은 개벽공사의 확증을 텬지에질정하리니 너회들도참관하야 미듬을굿게하라 오직 텬지는 말이 푼슨니 뇌성과지진으로 표증하리파하시고 굴을쉬서 불살으시니 문듯 텬동과 지진이 아울너크게발하더라

이윤도수 성구 변형의 실상

[초판에서는 이윤과 성탕이 등장하고 있으나 재판에서는 이윤과 성탕은 사라지고 그저 옛 사람이라는 말만 남게 된다]

폭군 걸이 망하고 성군 탕이 흥함은 이윤에게 있느니라
(초판 대순전경 제10장 문명(文明)장(章) 20절)

이 말씀은 상제님께서 훗날의 일꾼들에게 과거의 사실(史實)을 교육하려는 말씀이 아니고 과거의 사실(史實)을 바탕으로 미래의 교운 역사에서 일어날 일을 도수로 짜신 천지공사다.

명재상 이윤이 성탕 임금을 도와 하나라의 폭군 걸임금을 쫓아내고 상나라를 세웠다는 역사적 사실(事實)에 바탕을 두고 이러한 프레임으로 장래 교운사에서 일어날 일을 공사로 처결하신 이른바 이윤도수다.

그런데 이 **이윤도수**가 천지공사에서 **가장 중요한 결론 도수**에 해당하기에 상제님은 9년 천지공사를 마치고 어천하시기 직전 기유년 6월 20일경에 **최종적으로 다시 한번 천명**하신 것이라고 생각한다.

그러하기에 "이윤이 나이 50에 49년의 잘못을 깨닫고 성탐을 도와 대업을 이루었다"는 말씀은 **대순전경 초판** 천지공사장(章) **맨 마지막 절(節)에** 실려있는 것이고, 이중성 **천지개벽경에도** 기유편 11장 **맨 마지막 끝부분에** 실려 있는 것이다.

천지공사를 시간대 순으로 기록한 천지개벽경에는 이윤도수와 관련한 성구가 무려 4차례나 나온다. 갑진편 7장, 을사편 4장, 정미편 12장, 그리고 마지막 기유편 11장 이렇게 4차례 나온다. 이렇게 반복되는 것은 무엇을 의미하는가? 상제님께서 그만큼 이윤도수를 중요시했다는 것, 이윤도수가 천지공사의 핵심 도수라는 것을 말해주는 게 아니겠는가.

다음은 성화진경과 천지개벽경에 기록된 해당 이윤도수 성구인데 대순전경 초판의 기록과 거의 같다.

성화진경, 이윤과 성탕 등장함
* 선생이 천지공사를 마치신 후에 **포교오십년공부종필**이라 써서 불사르시고 모든 종도다려 일러 가라사대 **이윤**이 사십구년 시비를 알고 드디어 **성탕**을 도와 **대업**을 이루었나니 그 도수를 쓰노라. (성화진경 99쪽)

천지개벽경, 이윤과 성탕 등장함
* 말씀하시기를, **이윤**이 오십년에 사십구년 동안의 그름을 알고 **탕**을 도와서 마침내 **대업**을 이루었나니, 나는 이제 이 도수를 쓰노라. 구년 동안 행한 천지개벽공사를 천지에 물으리니 너희들은 이로써 믿는 마음을 두터이 하라. 천지는 말이 없으므로 천동지진으로 그 말을 대신하노라. 칙령이 있으시니 **포교오십년공부종필**, 그 칙서를 불사르시니 즉시 천지가 크게 진동하니라.
(천지개벽경 기유 11장)

'포교오십년공부종필'이란 상제님께서 천지공사를 행하시는 붓을 놓는다[終筆] 즉, 천지공사를 마친다는 의미이다. 오십년은 1860 경신(庚申)년부터 1909 기유(己酉)년까지를 말한다. 상제님은 최수운에게 천명과 신교를 내리신 1860년을 포교 원년, 혹은 포덕 원년이라고 말씀하셨다.

성화진경과 이중성 천지개벽경에도 초판 대순전경과 동일한 내용의 이윤도수 성구가 실려 있다. 따라서 경전 상호 간 교차 비교 검증을 통해 판단해 봐도 2판 대순전경에서는 의도적으로 이윤도수 성구를 축소, 변형시켰다는 것을 확인하게 된다.

이윤도수는 상제님께서 서전(書傳) 등 여러 고전에 나오는 역사상의 인물인 성탕, 걸, 이윤 등에 얽힌 역사적인 사실을 끌고 와서 이 프레임으로 미래 교운 역사에서 일어나는 일을 도수로 짜신 아주 중요한 천지공사다.

그런데 여기서 주목할 점이 하나 있다. 상제님의 말씀 가운데 이윤이 그의 나이 50에 자신이 살아온 지난 49년의 인생이 잘못이었다는 것을 깨달았다는 '50살' 운운하시는 말씀은 과거의 그 어떤 역사 기록에도 잘 나오지 않는 내용이다. 서전을 비롯한 그 어느 역사 기록에도 50살이라는 숫자는 보이질 않고 다만 이윤이 성탕을 도와 역성혁명을 통해 대업을 이루었다는 내용이 나온다.

도대체 상제님은 어디에 근거해서 이윤이 50살에 과거 49년의 잘못을 깨달았다는 것을 말씀하신 것인가? 아무리 기록을 찾아도 쉽게 보이질 않는다. 그렇다면 이것은 마치 이마두 신부가 죽어서 신명이 되어 동양의 문명신을 서양으로 데리고 가서 은미(隱微) 중에 인류 문명의 발전에 지대한 공덕을 쌓았으며 천상 조정에서 주벽인 동방칠성의 직분에 있다는 것을 오직 상제님께서 처음 밝혀주시는 것과 같은 종류라고 봐야 하는가?

상제님은 왜 그 어느 기록에도 찾기 어려운 이윤의 나이 50이라는 숫자를 특정해서 말씀하시며 이 공사를 처결하셨던 것인가? 혹자는 이윤으로 상징되는 미래의 어떤 인물이 중요한 게 아니라 50이라는 숫자에 더 큰 의미를 부여하여 해석한다. 주역의 49번째 괘가 혁(革)괘이며 50번째 괘는 혁명이 완성된 화풍정(火風鼎) 괘라는 것에 주목하는 것이다. 그것도 일리 있는 해석이라고 본다. 하지만 내가 볼 때는 미래의 어떤 '인물'이 그의 나이 50에 무언가를 깨닫고 신앙혁명을 추진하는 걸 구체적이며 적극적으로 노출하신 말씀이라고 본다.

그런데 참신앙 초기 2013년 무렵 안동 지역의 한 일꾼은 중국 측 인터넷 기록까지 뒤져서 역사적 인물인 이윤이 그의 나이 50살에 개심하고 탕임금을 도와 혁명을 완수했으며 100세까지 살았다는 것을 자세히 밝힌 바 있다. 그는 이윤이 100세를 살았는데 역성혁명을 성공한 이후 탕임금은 물론 아들 외병과 중임을 보좌하였으며 다시 손자 태갑까지 보좌한 기록을 바탕으로 거꾸로 추산하여 이윤이 나이 50에 개심하고 역성혁명을 했다는 것을 찾아내서 확인한 것이며 이로써 상제님의 말씀은 과거의 있는 그대로의 역사적 사실에 근거한 것임을 찾아낸 것이다.

그렇다면 이윤도수에 대한 상제님의 말씀은 어려운 것이 아니다. 미래에 어떤 인물이 과거에 이윤이 그랬던 것처럼 그의 나이 50에 자신의 과거 49년의 삶이 잘못이었다는 것을 깨닫고 드디어 난법 교주를 몰아내는 신앙혁명을 한다는 것을 교운공사로 이화(理化)해서 이윤도수로 처결하신 것이다.

그렇다면 그 인물은 누구인가? 또한 걸(桀) 임금으로 상징되는 인물은 누구이며 탕(湯) 임금으로 상징되는 인물은 누구인가? 나는 이것이야말로 "**문왕의 도술**은 먼저 나타났거니와 **태공은 도술**은 이때 나오느니라"는 문왕도수의 해석과 함께 천지공사의 핵심 주제라고 본다.

주지하다시피 이윤은 본래 하(夏)나라 마지막 임금 폭군(暴君) 걸(桀)의 신하였다. 걸은 자신을 사라지지 않는 태양에 비유하며 무자비한 폭정을 일삼던 폭군이다. 이윤을 비롯한 신하들은 걸에게 폭정을 멈추고 선정을 베풀기를 간(諫)하였지만 그치지 않았다. 이윤은 그의 나이 50이 되었을 때 하늘의 뜻은 걸에게 있는 게 아니라 새롭게 일어나는 탕에게 있음을 깨닫게 된다. 그리하여 그는 결단하였다.

'천명(天命)은 폭군 걸에게 있는 게 아니다. 이제 폭정을 일삼는 걸을 떠나 성군(聖君) 탕에게로 가자. 그래서 이제는 어진 탕 임금의 신하가 되어 폭군 걸을 내쫓고 새 왕조를 개창하자. 이것이 천하 만민을 위하는 길이고 내가 걸어가야 할 떳떳한 인생길이다.'

그렇게 해서 이윤은 탕에게로 갔고 탕의 신하가 되어 역성혁명을 추진하였다. 그리고 드디어 성공해서 왕조가 바뀌며 탕임금을 첫 임금[태조]으로 하는 상나라가 개창된 것이다. 상제님은 왜 이윤도수를 처결하신 것인가? 그리고 어천 직전에 이윤의 나이 50을 강조하시며 다시 한번 천명(闡明)하신 것일까?

여기에는 일꾼에게 주는 중요한 교훈이 담겨있다고 본다. 그것은 먼저 이윤으로 상징되는 인물과 그를 중심으로 모이는 일꾼들에게 너희들의 주제와 분수를 확연히 알라는 말씀으로 생각된다. 이윤은 혁명 이후에 왕이나 천자가 된 사람이 아니다. 이윤은 처음에는 폭군 걸의 신하였다가 나중에는 성군 탕임금의 신하가 된다.

상제님은 이 혁명도수를 '성탕도수'라고 하지 않고 **신하(臣下)**인 **이윤**에 초점을 맞추어 '이윤도수'라고 말씀하셨다. 이윤은 혁명의 전 과정과 그 결과에서 그 신분이 왕이나 천자가 된 게 아니라 천자를 보필하는 신하인 재상(宰相)이었다.

상제님의 **천지공사 전편에** 흐르는 **주제는 "천자를 도모하는 자는 다 죽으리라"**라는 말씀이다. 그러니까 이윤으로 상징되는 일꾼(들)은 상제님과 수부님의 신하라는 것을 확실히 못 박아서 말씀하신 것이라고 본다. 여기서 천자는 누구를 말씀하는 것인가? 당연히 인간으로 강세하신 인존 천자, 강증산 상제님과 고수부님이시다. 인존 천자이신 상제님이 9년 천지공사를 행하시고 다시 천상에 올라가 지상에 벌어지는 모든 역사를 직접 주관하고 계시건만 그 누가 감히 천자를 참칭(僭稱)한단 말인가? 그래서 천지개벽경과 용화전경에는 다음과 같은 극명(克明)한 말씀이 나온다.

* 무신년 여름에 대선생께서 대흥리에 계실 때, 제자들이 명에 따라 스무하루를 기한으로 삼아 매일 새벽에 한 시간씩만 잠자고 밤낮으로 잠자지 않았더니, 기한이 차매 모두가 피로한데 그중에서도 경석이 가장 심하여 마당 앞에서 거꾸러지거늘, 바라보시고
말씀하시기를, **천자를 도모(圖謀)하는 자는 모두 죽으리라.**
제자가 여쭈기를, 경석이 앞으로 역모(逆謀)를 하나이까?
말씀하시기를, **천자를 섬기면서[天子之下] 천자가 되기를 도모한다면 반드시 역적놈[逆漢]이라,** 그러므로 깊이 경계시키노라. (천지개벽경 무신 8장)

* 무신년 2월 4일 경무청에서 출옥하신 이후 천자를 도모하는 자는 다 죽으리라 하시며 **꿈만 꾸는 자도 죽으리라** 하시니라.
(용화전경 91쪽)

상제님이 계시는 이 천지에서 그 누구도 천자나 상제를 도모하거나 참칭(僭稱)해서는 안 된다는 말씀이다. 따라서 어떤 교주라도 자신을 천자나 혹은 상제라고 호칭한다면 이것이야말로 반역죄(反逆罪)가 되고 대역죄(大逆罪)가 되는 것이다.

이윤도수를 분석해 볼 때 걸임금이 상징하는 인물은 스스로를 천자로 자처하는 난법교주이고, 탕임금이 상징하는 분은 진법교주이신 증산상제님이시다. 후천5만년은 증산 상제님을 태조로 하는 상제님의 제국이지[상제님은 후천의 당요] 그 어떤 난법교주를 태조로 하는 특정 성씨의 제국이 아니다. 난법 교주의 제국은 후천 5만년 내내 그 교주의 성씨로 대위를 혈통 계승하며 내려간다는 교리를 갖고 있다. 그러나 상제님의 제국은 상제님이 태조가 되시고 그다음은 혈통 계승이 아닌 이덕전덕(以德傳德)으로 5만년을 내려간다. 이것을 상제님은 천지개벽경에서 다음과 같이 말씀하셨다.

* 달 밝은 오동나무에 봉황(鳳凰)이 날아오는구나.
멈추면 올바른 자세요 움직이면 올바른 소리라
모든 사람이 보는 바요 모든 이가 듣는 도다.
도성덕립 된 천지에 **요순세계(堯舜世界)로다.**
하늘이 꼭 뜻을 두면 땅이 반드시 따르나니
세세토록 이어 나가 천세 만세 영원하리로다.
梧桐明月(오동명월)에 鳳凰(봉황)이 來儀(내의)라.
靜則正體(정즉정체)오 動則正聲(동즉정성)이라.
萬目所照(만목소조)오 萬耳所通(만이소통)이로다.
道德乾坤(도덕건곤)에 **堯舜世界(요순세계)**라.
天必有志(천필유지)하면 地必有應(지필유응)하나니
世世承承(세세승승)하야 千世万世(천세만세)로다.
(천지개벽경 임인 12장)

* 제자가 여쭈기를, 세상에 **요순의 세상을 다시 본다**는 말이 있으니, 그러하옵니까?
말씀하시기를, **천지의 큰 운[大運]이니라.**
(천지개벽경 임인 5장)

"걸지망 탕지흥 재이윤", "이윤이 나이 50에 49년의 잘못을 알고 드디어 성탕을 도와 대업을 이루었다 하나니 나는 그 도수를 쓰노라." 이것은 삼변성국(三變成局)으로 전개되는 100년 교운 역사에서 2변교운에서 3변교운으로 넘어갈 때 일어나는 사건을 도수로 짜신 것이다. 걸임금은 2변교운의 난법교주를 말하고, 탕임금은 3변교운의 진법교주이신 상제님이시다. 이윤은 진법교주이신 상제님을 태조로 모시고 의동성업을 추신하는 신하 일꾼의 리더를 상징하는 것이다.

8. 상제님은 문왕도수로 3변교운이 열리도록 짜셨다
 [증산천사공사기에 기록된 문왕도수에 대한 심층적 분석]

상제님은 3변교운의 천상 주관자인 문공신에게 문왕도수와 이윤도수를 붙이셨다. 이 문왕도수와 이윤도수는 훗날 3변교운의 일꾼이 받게 된다. 문왕과 이윤은 모두 역성혁명을 통해 이전 왕조를 뒤집어엎고 새 왕조를 개창한 혁명의 주역들이다. 역사의 시간성으로 볼 때 이윤의 역성혁명이 한 왕조 전에 일어났고(하→상), 문왕의 역성혁명은 한 왕조 뒤에 일어났던 일이다(상→주).

이윤의 역성혁명에는 하나라의 마지막 폭군 걸(桀)을 무너뜨리고 성탕을 태조로 하는 상나라를 세우는데 이윤이라는 명재상이 등장한다. 문왕과 그의 아들 무왕의 문무(文武) 역성혁명에서는 상나라의 마지막 임금 폭군 주(紂)를 내어쫓고 주(周)나라를 세우는데 강태공이라는 특출난 인물이 등장한다. 그런데 강태공은 단순한 재상이라기보다는 문왕의 스승이었고, 무왕에게는 장인이자 아버지와 같은 분으로 사상보[師尙父]라고 기록하고 있다.

그런데 두 도수를 놓고 보면 일견(一見) 성탕 임금은 문왕(혹은 무왕)에 해당하고 이윤은 강태공에 해당되는 인물이다. 상제님은 문공신에게 문왕도수와 이윤도수를 붙인다고 말씀하셨다는 점이다. 문왕은 왕조를 개창한 창업 군주 반열이고 이윤은 왕을 보필하는 재상 반열이다. 창업 군주와 보좌하는 재상! 그렇다면 문공신에게 문왕도수가 있고 이윤도수가 있다는 말씀은 문왕도수를 받는 일꾼이 따로 있고 이윤도수를 받는 따로 일꾼이 있다는 말씀인가? 그러니까 두 사람을 말씀하신 것인가?

나는 아니라고 본다. 현실 교운에서 일어난 일을 종합해 볼 때 천하사 일꾼 한 사람에게 붙이신 도수다. 상제님은 미래의 어떤 천하사 일꾼 한 사람을 문왕에도 비유하셨고 이윤에도 비유하셨다. 3변교운의 주관자인 문공신 한 사람에게 문왕도수와 이윤도수를 붙인다고 말씀하셨던 것이다. 이제 문왕도수가 구체적으로 무엇인지 규명해 본다.

일단 문왕도수가 됐건 이윤도수가 됐건 모두 전(前) 왕조의 폭군을 축출하고 새 왕조를 세운 역성혁명이라는 것이 공통점이다. 이 도수는 현실 역사에서는 세운에서 일어나는 일 즉 세운공사가 아니라 교에서 일어나는 일 즉 교운공사다. 그러니까 이전 교단의 폭군 교주가 세운 난법 교리와 난법 신앙문화를 혁파(革罷)하고 상제님의 말씀을 올바르게 규명해서 진정한 천하사 조직을 만들어 의통성업을 완수하는 것을 말한다.

이윤은 처음부터 재상이었고 끝까지 재상으로 남았다. 문왕은 어떠한가? 문왕은 그가 살아서 혁명을 추진할 때는 왕이나 천자로 칭하지 않았고, 서쪽 **제후들의 우두머리**, 서백(西伯)으로 이름은 창(昌)이었다. 그래서 그를 흔히 서백창(西伯昌)이라고 했다. 그의 아들 발(發)이 장인이자 스승이며 군사(軍師)인 사상보[師尙父] 강태공의 도움으로 혁명에 성공해서 주나라를 연 이후에 돌아가신 아버지를 문왕으로 추존한 데에서 문왕이란 호칭이 붙은 것이다. 그러니까 문왕이란 표현은 죽은 이후 후대에 왕으로 추존된 호칭이지 살아있을 때는 왕이나 천자가 아니라 서쪽 **제후**의 우두머리 서백창이다.

상제님께서 도수를 짜는데 쓰신 인물 즉 이윤, 문왕, 사마소, 제갈량 이런 분들은 모두 살아생전 최고의 존재인 왕이나 천자가 된 분이 아니다. 상제님이 도수로써 말씀하신 주요 인물은 왕이나 천자가 아니었다는 사실에 주목해야 한다. **상제님의 천지공사는 어떤 한 개인을 왕이나 천자로 만들고 그의 혈통을 따라 자자손손 내려가는 제국이나 왕조를 만드는 진리가 아니라는 것을 먼저 분명히 알아야 한다.**

후천 세상은 상제님을 태조로 하여 5만년 내려가는 제국이지만 384 황극(皇極)수를 따라 384명의 통치자가 성씨를 초월하여 이덕전덕(以德傳德)으로 대위(大位)가 전해지는 제국이다.[천지개벽경 기유 7장] 그러니까 상제님의 친아들이 대위를 전해 받아 내려가는 선천과 같은 그런 특정 성씨 혈통 계승의 제국이 아닌 것이다.

* 제자가 여쭈기를, 선천은 나라의 보배인 옥새가 하늘에서 명을 받았으니 그 수(壽)가 영원히 창성하리라 하였는데, 후천은 어찌 되나이까?
말씀하시기를, 도둑놈의 생각이니라. 자자손손이 이어받아 천추만세에 혼자 그 자리를 누리면 마음에 흡족하리요.
나의 세상에는 아비로부터 아들에게 전하지 않고[不以父傳子], **반드시 덕 있는 사람으로부터 덕 있는 사람에게 전하노니[必以德傳德]**, 그러므로 내 세상에는 임금[我世之玉]이 하늘로부터 명을 받아서 백성을 하늘처럼 여기노라. (천지개벽경 갑진 5장)

이러한 배경아래 먼저 이윤도수를 살펴본다.
상제님의 말씀, "걸지망 탕지흥 재이윤"에서 **걸(桀)은 천자를 자처하는 난법 교단의 교주를 상징하고, 탕(湯)은 천자이신 상제님 곧 진법 교단의 교주**를 가리킨다. 그렇다면 이윤은 누구를 상징하는 것인가? 이윤은 처음에는 걸의 신하였다가 나이 50에 개심하고 탕의 신하로 재탄생한 분으로 어디서든 변함없는 재상이었다. 따라서 이윤이 상징하는 인물은 나이 50에 난법 교단[2변교운]에서 개심하고 빠져나와 진법 교주이신 상제님의 참 진리를 찾아 의통성업을 추진하는 모임[3변교운]의 리더 일꾼이라고 봐야 한다.

왜 '일꾼'의 리더라는 표현을 한 것인가? 이윤은 탕임금을 모시고 혁명을 추진한 주역 재상(宰相) 즉 신하였다. 나라의 재상은 한 사람만 있는 게 아니다. 왕을 도와 실무적으로 나라를 다스리는 재상은 여러 명이다. 이윤은 그러한 재상들의 리더[輔相]라는 말이다. 그런 의미로 볼 때 난법 교단에서 빠져나와 역성혁명을 추진하는 일꾼들은 모두 폭넓게 이윤도수를 받는다고 봐야 한다. 상제님은 성탕도수라고 말씀하시지 않고 이윤도수라고 말씀하셨다. 그것은 천하사 일꾼이 상제님과 수부님을 천자[왕]로 모시는 신하(臣下)라는 위치와 분수를 잘 말해주고 있다고 본다.

다음으로 문왕도수를 살펴본다.
문왕도수와 관련한 **유일한 말씀**은 최초의 경전 증산천사공사기에 나온다. 이 성구는 대순전경 초판(1929)에는 실리지 않다가 대순전경 5판(1960)에서 다시 나오는데 다음 말씀이다.

  * 천사(天師) 가라사대
  문왕(文王)은 유리(羑里)에서 삼백팔십사효(三百八十四爻)를 지었으며 태공(太公)은 위수(渭水)에서 삼천육백구(三千六百鈎)를 광장(廣張)하였는데, **문왕(文王)의 도술(道術)**은 먼저 나타났거니와 **태공(太公)의 도술(道術)**은 이때에 나오느니라 하시고 천지무일월공각 일월무지인허령(天地無日月空殼 日月無至人虛靈)이라 이르시더라.
  (1926년 공사기 115쪽) (1960년 대순전경 5판)

이윤도수와 관련하여 등장하는 주요 인물이 걸임금과 탕임금인데 반하여 문왕도수와 관련하여 등장하는 중요한 인물은 **강태공**이다. 문왕과 무왕에게 역성혁명을 당해 멸망한 왕조가 마지막 임금 폭군 주(紂)가 다스리던 은나라[상나라]다. 그런데 역사적 사실에 의하면 폭군 주(紂)의 상(商)나라가 망하고 새 왕조 주(周)나라가 건설되는 문무(文武)의 역성혁명은 문왕이나 그 아들 무왕의 능력이 아니라 실질적으로는 두 사람의 스승이자 군사 전략가인 강태공의 능력이며 작품이었다는 점에 주목해야 한다.

강태공은 위수 강가에서 10년 동안 3600개의 곧은 낚시를 내걸고 세월을 기다리다가 어느 날 자신을 찾아온 서백창(훗날의 문왕)을 만나게 된다. 서백창은 사냥을 나갔다가 위수 강가에서 낚시하고 있는 강태공을 만나자 그의 비범함을 알아보고는 그날 즉시 스승으로 모시고 함께 돌아와 부국강병의 실무를 맡게 하였다[궁팔십 달팔십]. 그 끝에 아들 대에 이르러 폭군 주(紂)의 상(商) 왕조를 무너뜨리고 새 왕조 주(周)나라를 개창 하게 된다.

그렇다면 과연 문왕과 무왕의 역성혁명에서 가장 중요한 역할을 한 **강태공은 현실 교운 역사에서 누구를 상징하고 가리키는 것인가?** 이 질문에 대해 예전 교단에서는 어떠한 설명을 듣지 못하였다. 단지 문왕과 무왕의 부자(父子) 관계만을 강조하면서 문왕도수란 창업 과정에서 아버지가 죽고 나서 아들이 대업을 이룬다는 천하사의 부자 세습도수로 말하였다.

과연 상제님의 문왕도수에 담긴 의도가 천하사의 부자 세습이라는 것인가? 하지만 상제님의 말씀에는 그런 의도는 보이질 않고 다만 문왕이 유리라는 곳에 유폐되어 감옥살이를 하면서 주역을 공부하였다는 말씀일 뿐이다. 그렇다면 **문왕도수는 천하사 일꾼이 감옥을 가서 공부하는 도수인 것이다.**

그런데 수부님은 상제님의 문왕도수를 다음과 같은 신정공사로 행하셨다는 사실이다. 이 내용을 잘 살펴보아야 한다.

> * 이에 고민환에게 바둑판을 방 한가운데 놓고 바둑판 위에 올라앉아 고기 잡는 형상으로 낚시대를 들라 하시며 말씀하시기를, 이는 **'강태공 성군 만나는 공사'**이니 우리도 상제님께서 명시하신 것을 **기다려야 할지라** 하시니라.
> (선정원경)

수부님은 이 신정공사에서 고민환을 강태공으로 삼으셨다. 그런데 **'강태공이 성군을 만나는 공사'**라는 고수부님의 말씀에서 강태공이 만나는 성군은 누구를 말하는가? 당연히 강태공이 10년을 기다린 끝에 만나는 문왕 곧 서백창을 말하는 것이다. 그렇다면 **문왕도수란 강태공과 문왕이 만나는 도수**라는 말씀이다. 이 두 사람의 만남으로 이전 왕조[상]를 뒤집어엎고 새 왕조[주]가 개창되었던 것이다. 이것은 마치 한 왕조 전에 성탕과 이윤이 만나 하나라를 무너뜨리고 상나라를 세우는 역성혁명을 추진한 것과 같다.

이윤도수를 현실적인 교운 역사에 대입하여 말해 보면 걸임금은 2변 교운의 폭군 교주이고 탕은 3변교운의 진법교주이신 상제님이며 이윤은 대두목 신앙을 벗어나서 상제님과 수부님을 천자로 모시고 의통성업을 이루는 대표 일꾼을 상징한다. 그렇다면 문왕과 강태공의 고사(古事)를 말씀하는 문왕도수를 현실의 교운 역사에 대입해 볼 때 문왕과 강태공은 각각 누구를 상징하는 것인가?

과거 몇몇 교단에서는 강태공이 누구를 상징하는가 하는 것에 대한 언급은 전혀 없었고 다만 문왕과 그의 아들 무왕에 집중하여 아버지 문왕이 죽고 난 이후에 아들 무왕이 대업을 이루었다는 천하사의 부자세습에만 초점을 맞추어 말하였다.

그런데 나는 문왕도수란 천하사의 부자세습 도수가 아니라고 생각한다. 이 문제는 part 5에서 다시 집중적으로 말하겠지만 상제님은 **문왕이 감옥에 갔던 일을 특정해서 말씀하시고 있다**는 점이다. 따라서 누군가 문왕도수를 받는다고 한다면 반드시 상제님의 말씀과도 같이 감옥에 가야 한다는 것에 초점을 맞추어야 하는 것이다. 여기서는 일단 문왕과 강태공이 현실적인 교운역사에서 누구를 상징하는지를 말해본다.

대순전경과 천지개벽경에는 강태공에 대한 상제님의 여러 말씀이 나오는데 일례로 다음과 같은 말씀이 있다.

* 말씀하시기를, **신농(神農)**이 농사[農]와 의약[醫]을 베풀어 천하 만세에 혜택을 끼치고, **태공(太公)이 병법[兵]과 술수[術]로 천하 만세에 혜택을 끼쳤으니**, 천지가 성공하고 천지가 해원하는 가을을 맞이하여 **천지의 모든 신명이 높이 받드느니라.**
(천지개벽경 신축 10장)

* 또한 **강태공이 십년 경영으로 삼천 육백개의 낚시를 벌였음**이 어찌 한갓 주나라를 일으켜 봉작(封爵)을 얻기 위함이었으라. 이를 널리 **후세에 전하려 하였음**이니라. **내가** 이제 칠십이둔(遁)을 써서 화둔(火遁)을 트리니 **나는** 곧 삼리화(三離火)로다 (대순전경 제3장 문도의 추종과 훈회 159절)

* 또 가라사대 **강태공은** 제나라 한 고을에 흉년이 없게 하였다 하나 **나는** 전북 칠읍에 큰 흉년이 없게 하리라. (대순전경 제4장 천지공사 41절)

언뜻 보면 상제님께서 문명을 개창한 강씨의 시조이신 염제 신농과 그의 후손인 강태공이 세상에 끼친 위대한 공덕을 치하(致賀)해 주시는 말씀이다. 왜 상제님은 신농과 강태공의 공덕을 여러 곳에서 강조하시며 **천지만신이 높이 받든다**고 말씀하신 것인가? 특히 강태공에 대한 말씀은 경전 곳곳에 여러 말씀이 나오는데 강태공의 옛일을 말씀하시면서 상제님은 당신의 천지공사와 늘 비교하고 계신다. 나는 예전에는 강태공의 공덕을 여러 번 말씀하시는 상제님의 숨은 의도에 대하여 깊이 생각하지 못하였다. 그런데 어느 날 천지개벽경 서문에 실려 있는 다음 말씀에 주목하게 되었다.

자연에는 도(道)가 있어 일원(一元)에서 음양이 소장(消長)하고, 천지에는 법(法)이 있어 **일회(一會)에 상제께서 자리를 바꾸시니[上帝改位],**

생각건대, 우리 대선생께서는 신농의 대덕(大德)과 태공의 대은(大恩)을 갖추셨으므로 천지만신이 받들어 기리나니, 하늘에 임하사 옥황상제(玉皇上帝)가 되시고, 운(運)에 임하사 후천의 천황씨(天皇氏)가 되시고, 세상에 임하사 미륵존불(彌勒尊佛)이 되시고, 나라에 임하사 후천의 당요(唐堯)가 되시니라. (천지개벽경 서문)

이 서문의 말씀은 상제님의 위격(位格)을 4가지로 밝히는 중요한 말씀인데 천지개벽경 부록에는 상제님께서 12지지의 여덟 번째인 미회(未會) 상제라는 말씀이 있다. 나는 위 말씀의 '**생각건대**'라는 구절에 어느 날 주목하게 되었다. 이것은 이중성 선생께서 생각하시기에 그렇다는 말씀인데, 그 말씀의 실질적인 뜻은 **강증산 상제님께서 신농의 대덕과 강태공의 대은을 갖추셨기에 천지만신이 받들어 기리게 되었으며 그 결과 하늘에 임하사 옥황상제가 되셨다는** 말씀이었다.

이것은 무엇을 의미하는가? 깊이 궁구해 볼 때 **상제님의 전생(前生)이 신농과 태공이었으며 이로써 대덕과 대은을 갖추게 되셨다**는 것을 말씀하는 것이라고 본다. 그러니까 이중성 선생은 상제님의 전생이 염제 신농이며 강태공이었다고 직설적이며 단정적으로 말씀하시지 않고 다만 **신농의 대덕과 태공의 대은을 갖추셨다는 완곡한 표현으로 상제님의 전생과 인류 문명사에 끼친 크신 업적을 말씀하신 것**이라고 생각하게 되었다.

그런데 정작 천지개벽경의 다른 성구에는 상제님께서 당신 스스로를 신농이라고 말씀하는 곳이 두 곳이나 나온다는 점이다.

* 말씀하시기를, **나는 신농(神農)의 일백일대(一百一代)요, 바로 그 사람**이니라.(천지개벽경 신축 10장)

* 대선생께서 말씀하시기를, 나의 세상에는 천하의 모든 성씨의 족보를 다시 시작하나니, **나는 신농이요**, 수운은 고운(최치원)이니라.(천지개벽경 갑진 6장)

이 말씀으로 볼 때 **상제님**은 당신님의 **전생이 신농이었다**고 밝히신 것이다. 한편 천지개벽경 을사편 6장에는 상제님께서 "나는 옛날에 명나라에 온 적이 있노라"라는 아주 노골적인 말씀이 나온다. 물론 어떤 인물로 오셨다는 것은 말씀하시지는 않았다. 이것은 단지 육신이 없는 신명으로 오셨다는 것이 아니고 인간의 몸으로 역사 속에 들어와 어떤 삶을 사셨다는 말씀이다.

천지개벽경은 대순전경과 달리 상제님께서 전생과 차생, 내생이라는 단어를 직접 말씀하시면서 윤회와 환생에 대해 말씀하시는 내용이 여러 곳이 있다. 특히 1903 계묘년 말씀에는 천상 조정(朝廷)의 주벽(主壁)인 동방칠성 이마두가 인도환생하여 지상에 내려와 있으며 지금 초립동이라는 말씀도 그러한 말씀 가운데 하나이다. 이러한 말씀들은 대순전경이나 도전에는 나오지 않는 말씀이다.

따라서 나는 상제님의 전생이 처음에 신농이었고, 다음에 강태공이었다고 감히 생각하는 것이다. 이중성 선생께서도 그렇게 보셨고 천지개벽경 서문에 이것을 완곡하게 밝혀놓은 것이다.

그렇다면 문왕도수에서는 서백창(훗날의 문왕)이 만나 스승으로 모시고 궁으로 함께 돌아온 강태공은 현실 교운에서는 누구를 상징하는 것인가? 고수부님의 문왕도수에 대한 신정공사에서 "강태공이 성군을 만나는 공사"라는 말씀에서 강태공과 성군은 각각 누구를 상징하는 것인가? 나는 이윤도수에서 성탕임금이 3변교운의 진법교주이신 상제님을 상징하듯이 문왕도수에서는 **강태공이 3변교운의 진법교주이신 상제님을 가리키는 것**이라고 보는 것이다.

문왕은 감옥에 가서[유리 유폐] 온갖 고생을 하면서도 굴하지 않고 공부하였고 나온 이후에도 절치부심 노력하다가 그 끝에 결국 10년 세월을 기다리던 강태공을 만나 그날 즉시 스승으로 모시고 궁으로 돌아와 이후 역성혁명의 천하사를 추진하였다. 문왕도수에서 **문왕이 상징하는 인물**은 교운의 참을 추구하다가 난법 교주의 박해와 미움을 받아 감옥을 가게 되며 그곳에 상제님 도 공부를 하는 **천하사 일꾼을 상징하는 것**이다.

그러면 10년 곧은 낚시를 하며 기다린 끝에 문왕을 만나는 강태공은 현실 교운에서는 누구를 상징하는 것인가? 이윤도수에서 탕임금이 진법교주이신 상제님을 상징하는 것처럼 문왕도수에서는 강태공이 상제님을 상징하는 것이라고 본다. 상제님은 문왕의 도술은 먼저 나타나거니와 태공의 도술은 이제야 나온다고 말씀하셨다. 이것은 두 사건의 시간 선후를 말씀하신 것이다. 즉 천하사 일꾼이 감옥에 가는 사건이 먼저이고 감옥에서 나온 이후 장장 10년 세월동안 일꾼을 기다리던 상제님을 만나게 되는 것은 뒤의 일이라는 것이다.

이윤도수에서는 재상 이윤으로 상징되는 천하사 일꾼이 나이 50에 지난 49년의 삶이 잘못이었음을 깨닫고 결국 이를 벗어나 진법 교주이신 상제님[성탕]을 모시고, 천하사를 성사재인하는 리더 일꾼이 되는 것이다. 문왕도수에서는 서백창[문왕]으로 상징되는 천하사 일꾼이 신앙혁명을 추진하다가 감옥에 가게 되며 그곳에서 공부를 하고 감옥을 나온 이후에는 천하사의 끈을 놓지 않고 일을 추진하는 것을 말하며 그 끝에 자신의 뜻을 이루어 줄 상제님[강태공]을 만나게 되는 것을 말한다고 본다.

즉, 문왕도수는 서백창이 유리에서 7년간 감옥살이하면서 공부했다는 역사적 사실을 특정하여 천하사 일꾼이 우물로 상징되는 대정동 교도소에서 감옥살이하며 공부한다는 것을 말하는 도수이며, 이윤도수는 이윤이 나이 50에 개심했듯이 천하사 일꾼이 그의 나이 50에 지난 세월의 교주 신앙, 대두목 신앙이 잘못이었음을 깨달아 진정한 천하사 일꾼으로 다시 태어나는 것을 말씀하신 것이라고 보는 것이다.

문왕도수와 이윤도수는 두 사람에게 붙이신 도수가 아니라 3변교운의 주역 일꾼 **한 사람에게 붙인 도수**라는 사실이다. 2변교운에서 3변교운으로 넘어가는 과정에서 신앙혁명을 추진하는 천하사 일꾼이 나이 50에 개심을 하고[이윤도수] 기존 교단에서 나와 상제님 진리의 참을 찾는 활동을 하다가 난법 교주에게 미움과 박해를 받아 감옥[대정동 우물로 상징되는 대전교도소]에 가는 일을 겪게 된다[문왕도수]는 것을 "문공신 너에게 문왕도수와 이윤도수가 있다"라고 말씀하신 것이다.

그렇다면 **강태공이** 위수에서 굽은 낚시 바늘이 아니라 곧은 낚시 바늘을 드리우며 **문왕이 오기까지 기다린 10년 세월이란** 현실적인 교운 역사에서는 **언제이며 무슨 사건을 말하는 것인가?**

이것은 2변교운의 주역 가운데 한 분이신 ○○선생이 선화하고 **참신앙 혁명운동이 일어난 2013 계사년 이후 10년을 말씀하신 것**으로 생각된다. 2012년 ○○선생의 선화 사건이야말로 백년 교운사의 판을 근본적으로 바꾸는 대전환점이었기 때문이다.

* 주인을 (결정)짓는 바둑에서 **판이 뒤집히니** 징조의 시작이 맹렬하고 사나운 모기라.
造主碁翻局(조주기번국)하니 兆始烈煽蚊(조시열선문)이라.
(천지개벽경 을사 4장 토정지결 앞부분)

과연 이 10년 세월 동안 신앙인들의 모습은 어떠했는가? 크게 두 갈래로 나뉘었다. 한쪽은 기존의 교단을 고수해서 여전히 단체의 교주를 도통 주는 대두목이라고 믿고 따르는 '교주 신앙'을 선택한 사람들이다. 또 한쪽은 '교주 신앙', '대두목 신앙'의 허망함을 깨닫고 모교단에서 하산한 사람들이다.

모교단에서 나온 구도자들은 숙구지 자는 개가 일단 잠에서 깨어난 것을 말한다. 개가 잠을 잔다는 것은 일꾼이 '교주 신앙[대두목 신앙]'과 '머슴 신앙'이라는 혼몽(昏懞) 중에 빠져 있었던 것을 말한다. 그런데 이 10년이 흐르면서 신앙인들의 모습은 천차만별로 나누어졌다. 기존 교단에 남아 교주 신앙과 머슴 신앙을 그대로 유지한 사람, 그곳의 허망함을 깨닫고 빠져나왔으나 신앙심이 사라지고 상제님마저 부정해 버린 사람, 차마 상제님을 부정하지는 않았지만 천하사 일꾼의 사명을 망각한 채 도 공부에 손을 놓고 그저 세속 중생으로 바뀌어 버린 사람, 상제님은 인정하지만 고수부님을 배반하고 다른 엉뚱한 여성을 천지 어머니라고 받드는 곳으로 간 사람, 모교단을 나온 이후 참을 찾기 위해 이곳저곳을 찾아다니며 나름대로 몸부림을 친 사람 등등 온갖 모습이 나타났다. 그러니까 강태공[상제님]이 문왕[천하사 일꾼]을 기다린 10년 세월이란 **참신앙 혁명이 일어난 2013년 이후부터 갑을청룡, 동청룡이 등장하는 2024 갑진, 2025 을사까지를 말한다**고 본다.

강태공이 10년 동안 곧은 낚시 바늘을 드리우고 무정한 세월 속에 문왕이 오기만을 기다린 것처럼 상제님은 신앙혁명이 일어난 이후, 특히 **2014 갑오년 고소 사건** 이후 10년 세월 동안 하늘에서 환히 다 내려다보시며 일꾼(들)이 참을 찾고 성숙 되기를 기다리셨다고 생각한다. 서백창이 폭군 주(紂)왕의 폭압에 신음하는 백성을 구해내기 위해 절치부심 노력하다가 감옥에 가기도 했으며 마침내 자신의 뜻을 이루어 줄 스승인 강태공을 만난 것처럼, 상제님은 과연 일꾼 가운데 누가 일심을 가지고 참을 찾아 상제님과 수부님의 신하 일꾼이 되고자 했으며, 가장 중요한 **의통성업을 이루기 위한 준비에 일심을 다했는가**를 바라보고 기다리셨다고 보는 것이다.

여기서 문왕도수의 성구를 다시 한번 음미해 본다.
상제님은 문왕이 유리에 유폐되어 공부하는 사건, 이것을 '**문왕의 도술**'이라고 말씀하시고, 강태공이 위수에서 10년을 기다린 것을 '**태공의 도술**'이라고 말씀하셨다. 문왕의 도술은 먼저 나타나고 태공의 도술은 뒤에 나오는 일이라고 선후(先後)를 말씀하시고 있다. 그리고는 천지무일월공각 일월무지인허령(天地無日月空殼 日月無至人虛靈)이라고 말씀하신다. 천지일월은 사람이 없다면 아무런 의미가 없다는 말씀인데 천지일월은 누구이고 사람은 누구를 말씀하시는 것인가? 천지일월은 상제님과 수부님을 말씀하는 것이고 사람은 상제님과 수부님의 천하사 곧 의통성업을 준비하고 추진하는 지상의 일꾼들을 말씀하는 것이 아니겠는가.

* 일이 생겨나서 커지는 것이 천지에 달려 있고,
반드시 사람에 있지 않느니라.
그러나 **사람이 없으면 천지도 없는 것이므로**
천지가 사람을 내어 쓰나니,
사람으로 태어나 천지가 사람을 쓰는 때에 참여하지 않는다면
어찌 인생이라 할 수 있으리오.
事之當旺(사지당왕)이 在於天地(재어천지)오
必不在人(필부재인)이라
然(연)이나 無人(무인)이면 無天地故(무천지고)로
天地生人用人(천지생인용인)하나니
以人生(이인생)으로 不參於天地用人之時(불참어천지용인지시)면
何可曰人生乎(하가왈인생호)리오.
(천지개벽경 임인 1장)

문왕도수와 이윤도수에 담긴 상제님의 깊은 뜻은 무엇인가? 이윤도수는 천하사 일꾼이 나이 50에 깨어나는 도수, 숙구지 자는 개가 깨어나서 걸지망 탕지흥 재이윤의 역성혁명을 추진하는 것을 말한다. 문왕도수는 숙구지 자던 개[일꾼]가 깨어나서 나름대로 열심히 활동하다가 난법 교주의 미움과 박해를 받고 감옥에 가지만 굴하지 않고 공부하다가 나오게 되며, 은두장미하면서 의통성업을 위한 준비를 하다가 결국 **천하사를 이루어 주는 궁극의 주인공**이신 **상제님과 수부님**을 만나 낙점을 받는 도수인 것이다.

나는 이윤도수와 문왕도수는 결국 **진주 노름의 독조사도수와 연결**된다고 본다. 가구 진주치기 노름에 독조사라는 것이 있어 남의 돈은 따보지 못하고 **제 돈만 잃어서 바닥이 난 뒤에 개평을 뜯어서 새벽녘에 본전을 회복하는 도수**가 독조사도수이다. 과연 진주 노름판에서 실컷 잃기만 하던 노름꾼이 무슨 재주로 막판에 겨우 얻은 아주 적은 개평을 가지고 연전연승 이겨서 끝내는 본전을 회복한다는 말인가. 나는 노름꾼 개인의 능력이라기보다도 어떤 운이나 보이지 않는 힘이 작용하기 때문이라고 본다. 나는 이것을 신도(神道)를 주재하시는 상제님과 수부님의 작용이며 작품이라고 보는 것이다.

우리는 인존 천주, 인존 상제님으로서 삼계 대권을 주재하여 신명공사를 행하셔서 새로운 천지를 만드신 궁극의 주인공은 그 누구도 아닌 강증산 상제님과 고법륜 수부님이심을 잊지 말아야 한다. 지상의 일꾼은 상제님과 수부님께서 신명 공사로 짜신 신도의 기운을 받아 성사재인하는 것이지 스스로의 능력으로는 사실상 아무런 일도 이룰 수 없는 것임을 명심해야 한다. 그러나 상제님과 수부님의 입장에서는 두 분께서 짜놓은 천지공사를 인사로 이루어 낼 올바른 정신의 일꾼들이 절실히 필요하신 것이다. 천하사는 인신합덕(人神合德)으로 결국은 지상에서 일꾼에 의해 이루어지는 것이기 때문이다.

9. 증산 상제님이 후세에 전하신 유서(遺書) 이야기

유서(遺書)란 돌아가시는 부모님께서 생전에 벌려 놓았던 사업이나 재산을 자손들에게 어떻게 처리하라는 유언(遺言)을 문서로 작성하여 전하는 글이다.

증산 상제님께서는 480자 정도의 순 한자로 된 유서를 후세에 전하셨다. 훗날 유서를 접한 구도자들이 읽고 분석해 볼 때 이러한 내용의 글을 쓰실 수 있는 분은 단연코 증산 상제님이심에 다들 공감한다. 과연 후세에 전하신 글이 증산 상제님의 유서라고 할진대 문제는 간단하지 않다. **유서에는 어떤 내용이 담겨 있는가? 상제님은 왜 이러한 유서를 누구에게 어떤 의도로 남기셨는가?** 하는 의문이 생기지 않을 수 없다.

유서가 알려지게 된 소이연은 상제님의 유일한 혈손(血孫)이신 화은당 강순임 선사의 일생을 기록한 『화은당실기』에 실림으로써 알려지게 되었다.

상제님의 유서가 따님 교단인 화은당 강순임 선사의 증산법종교에 전해진 것은 자연스러운 모습이다. 증산법종교에는 유서 말고도 상제님의 유일한 사진(寫眞) 한 장, 중화경(中和經), 상제님께서 사용하셨다고 추정되는 인장(印章), 상제님께서 생전에 사용하셨던 식기(食器)와 시저(匙箸), 세숫대야 등이 전해져 있고, 무엇보다도 상제님의 체백(體魄)이 모셔진 성묘원(聖墓院)이 있다. 즉 상제님과 관련한 모든 유품들은 혈손이신 화은당 선사의 교단으로 집결되어 있다는 사실이다.

그런데 백구 이효진 선생(1920~2008)은 이 글을 유서라 하지 않고 「단주수명서(丹朱受命書)」라 이름하여 그의 책 『대성경집(大聖經集)』에서 소개하고 있다. 그러나 정작 이 글을 전해 받아 세상에 전하고 있는 증산법종교에서는 유서라고 이름을 붙이고 있을 뿐 단주수명서라는 말이 없다. 또한 화은당실기와는 별도로 한 장에 쓰여진 유서가 있는데 거기에도 유서라고 제목이 붙어있다.

유서의 제목을 단주수명서(丹朱受命書)라 이름하여 붙인 것은 백구 선생의 개인 생각이라고 본다. 백구 선생은 장차 진도진법의 교운을 주도하여 의통성업을 이루는 인물을 단주(丹朱) 그러니까 단주로 상징되는 인물이라고 판단하고는 이 글을 단주수명서-단주가 상제님의 천명을 받는 글-라고 자작(自作)하여 제목을 붙이신 것으로 보인다. 백구 선생은 살아생전 구리골 김형렬 수석 제자의 집에 사시면서 「동곡서원」이라는 간판을 내걸고 상제님과 관련한 여러 서책을 내는 왕성한 집필활동과 제자 양육에 힘쓰셨으며, 의통성업의 큰 뜻을 품으시고 호신부와 호부 의통 등을 만드셨던 적이 있다. 아마도 백구 선생은 자신을 의통성업의 천명을 받아 인류를 구원하는 단주로 상징되는 인물, 그러니까 대두목으로 생각하셨던 것으로 보인다. 그러나 백구 선생은 꿈을 이루지 못하고 돌아가셨고 선생을 따르던 제자들은 흩어지고 말았다고 한다.

한편 자신의 전생이 4300년 전의 인물인 요임금의 아들 단주(丹朱)였다고 주장하는 진산(珍山) 이훈오 선생이 계신다. 1961년 신축생이신 이훈오 선생은 신미생이신 상제님과의 축미합덕(丑未合德)을 내세우며 1995년에 상제님으로부터 직접 천명을 받았다고 주장한다. 그리고 1998년에 태을도(太乙道)를 창도하여 본인은 대종장(大宗長)이 되고 부인은 대종부(大宗婦)가 되어 30년이 넘은 세월 동안 많은 도서를 발간하며 태을도의 교지를 알리고 일심으로 포덕 활동을 해 오고 있다.

뒤에서 알아보겠지만 유서에는 "단주수명청천안(丹朱受命靑天雁)"이라는 말씀이 실려있다. 우선 유서의 본 내용을 알아보기 전에 역사상의 인물 단주에 대하여 잠시 알아본다. 상제님은 4300년 전의 요임금의 아들 단주에 대하여 말씀하셨다. 그는 당시 대동세계--차별이 없는 세상--를 꿈꾸었던 특출난 인물이었음이 천지개벽경에 상제님의 말씀으로 실려있다. 그런데 시대를 앞서가는 큰 뜻을 품었던 단주는 정작 아버지 요임금의 낙점을 받아 후계자가 되지 못하고 요임금의 사위 순(舜)에게 자리를 빼앗겼으며 단지 바둑판 하나만 물려받고 큰 원한 속에 원통하고 쓸쓸한 삶을 살다가 죽고 말았다.

그런데 단주의 원한은 개인적인 차원에 그친 것이 아니라 뭔가의 일로 인해 순이 죽고 두 왕비가 죽는 등 어떤 비극적인 사건이 있었음을 상제님의 말씀은 암시하고 있다. 그리하여 이 비극적인 사건을 뿌리로 하여 역사적으로 크고 작은 원한이 덧붙어서 오늘날에 이르렀으며 마침내 인간 세상을 멸망시키는 원인이 되었다고 말씀하셨다. 상제님은 천지공사를 행하시면서 그 단주 신명을 불러다가 신명계에서 자리를 주어 **해원시키면서** 회문산 오선위기혈의 형국으로 짜신 지상의 세운공사가 상제님의 뜻대로 돌아가도록 주재하는 일을 맡기셨다는 말씀을 하셨다.

* 말씀하시기를, 요순의 세상을 **단주가** 다스렸다면, 요황(要荒)의 구별이 없고, 만이(蠻夷)라는 오랑캐 이름이 없어지고, 만리가 지척이며, 천하가 한 집안이 되었으리니, 요순의 도가 좁은 것이니라.
말씀하시기를, **단주의 원한이 높아** 순이 창오(蒼梧)에서 죽고 두 왕비가 상강(湘江)에 빠져 죽었느니라.
말씀하시기를, 천하의 크고 작은 원한이 쌓여 큰 화를 빚어내어 인간 세상을 멸망시키려 하나니, 그러므로 **단주의 원한을 풀면** 만고의 뭇 원한이 맺힌 바에 따라 풀어지느니라.
말씀하시기를, 선경 세상에 **단주가 세운을 통할(統轄)**하노라.
(천지개벽경 계묘 5장)

* 제자가 여쭈기를, 천하의 대세가 오선위기와 같으면 세상의 운(世運)은 장차 어떻게 되오리까?
　　말씀하시기를, 천하의 형세가 두 신선이 있어 바둑을 두고 또 두 신선이 있어 훈수하며, 한 신선은 주인이라 음식을 대접하는 범절을 맡았나니, 농사를 잘 지어 접대하는 도리만 끊이지 않으면 판이 끝난 다음에 바둑판은 주인에게 되돌아가느니라.
　　말씀하시기를, 회문산에 오선위기가 있으니, **바둑 두는 법을 요(堯)가 처음 만들어 단주(丹朱)에게 전했느니라.**
　　그러므로 **단주의 해원이 오선위기로부터 대운이 열리느니라**
　　(천지개벽경 병오 4장)

이상의 말씀은 단주가 **천상에서** 상제님의 명을 받고 오선위기에 관련한 어떤 일을 하고 있다는 말씀이다. 그런데 태을도의 이훈오 대종장은 자신이 4300년 전 인간 세상에 왔던 요임금의 아들 단주였으며 이후 여러 번의 윤회를 해 왔다고 말하였다. 그는 최후 윤회를 통해 오늘날 진산(珍山) 이훈오로 세상에 왔고 30년 전인 1995년에 상제님으로부터 직접 인류 구원의 천명을 받았다는 놀라운 주장을 하였다. 과연 이러한 주장이 타당한 것일까 생각해 본 적이 있다. 그런데 나는 전생을 보거나 사후세계를 볼 수 있는 아무런 능력이 없으므로 가부를 말할 수는 없다. 다만 스스로 단주의 후신임을 주장하며 태을도를 만들어 태을의 세계를 밝히시려는 이훈오 대종장의 일심 노력에 큰 찬사를 보내고 있다

그럼에도불구하고 상제님의 경전 말씀을 분석해 볼 때 단주 신명은 인간으로 환생한 것이 아니라 천상에서 상제님이 내리신 일정한 보직을 맡아 사역하고 있다고 생각한다. 상제님의 말씀은 단주의 인도환생을 말씀하신 것이 아니고 천상에서 신명으로써 지상의 오선위기 정국을 주도하는 한 주역 신명이라는 말씀이라고 보고 있다. 나는 단주 수명이라고 말씀하신 상제님의 진의를 깊이 알지 못한다. 다만 차별

과 차등이 없는 대동세계를 꿈꾸었던 인물이 단주였다는 사실, 그런데 상제님께서 구릿골 **약방**의 **약장** 정중앙에 단주수명이라고 쓰셨다는 사실 등을 미루어 보아 **단주수명**이라는 말씀의 대의(大義)는 '**의통성업과 후천 대동세계의 건설**'이라는 일반적인 생각을 하고 있다. 즉 4300년 전의 단주가 인도 환생해서 태어나 지금 어떤 인물로 살고 있다고는 생각하지 않는 것이다.

다시 원점으로 돌아와서 유서에 대해 말해 본다. 화은당실기(華恩堂實記) 제6장 오기초공사(五基礎公事) 동곡(銅谷) 부분에 상제님의 유서가 전해진 내력과 함께 전문(全文)이 실려있다.

화은당실기에 따르면 **1947 정해(丁亥)년** 초에 화은당 강순임 선사와 구암 김병철 정사는 상제님과 정씨 대모님의 하명을 받아 동곡에 **13척의 미륵불상**을 세우는 성전 건립 공사를 하게 되어 총력을 다해 짓게 되고 **음력 4월 초파일에 완공**을 한다, 이날은 공교롭게도 불가에서 석가모니의 탄신일로 기리는 날이다. 이날 치성일에 김자현 성도의 두 아들인 김태진, 김태준 형제가 유서를 들고 찾아와 불상 앞에 잔을 올리고 전하게 되었다는 내용이 나온다.

> 유서의 내력을 물으니, 김형렬씨가 종제 자현에게 맡겨 주시며 후일 부합되는 곳에 전하라 하였는데 그 후 형렬님은 타계하시고 자현씨 또한 못 전하고 임종 시에 태준, 태진 형제분에게 맡기시며 **후일 동곡에 불상을 모시는 곳**이 있으면 그곳에 전하라 하시어 지금까지 부합되는 곳이 없어 행여 전할 곳이 없을까 하여 부모님의 유교를 실행치 못하여 죄송한 마음 금할 수 없던 차 이곳에 기지를 정하는 날부터 유심히 바라보고 오늘에야 전하니 마음이 가볍다며 또 슬픈 눈물을 흘리더라. 혹 자기 조작이 아닌가 하고 여러 가지를 살펴본즉 그들이 하는 말이 이 글은 조금도 우리의 조작이 아님을 원문에서 상고하시오. 추호라도 부합처가 아니면 내놓지 말라고 하셨노라 하

니라. (화은당실기 174쪽)

유서의 앞부분에는 7언절구의 한시(漢詩) 170자가 적혀 있고 그 뒤로는 한시 형태가 아닌 한자로 된 글 310자가 이어진다. 유서 끝에는 '소만부(小滿符)'라는 부적이 그려져 있고, '천병(天屛) 사(巳)'라는 어구와 함께 정해 사월 팔일 동곡(銅谷) 순임신전(舜任信傳)이라는 말로 매듭짓고 있다. 그런데 『증산법종교60년사』에는 약간 다르게 丁亥四月八日丙午 로 끝맺음을 하고 있다.

정해 사월 팔일은 1947 정해년 음력 4월 8일인데 그날 13척의 미륵불상이 세워지고 삼청전 전각(殿閣)이 완공된 날을 가리킨다.

유서의 말미(末尾)에 소만부라는 부적(符籍)이 천병(天屛)이라는 말과 함께 그려져 있는데, 천병이란 하늘 병풍(屛風)이라는 의미이다. 일반적으로 병풍이란 가림막으로 무언가를 가리거나 숨기는 역할을 하는 것인데, 이는 세상 사람들이 이 유서를 읽어도 쉽게 무슨 뜻인지 잘 모르도록 숨기신 것으로 보이며 이를 소만부라는 신이(神異)한 부적을 붙여 효력을 발생시킨 것이 아닌가 생각해 본다.

나는 이 유서를 참신앙 혁명운동 초기부터 알게 되어서 다른 분들이 해석한 것도 읽어보고 직접 풀이도 해 보았으나 불과 480자 정도의 아주 짧은 글임에도 불구하고 그 의미가 쉽게 파악되지 않았다. 또한 다른 분들의 풀이 또한 모두 제각각 달랐고 바로 이것이다 라고 공감하는 것을 찾기가 어려웠다. 그래서 일단 덮어놓고 있었다.

그런데 2018년 11월 15일에 느닷없이 법정구속되어 감옥에 들어오게 되자 갑작스런 인생의 변화가 황당하기만 했다. 감옥생활에 적응하는 초기에 3변교운의 주관자 문공신 성도에게 붙이신 문왕도수가 생각나긴 했지만 어린 도목(桃木)을 가꾸고 의통성업을 준비해야 하는 이

귀중한 시간에 인신(人身)이 구속(拘束)되어 아무것도 할 수 없는 감옥에 들어와 있다는 것이 괴롭고 황당하였던 차였다.

어느 날 문득 짚이는 데가 있어 접견을 오는 지인에게 유서 전문(全文)과 옥편(玉篇)을 넣어달라고 하여 차근차근 읽고 해석을 시도하게 된다. 이때가 감옥에 들어온 지 한 달쯤 되는 시점이었는데 어느 날 갑자기 글자 하나가 새롭게 해석되었다. **그것은 480자의 한자 가운데 晝이라는 글자가 달리 해석되면서 유서 전체의 내용이 서서히 한 눈에 들어오는 신비한 체험이었다.** 속으로 놀라지 않을 수 없었다.

아니! 옛날에는 이 글자가 왜 눈에 들어오지 않았단 말인가? 나는 그렇다 쳐도 왜 다른 사람들은 이 글자를 미처 몰랐단 말인가? 놀라지 않을 수 없었다. 곰곰이 생각해 보니 유서 말미(末尾)에 천병(天屛)이라는 말씀과 함께 붙어있는 소만부 부적의 효력이 발휘(發揮)되었기 때문이 아니었나 생각하게 되었다.

10. 유서에 나타나는 천지대업의 마무리 과정

유서는 시작 부분에 7언절구의 한시(漢詩)가 24구절 170자 쓰여 있다. **한시의 앞부분 12구절 84자**는 비교적 내용 파악이 어렵지 않다. 누가 읽더라도 **상제님의 일생**을 시간순으로 쭉 서술한 것이라고 알 수 있다. 그 내용은 상제님의 지상 강세 과정과 9년 천지공사 그리고 어천하신 이후 1947년에 동곡에 13척의 미륵불상(佛像)과 삼청전이 세워질 때까지의 내용을 평이하게 말씀하신 것이다.

그런데 **한시의 뒷부분 12구절 86자**는 그 해석이 쉽지 않다. 유서를 읽어본 사람들이 공통적으로 생각하는 것은 **100년 천지공사의 어떤 마무리 과정에 대한 말씀**인 것 같은데 도대체 무엇을 말씀하신 것인지 금방 파악되지 않고 미로(迷路) 속을 헤매는 느낌을 받는다는 것이다. 누군가는 말하기를 어떤 암호(暗號)문을 해독하는 것과 같은 느낌을 받는다고 했다.

왜 그러한가? 상제님의 일생을 말하는 앞부분과는 달리 뒷부분은 여러 **비유(比喩)와 상징(象徵)**으로 서술되어 있어 천지공사에 대한 폭넓은 이해가 되어 있지 않으면 내용 파악이 용이(容易)하지 않다고 본다. 한자(漢字) 한 글자 한 글자, 단어 하나하나가 어떤 함축적인 상징을 말하고 있다. 특히 기러기[雁]와 제비[燕]가 등장하는데 다른 경전에서 나오는 기러기 도수와 제비 도수에 대한 상제님의 말씀을 접했어야만 추리(推理)가 가능하다. 또한 갑자기 한수(漢水)라는 단어와 색거용색(色擧用色)이라는 말씀과 진시황의 아들 호해(胡亥)라는 단어가 등장한다.

그러나 막상 알고 보면 그 내용은 어렵지 않고 간단하다. 결론부터 말하면 칠언절구 뒷부분 12구절 86자의 내용은 **3변교운**에 대한 것이고 **천지대업의 마무리 과정**을 말하는 것이다. 상제님의 의통성업을 이루는 천하사 일꾼이 감옥에 갔다가 풀려나오는 것[문왕도수]과 은두장미(隱頭藏尾) 하며 일을 추진하는 것, 그리고 결정적인 단계[사오미 과정]에서 진도진법임을 알고 찾아온 인연있는 일꾼들이 동참하여 천지의 공을 쌓으며 궁극에는 천하사를 이룬다는 것, 진시황의 아들 호해의 성추행을 거증(擧證)하는 어떤 여성의 노력으로 진실이 밝혀져서 호해의 인생이 허망(虛亡)하게 끝난다는 것 등이다. 여기에서 상제님은 일꾼을 기러기[雁, 鴻]와 제비[燕]로 비유하고 있으며 한자 특유의 은유(隱喩)와 상징으로 잘 말씀하고 있다.

이 질언절구의 한시 다음에 쓰여있는 310자의 글은 내가 볼 때 천지공사의 대의와 일꾼이 가져야 하는 정신, 3변교운의 인사와 조직이 어떻게 짜여지고 사오미 계명의 과정에서 어떻게 진법이 드러나는 지를 말씀하시는 내용이다.

여기서는 유서의 시작 부분에 쓰여있는 칠언절구의 시 170자를 해석하며 상제님께서 짜신 3변교운의 마무리 과정을 알아본다.

칠언절구의 앞부분 12구절 84자
상제님의 지상 강세, 천지공사의 결론과 어천

西天階塔行東洋 彌勒金佛同遊連
서천계탑행동양 미륵금불동유련
(서양 대법국 천계탑에 머물며 천하를 둘러보고 동양 조선국 금산사로 와서 미륵불상에 머물렀다)

湖南西神司命旗 指揮客望姜氏門
호남서신사명기 지휘객망강씨문
(호남에서 서신사명의 기치를 내걸고 고부 객망리 강씨 문중에 태어나 천지공사를 준비하였다)

出世庚子奉天文 辛丑二七人道通
출세경자봉천문 신축이칠인도통
(광구천하의 큰 뜻을 품고 출세한 이후 **경자년**에 천문을 받들고, **신축년** 7월 7일에 중통인의의 도를 이루고, 천지공사에 착수한다)

壬寅相逢金上人 布德於世盟誓約
임인상봉김상인 포덕어세맹서약
(**임인년**에 수석제자 김형렬을 만나 두 집이 망하더라도 천하를 살리자는 굳은 언약을 하였다)

忠孝烈倫世間無　四物藥材厥病癒

충효열륜세간무 **사물약재궐병유**

(세상에는 충도 없고 효도 없고 열도 없으니 온 천하가 깊이 병들었다. **사물약재가 그 병을 치유한다**)

銅谷仙化現佛像　遊魂更覓故園路

동곡선화현불상 유혼갱멱고원로

(기유년에 구리골에서 선화한 이후 여식 순임에 의해 미륵불상이 세워지니 나의 유혼이 다시 옛 동산의 길을 찾게 되는구나)

여기까지는 누가 읽어도 상제님의 지상 강세 과정과 9년 천지공사 그리고 어천 이후 동곡에 증산법종교의 삼청전 전각이 세워지기까지를 말씀하고 있다. 이 부분에서 '천지공사' 혹은 '의통'이라는 직접적인 단어는 나오지 않는다. 하지만 한문 시(詩) 특유의 은유와 상징으로써 이를 잘 말씀하고 있다는 것을 알게 된다.

상제님의 천지공사는 괴질병과 이를 극복하는 의통성업이 그 결론이다. 상제님은 이것을 '사물약재궐병유(四物藥材厥病癒)'로 말씀하고 있다. 사물약재로 끓인 것이 사물탕인데 둘은 같은 의미의 상징어이다. **사물약재란 의통인패 제작에 필요한 4가지 재료를 말한다. 동도지, 경면주사, 백로지, 청금랑[푸른 비단주머니] 이다.** 상제님께서 경지, 신축, 임인을 말씀하시는 것은 천지공사의 시작도 그랬던 것처럼 마무리 과정도 그러한 시간 흐름으로 이루어진다는 것을 암시하고 있다. 이제 천지대업이 마무리되는 과정을 말씀하신 칠언절구의 뒷부분을 알아본다.

칠언절구의 뒷부분 12구절 86자
천지대업의 마무리 과정

佛日出世禍福降 世間眼目今始開
불일출세화복강 세간안목금시개
(미륵불의 태양이 세상에 나오면 화와 복이 동시에 내려온다. 세상 사람들이 안목은 이제 비로소 열리기 시작한다. 사오미 계명을 말씀 하신 것으로 보인다)

有緣者皆聞知來 輔相顯明天地功
유연자개문지래 보상현명천지공
(**인연 있는 자**는 다 듣고서 알아서 찾아오며 보상현명, 즉 相을 도와서 明을 드러니어 천지의 공을 쌓는다)

丹朱受命靑天雁 畫閣人其像籠鴻
단주수명청천안 **획각인기상롱홍**
(단주수명은 푸른 하늘을 날아가는 기러기들의 일인데 **감옥**에 있는 **그 사람의 형상은 대나무 새장에 들어있는 큰 기러기로다**)

色擧用色胡亥虛亡 夫政也者柔蒲蘆也
색거용색호해허망 부정야자유포로야
(여자가 성추행을 거증하니 호해의 인생은 허망하게 끝나는데 이 모든 것은 부들과 갈대가 자라듯 **빠르게 진행된다**)

漢水濱含蘆飛行 飛鴻得意天空闊
한수빈함로비행 비홍득의천공활
(한수의 물가에서 기러기들이 갈대를 입에 머금고 날아오르며, **자유**

로운 몸이 되어 날아가는 큰 기러기는 뜻을 얻으니 하늘이 공활하다)

燕自江南尋舊主 終是日新聖人德
연자강남심구주 종시일신성인덕
(강남 갔다 온 제비가 **옛 주인을 찾으니** 마침내 성인의 덕을 날로 새롭게 하는구나)

불일출세(佛日出世)란 미륵불의 태양 곧 상제님의 참 진리가 세상에 나온다는 말씀인데 해가 중천에 떠올라 비추니 100년 교운사의 거짓과 진실이 여실히 드러나는 사오미 계명(啓明)과 상통하는 구절이다. 상제님의 참 진리, 3변교운의 진도진법이 나오는 것이지 상제님께서 다시 인간으로 오신다는 말씀이 아니다. 옛것[난도난법]을 버리고 새 것[진도진법]을 받아들이는 일꾼에게는 복(福)이 되지만 옛것을 고집하는 일꾼에게는 화(禍)가 된다는 말씀이다. 숙구지 자는 개가 깨어나면서 일꾼의 안목은 이제 비로소 열리며 천지공사의 대의[의통성업]와 내막을 알고 이해하게 되는 것이다.

보상현명(輔相顯明)의 해석은 보국안민(輔國安民)을 풀이하듯 해야 한다. 즉, 나라 일을 돕고[보국] 백성을 평안하게 한다[안민]는 풀이처럼 '상(相)을 도와서 명(明)을 드러낸다'는 의미이다. 상(相)은 서로 상의 의미도 있지만 여기서는 재상(宰相)을 나타내는 단어로 이윤도수의 주인공을 말한다. 탕임금의 신하 이윤(伊尹)이건 상제님의 신하 동방칠성 이마두이건 모두 한 글자로 말하면 **상(相)**이다.

상제님의 일꾼은 천자가 아니라 다만 상제님의 신하일 뿐이다. 한편 보상(輔相)이란 단어는 예로부터 있는 말로서 대신을 거느리고 임금을 도와서 나라를 다스리는 수석 재상을 보상이라고 했다. 명(明)은 사오미 계명의 명(明)과도 통한다. 현명(顯明)이란 상제님의 참 진리를 밝게 드러내는 활동을 말하는데 곧 의통성업의 준비를 말한다.

단주수명청천안(丹朱受命靑天雁) 획각인기상롱홍(畵閣人其像籠鴻) 이 구절을 잘 해석해야 한다. 우선 기러기 안(雁)과 큰 기러기 홍(鴻)이 나오는데, 기러기[雁]는 상제님과 수부님의 의통성업을 추진하는 12000 일꾼을 말한다. 큰 기러기 홍(鴻)은 12000 일꾼 가운데 리더가 되는 대표 일꾼을 말한다.

단주수명은 동곡 약방의 약장 15칸 정중앙에 쓰신 글귀인데 상제님은 여기에 **열풍뇌우불미**, **태을주**를 함께 쓰셨다. 열풍뇌우불미는 서경에서 나오는 말로서 요(堯)임금의 후계자인 순(舜)임금에 해당하는 말씀인데, 의통성업을 앞장서서 이끄는 대표 일꾼은 순(舜)과도 같이 사나운 바람과 우레와 폭풍우 속에서도 길을 잃지 말고 꿋꿋하게 일을 추진하며 나아가라는 경계의 말씀이다. 즉 대표 일꾼이 추진하는 신앙혁명의 길에는 갖은 고난과 시련이 있음을 암시한 것이다.

단주수명은 앞에서도 말한 바대로 '의통성업과 후천 대동세계의 건설'을 상징하는 말이다. 이 말 뒤에 청천안이라는 말이 붙은 것으로 보아 의통성업과 대동세계의 건설은 푸른 하늘을 날아가는 기러기들 즉 12000 일꾼들의 일이라는 의미로 보인다. 한편 이 어구를 약장에 쓰신 것으로 보아 단주(丹朱)란 단사 혹은 주사를 말하며 사물약재의 하나인 경면주사를 말하기도 한다. 의통인패는 반드시 경면주사로 인주를 만들어 도장을 찍어야 한다. 따라서 **단주수명이란** 경면주사로 만든 **의통인패를 상징**하며 병겁 창궐시에 이것을 몸에 소지하고 있어야 병겁 신장이 이를 알아보고 침범하지 않게 되며 이로써 생명을 보전하게 되므로 결국 선천에서 후천으로 넘어가는 명을 잇는다[받는다 受命]는 것을 말한다.

따라서 **태을주**와 **단주수명**은 의통성업을 구성하는 **무형의 주문과 유**

형의 부적을 상징하며 이 의통성업은 푸른 하늘을 날아가는 12000 기러기[일꾼들]의 몫[일]이라는 말씀이다. 그런데 그 리더가 되는 큰 기러기[홍, 鴻]가 감옥에 갇힌다는 것이 획각인기상롱홍(畫閣人其像籠鴻)이다. 롱홍(籠鴻)이란 큰 기러기[홍, 鴻]가 대나무로 만든 새장[롱, 籠]에 들어있는 것 그러니까 갇힌 것을 말한다.

여기서 문제가 되는 단어는 畫閣이다. 누구나 이를 '화각'이라고 읽었다. 그런데 감옥에 들어와 차분히 옥편을 찾아보니 화각이 아니고 '획각'으로 읽어야 맞는다는 생각이 들었다. 畫 자(字)는 두 가지 뜻과 음이 있는 글자다. 하나는 '그림 화'이고 또 하나는 **'그을 획'**이다. 화각이라고 읽으면 그림이 그려진 (보기 좋은) 누각이라는 의미가 되는데 이렇게 되면 앞뒤 해석이 도저히 자연스럽지 않다.

옥편을 찾아보니 그을 획의 획각이라고 읽어야 한다는 것을 깨달았다. 글자를 쓸 때 일획, 이획, 삼획 하는 획(畫) 자이다. 종이에 필기도구로 선이 그어지면 이를 중심으로 이쪽과 저쪽으로 구분되며 경계가 나누어진다[分界]. 획각이면 이쪽저쪽으로 구분되어 진 다락방, 경계가 나누어진 다락방이라는 뜻이 된다. 구분되어 경계가 나누어진 다락방이면 감옥의 감방을 말하는 것이다.

내가 구속되어 있던 교도소의 감옥은 모두가 3층 건물이었는데, 각층마다 똑같은 크기와 구조의 다락방[감방]이 다닥다닥 좌우와 아래위로 쭉 연이어 있었다. 나는 상제님이 畫閣이라고 쓰신 단어는 화각이 아니고 획각 그러니까 구분되어 진 다락방인 감옥(監獄)의 **감방(監房)**이라는 것을 깨달았다. 상제님께서 애초에 畫閣이 아니라 감방이라고 쓰셨다면 그 누가 그 뜻을 파악하지 못하겠는가. 상제님은 일부러 畫閣이라고 써서 그 의미를 은연중 감추신 것이라고 생각한다.

어쨌든 획각이라는 것을 알게 되자 획각인기상롱홍(畫閣人其像籠鴻)

의 해석이 자연스럽게 되었다. 즉, 감방에 있는 사람의 그 형상은 대그릇 속에 들어있는 큰 기러기로다. 그러니까 큰 기러기[鴻]가 대그릇 새장에 갇혀 있듯이, 12000 일꾼의 리더가 감옥의 감방에 갇혀 있다는 말씀이었다. 이는 3변교운의 주관자인 문공신에게 붙이신 문왕도수가 현실의 일로 드러나서 전개된 것을 말하는 것이다.

색거용색호해허망(色擧用色胡亥虛亡)에서 색은 경국지색(傾國之色)하듯이 여자를 말한다. 용색(用色)이란 단어는 예로부터 있는 말이다. 남녀가 교합하여 색을 쓴다는 말인데 육체적으로 교접한다는 말로서 여기서는 성추행, 성폭행을 암시하는 말이다. 거(擧)란 들어 올린다, 거증(擧證)한다는 의미이다. 따라서 색거용색(色擧用色)이란 어떤 여성이 누군가의 성추행을 법정에서 증거한다는 말이다. 호해허망(胡亥虛亡)이란 1대 황제 진시황의 뒤를 이어 2대 황제가 된 아들 호해가 허망(虛亡)하게 된다는 말이다.

이렇게 열매를 맺지 못하고[虛] 망(亡)하면서 끝나는 것은 어떤 계기가 되면 순식간에 일어난다는 말씀이 부정야자유포로야(夫政也者柔蒲蘆也)라는 말씀이다. 본래 한자의 사자성어에 정여포로(政如蒲蘆)라는 말이 있다. 이는 부들[포 蒲]과 갈대[로 蘆]가 빨리 자라듯이, 정치(政治)의 효력(效力)이 빨리 나타남을 비유(比喩)해 이르는 말인데 상제님은 이 사자성어를 한시의 글자 운율을 맞추기 위해 여덟 글자로 늘려 쓰신 것으로 보인다.

한수빈함로비행(漢水濱含蘆飛行)은 한수(漢水)의 물가[빈, 濱]에서 갈대[로, 蘆]를 머금고[含 입에 물고] 날아간다는 말인데, 기러기들이 잠시 쉬기 위해 물가에 내려앉았다가 다시 비행하며 날아오를 때는 소리를 내지 않기 위하여 갈대를 입에 물고 날아간다는 말이다. 날아오를 때 기러기가 꿱~ 꿱~ 하는 소리를 내면 위치가 탄로 나서 포수의 총에 맞아 죽을 수 있으므로 갈대를 입에 물고 즉 소리 내지 말고 하늘을 나르라는 말씀이다. 이는 감옥을 나온 이후 천하사를 추진하는 핵심 일꾼들이 **은두장미(隱頭藏尾)하며 비밀스럽게 일을 하라**는 말씀으로 보인다.

한수(漢水)는 한고조 유방이 항우에게 밀려서 쫓겨 들어간 궁벽한 촉한 땅을 흐르는 양자강의 지류인 샛강을 이르는 말이다. 유방은 한수라는 강의 이름을 따서 나라 이름을 한(漢)이라고 했다. 한수(漢水)가 의미하는 것은 유방이 결국 초패왕 항우를 물리치고 중국 천하를 한(漢)나라로 통일했듯이 **천하사가 성공한다**는 것을 암시하고 있다. 이 구절에서 롱홍(籠鴻)은 비홍(飛鴻)으로 바뀐다. 날아가는 큰 기러기[飛鴻]는 일꾼이 감옥에서 나와 자유롭게 활동하는 것을 말한다.

강남 갔다 돌아온 제비가 옛 주인을 찾는다는 것은 난법 교단에 빠져 한세월을 보냈던 일꾼들이 드디어 거짓말에서 깨어나서 교주 신앙, 대두목 신앙, 머슴살이 신앙을 버리고 천지일월부모이신 상제님과 수부님을 찾아 신앙한다는 것을 의미한다. 숙구지 잠자던 개[일꾼]가 깨어나 교주의 일꾼이 아니라 천지공사를 행하신 도문의 원주인이신 상제님과 수부님의 신하와 일꾼이 되어 천지대업인 의통성업을 완수한다는 것을 의미한다.

11. 수부(首婦)가 3분이라는 교리의 허구(虛構)

몇몇 신앙인들은 정수부님, 김수부님, 고수부님이라고 말하며 **수부(首婦)**가 세 분이라고 알고 있는 경우가 있다. 일부 일꾼이 서책에서 이렇게 주장하고 있고 또 일부 모임이나 단체에서도 그렇게 신도들에게 교육하고 있어 천지공사의 진실과 사리를 잘 따지지 못하는 신앙인들은 부지불식간에 그렇게 알고 있다. 과연 이러한 주장이 천지공사의 정신에 맞고 부합하는가 살펴본다.

흔히 한 나라의 중심이 되는 도시를 **수도(首都)**라고 한다. 수도는 나라의 중앙 정부가 들어서 있는 도시로서 각 나라의 수도가 되는 도시는 하나일 뿐이다. 보통 각종 시험에서 최고 점수를 받아 일등이 되는 수험생을 **수석(首席)**을 차지했다고 한다. 수석이란 등급이나 지위 따위에서 맨 윗자리 하나를 말하는 것이다. **수상(首相)**이란 나라의 대권자를 도와 행정부에서 실무를 맡은 장관. 즉 재상들 가운데서 수위가 되는 일등 재상 한 사람을 말한다. 이처럼 수(首)자의 용례는 가장 높은 하나를 말할 뿐, 둘이나 셋이 될 수 있는 게 아니다.

따라서 수부(首婦)란 모든 여성[婦]들의 머리[首], 즉 우두머리가 되는 일등 여성 한 분을 가리키는 것이다. 이를 영어식으로 말하자면 퍼스트 레이디(First Rady)라고 말할 수 있으며 여기에 해당하는 분은 상제님께서 천지공사로 인정하신 법륜당 고판례 수부님 한 분뿐이다.

따라서 '정수부' 혹은 '김수부'라는 말은 전혀 천지공사의 진실과 정신에 맞지 않는 말이라는 사실이다. 왜 그러한가? 수부(首婦)란 오직 **한 분 여성**에게만 해당하는 말이기 때문이며 그 수부의 지위에 오르신 분은 **법륜당(法輪堂) 고판례(高判禮)** 수부님이시기 때문이다. 그것은 '상제(上帝)'라는 존칭이 삼계대권을 주재하여 천,지,인 삼계 우주를 다스리는 최고 대권자이신 한 분, 증산 상제님에게만 해당하는 말인 것과 같은 것이다.

따라서 고수부님이라는 말 이외에 어떤 여성에게도 수부라는 용어를 붙여서는 안된다는 사실이다. 이 수부의 문제는 이중성 천지개벽경이 아닌 대순전경과 선정원경에 자세히 서술되어 있다.

증산 상제님께서는 고판례님을 뭇 여성의 우두머리인 수부로써 확정하는 수부택정공사를 행하셨고(1907년 정미년 11월 3일) 이로써 정음정양과 음양동덕의 **후천 곤도(坤道) 시대**를 활짝 열어놓으셨다. 고

수부님은 상제님의 어천 이후에 **후계사명**을 맡으시어 천하 사람의 두목이 되어 교단을 개창하셨으며, 10년 신정공사(1926~1935)를 행하셔서 상제님의 천지공사를 음양합덕으로 완성하셨다.

거듭 말하건대 수부라는 단어가 의미하듯 고수부님을 제외한 다른 어떤 여성에게 수부라는 호칭을 붙이는 것은 대단히 잘못된 것이다. 상제님의 성도(成道) 이전에 부모님께서 짝 지워 주신 정씨 성모님은 그 어느 1차 경전에서도 수부라고 부르거나 호칭하지 않는다. 다만, 정씨 부인, 정씨 성모, 정씨 대모님 등으로 불렀을 뿐이다. 일부 신앙인들은 김형렬 성도의 셋째 딸 김말순님을 김수부님으로 부르고 천상 신명계에서 무슨 큰 사명을 맡으신 것으로 알고 진심을 다해 신앙하고 있는데, 김말순님을 김씨 사모님으로 부르고 공경할 수는 있으나 김수부님으로 호칭해서는 안 되며 나아가 김말순님이 대두목이라거나 혹은 자신이 김말순님의 후신이며 대두목이라고 말하며 모임을 만들고 사람들을 끌어모으는 것은 아주 위태로운 일임을 알아야 한다.

지금 세상은 후천 지천태(地天泰) 운이 열려 가정이나 국가나 천지 살림에서도 여자가 주체가 되어 활발하게 활동 하고 있다. 지금 세상을 보라. 과연 과거와는 달리 모든 삶의 분야에서 여자가 남성을 제치고 일을 하는 여성 상위 시대가 되고 있지 않는가. 이러한 현상은 상제님의 천지공사로 인한 것이다. 상제님의 신앙인들은 후천 5만년 **곤도(坤道) 운(運)**을 이끄시는 분은 다름 아니라 천상의 고수부님 즉 고후비님이라는 것을 깊이 깨달아야 한다고 본다.

이제 한 가정을 보건데도 아버지 위주로 돌아가던 선천의 남존여비 시내는 지나갔고 어머니 즉 여성이 체가 되어 돌아가는 후천 곤운의 시대가 되었음을 새삼 깨닫게 된다. 모든 상제님 신앙인들은 **"수부의 치마 그늘을 벗어나면 다 죽으리라."** 라는 상제님의 말씀을 가슴 깊이 새기며 강증산 상제님과 고법륜 수부님 두 분을 온 인류의 군사부이자 천지일월부모님으로 받드는 신앙의 근본을 벗어나지 않아야 함을 거듭 강조한다.

12. 낙종 이종 추수와 대나무 10마디의 교운 공사

고수부님께서는 1911 신해년 9월 20일 상제님으로부터 성령 감화의 도통을 받으신 직후. 다음과 같이 말씀하셨다.

> * 말씀하시기를 "내 생일은 삼월 스무엿새라. **나는 낙종(落種) 물을 맡으리니 그대는 이종(移種) 물을 맡으라. 추수(秋收)할 사람은 다시 있느니라.**"하시니라.
> (재판 道典 11:19) (원본 경전 대순전경, 고부인신정기)

고수부님께서 상제님 어천 이후 100년간 펼쳐지는 교운 역사를 **낙종(落種)**과 **이종(移種)**과 **추수(秋收)**라는 벼농사의 원리로 말씀하신 것이다. 여기서 낙종(落種)은 고수부님의 역할을 말씀하신 것인데. 1911 신해년에 도통을 하신 후 방황하던 상제님의 제자들을 모아 천하 사람의 두목이 되어 교단을 개창하신 일을 말한다.

이종(移種)은 고수부님께서 정읍 대흥리 교단을 떠나시고 나서 차경석이 독자적인 교권을 행사하며 교단 운영을 하게 된 1919 기미년 이후부터의 교운 전개를 말한다. 그런데 차경석은 1936년에 별세함으로써 불과 17년밖에 역사하지 못하였다. 그렇다면 100년이라는 긴 교운사에 이종의 기간은 이토록 짧은 것인가? 이 문제에 대한 분명한 해답이 다음의 상제님 말씀에 있다.

> * 하루는 말씀하시기를, **동학이 차정(車鄭)으로 망하느니라.**
> 제자가 여쭈기를, 동학이 어찌 차정으로 망할 일이 있사옵니까?
> 말씀하시기를, **정씨로 임금을 삼으니** 어찌 망하지 않으며, **차씨로**

임금을 삼으니, 망하지 않고 어쩌겠느냐?
제자가 여쭈기를, 그러면 동학의 운수가 길지 않사옵니까?
말씀하시기를, 정씨를 가까이하지 말고, 차씨를 가까이 하지 말라.
동학의 운수가 천지의 대운이요, 만세의 대운이거늘 어찌 망하리오.
동학 신도로서 **정씨와 차씨를 찾는 사람이 망할 뿐**이니라.
(천지개벽경 무신 8장)

여기서 동학은 상제님의 무극대도를 말하는 것이다. 차정(車鄭)이란 차씨(車氏)와 정씨(鄭氏)로 상징되는 2개의 난법 교운을 의미하는 것으로. 차(車)는 당연히 일정기때 차경석의 보천교를 말한다. 그렇다면 정(鄭)은 누구를 상징하는가? 이는 계룡산 정씨 왕국을 꿈꾸는 정가(鄭哥)를 말하는 것으로 보인다. 그런데 지난 100년 교운사에서 정가가 교주가 되어 이룬 역사는 없다. 그렇다면 누구를 말하는 것인가?

상제님은 이 사명을 맡은 어느 특정한 성씨가 있음에도 불구하고 그것을 노골적으로 노출하지 않으시고 이렇게 정가로 살짝 돌려서 말한 것임을 눈치채야 한다. 상제님의 말씀에는 계룡산 정씨 왕국을 비롯하여 많은 정씨 공사가 등장하는데 이는 모두 차정으로 상징되는 100년 난법 교운 시대의 후반부를 맡고 있는 정씨를 말하는 것이다. 그 정씨가 누구인지를 아는 것이 교운의 핵심을 파악하는 지름길이 된다.

한편 상제님은 기유년에 구리골에서 김갑칠에게 약방 뒤에 있는 대나무를 뜻대로 짤라 오게 하여 보신 대나무 10마디의 교운공사가 있다. 여기서 한 마디를 짤라 내면서 왕래와 순회를 마음대로 하는 두목이라고 하셨고 나머지 아홉 마디는 교 받는 숫자와 일치한다고 하셨다.

두목은 고수부님을 의미하는 것이 아니라 100년 교운사 맨 막판에 출현하는 3변교운 즉 진도진법을 의미한다. 고수부님은 살아생전 이 교단 저 교단을 왕래하시며 순회하신 적이 없다. 아홉 마디는 일정기 때 최대분열(9×9=81)하며 펼쳐졌던 각종 교단들을 상징한다. 결국 100년 세월이 지나고 나서 보니 명맥을 유지하고 있는 교단은 불과 10개도 못 미치는 현실이다. 아직도 건재하고 있는 김제 오리알터의 증산법종교, 용화동의 증산교, 80년대 이후 2변교운의 견인차 역할을 했던 큰 교단 두 개, 순천에 있는 현무경파 등이 9마디의 맥을 이어 받고 있다고 본다. 상제님의 뜻은 결국 이 9마디 교단이 하나의 대도 아래 통일되어 의통성업을 이루는 것이라고 본다.

13. 병겁과 의통인패에 대한 천지개벽경의 말씀

병겁과 의통인패에 대한 말씀(1)
→1902 임인년에 이미 병겁과 의통을 말씀하고 계신다

* 제자가 여쭈기를, 세상에 도하지(道下止) 라는 말이 있으니 그러하나이까?
말씀하시기를, 천지의 큰 겁액이 닥치는 때이니 **천지대도(天地大道)** 아래 머무르지 않으면 어찌 살아나리오.
제자가 여쭈기를, 세상에 나를 살리는 것[活我者]이 삼인일석(三人一夕)이라는 말이 있으니 그러하옵니까?
말씀하시기를, 마음을 닦고 덕을 닦음이니라[修心修德也].
제자가 여쭈기를, 세상에 나를 죽이는 것[殺我者]이 소두무족(小頭無足)이라는 말이 있으니 그러하옵니까?
말씀하시기를, 비결에
此黨彼黨重重黨(차당피당중중당)에
不入黨中是英雄乎(불입당중시영웅호)아
이 당 저 당 여러 당에 들지 않은 이가 영웅이로다
라고 말하지 않더냐.
제자가 여쭈기를, 수운이 우리 동방의 삼년 괴질을 누가 막을 수 있

으리오 하고, 또 십이제국 괴질 운수는 누가 막아내리오 라 말하니 그러하옵니까?

말씀하시기를, 큰 것을 들어 말한 것이려니와, 천하가 다 그러하니라. 토정이 말하기를, 전쟁도 아니고 굶주림도 아닌데 시체가 길에 쌓인다고 하지 않더냐, 토정이 말하기를, 전쟁으로 백(百) 명이 죽으면 흉년으로 천(千) 명이 죽고 병이 돌면 만(萬) 명이 죽는다고 하지 않았더냐. 때가 이르면 홍수 밀리듯 하여 누웠다가 일어날 틈이 없고, 국물 마실 짬이 없으리니 **의통(醫統)을 배우라[學]**.

제자가 여쭈기를, 불가에 미륵이 출세한다는 말이 있고, 서도에 예수가 부활한다는 말이 있고, 동학에는 수운이 갱생한다는 말이 있으니 그러하옵니까?

말씀하시기를, 죽은 사람은 다시 살아나지 못하나니, 그러므로 한 사람이 오면 천하의 모든 사람이 다 내 스승이라 하여 따르리라.

제자가 여쭈기를, 세상에 천주(天主)께서 세상에 오시어 선악을 심판한다는 말이 있으니 그러하옵니까?

말씀하시기를, 인존시대에 상제(上帝)가 내려와 선악을 심판하나니, 천존(天尊)과 지존(地尊)보다 인존(人尊)이 크노니 지금은 인존시대니라.

(천지개벽경 임인 6장)

병겁과 의통인패에 대한 말씀(2)

→1905 을사년에는 병겁과 의통에 대한 아주 구체적인 말씀을 하시고 있다

* 대선생께서 말씀하시기를,

때가 오면 천하에 **대병(大病)**이 나와서 인간 세상이 거의 전멸(全滅)하노라.

너희들은 **의통(醫統)을 연구하라[修]**.

제자가 여쭈기를, 세상에 백조일손(百祖一孫)이라는 말이 있고, 전

쟁도 아니고 기근(饑饉)도 아닌데 길거리에 시체를 쌓는다는 말이 있고, 병(病)이 만(萬)이요 기근이 천(千)이요 전쟁이 백(百)이라는 말이 있으니, 이를 이르시는 말씀이옵니까?

말씀하시기를, 선천의 악업(惡業)의 모든 빌미가 천하의 병을 빚어 내어 괴질(怪疾)이 되노라.

봄여름에는 병이 없다가, 봄여름의 빌미가 철이 바뀌는 가을에 들어 병세(病勢)가 갑자기 일어나나니, 천지 대운이 지금이 큰 가을철[大秋]이니라.

천지일원(天地一元)에서 가을 운이 닥치매, 선천의 모든 빌미로 인해 가을 운에 대병(大病)이 크게 일어나고, 선천의 모든 악이 천하의 대란(大亂)을 만들어 내나니, 대란이 일어난 뒤 대병이 크게 발생하여 온 세상을 엄습하면 피할 방도가 없고, 약을 쓸 수가 없으리라.

제자가 여쭈기를, 병겁(病劫)이 이와 같으면 천하에 약이 없나이까?

말씀하시기를, 약을 가진 사람이 먼저 죽으리라.

말씀하시기를, 나의 세상에 서양 의학은 무용지물이 되리라.

하늘이 모조리 죽여 버리는 법은 없나니, 그러므로 하늘의 신선과 부처와 성신(聖神)이 내가 세상에 내려와서 병으로 죽을 수많은 창생을 구원하고 영원한 선경(仙境)을 열기를 원하였나니, 나를 따르는 사람은 사노라.

제자가 아뢰기를, 천하의 모든 사람이 도(道)를 받들면 대병이 온다고 하여도 무엇을 근심하겠습니까?

말씀하시기를, 도를 받들기가 매우 어려우니 부유하고 강하고 권세 있고 교만한 사람[富强權驕]에게 알려주면 도리어 모욕을 당하고, 가난하고 약하고 병들고 고생하는 사람[貧弱病苦]은 권하면 따르나니, 삼생의 인연이 있는 자가 받들 수 있느니라.

말씀하시기를, **병이 오면[病來하면]**

따로 처방하는 길이 있어[別有方道하야],

만들도록 명하여 이를 기다리나니[命作待之하리니],

때가 오면 천하에 쓰이리라[時來하면 用之天下하노라].

말씀하시기를, 나를 따르는 사람은 병이 함부로 덤벼들지 않나니, 잘못 들어오는 일이 있더라도 태을주를 세 번 읽으면 병이 스스로 물러나고, 읽을 틈조차 없거든 나를 세 번 부르라. 병이 스스로 물러나노라.

제자가 여쭈기를, 대병이 도를 받드는 사람에게 함부로 덤벼들지 않는 것은 어째서입니까?

말씀하시기를, 호역신장(虎疫神將)이 하늘의 명[天命]을 받고 세상에 오므로, 감히 잘못 덤비지 못하노라.

내가 이 나라의 삼재팔난 중에 큰 것들은 모두 없애고, 오직 병겁만 남겨두는 것은 너희들로 하여금 이것[의통]으로써 덕을 천하에 펴고[布德天下] 창생을 널리 건지게[廣濟蒼生] 하려 함이노라.

말씀하시기를, 병이 오면 너희들이 천하 창생을 구하노니
천하의 억조 중생이 모두 너희들에게 보은하고[報恩汝徒]
천하의 억조 중생이 모두 너희 가르침과 도를 받들고[奉道汝敎]
천하의 억조 중생이 모두 너희에게 돌아와 마음을 합하리니[合心汝歸]
통일천하(統一天下)가 그 가운데 있고[卽在其中],
천지대도(天地大道)가 그 가운데서 행하여지고[卽行其中],
만세영락(萬世榮樂)이 그 가운데서 이루어지노라[卽成其中].

말씀하시기를, 병이 오면 송장 냄새가 코를 찔러서, 비위가 아무리 좋은 사람이라도 밥 한술을 뜨지 못하리라.

말씀하시기를, 병이 오면 너희들은 그들을 구하려고 하루에 짚신 세 켤레를 갈아 신고, 쉴 틈이 없노라.

제자가 여쭈기를, 병이 와서 제자들이 쉴 새 없이 바삐 오고 가며, 송장 냄새가 코를 찔러 밥을 먹을 수 없을 정도로 심하다면, 저희같이 못난 사람들이 어떻게 일을 감당하오리까?

말씀하시기를, 이때가 되면 내가 너희들의 몸에 큰 도[大道]와 큰 힘[大力]을 주어서, 일을 감당하고도 남음이 있게 하리라.

말씀하시기를, 서양에 날아다니는 기계가 있어 흉기를 싣고 다니며

재앙을 퍼붓다가, 이때가 닥치면 꽃으로 바꾸어 꾸미고 너희들을 맞이하여 모셔가서, 한길 짜리 상에다 산해진미를 차려놓고 아리따운 아가씨들이 예쁘게 춤추며 아름다운 음악을 번갈아 연주하여 만백성이 반겨 맞이하리니, 너희들이 그때 누리게 될 영화와 즐거움이 오늘 내 눈에 생생하게 보이노라.
(천지개벽경 을사 8장)

◆신앙인 가운데는 천지개벽경 전(全) 편을 깊이 정독하지 않고 자기의 좁은 안목에서 읽고는 을사 8장의 말씀을 잘 못 이해하는 경우가 종종 있다. 마치 태을주를 세 번 읽으면 병이 스스로 물러가고, 읽은 틈조차 없으면 상제님을 세 번 부르면 된다는 말씀으로 오해하여 의통인패의 절대성을 부인하는 것이다. 학암 선생께서 을사 8장의 말씀을 편술하는 과정에서 상제님의 말씀을 일부 사람들이 오인하도록 배열하신 것을 재배열하였음을 밝힌다. 원문을 함께 살펴보면 내용은 전혀 바뀜이 없이 다만 성구 배치가 약간 바뀐 것을 금방 알 수 있다.

병겁과 의통인패에 대한 말씀(3)

* 제자가 여쭈기를, 대병이 인간 세상을 엄습하면 천하의 어떤 나라에 먼저 일어나나이까?
말씀하시기를, 맨 처음 일어나는 곳이 조선이니라.
제자가 여쭈기를, 대병이 어째서 이 나라에서 먼저 일어나나이까?
말씀하시기를, 병을 고치는 방도가 조선에 있노라.
제자가 여쭈기를, 대병이 이 나라의 어떤 도에서 먼저 일어나나이까?
말씀하시기를, 호남에서 먼저 일어나노라.
제자가 여쭈기를, 대병이 어찌하여 호남에서 먼저 일어나나이까?
말씀하시기를, 병을 고치는 방도가 호남에 있노라.

제자가 여쭈기를, 대병이 호남의 어떤 군에서 먼저 일어나오리까?
말씀하시기를, 정읍 군창 나주에서 먼저 일어나노라.
제자가 여쭈기를, 대병이 어째서 호남의 세 군에서 먼저 일어나나이까?
말씀하시기를, 나주는 패운(敗運)이요, 군창은 어복(魚腹)이요, 정읍은 구세천명(救世天命)이 이곳에서 때를 기다리노라.
제자가 여쭈기를, 세상에 십이제국이 조선에 조공을 바친다는 말이 있으니, 정읍을 이르나이까?
말씀하시기를, 때가 오면 아느니라.
말씀하시기를, 대도 아래에서 도를 어지럽히는 자[亂道者]가 있어 여러 사람이 죽는 일이 있으리라.
가르침을 내리시니,
不知赤子入暴井(부지적자입폭정)하니
九十家眷(구십가권)이 摠沒死(총몰사)라.
어린 아이가 사나운 우물에 빠지는 것을 알지 못하니,
대부분의 가솔들이 모두 죽음을 당하리라.
제자가 여쭈기를, 병이 오면 이 나라 전 지역에서 어떤 도가 가장 심하옵니까?
말씀하시기를, 서북(西北)이 가장 심하고, 중동(中東)이 그 다음이고, 호남(湖南)이 많이 사느니라.
제자가 여쭈기를, 세상에 광주와 나주 땅을 밟지 말라는 말이 있으니 어째서입니까?
말씀하시기를, 광주와 나주 땅은 이미 패운(敗運)에 들었느니라.
말씀하시기를, 서리 내릴 때 괴질이 두려우니라.
제자가 아뢰기를, 옛부터 괴질이 서리를 만나면 그치나이다.
말씀하시기를, 이번에 오는 대병은 서리 내릴 때가 두려우니라.
(천지개벽경 을사 9장)

병겁과 의통인패에 대한 말씀(4)

→ 9년 천지공사의 최종 결론 말씀이다
→ 1909 기유년에 비로소 의통의 정체가 인패임을 밝히시며 그 제작법을 박공우에게 전수하시고 어천하시게 된다

* 기유년 여름에 대선생께서 구릿골에 계시며
천지대신문을 여시고 천지대공사를 행하시니,
설법하시고 행법하시사 신명에게 칙명을 내리시니라.
제자들이 명에 따라 모두 물러가니,
말씀하시기를, 공우야 너는 나에게 오라.
월곡이 생각하기를 반드시 비명(秘命)이 있으리라 하여 몰래 마루 옆에 들어오니, 인암이 알지 못하니라.
말씀하시기를, 공우야
다가오게 될 앞날의 형세가 병겁이 세상을 덮칠 것인데, 너는 어떻게 구(救)하려느냐?
인암이 말씀드리기를, 가르쳐 주시지 않으시면 제자가 어떻게 구할 수 있사오리까?
말씀하시기를, 종이를 자르되 가로는 짧고 세로는 길게 하고, 나무에 태을주를 새겨 경명주사를 발라서 찍어서 입교하는 사람마다 주어라.
병이 침범치 못하리니, 이것이 **녹표(祿表)**니라.
월곡이 오래 머무르다가 들킬 것을 두려워하여 여기까지 듣고 물러가니, 인암은 알지 못하더라.
말씀하시기를, 공우야.
네 입에 병을 매달아 가벼우니, 곤륜산을 매달아라.
나는 천하사를 하러 며칠 안에 떠나노라.
인암이 아뢰기를, 하루를 모시지 못하면 하루가 무정하오니, 제자는 함께 가도록 허락하소서.

말씀하시기를, 공우야.

네가 갈 곳이 아니니라.

여기 있으면서 천하사를 하면 불편함이 많은데, 그곳에 가서 하면 참으로 쉬우니라.

그곳에서 내가 일을 크게 벌리거든 너는 천하 모든 나라의 움직임[時動世態]을 살펴, 내가 천하사를 이와같이 하는 줄을 알도록 하라.

내가 미처 돌아오기 전에 괴질이 크게 터지면 마치 홍수가 밀리듯 하여 인간 세상을 덮치리니, 천하 모든 나라의 모든 백성들이 살아날 사람이 드무니라.

말씀하시기를, 공우야.

내 덕을 펼칠 사람이 무진년 동지에 머리를 들리니, 이 사람이 세상을 구할 사람[救世之人]이니라.

너는 해의 차례가 무진년 봄이 되거든, 움막을 치더라도 원평에 와서 살아라.

너를 찾아와 서로 도울 사람이 있으리라.

인암이 여쭈기를, 이때를 당하여 찾아오는 사람이 무진년 동지에 기두하는 사람이나이까?

말씀하시기를, 재하자(在下者)의 교도(敎徒)가 재물로 너를 도와 나의 명령을 시행하노라.

인암이 여쭈기를, 아는 사람[知面之人]이나이까?

말씀하시기를, 처음 만나는 생소한 사람이니라.

말씀하시기를, 공우야.

이때가 되어 재력을 얻거든 **부안 변산** 복숭아나무 동쪽 가지 아래 자리를 마련하고, 제수를 정성껏 준비하고 몸을 씻고 계를 지켜 나에게 치성을 올리고, 복숭아나무 동쪽 가지를 자르라.

생각하기에 급하다면 불에다 말려 써도 또한 무방하니라.

말씀하시기를, 공우야.

복숭아나무 두 조각에 태극을 새기되,

한 태극의 **중앙에 일(一) 자 순(淳) 자를 음각**하고,

한 태극의 **중앙**에 **시(時) 자 헌(憲) 자**를 **양각**하라.

복숭아나무 한 조각에는 **태을주(太乙呪)**를 새기고, 또 한 조각에 **신장공우(神將公又)**를 새기라.

백로지(白鷺紙)는 내가 오고 나서 나왔느니라.

양지를 가로 ○치, 세로 ○치로 잘라서, 경명주사로 오른쪽 위에 내 이름 태극을 찍고, 왼쪽 위에 시헌 태극을 찍고, 그 아래 가운데에 태을주를 찍고, 태을주의 중앙 왼쪽 아래에 신장공우를 찍으라.

이것이 **의통인패(醫統印牌)**이니, 푸른 비단 주머니에 넣고 붉고 푸른 두 주머니 끈으로 허리띠에 매달면, 괴질이 들끓는 곳에 들어가더라도 병이 함부로 덤비지 않노라.

인암이 아뢰기를, 제자가 아는 것이 없어, 태극을 모르나이다.

말씀하시기를, 전주 둥근 부채에 그려진 그림이 곧 태극이니라.

인암이 여쭈기를, 시(時) 자 헌(憲) 자가 이마두 선생이 동쪽에 와서 지은 이름이 아니나이까?

말씀하시기를, **세상에 이 사람이 있으니, 그 사람이 곧 그 사람**이니라.

말씀하시기를, 공우야.

병이 와서 너희들이 천하에 덕을 베풀고[布德天下] 백성을 널리 건지기[廣濟蒼生]를 이것으로써 하노라.

사람에게 전하되 가난하고 약하고 병들고 고생하면서[貧弱病苦] 하늘의 마음을 가진 사람[天心者]을 가려서, 나에게 일심으로 도를 받들 것을 서약하게 하고 그 뒤에 전하도록 하라.

복숭아나무 한 조각에 **무사태평(無事泰平)**이라고 새겨서, 마찬가지로 경명으로 양지에 찍어서 백성의 집에 붙이면 병이 함부로 덤비지 않느니라.

말씀하시기를, 공우야.

두 가지를 무수히 찍어 두었다가, 내 덕을 펼 사람이 와서 묻거든 인패와 도장 찍은 종이를 전해주어라.

좋고 남는 것이 너희들의 차지가 되리라.

인암이 여쭈기를, 때가 되어 병이 오면 **서양 사람도 또한 이것[의통인패]으로써 구하나이까?**
말씀하시기를, **천하가 모두 그러하니라.**
(천지개벽경 기유 11장)

◆ 2016년 4월 21일 정읍의 이인수 선생님을 처음 뵙던 날, 선생은 아버지의 천지개벽경을 서책으로 낼 때 천지개벽경 원본 가운데 **네 글자를 빼고 책으로 냈다**고 하시며, 그것이 "**부안 변산**"이라는 네 글자라고 말씀하셨다. 만약 책에다 부안 변산이라는 원본대로 쓰게 되면 그렇지 않아도 증산 신앙인들이 너나 할 것 없이 의통인패 만든다고 변산에 가서 야생 도목을 모조리 베어오게 될 것이므로 부득이 하여 네 글자를 뺐다고 말씀하셨다, 여기서는 부안변산을 넣어서 번역하였다.

14. 이중성 선생의 신원과 사명에 대한 천지개벽경의 말씀

* 형렬이 세상에 내려와 기쁨을 말로 다하지 못하고
여쭈기를, 옥좌 아래 의자에 앉아 흰옷에 붓을 쥔 분은 어떤 사람이나이까?
말씀하시기를, 석가불이니라.
여쭈기를, 석가불이 천조에 무슨 직분을 맡았나이까?
말씀하시기를, 대제군의 존귀한 자리로서 서방칠성(西方七星)이니, 언제나 내 옆에 모시면서 모든 것을 다스리노라.
여쭈기를, 동방칠성(東方七星)은 어찌하여 직분이 없나이까?
말씀하시기를, **동방칠성은 신계의 주벽인데, 내 명을 받들어 이미 세상에 내려왔노라.**
여쭈기를, 동방칠성이 인간 세상에 있으면 만나볼 수 없나이까?
말씀하시기를, 지금 초립동년(草笠童年)이니 **인연이 있으므로 만날 것이요**, 앞으로 한집 사람이 되리라. (천지개벽경 계묘 7장)

* 하루는 대흥리에 계시더니, 제자가 명을 받고 초립을 사 와서 비치하니라.
말씀하시기를,
내 덕을 펼 사람은 지금 초립동년(草笠童年)이니라.
말씀하시기를, 나의 일은
갑을(甲乙)에 머리를 들고, 무기(戊己)에 몸을 뒤집노라.
하루는 말씀하시기를, 공우야.
비록 나이가 적은 사람이라도 지위가 너보다 높고, 덕이 너보다 높거든 만날 적에 반드시 공경하라.
하루는 말씀하시기를, 공우야.
때가 와서 한 사람이 허락하지 않으면, 너희들은 내가 있는 곳에 함부로 들어오지 못하노라. (천지개벽경 정미 8장)

* 하루는 대선생께서 가르침을 내리시니,
少年才氣拔天摩(소년재기발천마)하니
手把龍泉幾歲磨(수파용천기세마)오,
石上梧桐知發響(석상오동지발향)이오
音中律呂有餘和(음중율려유여화)라,
口傳三代時書敎(구전삼대시서교)오
文起千秋道德波(문기천추도덕파)라,
皮幣已成賢士價(피폐이성현사가)하니
賈生何事怨長沙(가생하사원장사)오.
어려서 재주와 기상이 빼어나 하늘에 닿았는데,
손에 쥔 용천검을 몇 년이나 갈았던고.
돌 위의 오동나무도 소리를 낼 줄 아니
소리 속의 율려는 곡조가 넉넉하도다.
입으로 전해진 삼대의 시와 문장을 익히니
글로서 영원한 도덕의 물결을 일으키도다.
어진 선비의 값으로 피폐가 이미 이루어졌거늘

가생이 무슨 일로 장사에서 원망하랴.
(천지개벽경 을사 5장)

* 하루는 제자가 모셨더니 말씀하시기를,
네 입에 병을 매달앗는데, 병은 가벼우니 곤륜산을 매다노라.
요가 재위 칠십 년에 순을 삼 년간 시험하니,
내 덕을 펴는 사람이 무진년 동지에 머리를 드노라.
그러므로 비결에 진사(辰巳)에 성인출(聖人出)이라 하였노라.
요가 순을 삼 년 동안 시험하여 순에게 섭정을 명하였나니,
그러므로 비결에 오미(午未)에 낙당당(樂堂堂) 이니라.
(천지개벽경 기유 7장)

* 하루는 동학가사 한 구절을 흥겨이 노래하시니,
평소에 흥이 나시면 자주 노래하시는 구절이더라.
가사에 말하되,
李花道花滿發(이화도화만발)한대 桂花(계화)들 不開乎(불개호)아
오얏꽃 도꽃 활짝 피었는데, 계수나무꽃인들 피지 않겠느냐.
제자가 여쭈기를, 이 노래의 뜻이 무엇입니까?
말씀하시기를, 사람이 있고 도가 있고 땅이 있노라.
有人하고 有道하고 有地하니라.
제자가 여쭈기를, 줄다리기에 애차 이차 이여차 하여 승부를 지으니
이 또한 뜻이 있사옵니까?
索戲(색희)에 有愛且 利且 利與此(유애차 이차 이여차)하야 決勝負(결승부)하니 此亦有義乎(차역유의호)잇가.
말씀하시기를, 왜차(倭車) 이차(李車) **이여차(李余車)**하면 뜻이 되노라[有義也].
(천지개벽경 갑진 5장)

* 제자가 여쭈기를, 토정이 말하기를 이 각성분야(角星分野)에 있

고, 노령산맥 아래서 임금이 덕을 펴고, 현덕이 촉에 들어가매 촉나라 선비가 환영하였다는 말이 있으니 그렇습니까?
말씀하시기를, 토정은 선생이라 일컬을만 하도다.
(천지개벽경 갑진 5장)

* 제자가 여쭈기를, 세상에 사칠팔 정별장이 구름 속을 오고 간다는 말이 있으니 무슨 뜻입니까?
世(세)에 有四七八正別將(유사칠팔정별장)이
雲中往來之說(운중왕래지설)하니 何義乎(하의호)잇가.
말씀하시기를,
정(正)은 땅이요, 별(別)은 다음이요, 사칠팔은 해니라.
正(정)은 地也(지야)오, 別(별)은 次也(차야)오,
四七八(사칠팔)은 年也(연야)니라.
가르침을 내리시니,
陳木花開萬樹春(진목화개만수춘)이오
井海水流四海源(정해수류사해원)이라.
묵은 나무에 꽃이 피니 모든 나무에 봄이 오고,
우물 바다에 물이 흐르니 사해의 근원이로다.
(천지개벽경 갑진 5장)

* 제자가 여쭈기를, 항상 가르침을 내리시기를
동래 울산이 흔들거리니 천하의 군사가 다 쓰러진다 하시고,
동래 울산이 진동하니 사국 강산이 콩 볶듯 한다고 하시니,
이것이 무슨 뜻입니까?
말씀하시기를,
동래 울산 그 사이에 천년 고목 나무에 잎이 피고,
동래 울산 그 사이에 만년 고목 나무에 꽃이 피느니라.
(천지개벽경 갑진 6장)

* 제자가 여쭈기를, 세상에 **영판 좋다**는 말이 있어 자주 흥을 돋우시어 가르치시니 어째서입니까?
말씀하시기를, **영남판(嶺南版)**이니라.
(천지개벽경 갑진 6장)

* 제자가 여쭈기를, 세상에 무진 기사에 진인(眞人)이 해도(海島) 중에서 나온다는 말이 있으니 믿을 수 있습니까?
말씀하시기를, **내 덕을 펼 사람이 무진(戊辰)에 머리를 드느니라.**
제자가 여쭈기를, 세상에 오미(午未)에 즐거움이 당당하다는 말이 있으니 어떠합니까?
말씀하시기를, 신미(辛未)는 신미(新米)이니 햅쌀밥[新米之飯]이 맛이 좋으니라.
말씀하시기를, 세속에 작은 잔치를 강생원 집 잔치라 하나니, 그러므로 아는 사람이 알고, 모르는 사람은 모르느니라.
(천지개벽경 갑진 6장)

* 하루는 용머리 고개에 계시더니 광찬에게 명하사 말씀하시기를, 너는 전주부에 가서 내가 글을 보내기를 기다려 일일이 정서(淨書)하여 오라.
여러 날이 되어 그치시고 말씀하시기를, 이 글을 세상에 돌아다니게 해도 되겠느냐?
광찬이 대답하여 말씀드리기를, 감히 알 수가 없사오니, 처분에 달렸나이다.
그 글을 불사르시고 말씀하시기를, **정읍에 책 하나가 있으니, 그 책이 나오면 천하가 내 일을 아느니라.**
(천지개벽경 기유 5장)

* 말씀하시기를, 공우야.
내 덕을 펼칠 사람이 무진년 동지에 머리를 들리니, 이 사람이 세상

을 구할 사람[救世之人]이니라.
말씀하시기를, 공우야.
두 가지를 무수히 찍어 두었다가, 내 덕을 펼 사람이 와서 묻거든 인패와 도장 찍은 종이를 전해주어라.
좋고 남는 것이 너희들의 차지가 되리라.
(천지개벽경 기유 11장)

* 제자가 여쭈기를, 우리나라 산림 고결에
고구려와 신라가 합쳐진 뒤 천여 년 만에 세 대장이 나와서,
세 대장이 또한 몸을 보존하지 못하고, 산새가 용사하여
먼 성씨의 이씨[遠姓之李]가 마침내 나라를 되찾는다 하옵니다.
말씀하시기를, **먼 성씨의 이씨가 마침내 나라를 되찾느니라.**
여쭈기를, 먼 성씨의 이씨가 전주 이씨가 아니옵니까?
말씀하시기를, 전주 이씨가 아니니라.
여쭈기를, 그를 만날 수 있으오리까?
말씀하시기를, **내 신하인 이씨**니라.
(천지개벽경 계묘 9장)

* 제자가 여쭈기를, 이번 공사에 세 사람이 싸울 거리가 없거늘 서로 상투를 잡고, 싸우는 줄도 모르고 싸우니 어째서입니까?
말씀하시기를, 앞으로 **이씨와 정씨의 싸움**이 있나니, 오직 나 혼자만이 싸움을 말릴 수 있노라.
제자가 여쭈기를, 오늘 싸움에 두 이씨와 한 정씨가 싸우니 어째서입니까?
말씀하시기를, **먼 성씨의 이씨[遠姓之李]가 내 사람이 되노라.**
시은이 이로부터 평상시에 자랑하여 말하기를, 천하에 앞으로 이씨와 정씨가 싸우는 일이 있어 내가 아니면 말릴 수 없으리니, 그렇지 않다면 하필 나를 불러서 싸움을 말렸으리오.
말할 때마다 자랑하더라. (천지개벽경 기유 3장)

* 말씀하시기를, 나의 도 아래에서 **혈심자(血心者)**가 **한 사람** 있으면, 내 일은 이루어지느니라.
(천지개벽경 을사 2장)

* 어느 날 모시던 제자가 아뢰기를, 천하의 백성이 요순의 세상을 바라기를 목마른 듯하오니, 이제 세상에 나서시어 만백성의 소원을 이루어 주소서.
말씀하시기를, 천하사는 **두 사람**이 없어서 할 수 없느니라.
(천지개벽경 기유 8장)

15. 진도진법의 대표 일꾼에 대한 천지개벽경의 말씀

* 大先生(대선생)이 下訓(하훈)하시니,
鐘鼓一聲(종고일성)에 天下號令(천하호령)하고
鳳鳴一唱(봉명일창)에 天下鷄鳴(천하계명)이라.
八方(팔방)이 失頭(실두)하니 黃土(황토)가 通明(통명)이로다.
前後風霜(전후풍상)은 年年多苦(연년다고)라.
醫世之心(의세지심)이오 功名之情(공명지정)이라.
外有氣和(외유기화)하니 內有神靈(내유신령)이로다.
撓之不動(요지부동)이오 激之不濁(격지불탁)이라.
一片丹心(일편단심)이 以待其時(이대기시)라.
瞻彼南山(첨피남산)에 惟石巖巖(유석암암)이로다.
正冠天下(정관천하)에 有何虛妄(유하허망)고.
緩則稍急(완즉초급)하고 急則稍緩(급즉초완)이라.
風風雨雨(풍풍우우)에 忍耐其心(인내기심)이로다.
出入必敬(출입필경)하니 有望有心(유망유심)이라.
扶植綱紀(부식강기)하니 明公(명공)이 其誰(기수)오.
億兆欽望(억조흠망)이 久則久矣(구즉구의)로다.
朝東暮西(조동모서)에 曰是曰非(왈시왈비)라.

生我者誰(생아자수)오 粒粒難忘(입입난망)이라.
生生氣氣(생생기기)오 望望立立(망망립립)이로다.
世事風潮(세사풍조)는 修德(수덕)을 可知(가지)라.
神出鬼沒(신출귀몰)에 淸濁五音(청탁오음)이라.
惟靈惟氣(유령유기)가 錫我鴻福(석아홍복)이로다.
英雄才氣(영웅재기)가 處處飛騰(처처비등)이라.
桑田碧海(상전벽해)가 自在其時(자재기시)라.
回首江山(회수강산)하니 更起精神(갱기정신)이로다.
楚歌環悲(초가환비)하니 自醒其心(자성기심)이라.
金聲(금성)이 振之(진지)하니 良有以也(양유이야)로다.
鼓動万物(고동만물)에 和氣(화기)가 自發(자발)이라.
開閉樞機(개폐추기)와 出入門戶(출입문호)와
大度日月(대도일월)에 聖靈(성령)이 其旺(기왕)이라.
仁慈其心(인자기심)이 措縱其聲(착종기성)하니
萬國統合(만국통합)이 實由此矣(실유차의)로다.
千機万機(천기만기)오 万化千化(만화천화)라.
三山神靈(삼산신령)이 舞哉舞哉(무재무재)로다.
梧桐明月(오동명월)에 鳳凰(봉황)이 來儀(내의)라.
靜則正體(정즉정체)오 動則正聲(동즉정성)이라.
萬目所照(만목소조)오 萬耳所通(만이소통)이로다.
道德乾坤(도덕건곤)에 **堯舜世界(요순세계)라.**
天必有志(천필유지)하면 地必有應(지필유응)하나니
世世承承(세세승승)하야 千世万世(천세만세)로다.

대선생께서 가르침을 내리시니,
쇠북소리 한 번 울려 천하를 호령하고,
봉황[鳳]이 한 번 우니 세상 닭이 모두 우네.
팔방이 머리를 잃으니 황토가 밝아지는구나.
풍상이 그치지 않아서 해마다 고생이 더하나

병든 세상을 살리고 공명을 이루려는 마음이로다.
밖으로는 기운이 온화하고 안에서는 신령스러움이 있도다
흔들어도 움직이지 않고 부딪혀도 흐려지지 않으니
일편단심으로 그때를 기다리도다.
저 남산을 보니 오직 바위와 돌뿐이로다.
천하에 바른 관을 쓰리니 무엇이 허망하리요,
느리면 급히 하고 급하면 늦추도록 하라
연이은 비바람에 그 마음을 참고 견디는구나.
들고 남에 반드시 공경함이 있으니 바램이 있고 마음이 있도다.
기강을 심고 북돋우니 **밝은 재상[明公]이 그 누구인가.**
만백성의 공경과 바람이 오래고 오래로다.
아침 저녁 사방에서 옳으니 그르니 하니
나를 살리는 자가 누구인가, 알알이 잊을 수 없노라.
살리는 기(氣)요, 바라고 바라고 세우고 세우노라.
세상 돌아가는 일을 보면 닦아야 할 덕을 알리라.
신출귀몰에 청탁오음이 나타나도다.
신령스런 기운만이 내게 큰 복을 내리리로다.
재주 있는 영웅의 기운이 곳곳에서 들끓으리니
뽕밭이 변해서 바다가 되는 것이 그때가 있도다.
머리 돌려 강산을 보니 정신이 새로 나도다.
초나라 노래가 슬피 둘러싸니 그 마음을 일깨움이라.
가을소리가 울리니 진실로 그 까닭이 있음이로다.
만물을 고동시켜 온화한 기운이 저절로 일어남이라.
열고닫는 돌쩌귀와 들고나는 문짝과
큰 도수가 닿는 일월에 성령이 왕성하도다.
인자힌 마음을 소리에 섞어 짜니
만국 통합이 진실로 이에 말미암음이라.
천만가지 기틀이요, 천만가지 조화로다.
삼산의 신령이 춤추고 춤추도다.

달 밝은 오동나무에 **봉황(鳳凰)**이 날아오는구나.
멈추면 올바른 자세요 움직이면 올바른 소리라
모든 사람이 보는 바요 모든 이가 듣는 도다.
도성덕립 된 천지에 **요순세계(堯舜世界)**로다.
하늘이 꼭 뜻을 두면 땅이 반드시 따르나니
세세토록 이어 나가 천세 만세 영원하리로다.
(천지개벽경 임인 12장)

* 대선생께서 말씀하시기를,
옛적에 방탕한 한 사람[蕩者一人]이 있어서 사방으로 떠돌아다니더니, 마침내 잘못을 뉘우치고 깨달아[悔悟], 좋은 땅을 골라 단을 쌓고[擇地設壇] 선학을 닦으며(攻仙學) 지성으로 하늘에 기도하니, 따르는 사람이 불과 몇 사람이더라.
한세상의 비웃음과 손가락질을 받더니 끝에 가서는 도를 이루어 하늘에 오를 때, 하늘 문이 홀연히 열리며 선관 선녀가 선경의 음악으로 마중 나와 한세상의 공경과 부러움을 받았나니,
나의 도 아래에 이와 같은 사람이 있으리라.
(천지개벽경 갑진 9장)

* 가르침을 내리시니,
桀惡其時也(걸악기시야)오 湯善其時也(탕선기시야)라.
天道(천도)이 敎桀於惡(교걸어악)하고
天道(천도)이 敎湯於善(교탕어선)하나니,
桀之亡(걸지망)과 湯之興(탕지흥)이 在伊尹(재이윤)이니라.
걸왕의 악함도 그때요, 탕왕의 선함도 그때니라.
하늘의 도가 악에 대해서는 걸을 가르치고,
하늘의 도가 선에 대해서는 탕을 가르치나니,
걸이 망하고 탕이 흥함은 이윤에게 있느니라.
(천지개벽경 을사 4장)

* 제자가 아뢰기를, 토정의 비결에

주인을 (결정)짓는 바둑에서 **판이 뒤집히니** 징조의 시작이 맹렬하고 사나운 모기라.

지금 조정에서 칼을 타고 앉은 사람이 옛날에 큰 공훈이 있도다.

나무의 열여덟 아들이 마침내 **물이 출렁이는 바다의 섬으로** 가리라.

이 도탄을 면하고자 하면 석정곤 만한 것이 없도다.

석정을 알기 어려운 것이 아니라 절 논 일곱 마지기니라.

해마(亥馬)의 상하(上下) 길이 바르고 옳은 석정곤이라.

좋은 운이 돌고 도니 순박한 바람이 변치 않네.

재물을 심으면 두렵고, 덕을 심으면 살 수 있네.

동토가 아름다우나 남쪽 나라만은 못하네 하고,

또 말하기를,

거북 여기 한 구석에서 아침저녁 근근이 살아가고,

감추어진 외로운 성에 머리 하얀 임금이라 하니 무슨 말입니까?

말씀하시기를, 토정은 선생이라 일컬을 만 하도다.

주인을 만듦[造主]은 무리들이 **두 사나이를 잃음**이요,

사나운 모기[煽蚊]는 **공(功)이 있는 글(文)**이요,

해마(亥馬)는 남쪽에서 북쪽으로 흐르는 물이요,

재물을 심으면 두렵다는 것은 난도의 세상이요

덕을 심어야 살 수 있다는 것은 진법의 시작이니라.

구자일우(龜玆一隅)는 풍상을 두루 겪음이요,

흑자고성(黑子孤城)은 초가집 몇 간이요

백수군왕(白首君王)은 동학가사의 이화도화만발이니라.

말씀하시기를, **초가집에서 성인이 나오느니라.**

弟子(제자)가 告曰(고왈), 土亭之訣(토정지결)이

造主碁翻局(조주기번국)하니 兆始烈煽蚊(조시열선문)이라.

今朝跨刀子(금조과도자)가 昔日碩功勳(석일석공훈)이라.

木之十八子(목지십팔자)가 絲冬海島汾(사동해도분)이라.

欲免斯塗炭(욕면사도탄)이면 無如石井崑(무여석정곤)이라.
石井(석정)이 非難知(비난지)라 寺畓七斗落(사답칠두락)이라.
亥馬上下路(해마상하로)가 正是石井崑(정시석정곤)이라.
吉運(길운)이 有轉(유전)하니 醇風(순풍)이 不變(불변)이라.
種財可畏(종재가외)오 種德可生(종덕가생)이라.
東土(동토)가 雖佳(수가)나 不如南州(불여남주)라 하고
又曰(우왈),
龜玆一隅(구자일우)에 朝暮苟活(조모구활)하고
黑子孤城(흑자고성)에 白首君王(백수군왕)이라 하니
何謂乎(하위호)잇가.
曰(왈), 土亭(토정)은 方可謂之先生也(방가위지선생야)로다.
造主者(조주자)난 輩失兩夫也(배실양부야)오,
煽蚊者(선문자)난 有功之文也(유공지문야)오,
亥馬者(해마자)난 南出北流之水也(남출북류지수야)오,
種財可畏(종재가외)난 亂度之世也(난도지세야)오,
種德可生(종덕가생)은 眞法之始也(진법지시야)니라.
龜玆一隅(구자일우)는 閱歷風霜也(열력풍상야)오,
黑子孤城(흑자고성)은 草屋數間也(초옥수간야)오,
白首君王(백수군왕)은
東學歌詞之李花道花滿發也(동학가사지이화도화만발야)니라.
曰(왈), 草幕之家(초막지가)에 聖人(성인)이 出焉(출언)하노라.
(천지개벽경 을사 4장)

* 대선생께서 말씀하시기를,
옛날에 **한 농부[一農]**가 있어 봄부터 도랑을 파서 먼 곳의 물을 끌어 오려 하거늘 온 마을 사람들이 **비웃으며 말하기를**, 금년은 비가 넉넉하거늘 쓸데없이 애써 힘을 들인다 하되 모른 체 하고 계속하더니, 농사지을 때가 되어 날씨가 크게 가무니 마을 사람들이 모두 농사를 못 짓게 되고, 그 농부는 힘을 조금 더 들여서 물을 얻어 대니

그해 농사가 크게 풍년이 들었느니라.
(천지개벽경 을사 6장)

* 한 여자를 점찍은 사람[문공신]에게 가르침을 내려 말씀하시기를, 너는 **정음정양도수(正陰正陽度數)**를 이겨 받겠느냐. 덕 닦기에 힘쓰라. **문왕도수(文王度數)**가 있고 **이윤도수(伊尹度數)**가 있으니, 받기가 아주 어려우니라.
말씀하시기를, 비록 보잘것없는 벌레[微物昆虫]라도 원망이 있으면 천지공사가 아니니라. (천지개벽경 정미 12장)

* 기유년 봄에 구릿골에 계시며 칙령을 내리시니,
三國時節(삼국시절)을 誰知(수지)오, 止於司馬昭(지어사마소)라.
삼국시절이 사마소에서 그칠 줄을 누가 알았으리오.
말씀하시기를, 너희들은 소리를 모아 크게 읽으라.
제자들이 명을 받들어 크게 읽으니라.
말씀하시기를, 삼국 시절이 돌아갈 곳[歸就]을 알았던 사람은 사마**소 한 사람 뿐**이었느니라.
제자가 여쭈기를, 대도 아래에서 **천하사의 장래를 아는 사람**이 한 사람 있나이까?
말씀하시기를, 너희들이 성도(成道)하기 전에 **한 사람**이 천명(天命)을 받들고 신교(神敎)를 받들어 천지에 보은하노라.
(천지개벽경 기유 2장)

* 기유년 봄에 구릿골에 계시며 천지대신문을 여시고 천지대공사를 행하시니, 설법하시고 행법하시사 신명에게 칙명을 내리시니라.
제자 아홉 사람이 명에 따라 벌려 앉았더니
말씀하시기를, 이제 교운(敎運)을 전하리라.
제자 한 사람에게 명해 말씀하시기를, 너는 대밭에 가서 대 한 그루를 잘라 오라.

제자가 여쭈기를, 대의 길이는 어찌 하오리까?
말씀하시기를, 네 생각에 편한 대로 하라.
잘라 온 대의 마디를 헤아리니 모두 열 마디가 되니라.
한 마디를 자르시고 말씀하시기를, **이는 두목이 되나니 왕래(往來) 와 순회(巡回)를 마음대로 하고**, 나머지 아홉 마디는 교를 받는 사람의 숫자와 맞노라.
제자에게 명해 말씀하시기를, 너는 마당에 나가 하늘을 보라.
제자가 명에 따라 하늘을 살피니 검은 구름이 하늘을 덮고, 가운데가 열려 별 아홉 개가 빛나더라.
복명하니 말씀하시기를, 이는 하늘이 교 받는 사람의 수에 응하여 모습을 보임이니라.
제자가 여쭈기를, 이번 공사가 단지 아홉 사람에게만 교운을 전하사, 대나무를 열 마디로 자르시고, 별 아홉이 맞추어 비추니 어째서입니까?
말씀하시기를, 때가 와서 교운이 열리기 시작하면, 초나라 장수가 벌떼처럼 일어나던 형세를 이루리라.
(천지개벽경 기유 3장)

* 어떤 날 제자 한 사람이 도통을 바라거늘 말씀하시기를,
때가 오면 도통(道通)을 먼저 대두목(大頭目)에게 주리니, 그 두목이 천하의 도통신을 거느리고 각자 공덕의 크고 작음에 따라 모두 도통하리라.
(천지개벽경 기유 9장)

* 하루는 제자가 모셨더니 말씀하시기를,
나는 하늘도 뜯어고치고 땅도 뜯어고쳐 후천을 개벽하고, 천지의 운로를 바루어 만물을 새로이 고치고, 나라를 세우고 도를 세워 억조 백성을 널리 건지는 세상을 만드나니, 이제 천지의 도수를 물 샐 틈 없이 짰노라.

그러므로 도수가 돌아 닿는 대로 새 기틀이 열리노라.
너희들은 정성을 다해 나를 믿고, 천지공정(天地公庭)에 서서 천하의 형세를 잘 살펴서 기미를 보아 일을 꾸미라.
말씀하시기를, **이윤(伊尹)**이 오십 년에 사십구 년의 그름을 알고 **탕(湯)**을 도와서 마침내 대업을 이루었나니, 나는 이제 이 도수를 쓰노라. (천지개벽경 기유 11장)

16. 의통성업을 성취하는 12000 도통판 조직에 대한 말씀
　　후천 선경 대시국의 수도에 대한 말씀
　　후천 선경 대위의 계승에 대한 말씀

* 말씀하시기를, 때가 오면 한 사람이 먼저 도통을 받나니, 이는 모든 도가 하나로 되돌아가는 하늘의 명[萬道歸一之天命]이니라.
(천지개벽경 계묘 12장)

* 대선생께서 말씀하시기를,
석가불은 **수미산**의 운을 받아 도를 원만하게 깨우친 사람이 360명이요, **공자**는 **니구산**의 운을 받아 마음으로 육예(六藝)를 통달한 이가 72명이니, 그 나머지는 모두 한을 품었느니라.
나는 **금강산**의 운을 쓰나니, 나의 세상에는 혈식천추도덕군자(血食千秋道德君子)가 **12,000명**이요, 나머지 사람들은 크고 작게 기국에 따라 이루어 한이 되는 바가 없노라.
(천지개벽경 임인 10장)

* 대선생께서 말씀하시기를,
나의 도 아래에서 때가 오면 **상재(上才)**는 **칠일** 공부로 성도(成道)하고, **중재(中才)**는 **십사일** 공부로 성도하고, **하재(下才)**는 **이십일일** 공부로 성도하느니라.
(천지개벽경 을사 2장)

* 말씀하시기를, 나의 세상에 도통(道通)이 건감간진손이곤태(乾坎 艮震巽离坤兌)에 있느니라.
(천지개벽경 병오 7장)

* 기유년 봄에 구릿골에 계시더니, 제자 여덟 사람을 벌려 앉게 하시고, **사물탕**을 지어 첩지(貼紙) 겉 종이에 **사람** 모양을 그리사 두 손으로 드시고, 시천주를 세 번 읽고 한 사람에게 전하시며
말씀하시기를, 시천주를 세 번 읽고 차례로 전하라.
제자 **여덟 사람**이 명에 따라 각기 시천주 세 번씩을 읽고 주고 받으니라.
일이 끝나니 크게 노래를 부르시니,
말씀하시기를, 남조선 배가 범피중류(泛彼中流)로다.
조금 있다가 말씀하시기를, 이미 뭍에 내렸으니 파도는 없도다.
제자가 여쭈기를, 이번에 남조선 배가 이미 뭍에 내려서 파도가 없다 하오니, 제자들이 별 탈 없이 일을 쉽게 이루게 되나이까?
말씀하시기를, 내 일은 쉽게 이루어지고, 너희들은 큰 어려움 없이 소원을 이루리라.
(천지개벽경 기유 2장)

* 하루는 제자가 여쭈기를, 저번에 전주 청도원에 계실 때 **장검(長劍)**을 만들게 하여 **구성산(九成山)**에 묻으시니 어째서입니까?
말씀하시기를, 때가 와서 이 칼이 나오면 세상에서 영웅이라 불릴 사람이 없어지리라. (천지개벽경 병오 9장)

* 하늘이 어지러운 세상을 당하여 당태종을 내고 이십사 절후에 응하여 **이십사장**을 내었나니, 너희들의 공명(功名)이 어찌 그들보다 아래가 되리오. 신명에게 칙명을 내리시니라.
(천지개벽경 기유 5장)

* 이와 같이 **이십팔장**과 **이십사장**을 연이어 부르고 삼국지면을 돌아가며 부르니, 종이 조각과 사람의 수가 꼭 맞아서 끝나니라.
(천지개벽경 기유 4장)

* 하루는 구릿골에 계시더니 제자 한 사람에게 두루말이를 내리시고 정서하도록 명하시니,
角亢氏房心尾箕斗牛女虛危室壁
奎婁胃昴畢觜參井鬼柳星張翼軫
(각항저방심미기두우녀허위실벽
규루위묘필자삼정귀유성장익진)
제자가 명에 따라 왼쪽에서부터 옆으로 써서 바치거늘, 자로 재시니 꼭 한 자 이거늘 신명에게 명령하시니라.
제자가 여쭈기를, 이번에 **이십팔수**를 왼쪽에서부터 가로로 쓰게 하시니 어째서입니까?
말씀하시기를, 때가 오면 아느니라.
(천지개벽경 기유 6장)

* 하루는 대흥리에 계시더니, 제자들이 명으로 스물여덟 사람을 뽑으니 **이십 팔장(二十八將)**을 정하시고 각기 주머니 하나씩을 주셨는데, 주머니 속에 칙령이 있더라.
왕량신장(王良神將)에게 내리시는 칙령에 씌어있기를,
將令(장령)이라.
入水不溺(익수불익)하고 入火不滅(입화불멸)하야
水陸萬里(수륙만리)에 去平安來平安(거평안내평안)하라.
장령이니라. 물에 들어도 빠지지 않고, 불에 들어도 타지 않아서 수륙만리에 가는 동안에도 평안하고, 오는 동안에도 평안하라.
다른 신장의 칙령은 제자들이 얻어 보지 못하였고, 이 공사를 가르쳐 주시지 않으시니라. (천지개벽경 무신 10장)

＊ 말씀하시기를, 내가 너희에게 명하여 공사를 대신하게 하면, 너희의 말이 곧 내 말이 되노라.
제자가 아뢰기를, 명을 받아 제자들이 공사를 대신하면 천지조화를 못 쓰는 것이 없으니, 이로써 모두가 자신만만하여 천하사를 가벼이 보고 두려워하지 않으며, 공후백작(公侯伯爵)을 손바닥에 든 물건같이 여기나이다.
말을 들으시며 즐거워하시고 말씀하시기를, 옛말에 문선왕을 업고 송사한다고 하지 않더냐. 너희들은 하늘을 이고 행세하노라.
말씀하시기를, 너희들이 오늘날에는 한 마을의 일도 감당하지 못하지만, 때가 오면 천하의 준걸(俊傑)들이 너희들에게 와서 배우느니라. (천지개벽경 정미 10장)

＊ 제자가 여쭈기를, 이번 공사로 만백성의 근심이 풀려 기쁨을 이기지 못하오니, 제자들이 도를 이루는 날에도 이 권능이 있사옵니까?
말씀하시기를, 천지 사이에 **나의 큰 권능을 장차 대신 행할 사람이 너희들**이니라.
(천지개벽경 기유 7장)

＊ 말씀하시기를, 나는 고부, 정읍, 태인, 부안, 김제와 전주, 순창, 익산, 옥구, 함열로 **도성(都城)**을 삼으리니, 문왕과 무왕의 도성보다 일곱 배나 커서 살기가 좋으리라.
말씀하시기를, 부적 하나로 산 하나를 옮기리니, 나의 세상에 서해를 간척하노라.
말씀하시기를, 내가 거(居)하는 (곳의) 북문이 전주에 서노라.
말씀하시기를, 때가 오면 금산사에 사람들이 산과 바다를 이루리라.[人山人海] (천지개벽경 을사 5장)

＊ 제자가 여쭈기를, 선천은 나라의 보배인 옥새가 하늘에서 명을 받았으니 그 수(壽)가 영원히 창성하리라 하였는데, 후천은 어찌 되나

이까?
말씀하시기를, 도둑놈의 생각이니라.
자자손손이 이어받아 천추만세에 혼자 그 자리를 누리면 마음에 흡족하리요.
나의 세상에는 아비로부터 아들에게 전하지 않고[不以父傳子], **반드시 덕 있는 사람으로부터 덕 있는 사람에게 전하노니[必以德傳德]**, 그러므로 내 세상에는 임금[我世之玉]이 하늘로부터 명을 받아서 백성을 하늘처럼 여기노라.
(천지개벽경 갑진 5장)

17. 3변교운을 낳는 2변교운에 대한 여러 경전의 말씀

1 원래 인간 세상에서 하고 싶은 일을 하지 못하면 분통이 터져서 큰 병을 이루나니
2 그러므로 이제 모든 일을 풀어놓아 각기 자유 행동에 맡기어 **먼저 난법을 지은 뒤에 진법을 내리니**
3 오직 모든 일에 마음을 바르게 하라.
4 거짓은 모든 죄의 근본이요 진실은 만복의 근원이니라.
(재판 道典 4:32) (원본 경전 대순전경)

* 말씀하시기를, 후천 음양도수(陰陽度數)를 정하리니, 각기 제 소원에 따라 여자 하나에 점 하나씩을 치라.
세사들이 명을 받들어 점을 치니, (중략)
안내성은 여덟 점이요, (중략)
말씀하시기를, 내성아.
너는 **팔선녀(八仙女)**를 바란 것이냐?
말씀드리기를, 그것이 **제 소원이옵니다**. (천지개벽경 정미 12장)

* 하루는 대선생께서 대흥리에 계신데 **안내성(安乃成)**이 와서 뵈오니, 이보다 먼저 시키신 대로 방에서 홀로 지내며 여러 날 동안 가난하게 지내고, 여러 날 동안 밥을 제대로 먹지 못하여 목소리가 모기소리 같고, 간신히 걸음을 걸으니라.
슬피 울며 애원하여 아뢰기를, 거의 죽을 지경에 이르렀사오니, 쇠잔한 목숨을 구하여 주소서.
건너다보시고 슬퍼 하사 눈물을 흘리시며
말씀하시기를, 네가 굶주림이 심하냐?
말씀드리기를, 굶어 죽겠나이다.
불쌍히 여기사 허락하여 말씀하시기를, **내성아.**
네 몸에 두터운 녹을 넉넉히 내려주노니,
이 뒤로는 잘 먹고 잘 입으라.
조상의 제사에 정성을 다하고, 오로지 농사에 힘쓰라.
남의 재물을 탐내지 말고, 남의 자녀를 유인하지 말라.
간음(姦淫)하지 말고, 진실(眞實)을 지키라.
서출과 상민을 **천대하지 말고**, 백정과 무당을 **공경히 대하라.**
네가 죄를 짓지 않아, 내 명을 기다린다면,
나의 세상에 너 또한 영화가 있으리라.
제자가 여쭈기를, 이제 내성이 명에 따라 여러 날을 굶주리며 홀로 지내니, **내성이 앞으로 대도를 따르며 폐를 끼치나이까?**
말씀하시기를, **내성의 바라는 바가 먹는 것과 입는 것과 여색[衣食色]에 있으므로, 그 녹을 내려줌이니라.**
내성이 어질어진다면 대도에도 또한 다행이리라
(천지개벽경 무신 10장) (대순전경 2판) (도전 초판)

* 그 뒤에 며칠 되지 않아 대선생께서 용암리에 계시더니, 정읍 사람 **차경석(車京石)**과 **안내성(安乃成)**과 또 한 사람이 찾아와 제자가 되니라.
한숨을 쉬시며 길게 탄식하시고

말씀하시기를, **험악한 팔자로다. 모두 한결같이 역적놈들이 찾아 들었을 뿐이로다.**
(천지개벽경 정미 2장)

* 하루는 구릿골에 계시더니, 큰 병이 걸린 사람이 사경에 이르러 살려주시기를 애원하니 그 모습이 매우 불쌍하더라.
그 모습을 보시고 불쌍히 여겨 차마 거절하지 못하시고 가르침을 내리시니,
調來天下八字哭(조래천하팔자곡)하니
淚流人間三月雨(누류인간삼월우)라.
葵花細忱(규화세침)은 能補袞(능보곤)이오
萍水浮踵(평수부종)이 頻泣咽(빈읍결)이라.
一年月明壬戌秋(일년월명임술추)오
萬里雲迷太乙宮(만리운미태을궁)이라.
淸音鮫舞二客簫(청음교무이객소)에
往劫(왕겁)이 烏飛三國塵(오비삼국진)이라
천하에 팔자의 슬픈 노래가 전해오니,
세상에 삼월 비 같은 눈물이 흐르는구나.
해바라기 세밀한 믿음은 임금을 모실만하나,
물에 뜬 부평초 밟으며 울음을 삼키는구나.
한 해의 달은 가을 임술월에 밝고,
만리에 낀 구름 속에 태을궁은 희미하도다.
두 나그네의 맑은 피리 소리에 **이무기가 춤추고**
까마귀 날고 삼국에 띠끌이 이니 겁액이 지나가노라.
형렬이 명을 받들어 한 번 읽으니, 그 병이 나으니라.
제자가 여쭈기를, 제자를 시켜 시를 읽게 하시매 무거운 병이 바로 나으니 어째서입니까?
말씀하시기를, **때가 오면 이 시는 선악 구분을 세상이 모두 알게 하노라.**

[온 동네가 구름 속에 태을궁이 희미하게 된다는 것은 누군가 태을주를 왜곡함으로써 태을이 무엇인지를 알지 못하게 된다는 말씀으로 보인다. 태을천상원군은 하권 Part 6에서 설명하였다]
(천지개벽경 을사 10장)

* 기유년 봄에 구릿골에 계시며,
천지대신문을 여시고 천지대공사를 행하시니,
설법하시고 행법하시사 여러 날 칙령을 내리시니라.
제자에게 명하시어 종이 등(燈)을 여러 개 만들게 하시더니,
모두 점화하시어 처마 밑에 다시니라. 제자들이 명을 받아 열을 지어 앉더니, 손바닥으로 무릎을 치시며 간곡한 목소리로
말씀하시기를, **빼어내는 것이 어렵도다 어렵도다.**
시를 노래하시니
面分雖舊心生新(면분수구심생신)
只願急死速亡亡(지원급사속망망)
虛面虛笑去來間(허면허소거래간)
不吐心情見汝矣(불토심정견여의)
歲月汝遊劒戟中(세월여유검극중)
往悃忘在十年乎(왕겁망재십년호)
不知而知知不知(부지이지지부지)
嚴霜寒雪大烘爐(엄상한설대홍로).
얼굴 아는 것은 비록 오래지만 마음은 새롭게 생겨나고
다만 바라기는 급히 죽고 속히 망하고 망하는 것이라.
허면 허소하면서 오고 가는 사이에,
그대를 보고도 내 마음을 토로하지 못하노라.
세월아 너는 칼과 창 가운데 놀고 있는데,
지나가는 두려움의 세월이 십년에 있음을 잊었느냐.
모르면서도 알 것이요 알 것 같으면서도 모르리니,
엄한 서리와 차가운 눈이 큰 화톳불과 화로에 녹으리라.

제자가 여쭈기를, 이번 공사에서 그 빼어내는 것이 어렵다 하시고, 시(詩)중에 서로 도모하려는 뜻이 있으니 무슨 공사이옵니까?
말씀하시기를, **이는 선과 악으로써 천하에 구분이 되게 하노라.**
제자가 여쭈기를, '往刧(왕겁)이 忘在十年乎(망재십년호)'라는 것은 무슨 말입니까?
말씀하시기를, 십년이 십년이 되고, 이십년이 십년이 되고, 삼십년이 십년이 되노라,
제자가 여쭈기를, 사십년에도 십년의 이치가 있사옵니까?
말씀하시기를, **사십년은 십년이 되지 못하노라.**
제자가 여쭈기를, 대도 아래에서
장차 망할 자가 삼십년 동안 복을 누림이 있고,
장차 흥할 자가 삼십년 동안 고통을 겪는 일이 있나이까?
말씀하시기를, 때가 오면 아느니라.
(천지개벽경 기유 4장)

* 병오년 봄에 대선생께서 구릿골에 계실 때
말씀하시기를, 내가 이제 거두어들이리니[收拾韓國], 너희들을 거느리고 수륙병진(水陸幷進)하리라.
여러 제자에게 명령하여 말씀하시기를, 이 길이 천하의 큰 운을 결정하나니, 각자 소원을 깨끗한 종이에 정성껏 적어서 바치라.
말씀하시기를, **원일아.**
너에게 내 사람들을 나누어주나니, 너는 그 사람들을 데리고 태전(太田)으로 가서 기차를 타고 서울로 들어가서, 흰 종이에 천자부해상(天子浮海上)이라고 깨끗하게 써서 남대문에 붙이고, **내가 가기를 기다리라.**
나는 남은 사람들을 거느리고 군창(群倉)으로 가서 배를 타고 서울로 들어가리니, 이것이 수륙병진(水陸幷進)이니라.
[대전은 계룡산이 펼쳐놓은 천하의 대지이다. 그래서 충청도 계룡산

이라기 보다도 태전 계룡산이라고 도전에서도 말하고 있다]
(천지개벽경 병오 5장)

* 하루는 황매에 계셨는데, 원일이 명을 받고 섬돌 아래에서 조심하며 명령을 기다리니라.
말씀하시기를, **원일아.**
정가(鄭哥)를 따르는 사람은 삼족을 멸하리라.
제자가 여쭈기를, 제자가 여럿이거늘 하필 원일이 이 타이름을 받나이까?
말씀하시기를, 공연히 하는 말이 아니니라.
(천지개벽경 병오 6장)

* 하루는 대흥리에 계시며 칙령을 내리시니,
万古春秋阿房宮(만고춘추아방궁)이오,
千秋日月銅雀臺(천추일월동작대)라.
만고의 긴 세월에 **아방궁**이요,
천추의 긴 세월에 **동작대**라.
제자가 명에 따라 경석의 방 벽에 붙이니라.
제자가 여쭈기를, 아방궁과 동작대는 진시황과 위무제가 지은 것인데, **앞으로 대도 아래에 이와 같은 자가 있으오리까?**
말씀하시기를, 이 뒤에 혹시 환부역조(換父易祖)하는 자가 있거나, 역적을 도모하는 자가 있거나, 법을 어지럽히고 백성을 해치는 자가 있을까 두려워 그 한끝을 보여 경계시키고 닦고 반성하게 하려함이니라. [아방궁은 1변교운, 동작대는 2변교운]
(천지개벽경 무신 19장)

* 돌아오시는 길에 길 중간에 이르시니, 어떤 사람이 앞에서 오니라. 그 사람은 술법으로 이름을 얻어 세상에서 **정(鄭)선생**이라 부르니, 인근에서 받드는 사람이더라.
가까이 왔을 때 명령을 내리시니,

말씀하시기를, 올려 바치라.

그가 너무 당황하여 어쩔 줄을 몰라 엎드려 응대하니라.

조금 지나서 다시 명하여 말씀하시기를, 올려 바치라.

그 사람이 다시 어찌할 바를 몰라 엎드려 응대하니, 그 뒤에 길을 가시니라.

이 뒤에 같이 다니던 사람이 이상히 여겨 정선생이라는 사람을 만나보니, **마침내 폐인이 되어있거늘** 그렇게 된 까닭을 물으니

그 사람이 탄식하며 말하기를, 하느님이 아니시면[非天이면] 어찌 그러하리오. 처음 명령하심에 천둥소리가 들려 정신을 잃고, 다시 명령하심에 벼락을 맞아 혼이 떨어지니, 가진 재주가 모두 없어지고 정신과 혼이 흩어져 버려서 마침내 폐인이 되었노라.

그때 나에게 명령하시던 나그네의 성도 모르고 이름도 모르지만, 하느님께서 세상에 내려오신 바가 아니라면[非天主降世] 어찌 이와 같을 수 있으리오 하니라.

(천지개벽경 무신 1장)

* 하루는 구릿골에 계시며 방 가운데 누우사 월곡이 들어오는 것을 보시고 눈을 흘겨보시며

말씀하시기를, 분명하지 못한 놈이로다. 네가 어찌 정가냐?

제자가 여쭈기를, 경석이 장차 정가로 행세하나이까?

말씀하시기를, 너희들은 **정씨를 가까이하지 말고, 차씨를 가까이하지 말라.** [차씨는 1변교운 정씨는 2변교운]

(천지개벽경 기유 10장)

* 하루는 말씀하시기를, **동학이 차정(車鄭)으로 망하느니라.**

제자가 여쭈기를, 동학이 어찌 차정으로 망할 일이 있사옵니까?

말씀하시기를, **정씨로 임금을 삼으니** 어찌 망하지 않으며, **차씨로 임금을 삼으니**, 망하지 않고 어쩌겠느냐?

제자가 여쭈기를, 그러면 동학의 운수가 길지 않사옵니까?

말씀하시기를, 정씨를 가까이하지 말고, 차씨를 가까이 하지 말라. 동학의 운수가 천지의 대운이요, 만세의 대운이거늘 어찌 망하리오. 동학 신도로서 **정씨와 차씨를 찾는 사람이 망할 뿐**이니라.
(천지개벽경 무신 8장)

　　　　　안내성에게 계룡산 도둑놈이라 말씀하심
1 하루는 상제님께서 공사를 보시다가 일꾼이 없음을 한탄하시며 "사람이 없다. 사람이 없다." 하시더니
2 **안내성**을 보시고 **"갈보야, 칠보야! 짧달막한 네가 있구나!"** 하시니라.
3 상제님께서는 소나 돼지를 잡아도 내성에게는 "저놈은 **뼈다귀**만 줘라." 하시며 고기 맛을 못 보게 하시고
4 국물만 큰 그릇에 하나 가득 주시며 "너는 국량이나 키워라." 하시더니
5 하루는 한 성도를 불러 말씀하시기를 "저 장닭 큰 놈 한 마리 잡아 푹 삶아서 내성에게 주고 깃털과 **뼈**다귀 하나 남기지 말고 다 먹으라고 해라. 안 먹으면 큰일 나니 다 먹으라고 해라." 하시니라.
6 그 성도가 명하신 대로 닭을 삶아 안내성에게 주며 상제님의 말씀을 전하니
7 굶주린 **안내성이 털째로 삶은 장닭을 정신없이 다 먹은 뒤에** 입맛을 다시며 상제님께 와서 **"다 먹었습니다. 터럭 하나 안 남겼습니다."** 하고 아뢰거늘
8 상제님께서 웃으시며 **"아따 그놈, 계룡산 도둑놈이로구나!"** 하시니라. [→ 계룡산 정씨 왕국이라는 헛꿈을 꾸는 도둑놈]
(재판 道典 6:33)

　　　　　　안내성에게 "감 하나는 아니 주네"
1 하루는 상제님께서 안내성(安乃成)에게 이르시기를 "내성아! 너는 내 도(道)의 아내요, 나는 너의 남편이니라." 하시고

2 이어 말씀하시기를 "너는 내 도의 어머니 노릇을 해야 하느니라. 모악산이 포해지형(胞孩之形) 아니더냐!
3 아기는 어미젖으로 사는 법이니 너는 창생들에게 태을주를 잘 가르치라.
4 태을주를 읽는 것은 천지 어머니 젖을 빠는 것과 같아서 태을주를 읽지 않으면 그 누구도 개벽기에 살아남지 못하느니라.
5 어머니가 있어 자식을 길러내듯 내성이 네가 먼저 태을주를 읽어 내 도의 어머니 노릇을 해야 하느니라." 하시며
6 "너는 나중에 어머니 산인 모악산(母岳山)에 가서 내 도를 펴라." 하시니라.
7 하루는 상제님께서 내성에게 말씀하시기를 **"온갖 것은 다 주어도 감 하나는 아니 주네(← 안이 주네)."** 하시니라.
[말씀의 흐름상 안내성에게 온갖 것은 다 주지만 열매인 감 하나만큼은 안 준다는 말씀으로 보인다. 감이 상징하는 것은 도통이며 의통성업이 아닐까 한다]
(재판 道典 6:76)

내 일은 감나무를 고용 나무에 접붙이듯이 된다
1 임인년 가을에 하운동 형렬의 집 앞 감나무에 가지가 휘도록 감이 풍성하게 열리니라.
2 하루는 상제님께서 감나무 밑에 앉아 감을 쳐다보며 노래하시기를
3 "감아, 감아. 열거든 떨어지지 말고 떨어지려면 열지를 말거라." 하시니라.
4 하루는 상제님께서 말씀하시기를 **"내 일은 고욤나무에 좋은 감나무 접붙이듯이 된다."** 하시니라.
[고욤나무는 2변교운, 감나무는 3변교운으로 파악된다]
(재판 道典 8:15)

계룡산 건국을 부정하심

1 하루는 어떤 사람이 계룡산 건국의 비결을 여쭈니 말씀하시기를
2 "동서양이 통일하게 될 터인데 **계룡산에 건국하여 무슨 일을 하리오.**" 하시니라.
[장차 누군가 계룡산에 터전을 잡고 새 나라를 세우려고 하지만 아무런 소용이 없다는 말씀으로 보인다]
(재판 道典 5:409) (원본 경전 대순전경)

계룡산 기운 ; 도읍은 커녕 도백지지도 멀다

1 3월 초순경에 하루는 수부님께서 성도들에게 말씀하시기를 "심심하다. 너희들 중에서 누가 이야기라도 하나 하려무나." 하시니
2 남상돈이 아뢰기를 "충청도 **계룡산에 정씨(鄭氏)가 도읍을 정하여 등극한다**는 말이 있습니다." 하니라.
3 수부님께서 듣고 웃으시며 "조왕신들은 모두 물러가라." 하시어 여신도들을 내보내신 후에
4 상돈에게 명하시어 "중의와 적삼을 벗어라." 하시고 이르시기를 "미친 사람은 옷을 벗고 다니는 것이니라. 상돈아, 바깥으로 나서라." 하시므로 상돈이 뒷마루에 나가 서 있으니
5 다시 명하시기를 "**야, 미친놈아! 보기도 싫으니 너희 집으로 가거라.**" 하고 내쫓으시거늘 상돈이 옷을 벗은 상태라 가기를 주저하니라.
6 이에 수부님께서 매를 들고 내쫓으시니 상돈이 나가서 도장을 서너 바퀴 돌다가 다시 방으로 들어와 상제님 어진 앞에 엎드려 빌거늘
7 수부님께서 매를 놓으시고 이르시기를 "어디 계룡산을 구경하여 보자." 하시고 뒷마루에서 동북간(東北間)을 향하여 앉으시더니
8 담배를 피우시며 성도들에게 물으시기를 "저 산이 무슨 산인고?" 하시는지라 성도들이 보매 충청도 계룡산이더라.
9 그대로 말씀드리니 수부님께서 "어디 보자." 하시므로 여러 성도

들이 수부님을 따라 다시 쳐다보니
10 계룡산이 5리쯤으로도 보이고 10리쯤으로도 보이며 그렇게 여러 번 반복하여 보이거늘
11 수부님께서 다 보신 뒤에 말씀하시기를 **"잘 누르면 도백지지(道伯之地)도 장차 멀다."** 하시니라.
[계룡산은 도읍지는 커녕 관찰사가 주석하는 곳도 못 된다는 말씀인 듯하다]
(재판 道典 11:233)

계룡산에서 백마를 떨어뜨려 죽이심

1 하루는 호연을 데리고 **계룡산**에 오르시어 서 계시는데
2 어디선가 **백마** 한 필이 훌쩍 뛰어올라 저 하늘 끝까지 날아오르더니 갑자기 뚝 떨어져 상제님의 목덜미에 목도리처럼 앉는지라
3 상제님께서 웃으시며 "이제 그만 떨어져야지." 하시니 말이 땅으로 내려앉거늘
4 다시 "어느 앞이라고 꼿꼿할꼬?" 하시매 말이 고개를 수그리니라.
5 상제님께서 말을 향해 "너, 하늘 ○○ 나라에 가서 ○○을 잡아오겠느냐?" 하시니 말이 고개를 끄덕이고 하늘로 올라가거늘
6 **상제님께서 옥단소를 꺼내시어 열십자로 한 번 그으시니 말이 떨어져 죽으니라.**
7 호연이 "아이고, 무슨 심사로 그런대요? 살려 주세요!" 하고 애원하니
8 상제님께서 "그 말이 네 어미냐 아비냐, 왜 살려 달라고 네가 빌어? 제 어미가 있는데." 하시거늘 "제 어미가 어디에 있어요?" 하고 대꾸하니라.
9 이에 상제님께서 "그럼 네가 잘 해 줘라." 하시니 호연이 뾰로통하게 "어떻게 해? 가르쳐 주어야지." 하거늘
10 "달 월(月) 자, 날 일(日) 자를 써라." 하고 일러 주시니라.
11 호연이 "내가 쓸 줄 알간디?" 하니 상제님께서 직접 호연의 손을

잡고 글을 써 주시거늘
12 죽었던 말이 곧바로 눈을 뜨며 고개를 드는지라
13 호연이 "아주 일어나게 해 주지." 하매 상제님께서 다리 하나를 일으켜 세워 주시니 말이 벌떡 일어서고
14 다시 "아주 걸어 댕겨서 저 갈 데로 가게 해 주세요." 하고 조르니
15 상제님께서 고개를 저으시며 "아이고, 내가 요것 데리고 못 댕겨. 네 소원대로 하자." 하시고는 말의 엉덩이를 한 번 들어 주시니 말이 제 갈 길로 가더라.
16 호연이 여쭈기를 "왜 시켜 놓고 그래요?" 하니 말씀하시기를 **"나의 명을 받고 간다고는 했으나 정작 가서 하지 못하게 생겼으니 내가 그랬다."** 하시니라. (재판 道典 4:71)

뒷일을 할 분은 후에 나온다

1 내성이 **윷 도수**와 **씨름 도수**를 끝으로 9년의 역사를 마친 후 신도들을 모아놓고 '**교단 해산령**'을 내리며 이르기를 **"앞으로 백운동은 쑥대밭이 된다."** 하니라.
2 이에 제자들이 "여기가 쑥대밭이 되면 뒷일은 어떻게 할 것입니까?" 하고 물으니
3 내성이 이르기를 **"뒷일을 할 분은 후에 나온다. 우리 일은 뒤에 다른 분이 오시어 이루게 된다."** 하고
4 또 이르기를 "선생님이 오실 때는 청진 홍진 다리 놓고 '만수도인 우리 아들들이라.' 하시리라." 하니라.

(재판 道典 10:128)

◆ 교운의 낙종(落種) 이종(移種) 추수(秋收)

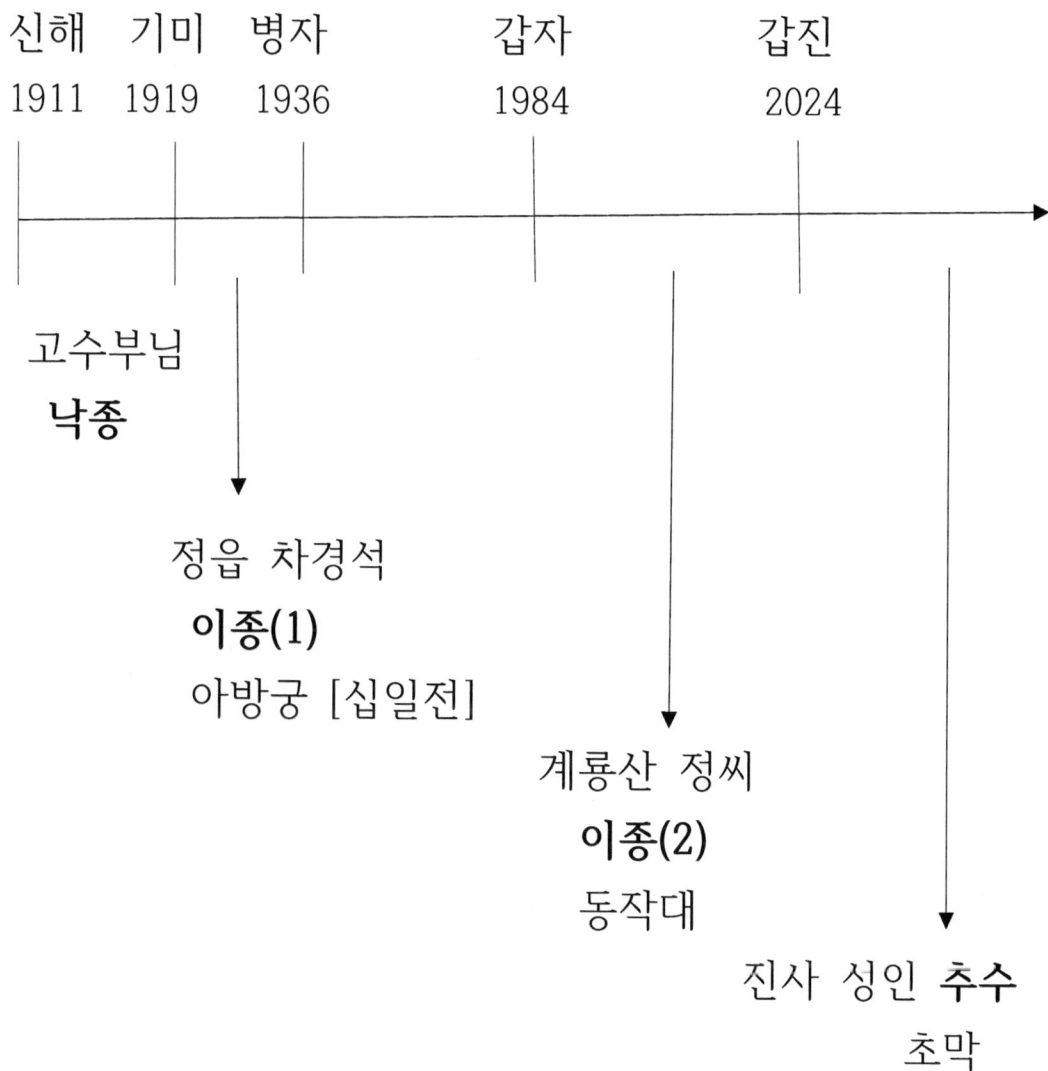

이종(移種)은 차정(車鄭)의 난법 해원 100년으로 구체적으로는 동지한식백오제의 105년이며 시작점인 1919 기미년부터 갑진 을사 진사성인출의 시간대까지이다

18. 상제님과 수부님 말씀 공부의 순서에 대하여

상제님의 12000 천하사 일꾼이 되고자 한다면 무엇보다도 상제님과 수부님의 성언 성적이 기록된 경전의 말씀에 통투(通透)해야 한다.

상제님과 수부님의 천지공사를 기록한 **3대 경전**은 **대순전경**과 **도전** 그리고 이중성 선생의 **천지개벽경**이다. 도전은 종합경전이며 통일경전의 성격을 띠기에 공부하는 일꾼에게 가장 좋으나 너무 양이 방대해서 신속하게 핵심과 결론을 파악하는 데는 시간이 걸린다. 상제님은 경전에 수록된 당신님의 말씀을 쌀과 밥에 비유하여 이렇게 말씀하셨다.

* 제자가 여쭈기를, 세상에 오미(午未)에 즐거움이 당당하다는 말이 있으니 어떠합니까?
말씀하시기를, **신미(辛未)는 신미(新米)**이니 햅쌀**밥**[新米之飯]이 맛이 좋으니라.
말씀하시기를, 세속에 작은 잔치를 강생원 집 잔치라 하나니, 그러므로 **아는 사람이 알고, 모르는 사람은 모르느니라.**
(천지개벽경 갑진 5장)

* 내 **밥**을 먹는 자라야 내 일을 하여 주느니라.
(대순전경) (천지개벽경)

* 나의 말은 **쌀**에서 뉘 가리기와 같으니라.
(재판 도전 6:11:6)

신미(辛未)생으로 오신 상제님의 천지공사 진리는 기존의 묵은 진리인 유, 불, 선, 서교의 가르침과는 다른 신미(新米) 즉 햅쌀로 만든 밥과 같은 새 진리라는 말씀이다. 따라서 상제님의 말씀이 수록된 각 경전은 좋은 쌀로 만들어진 잘 차려진 밥과도 같은 것으로 비유될 수 있다. 그런데 지어진 밥에는 순수한 쌀과 곡식만 있는 것이 아니라 **불순물이 섞여 있다**는 사실이다. 우리는 어린 시절 지난 50년대나 60년대에 할머니와 어머니께서 밥을 짓기 전에 쌀을 물에 담가 조리로 이어서 작은 돌 등을 제거하는 것을 본 적이 있다. 그것처럼 경전을 읽을 때도 혹여 있을 수 있는 **불순물** 즉 **왜곡되고 변형되어 그릇된 말씀**을 가려내며 주의해서 읽어야 한다. 이점이 상제님의 도를 닦는 일꾼에게 가장 중요하다.

상제님 말씀 공부에도 순서(順序)가 있다. 우선 대순전경과 천지개벽경은 양이 많지 않으니 먼저 여러 번 읽기를 권한다. 대순전경은 천지공사에 대한 주제별 편술이고 천지개벽경은 시간대 순 편술이다. 따라서 우선 잘 번역된 **한글 번역본 천지개벽경**을 10번 정도 읽어서 천지공사의 시종(始終)을 큰 틀에서 파악하는 게 필요하다. 천지개벽경에는 천지공사의 시종(始終)과 대의(大義)를 깨닫게 하는 말씀과 성사재인하는 일꾼의 심법을 다지는 주옥같은 법언 말씀이 잘 서술되어 있다.

천지개벽경은 한 번 정독해서 읽기가 어렵지 일단 독파하고 나면 가속도가 붙는다. 이해가 되든 안 되든 일단 죽죽 읽어 나가시라. 자신의 책에다가 메모와 줄 긋기 등을 해 가면서 적극적으로 읽기를 권한다. 두 번 독파하고 세 번 독파하면 천지공사의 핵심과 결론을 정확하게 파악하게 되며 상제님께서 원하는 일꾼의 심법이 무엇인지를 나름대로 느끼게 된다. 연후에 천지공사를 주제별로 편술한 경전인 대순전경을 읽기를 권한다. 그러면 두 경전의 같은 성구와 다른 성구가 눈에 들어오고 각 경전의 장 단점과 보완되는 것을 파악하게 되며 천지공사의 대경대법(大經大法)이 보다 구체적이고도 입체적으로 파악되게 된다.

그런 연후에 종합경전인 도전을 읽으시길 권한다. 그러면 앞의 두 경전이 제시하지 못하는 또 다른 무극대도의 넓은 세계로 나아갈 수 있다고 본다. 도전에는 김호연 성도의 증언 및 각종 답사를 통한 증언 말씀이 실려있어 대순전경과 천지개벽경이 드러내지 못하는 천지공사의 세계와 삼계대권을 주재하시는 무상한 상제님의 조화 경계가 실려있다. 천지개벽경과 대순전경을 읽고 나서 도전을 제대로 읽는다는 것은 장성(長成)한 새가 광활(廣闊)한 창공을 자유롭게 나르는 것과 같다. 높이 올라간 새가 시야가 넓어지므로 저 멀리 모든 곳을 보게 되는 것과 같다.

그리고나서 선정원경, 선도신정경, 고부인신정기, 고사모신정기, 성화진경, 용화전경, 정영규 천지개벽경, 속수전경 등의 경전을 읽기를 권한다. 이들 경전들은 양이 많지 않기에 금방 읽을 수 있고 앞의 3대 경전과 겹치는 부분이 많기에 내용을 파악하고 **융해(融解) 종합**하는 데 어렵지 않다.
이렇게 되면 상제님과 수부님의 말씀을 이해하는 안목이 넓어지고 깊어지며 상제님의 심법과 천지공사의 핵심에 더욱 가까이 다가설 수 있다.

상제님께서는 "공부 않고 아는 법은 없느니라"고 말씀하셨다. 상제님의 천지대도는 개벽할 때 죽고 사는 진리이기에 그저 남들이 믿는다고 해서 대충 따라가서는 안 된다는 사실이다. 특히 지난 세월 신앙했던 일부 교단에서 배워 입력된 잘못된 말씀이나 교리 등 선입견에 휘둘려서는 안된다고 본다. 이것이 아주 중요하다. 그 가르침 중에는 상제님의 말씀이 아닌 것에 기반한 것들이 적지 않게 있다는 사실이다. 흔히 무식하면 용감하다는 말처럼 그릇된 말씀이나 교리가 상제님 혹은 수부님의 말씀인 듯이 오인되어 머릿속에 자리 잡고 있으면 전혀 엉뚱한 방향과 결론으로 가버리는 안타까움이 있다. 이것이야말로 상제님 도 공부에 천추의 한이 아닐 수 없다.

part 4

증산 상제님의 말씀으로 바라본 한국 근현대사 100년 이야기

【상제님의 천지공사를 분석해 보면 세운공사에 관련한 말씀이 교운공사에 관련한 말씀보다 상대적으로 적은 것을 확인한다. 그렇다고 세운이 교운보다 덜 중요한 게 아니다. **세운**은 **상제님의 천지공사의 이상**이 **펼쳐지는 현실 무대**이며 교운의 일꾼이 출현하는 시대적인 배경을 이룬다. 상제님의 진정한 뜻은 세운의 변화 그 자체에 있는 것이 아니라 100년의 세운 속에 길러진 의통성업을 이루는 당신님의 정의로운 교운 일꾼의 출현에 있는 것이다.

* 알려고 힘쓰지 말고 **시대**가 **가르치고** 돌아가는 시기를 봐라.
(상제님께서 김호연에게 하신 말씀)

* 하루는 공신이 이르기를, 세상을 잘 살피고 잴 줄 알아야 살아남는다. 늘 지혜를 모아서 **세상 판**이 어떻게 돌아가는지를 잣대질하라 하니라. (재판 도전 10:149 문공신 성도 말씀)

세운은 **오선위기(五仙圍碁) 도수**로 짜셨고 교운은 상제님께서 어천하신 이후 100년 세월 동안 1변, 2변, 3변으로 변화하며, 그때에 따라 인물들이 출현하여 도통판이 완성되도록 **삼변성국(三變成局) 도수**로 짜셨다. 나는 마지막 3변교운을 맡은 일꾼들이 세상에 태어나는 시간대를 멀리는 대한민국의 건국 이후부터와 특히 1960년대를 중심으로 놓고 그 전후를 포함한 시간대가 아닌가 생각한다. 이때 1변교운을 경험했던 일꾼들이 인도 환생하여 다시 태어나 80년대에 본격적으로 출범한 각종 2변교운 단체에 몸을 담고 신앙하다가 숙구지 자는 개 깨어나는 도수에 따라 마지막에 진도진법인 3변교운의 일꾼, 상제님과 수부님의 신하 일꾼으로 변모하여 천하사 의통성업의 성취에 각자의 몫을 다하는 것으로 생각한다.
이장에서는 상제님의 말씀을 중심으로 대한민국의 근현대사 100년, 즉 세운이 어떻게 흘러왔고 앞으로 어떻게 흘러가는가를 큰 틀에서 알아본다.】

1. 일정기(日政期) 40년은 대한 겨레 갱생의 전환점

* 제자가 여쭈기를, **이제 한국[韓國]을 거두어들이시니 그 이치가 어떤 것이옵니까?**
말씀하시기를, 하늘의 정사[天政]가 이 땅에 있고, 수운이 죽음을 당하고, **나라의 운수가 이미 다했고,** 백성들이 하늘에 호소함이니라.
(천지개벽경 병오 5장)

상제님이 강세(降世)하시던 당시 구한말 조선은 철저히 **망(亡)**해 있었다. 도저히 자체적인 물적 인프라와 국가 지도층과 백성들의 의식 수준으로는 약육강식의 냉혹한 국제질서 속에서 회생할 가망이 제로인 상태였다. 그런데 천지공사를 착수하신 상제님의 원대한 뜻은 이 망한 나라 조선[대한제국]이 가장 **빠르게** 회생(回生)하고 발전해서 개벽기 즈음에는 지구촌의 **상등국(上等國)**으로 우뚝 서는 것이다. 그리고 마침내 상제님의 진도진법[3변교운]이 선포(宣布)되고 12000 일꾼들이 모여들어 도통판을 이루며 천지공사의 최종 결론인 의통성업으로 인류를 구원하는 것이며 그 이후 후천 5만년 상생(相生)의 조화선경, 용화세계(龍華世界)가 건설되는 것이다. 상제님은 후천에는 나라의 숫자가 삼천 개이며 문명은 지구촌에 국한되는 것이 아니라 전 우주 문명으로 확대되어 나간다고 말씀하셨다.

* 가르침을 내리시니,
萬國活計南朝鮮(만국활계남조선)에
淸風明月金山寺(청풍명월금산사)라.
文明開化三千國(문명개화삼천국)에
道術(도술)이 運通九萬里(운통구만리)라.

모든 나라를 살릴 계책은 **남조선**에
맑은 바람 밝은 달의 **금산사**로다.

문명은 **삼천 나라**에 개화하고
도술은 **구만리**에 운통하리라.
(천지개벽경 갑진 5장)

이를 위해 천지공사의 명부공사로서 조선의 병합을 반대하던 이등박문이 제거되면서 급속히 한일합병이 되었고, 이후 일본에 의해 근대화가 진행되었다. 이후 100여 년에 걸친 세월 동안 난신(亂神) 해원(解冤)을 바탕으로 난도난법(亂度亂法) 시대가 펼쳐지며 세운의 오선위기(五仙圍碁) 도수와 교운의 삼변성국(三變成局) 도수가 작동한다.

* 제자가 여쭈기를,
지금 이등방문(二等方文)을 폐하시는데 어찌하여 내성을 쓰시나이까?
말씀하시기를,
안씨 성[安姓]을 쓰노라. **이등박문(伊藤博文)의 하는 일이 더디고 더뎌서 진척이 없는데, 천운(天運)은 때가 급하고**, 백성들의 마음은 느린 것을 한(恨)하노라. (천지개벽경 무신 19장)

구한말 당시 일본에는 급격한 정한론자(征韓論者)들이 있었다. 그러나 명철(明哲)했던 명치유신의 주역인 이등박문은 러일전쟁에서 국력을 완전히 소비한 일본이 조선을 병합하는 것을 반대하였고 조선 스스로 능력을 길러 근대화의 길로 가기를 원했다. 그런데 이러한 이등박문의 생각은 상제님의 뜻과는 전혀 맞지 않는 것이다. 상제님은 하루빨리 동양의 유일한 제국주의 국가인 일본이 조선을 강제 병합해서 썩은 유교 정신에 찌든 묵은 기운을 걷어내고 과감하고 신속하게 근대화의 기초를 놓기를 바라셨다. 그래서 명부공사를 처결하여 이등박문을 제거하셨다.
오늘날 안중근이 이등박문을 쏘아 죽임으로써 민족정기를 되살렸다고 말하지만 이것은 상제님의 의도와는 다소 거리가 먼 해석이다. 극단적인 신분제 사회인 조선 왕조시대에서 민족정기를 찾기는 어렵다. 조선은 혈통적으로 단일 민족이 아닐 뿐 아니라 '민족'이란 말 자체가 조선시대에 있질 않았고 해방 후에나 등장한 말이다.
한일합병이 되고 나서 일제에 의해서 왕정이 없어지고, 상투가 없어지고, 신분제도가 없어지고, 사람은 누구나 성씨와 이름을 갖게 되며, 철도가 부설되고, 발전소와 공장이 지어지고 서양 문물제도가 들어오는 등 급격히 변모하기 시작한다.
혹자는 일정기 40년을 우리 겨레의 수난기라고 말하지만 상제님의 말씀은 이와는 거리가 멀다. 국권(國權)이 넘어가기 시작한 1905 을사년부터 해방되던 1945 을유년까지 **일정기(日政期) 40년**은 완전히 망하고 몰락했던 대한 겨레가 갱생(更生)하는 전환점이었다.

* 벽력표를 묻으신 뒤에 종도들에게 일러 가라사대 모두 흩어져 돌아가라 십년 후에 다시 만나리라 십년도 십년이요 이십년도 십년이요 삼십년도 십년이니라 어떤 사람이 여쭈어 가로대 사십년은 십년이 아니나이까 가라사대 **사십년도 십년이야 되지만은 넘지는 아니하리라.** (대순전경 제3판 4장 천지공사 17절)

상제님의 조선을 일제에 넘기는 천지공사가 없었다면 우리 대한 겨레는 과연 어찌 되었을까? 약육강식의 냉혹한 제국주의 질서 속에서 자력으로 살아나 근대화에 성공하고 오늘날처럼 될 수 있었을까? 대한제국이 일본으로 넘어가지 않았다면 지구상에서 영원히 사라졌을 거라고 판단하는 분들이 적지 않다. 우리 겨레를 살리기 위하여 잠시 일본에 넘긴 분도 상제님이고 다시 찾아온 분도 상제님이시다.

* 말씀하시기를, **일본은 천하의 일꾼[役軍]이니라. 일본 사람이 내일을 함께 하느니라.** 세상 사람들이 왜놈[倭漢]이라고 부르거든, 너희들은 일본 사람[日人]이라 부르라. **일본 사람은 나에게 품삯 받지 않는 일꾼[雇工]이니라.** 일꾼[雇工]이 주인의 집을 빼앗으려 하다가 끝

내 크게 패하느니라. (천지개벽경 계묘 6장)

* 이 때에 천사 병욱에게 물어 가라사대 일본과 러시아가 국가의 허약함을 타서 서로 세력을 다투는데 조정에는 당파가 나뉘어 혹은 일본을 친선하려 하며 혹은 러시아를 결탁하려 하니 너는 어떤 주의(主義)를 옳게 여기느뇨 병욱이 대하여 가로대 인종의 차별과 동서양의 구별로 하여 일본을 친선하고 러시아를 멀리함이 옳다 하나이다 천사 가라사대 네 말이 옳으니라 **이제 만일 서양 사람의 세력을 물리치지 아니하면 동양은 영원히 서양 사람에게 짓밟힌 바 되리라** 그러므로 서양 사람의 세력을 물리치고 동양을 붙잡음이 옳으니 이제 **일본 사람을 천지에 큰 일꾼으로 내 세우리라** (대순전경 4장 천지공사 10절)

* **조선을 서양으로 넘기면** 인종이 다르므로 차별과 학대가 심하여 살아날 수 없을 것이요 **청국으로 넘기면** 그 민중이 우둔하여 뒷감당을 못할 것이오 **일본은 임진난 후로 도술신명(道術神明)들 사이에 척이 맺혀 있으니 그들에게 넘겨주어야 척이 풀릴지라** 그러므로 그들에게 **일시 천하통일지기(天下統一之氣)와 일월대명지기(日月大明之氣)를 붙여 주어 역사(役事)를 잘 시키려니와** 한가지 못 줄 것이 있으니 곧 「어질 인(仁)」자라 만일 「어질 인」자까지 붙여 주면 천하는 다 저희들의 것이 되지 않겠느냐 그러므로 「어질 인」자는 너희들에게 붙여 주노니 오직 「어질 인」자를 잘 지키라 **너희들은 편한 사람이오 저희들은 곧 너희들의 일꾼이니 모든 일을 분명하게 잘 하여주고 갈 때에는 품삯도 못 받고 빈손으로 돌아가리니 말 대접이나 후하게 하라.** (대순전경 4장 천지공사 28절)

조선왕조 5백년은 주자 성리학에 바탕을 둔 유교 국가로서 양반, 상민, 천민, 노비라는 신분제 사회였다. 동족(同族)의 백성이 적게는 30%에서 많을 때는 50%가 노비(奴婢)였다. 조선의 노예라는 노비는 성도 이름도 없이 사람 취급을 받지 못했다. 나머지 일반 백성도 상민이고 천민이다. 양반과 노비는 군역을 면제받았고 상민이 모두 담당했다. 조선 후기로 가면서 양반의 숫자는 늘어나고 온갖 부정부패와 하층민에 대한 수탈은 가속화되었으며 사회의 변동으로 신분제에 변화가 왔으나 기조는 같았다.

이런 악마의 신분제도를 누가 만들어 운용했고 혜택을 누렸는가. 우리 조상 가운데 극소수인 왕족과 **특히 사대부 양반 지도층**이다. 장차 한반도의 우리나라를 중심으로 천하일가의 대동세계를 만드시려는 상제님은 조선왕조의 썩은 유교와 양반, 상놈, 노비, 천민의 신분제를 미워하시고 강력하게 질타(叱咤)하셨다.

> * 말씀하시기를, **유는 부유(腐儒)니라.** 공맹의 학문이 남자만 높이고 여자를 천시하며, 양반만 높이고 상민을 천대하며, 적자만 높이고 서자를 천대하며, **선비만 높이고 농민과 공장과 상인을 천시하는지라.**
> 위엄으로 아랫사람에게 군림하니 어찌 자애로움이 있겠으며, 엄숙한 법도를 숭상하니 무슨 온화함이 있겠으며, 박정함을 예로 삼으니 어디에 두터운 정이 있겠으며, **백성을 가르치지 않으니 어떤 교화가 있으며, 텅텅 비어 알맹이가 없으니 무슨 덕이 있으리오. 나는 그 학문을 버리노라.** (천지개벽경 계묘 5장)

조선왕조는 밖으로는 중국에 굴종(屈從), 사대(事大)하고 안으로는 상민과 천민, 노비들의 등골을 뽑아 먹는 극단적인 신분제 사회였다. 사대부와 양반 지도층은 하층민의 노동력을 착취하여 살았고 각종 사화(士禍)를 일으켜 반대파를 무자비하게 죽였으며 공허한 도덕론이나 찾는 공리공론에 빠져 부국강병을 뒤로한 채 허송세월하였다. 조선 후기로 갈수록 썩어빠진 양반 문화는 확대되었고 나라가 망할 지경에 이르렀다. 말 그대로 헬조선이었다고 보는 사람이 적지 않다.

상제님은 누누이 조선의 썩어빠진 유교 정신을 질타하고 일본을 천지의 일꾼을 내세우면서 현무경(玄武經)에 다음과 같이 써 놓으셨다.

* 近日 日本國 文神武神이 竝務道統이니라
  근일 **일본국** 문신무신　병무도통
    朝鮮國 上計神 中計神 下計神이 無依無托하니
    조선국 상계신 중계신 하계신　무의무탁
    不可不 文字戒於人이니라
    불가불 문자계어인

당시 일본의 보호 신명인 문신, 무신 등 도술 신명들은 나라의 발전을 위해 도통에 힘쓰고 그 기운을 받아 일본은 근대화에 성공하고 번창하는 데 반해, 조선을 보호하는 천상의 상등 계책을 내는 신명[상계신], 중등 계책을 내는 신명[중계신], 하등 계책을 내는 신명[하계신]들은 이 기운을 받아 부국강병을 이루려는 지상의 인물들이 없어 근대화가 안 된다는 말씀이다.
여기서 상계신, 중계신, 하계신은 환인, 환웅, 단군이 아니다. 상제님은 환인, 환웅, 단군이라는 용어와 민족이라는 단어를 말씀하신 적이 없다. 상제님의 경전 어디에도 우리 겨레 우월의 말씀은 나오지 않는다. 상제님의 도는 종족과 인종과 피부와 언어와 지역을 초월하여 천하 만민이 한 형제, 한 집안이 되는 '천하일가(天下一家)'의 대동세계를 지향하는 **천지대도(天地大道)**다. 천하의 만백성이 천지일월부모이신 상제님과 수부님의 아들과 딸이다. 한편 우리 겨레는 원래부터 단일 혈통의 종족이나 부족이 아니었다는 사실이다.

지금도 세운에서는 친일파라는 **악성 프레임**을 씌어서 상대방을 공격한다. 친일파는 만고의 역적이며 민족의 반역자라는 극도로 혐오(嫌惡)하는 감정을 이용하는 것이다. 이처럼 일본을 싫어하게 만든 것은 목적 달성을 위해서는 피도 눈물도 없이 악랄(惡辣)한 공산 전체주의 국가인 소련과 북한의 정책이었고 남한은 거기에 놀아난 것이다.
물론 드물게 악질적인 친일파들이 있긴 있었다. 그러나 일정 시절에 이 나라 백성들은 조선 왕조시대보다는 행복했다. 평균 수명이 늘었으며 백성의 숫자는 크게 증가하였다. 비록 나라의 주권을 빼앗겨 일본 사람과 동등하지 못한 2등 국민으로 살았지만, 비로소 급격히 변화하는 세계 대세에 눈뜨고, 천부(天賦)의 인격을 부여받은 '**개인(個人)**'의식, 근대적 시민의식 그리고 **자유인(自由人)**의 싹을 틔우기 시작했다.

> * 말씀하시기를, 일본이 서방 백호 기운을 띠고 오니 일본 사람에게 순종하라. 맞싸우는 것은 잠자는 범의 코를 쑤시는 것과 같으니라. **때가 되어 동방 청룡 기운이 올라오면, 서방 백호는 스스로 물러가느니라.** (천지개벽경 계묘 6장)

상제님은 망한 나라 조선을 회생시키고 개조(改造)시켜 지구촌의 상등국으로 끌어올리는데 일차로는 백호 기운을 띠고 온 일본을 쓰셨고, 이차로는 청룡 기운을 띠고 온 미국을 활용하셨다. 일정기 40년은 동양의 여러 약소국과 우리나라를 서양 세력으로부터 보호하고 갱생(更生)시키는 절묘한 전환점이었다. **상제님의** 원대한 **천지공사라는 관점으로 100년 세운 역사를 크게 보는 것이야말로 상제님의 진도진법을 찾는 일꾼의 중요한 과제**라고 본다.

> * 제자가 여쭈기를, 천하의 대세가 **오선위기(五仙圍碁)**와 같으면 세상의 운(世運)은 장차 어떻게 되오리까?
> 말씀하시기를, 천하의 형세가 **두 신선이** 있어 **바둑을 두고 또 두 신선이** 있어 **훈수하며**, 한 신선은 주인이라 음식을 대접하는 범절을 맡았나니, 농사를 잘 지어 **접대**하는 도리만 끊이지 않으면 **판이 끝난 다음에 바둑판은 주인에게** 되돌아가느니라.
> (천지개벽경 병오 4장)

해방 이전도 그러하려니와 특히 해방 이후 현대사를 파악함에 있어 상제님이 오선위기 도수 말씀을 늘 염두에 두어야 한다. 한반도의 운명은 우리 겨레 스스로 결정하는 것이 아니라 주변 4대 강국의 패권 다툼과 이해관계 속에서 결정되었던 것이고 이 틈바구니 속에서 한국이 살아남고 상등국으로 번영 발전하여 궁극에는 의통성업을 이루는 일꾼을 길러내는 것이 상제님의 뜻이었던 것이다. 이러한 주인의 손님 대접이라는 오선위기 도수의 관점 아래에서 시대별로 출현했던 각 정권의 사명과 역할과 고충(苦衷) 그리고 공(功)과 과(過)를 보다 큰 차원에서 살피는 일꾼의 안목과 지혜가 필요하다.

2. 대시국의 뿌리인 대한민국의 기초를 다진 지도자들

상제님께서 세우신 후천 5만년 대시(大時)국의 뿌리는 대한민국이다. 일제로부터 해방된 3년 뒤 **1948년 8월 15일**에 **대한민국**이 **건국(建國)**되었다. 그리고 2년 뒤에 6.25 전쟁이 일어나서 6백만명이 사상(死傷) 되고 전 국토는 폐허(廢墟)가 되었다. 물론 이러한 고통스런 역사의 과정은 상제님의 원대한 천지공사로 기획되어 일어난 일이다. 6.25 한국전쟁이 끝난 50년대는 물론 60년대와 70년대 중반까지는 개인의 인권과 종교[신앙]의 자유를 보장하는 남한보다는 공산 전체주의 계급사회이며 왕조 국가인 북한이 잘 살았다. 그것은 일제가 남겨놓고 간 발전소 등 공업시설이 북쪽에 편중해 있었기 때문이다. 아무튼 남한 사회는 증산 상제님의 대도가 새롭게 뿌리내려 자리 잡기 어려운 시절이었다.

* 당신이 매양 배소리를 하심으로 종도들이 그 이유를 물으니 가라사대 조신을 장차 **상등국**을 만들려면 **서양 신명을 불러와야** 하겠는데 배에 실려오는 물표에 따라 오게 됨으로 배소리를 부르노라.
(대순전경 2판 제4장 문도의 종유와 훈회 60절)

80년대에 들어서면서 한국 사회는 60~70년대 근대화와 산업화 노력의 열매를 따면서 비로소 안정기에 들어선다. 이제는 먹고 사는 기본 문제를 벗어나 정신적인 문화생활을 할 수 있는 단계로 들어섰다는 의미다. 80년대부터는 새로운 세운 환경이 조성되면서 증산 상제님의 도에 **2변교운**이라는 새 역사가 본격적으로 출발하게 된다. 2변교운의 선두 주자는 대순진리회다. 오늘날 모든 세계인이 놀라고 부러워하는 이렇게 짧은 시간 안에 달성한 **대한민국의 산업화와 민주화는 상제님의 천지공사로 인한 것**임은 두말할 나위가 없다.

세운은 언제나 교운 전개의 바탕이 된다. 세운이 교운을 앞서가며 여건을 조성하는 것이다. 80년대의 2변교운을 가능하게 하는 세운 환경을 만든 남한의 지도자는 이승만, 박정희, 전두환 이분들이다. 그들은 갓 태어난 신생 국가 대한민국의 초석과 기반을 다지고 근대화와 산업화를 이끌었으며 이것을 확실히 굳혀 세계로 뻗어나가는 발판을 마련했던 시대의 영웅들이다. 그런데 이들은 성인(聖人)이 아니고 상제님같이 절대 신권을 가진 도인(道人)도 아니다. 아직 세상은 선천 상극의 세상이며 이들에게 후천의 성인 정치와 도덕 정치를 바란다는 것은 시기상조다.

천하사 일꾼들은 세운과 교운으로 대별(大別)되는 천지공사를 공부할 때 전제해야 할 것이 있다. 세운에는 인생과 우주, 역사의 문제에 대한 궁극의 해답은 없으며 그것은 오로지 교운에만 있다는 점이다. 세운은 교운의 일꾼이 등장하기 위한 바탕과 여건을 조성하는 것이다. 그렇다고 세운은 단지 원억(冤抑)을 품은 난신(亂神)들의 난법 해원의 판만이 아니다. 오히려 세운이야말로 교운의 이상, 상제님께서 지향하시는 정신이 구현되어 펼쳐지고 실현되어 나가는 구체적인 현실 무대라는 사실도 생각해야 한다.

지금은 세운과 교운이 분리되어 있고 세운 속에 교운이지만, 궁극에는 교운과 세운이 하나가 되는 도정합일(道政合一)의 시대가 온다. 그때는 100년 세월에 걸쳐 전개되었던 교운과 세운에 대한 정의(正義)와 불의(不義)를 규명하여 하늘[신도] 차원에서 엄정한 선악 심판과 생사 판단이 이루어질 것이라고 본다. 이러한 생각을 바탕에 깔면서 **해방 이후의 한국 현대사**를 간략히 되돌아본다.

혹자는 1948년 대한민국 건국(建國) 이후 이승만 정권 12년과 박정희 정권 18년, 전두환 정권 7년을 잔인하고 살벌한 반민주(反民主) 권위주의(權威主義) 독재정권(獨裁政權)의 시대라고 말하며 부정적인 평가를 말한다. 그러나 오늘날 다르게 생각하는 사람들도 적지 않다. 해방 직후 세워진 이승만 정부 시절의 대한민국은 지구촌의 신생 국가로서 최빈국(最貧國)에 속했다. 이때는 나라의 존립 자체가 불투명하고, 국민의 의식 수준과 경제 여건이 도저히 성숙한 민주주의를 자율적으로 할 수 있는 시기가 아니었다. 무엇보다 국민의 문맹률(文盲率)이 너무도 높았고 다 같이 나누어 먹고 잘살자는 공산주의자들의 달콤한 선전 선동에 넘어가기 딱 좋은 시절이었다.

당시는 독일과 일본패망 이후의 혼란한 세계 정세를 정확히 읽고 신생 국가의 생존과 발전에 혜안(慧眼)을 가진 강력한 지도자가 나와서 국가의 존립을 꾀하고 국가 건설의 기본을 다져야 하는 아주 중요한 때였다. 무엇이든 뿌리와 기초를 내리는 시기가 중요한 것이다. 상제님께서 그 역할을 하라고 천지공사로 내보낸 인물이 양녕대군 16대 손인 우남(雩南) 이승만(李承晩) 박사(1875~1965)다.

이승만은 초강대국 미국의 주류 사회에서도 존경하는 세계 최고의 석학으로서 당시 모든 한국 국민이 인정하는 분이었다. 그는 한평생 조국의 독립을 위해 해외를 떠돌며 독립운동을 하느라 고군분투하다가 해방과 더불어 노년의 나이에 돌아왔다. 초대 대통령이 되어 입법, 사법, 행정의 3권분립이라는 헌법 정신과, 개인의 창의와 사유 재산을 바탕으로 하는 시장경제와 국민 주권의 민주주의 국가인 **자유 대한민국**으로의 **건국(建國)**을 주도하였다. 이승만은 누구보다도 공산주의의 실체를 정확히 알고 있었다. 그리하여 **반공(反共)**정신에 투철하여 공산 침략 세력이 일으킨 6.25동란에서 나라를 지켜냈으며, 미국을 설복(說服)하여 한미상호방위조약을 이끌어내서 국가 100년 대계의 초석을 다졌다.

이승만 정부 12년이 이룩한 업적이 적지 않건만 북한 김일성 공산세력이 만든 반민주 독재자라는 잘못된 프레임이 씌워져 오늘날까지도 잘 드러나지 않고 있는 안타까운 실정이다.

이승만은 오직 무지몽매한 국민을 교육해서 깨워야만 나라가 바로 선다는 것을 확신하고 강력하게 실천하였다. 당시 미국의 원조 없이는 국가가 유지되지 않았던 지극히 어려운 시절임에도 국가 예산의 상당 부분을 국민정신을 일깨우는 교육비에 쏟아부었다. 전체주의가 아닌 개인의 창의와 인권과 신앙의 자유를 바탕으로 하는 미국식 자유 민주주의에 확신을 가진 이승만은 당시 세계가 어떻게 변화하는지에 눈을 뜬 유일한 선각자이자 자국민을 사랑했던 애국자이셨다. 그는 그 오랜 미국 생활에서도 일신의 편안함을 담보할 수 있는 미국적을 취득하지 않고 무국적자로 지냈다. 그가 4.19 직후 대통령을 하야하고 하와이로 갔을 때 축적해 놓은 개인 재산이라곤 없어서 남이 제공해주는 초라한 집에서 쓸쓸히 기거하다가 돌아가셨다. 상제님은 그의 쓸쓸한 말년에 대해 천지개벽경에서 다음과 같이 말씀하셨다.

* 서울 황매에 계시며 천지대신문을 여시고 천지대공사를 행하시니라. 설법하시고 행법하시니, 제자들이 명령에 따라 담배를 끊으니라. 여러 날 칙령을 내리시니, 범절이 엄숙하니라.
말씀하시기를, 오백년 동안 이 땅을 지켜왔으니 어찌 차마 괄시를 하리오. 제주도로 보내라.

말씀하시기를, **나는 한국을 거두어들여 잠시 일본에 맡기나니**, 수운이 보증을 서노라.

제자가 아뢰기를, 이조 숙종 때에 임금이 낮잠을 자는데 꿈에 한 신선 노인이 시를 주었으니,

鐵馬長嘶漢水邊(철마장시한수변)
一片福州安定地(일편복주안정지)에
可憐相對舊君臣(가련상대구군신)이라

한강 가에서 쇠 말이 길게 우는데,
한 조각 복된 고을 편안한 땅에
가련한 옛 군신이 마주하도다.

이 시를 두고 세상 사람이 모두 말하기를, **이씨 왕조가 마지막에는 제주도로 들어갈 것이라** 하나이다.

말씀하시기를, 그러하니라.
천지에서 정한 운이니, 사람이 억지로 바꿀 수 없는 것이니라.
(천지개벽경 병오 5장)

그가 대시국의 뿌리가 되는 자유 대한민국을 확고히 세운 **건국 대통령**이며 **국부(國父)**라는 올바른 평가가 되고 있지 않다고 본다. 이것이 후천개벽이 임박한 오늘날의 대한민국 사회가 직면한 모든 문제의 뿌리라고 보는 사람들이 늘어나고 있다는 점이다.

40대의 젊은 박정희 소장이 5.16 군사쿠데타로 집권하던 60년대 초반 또한 아직 국민 1인당 총생산이 채 100달러도 되지 않아 온 국민이 하루 밥 세끼를 걱정해야 하는 빈곤한 시절이었다. 북조선 김일성 공산 전체주의 세력의 침략을 막아내면서 무엇보다도 국민의 배고픔을 해결해야 하는 절박한 때였다. 국민이 배불리 먹어야 체제의 우월성이 드러나고 남북 대결에서 승리하며 국가가 존속하는 것이다. 박정희는 개인의 사욕이 아닌 오로지 구국의 일념으로 군사쿠데타를 일으켜서 정권을 잡았다.

박 대통령은 이승만 정부가 깔아놓은 국가 건설의 레일 위에 그 누구도 생각하지 못했던 **외자도입형, 수출주도형 경제전략**을 짜고, 반민주 독재라는 비판만을 외치는 반대 세력을 제압하며, 과감하게 나라의 산업화와 공업화를 밀어부쳤다. 국토의 혈맥인 경부고속도로를 건설하고, 포항제철을 비롯한 각종 공장을 세웠으며, 중화학공업을 일으켜서 부국강병(富國强兵)의 기초를 다졌다. 당시 박정희의 국가 재건에는 물밑으로 일본의 도움이 절대적이었다.

오로지 국민을 잘살게 만들겠다는 강력한 정신의 소유자가 청와대를 야전 사령탑으로 삼고 자신은 지휘봉을 든 야전 사령관이 되어 솔선수범하며 앞장서서 일심으로 밀어부쳤다. 박 대통령이 시해당해 죽고 나서 보니 개인과 가족을 위해 사적으로 축적해 놓은 비자금과 재산이라곤 없었다. 박 대통령은 오로지 자신 한 몸과 일생을 조국 근대화와 국리민복에 헌신한 분이었음이 여실히 드러났다.

대한민국의 기초를 다진 대통령

건국 대통령 이승만   부국강병 대통령 박정희

한마디로 **이승만**은 **건국 대통령**이요 **박정희**는 **부국강병의 대통령**이다. 혹자는 박정희 정부 시절을 반민주 장기 군사독재라고 말하지만 그 실질은 국가의 생존을 가능하게 하는 부국강병의 초석을 다지고 복지국가와 민주화의 기틀을 다진 정말로 중요한 시기였다. 급변하는 냉혹한 국제정세 속에서 국가가 살아남고 국민이 배불리 먹어야만 민주주의건 그 무엇이라도 할 수 있는 게 아니겠는가.

* 제자가 여쭈기를, 시속에 경상도 대야(大冶) 노래가 있으니 무슨 뜻입니까? 말씀하시기를, **경상도에 세상을 살리는 큰 대장장이[醫世大冶]가 나오느니라**. (천지개벽경 갑진 5장)

상제님은 박정희를 **의세대야(醫世大冶)**라고 말씀하셨다. 의(醫)란 병들어 죽어가는 환자를 살려내는 의사(醫師)를 말한다. 의세(醫世)란 병든 세상, 병든 대한민국을 살려낸다는 말이다. 야(冶)는 '대장간' 또는 '대장장이'를 가리키는 말이다. 대장간은 쇠를 녹이고 주조하여 생활에 필요한 기구를 만드는 곳이다. 이것은 전래의 농업으로는 국민을 먹여 살릴 수 없기에 그 구조를 탈피해서 공업화와 산업화를 이룬다는 것을 상징하는 말씀이다. 상제님은 대한민국의 초석과 기초를 다지고 번영의 기반을 잡는 인물로 이승만과 박정희를 내신 것이다.

흔히들 한민족의 역사를 5천년 농업국가라고 말한다. 대한민국 이전의 조선은 사농공상(士農工商)으로 농공상(農工商)을 천시(賤視)하는 나라였다. 특히 공상(工商)에 종사하는 자들은 대접받지 못하는 천민에 속했다. 그러나 지금은 농업국가가 아니라 중화학공업을 위시하여 사회 모든 것이 최첨단화된 공업, 상업 국가다. 5천년 한민족 역사에서 가장 풍요롭게 살고 있는 지금의 이 국가의 기틀을 누가 만들었는가? 물론 그 근원은 상제님의 천지공사로 이루어진 것이다. 그런데 천지공사는 신명공사이고 상제님께서 원하시는 나라로의 건국과 부국강병의 천명을 받아 지상에서 실현한 충직한 세운의 일꾼들이 있었기에 가능한 것이다. 이승만과 박정희는 그 시대에 그 역할을 맡은 것이다.

* 세상을 다스리는 이는 그 몸을 주리게 하고 힘줄을 수고롭게 하여 백성의 삶을 살리고, 세상을 어지럽히는 이는 그 마음이 음란하고 재물을 탐함으로써 백성의 삶을 해치나니, 하늘의 이치가 있을진대 공은 닦은 데로 돌아가고 화는 지은 데로 돌아가리라.

治世之人(치세지인)은 餓其體(아기체) 勞其筋(노기근)하야
以活民生(이활민생)하고,
亂世之人(난세지인)은 淫其心(음기심) 貪其財(탐기재)하야
以傷民生(이상민생)하나니,
若天理所在(약천리소재)면
功歸於修(공귀어수)하고 禍歸於作(화귀어작)하리라.
(천지개벽경 임인 1장)

이승만, 박정희 두 분은 그 마음이 음란하여 개인 재물을 탐함으로써 백성의 삶을 해치는 난세지인(亂世之人)이 아니었다. 오히려 자신의 몸을 주리게 하고, 힘줄을 수고롭게 하여 백성의 삶을 살리는 치세지인(治世之人)에 가까운 분이었다.

해방 이후 갓 태어난 신생 국가로서 냉혹한 국제사회 속에서 생존 자체가 불투명한 때에 국가 경영을 독재 정부냐 민주 정부냐의 시각으로만 볼 문제가 아니라고 본다. 세계사를 보면 민주주의를 내세우며 나라 살림을 절단내고, 국가 경제를 파탄으로 이끈 음란(淫亂)하고 재물을 탐한 지도자가 하나둘이 아니다. 상제님의 천하사 일꾼은 반독재 민주주의를 외치며 국민을 위한 정치를 하겠다는 인물을 오히려 조심하고 경계해야 한다고 본다.

어느 시대고 정치는 그 제도가 중요한 게 아니다. 어떠한 제도건 간에 그것을 운용하는 수장(首長)과 그를 중심으로 뭉치는 세력들이 어떠한 사상과 국가관의 소유자들인지가 중요한 것이다. 세상에는 말만 번지르한 얼치기 인물들이 높이 평가받기도 한다. 상제님은 이승만, 박정희를 후천의 대시국의 뿌리가 되는 대한민국의 기초를 놓은 세운의 인물로 쓰신 것으로 생각한다. 공산 전체주의 국가 북한이 아닌 자유 대한민국[남조선] 안에서 장차 지구촌 후천 세상을 이끌어 갈 상제님의 교운의 12000 일꾼이 길러지는 것이다.

북조선 김씨 왕조 국가에서도 민주주의를 말한다. 나라 이름부터가 '조선 민주주의 인민 공화국'으로 좋은 것은 다 갖다가 붙였다. 그러나 오늘날 북조선은 지구촌의 최빈국으로 전락했고, 인민에게 인권과 자유가 없다. 90년대 이후 수없는 아사자(餓死者)가 나오는 가운데 목숨을 건 탈북 이탈민이 늘어갔다. 도둑놈이 나라를 맡으면 순식간에 국가 빚은 천문학적으로 늘어가며 국가 경제는 파탄 난다. 그러다가 자칫 망하는 것이다. 우리는 최근 그것을 너무도 잘 보았고 확인했다.

후천개벽의 목전에 다다른 지금의 나라 위기는 저 멀리 40여 년 전 10.26 사건과 12.12 사건 및 그 이후 일어난 일련의 역사적 사건에 대한 상반된 역사 해석과 이를 악의적으로 선전 선동하는 데서 비롯된다는 시각이 대두되고 있다. 세운이건 교운이건 돈과 권력과 **언론**을 **장악**한 세력에 의해 **거짓**이 **조작**되고 퍼져나가면 공동체 구성원의 의식은 병들고 **거짓**에 **선동**당한 사회는 결국 패운(敗運)과 패망(敗亡)으로 가는 것이다.

상제님은 무엇보다도 진실이 아닌 **거짓말**을 **가장 경계**하셨고 일꾼에게 **진심(眞心)과 참된 말**이 이번 **개벽기에 살아남을 수 있는** 가장 중요한 **덕목**임을 강조하셨다.

* **진실**은 모든 **복의 근원**이요, **거짓**은 모든 **화의 근본**이니라.
진도진법(眞度眞法)이 나와서 지기(至氣)가 운행되면 신명이 사람의 마음에 들어가 **그름[邪]과 바름[正]을 감정(鑑定)하여** 번개불에 달리리니, **뼈마디가 어긋나고 심장과 쓸개가 찢어지리라.**
(천지개벽경 계묘 2장)

* 이때 상제님께서 여러 사람에게 이르시기를, 이 시대는 **거짓말**하는 자는 없이하는 시대이니 꼭 **바른말**만 하라 하시니라.
(재판 道典 5:211:3)

불과 얼마 전에 있었던 미국소 광우병 괴담 선동과 성주 참외 전자파 괴담 선동, 후꾸시마 오염처리수 방류 반대 파동 등 온갖 **거짓말 선동**이 **횡행**하던 것을 생각해 본다. 당시 온갖 그럴듯한 거짓말로 국민을 선동하던 자들은 세월이 지나고 거짓말이 밝혀졌는데도 불구하고 언제 그랬느냐는 듯이 입 싹 닦고 사과 한마디 하지 않으며 구렁이 담 넘어가듯이 넘어간다. 한편 부지불식간에 각종 **언론**에 의해 거짓말에 선동당해 **세뇌된** 세상 사람들은 물질주의에 취하여 무관심으로 일관하고 옳고 그름을 가릴 능력이 사라지고 만다. 무엇보다도 공정해야 할 **언론**이 어찌 된 연유인지 이미 **기울어진 운동장**이라는 사실이다.

나는 천지개벽경을 읽으면서 이승만은 물론 박정희, 전두환, 노태우 3명의 무인 정권을 암시하는 3대장 말씀이 나오는 것을 확인하면서 물 샐 틈 없이 짜놓으신 천지공사에 새삼 놀란 적이 있다.

* 제자가 여쭈기를, 우리나라 산림고결에
고구려와 신라가 합쳐진 뒤 천여 년 만에 **세 대장**이 나와서,
세 대장이 또한 **몸을 보존하지 못하고**, 산새가 용사하여
먼 성씨의 이씨[遠姓之李]가 마침내 나라를 되찾는다 하옵니다.

말씀하시기를, **먼 성씨의 이씨가 마침내 나라를 되찾느니라.**
여쭈기를, 먼 성씨의 이씨가 전주 이씨가 아니옵니까?
말씀하시기를, 전주 이씨가 아니니라.
여쭈기를, 그를 만날 수 있으오리까?
말씀하시기를, **내 신하(臣下)인 이씨니라.**
(천지개벽경 계묘 9장)

물론 이 내용은 3대장의 출세에 포커스를 맞춘 말씀은 아니다. 3대장이 어떤 시대적인 장벽을 극복하지 못하고 몸을 보존하지 못한다는 말씀으로 보인다. 이 성구는 세운에서 3대장의 출현을 말씀하면서도 장차 3변교운에서 등장하는 **먼 성씨의 이씨[遠姓之李]로 상징**되는 어떤 **인물의 출현**을 말씀하신 것이다. 원성지이(遠姓之李)의 말씀은 천지개벽경 기유편 3장에 또다시 나온다. 이 인물이 장차 도정합일의 세상을 이끄는 대표 일꾼으로 보인다.

어쨌든 천지공사를 행하신 이후 한국 현대사에 등장한 박정희, 전두환, 노태우 3인의 무인 정권을 말씀하는 내용이 상제님의 경전에 뚜렷이 실려 있다는 것에 놀란 것이다. 이 말씀은 어느 경전에도 없는 천지개벽경만의 말씀이다. 그런데 어찌 이 인물들뿐이겠는가? 상제님의 천지공사는 100년 난신 해원과 과도기 시대에 역대 정권을 이끌어가는 모든 인물들에 대해 물 샐 틈 없이 짜 놓은 프로그램인 것이다.

오늘날 한국의 정치 현실을 지켜보면서 일면 조선왕조 시절의 사색당쟁(黨爭) 붕당(朋黨)정치를 생각한다. 반대파는 가혹하게 삼족을 멸하여 죽이거나 귀양을 보내고 살아남은 가족들은 노비로 만들어 가문과 개인의 인생을 절단냈던 것이 당시 무자비하기 짝이 없던 조선의 양반 사대부들이다.

상제님의 일꾼은 국민이 주인이라며 소위 민주주의를 하겠다고 떠드는 자들을 경계해야 한다. 어느 나라 건 민주주의라는 달콤한 이름 아래 집권 세력은 권력을 교묘히 독점하고, 자기들이 영구히 집권할 합법을 가장한 교활한 시스템을 짜고는 서서히 국민의 자유와 권리를 빼앗아 버리며 온갖 이권을 챙기는 음모를 진행시킨다. 그들 세력의 뒤에는 반드시 공산 전체주의라는 탈을 쓴 중공과 북한이 있다. 그리고 더 넓게는 한반도에서 바둑을 두는 오선위기 4대 강국이 있다. 한반도의 운명은 4대 강국이 패권을 다투는 국제질서의 바둑 속에서 좌우되고 결정된다는 것을 염두해 두고 각 정권의 고충과 공과를 살펴야 한다, **일방적인 좌와 우의 논리로 보아서는 안된다**는 점을 거듭 강조하고 싶다.

지구촌의 세상은 천문학적인 돈을 쥔 세력이 사상과 이념을 초월하여 세계 정치와 경제와 언론 등 모든 것을 장악하고 뒤에서 교묘하게 통제한다는 시각이 있다. 오선위기의 초강대국 미국이란 나라는 영국의 종교박해를 벗어나 자유의 나라를 만들기 위해 이주해 온 청교도들이 세운 희망의 나라였다. 온갖 고난을 극복하며 세계최강의 나라를 만들었지만 신흥 귀족이 생겨났다. 그들은 주류 사회를 이끄는 새로운 특권 집단이 되어 정치와 언론을 장악하고 자기들의 영원한 세상을 꿈꾸려 한다는 분석이 있다.

언제나 인간사 모든 문제의 근원에는 부와 권력을 영원히 독차지하려는 **탐욕의 광기**가 있다는 것을 생각하게 된다. 채 100년도 못사는 어리석은 인간 군생들이 한 시절 권력과 금력을 손에 쥐고 마치 모든 것을 손에 쥔 것처럼 자신들 만의 특권을 형성하며 나라 살림을 그릇 이끌어간다. 인간이라면 누구나 결국 늙어서 추한 말년을 맞아 병들어 죽게 되며 하늘에 올라가 엄정한 심판을 받는다는 사실을 그들은 조금도 깨닫지 못한다. 더더욱 후천개벽이라는 선천 역사와 인간에 대한 선악 심판과 생사 판단이 목전에 있다는 사실을 꿈에도 생각하지 못한다.

이번 개벽기에는 하늘에서 정의로운 천지신명들이 진심(眞心)을 갖고 일하는 치세지인과 거짓과 탐욕에 눈이 먼 난세지인을 환히 내려다보고 있다가 결정적인 순간이 닥치면 정의로운 칼로 선악 심판과 생사 판단을 할 것이라고 본다. 이때 난세지인의 편에 서서 온갖 음해와 거짓 선동과 모략으로 국민을 속이고 한때의 개인 영화를 추구했던 날파리 인생들을 주살(誅殺)하기를 기대한다. 상제님은 이미 100년 전에 천지신명에게 다음과 같은 칙령을 내리셨다.

천지 귀신 축문

1 무신년 12월 7일 대흥리에서 공사를 보실 때에 글을 써서 불사르시며 "이는 천지 귀신 축문(天地鬼神祝文)이니라." 하시니 이러하니라.

2 天地鬼神祝文
　천지귀신축문
所願人道는
소원인도
願君 不君하고 願父 不父하고 願師 不師라
원군 불군　　원부 불부　　　원사 불사
천지귀신에게 내리는 축문이라
인도가 원하는 바는
인군다운 인군이길 원하나 인군답질 못하고
아비다운 아비이길 원하나 아비답질 못하고
스승다운 스승이길 원하나 스승답질 못하니라.

3 有君無臣이면 其君何立이며
　유군무신　　　기군하립
有父無子면 其父何立이며
　유부무자　　기부하립

有師無學이면 其師何立이리오
유사무학   기사하립
大大細細를 天地鬼神은 垂察하라
대대세세   천지귀신   수찰
인군다운 인군이 있어도 신하다운 신하가 없다면
그 인군이 어찌 인군 노릇을 하며
아비다운 아비가 있어도 아들다운 아들이 없다면
그 아비가 어찌 아비 노릇을 하며
스승다운 스승이 있어도 제자다운 제자가 없다면
그 스승이 어찌 스승 노릇 하리오.
이제 천지간의 크고 작은 모든 일들을
천지 귀신은 고개를 드리우고 세세히 살피도록 하라.
(재판 道典 6:87)

상제님의 5만년 무극대도인 천지대도를 닦아 장차 태일(太一) 인간이 되려는 천하사 일꾼들은 당연히 세속의 인간들과는 다른 가치관을 가져야 한다. [태일과 태을천상원군에 대해서는 part 6에서 자세히 설명한다]

과연 상제님의 **100년 천지공사**가 지향해 온 **궁극의 목표**는 어디에 있었는가? 대한민국을 선천 세상의 상등국으로 만드는 세운 차원을 뛰어넘어 교운에 있었다. 상등국으로 우뚝 선 대한민국에서 100년 난법해원 시대의 막판에 출현하여 의통성업을 집행하고 후천선경을 건설하는 정의롭고 공명정대한 **교운의 12000 일꾼의 출현**에 있는 것이다.

2013년에 참신앙 혁명운동을 시작한 이후 한결같은 나의 화두는 다음의 상제님 말씀이었다.

* 제자가 여쭈기를, 병이 오면 이 나라 전 지역에서 어떤 도가 가장 심하옵니까?
말씀하시기를, 서북(西北)이 가장 심하고, 중동(中東)이 그 다음이고, 호남(湖南)이 많이 사느니라.
제자가 여쭈기를, **세상에 광주(光州)와 나주(羅州) 땅을 밟지 말라는 말이 있으니 어째서입니까?**
말씀하시기를, **광주와 나주 땅은 이미 패운(敗運)에 들었느니라.**
(천지개벽경 을사 9장)

상제님은 금강 이남 지역인 호남이 많이 산다고 말씀하셨다. 그런데 상제님은 오늘날 민주화 항쟁의 성지로 알려진 위대한 도시 광주를 축복하지 않으셨다는 뜻밖의 사실이다. 제자의 질문에 상제님은 "이미 패운에 들었다"고 말씀하셨다. 패운(敗運)이란 어떤 의미인가? 사전적 의미로는 기울어져 가는 운수라는 말씀이다. 승운(勝運)이 아닌 패운(敗運)은 긍정(肯定)이 아닌 부정(否定)의 말씀이지 않은가.

이 말씀은 잘못 기록된 말씀일까? 혹시 착오로 수집된 천지공사의 재료가 잘못 기록되어 들어간 말씀은 아닐까? 나의 관심과 촉각은 언제나 이 말씀에 있었다.

나는 광주 노씨로써 빛고을 광주는 제2의 고향과 같은 곳이다. 상제님은 신명계의 주벽인 동방칠성 이마두를 초혼하여 광주 무등산(無等山) 군신봉소(君臣奉朝)에 장사하는 공사를 행하셨다.

* 손수 상여 소리를 내시며 말씀하시기를, **이마두를 무등산 군신봉조에 장사 지내고 최수운을 회문산 오선위기에 장사하노라.**
(천지개벽경 기유 5장)

무등(無等)이란 두 가지의 의미를 가진다고 본다. 하나는 선천과 같은 극단적인 차별이나 다단계의 등급이 없는 균여(均餘)한 후천 선경의 세상을 의미하는 것이다. 또 하나는 그 이상 더 높을 수 없다는 최상의 등급을 말하는 것이기도 하다. 어쨌든 무등산의 정기가 모여 좌청룡 우백호의 산세 아래 형성되어진 도시가 빛의 고을 광주다. 그런데 상제님은 오늘날의 세인들의 일반적인 믿음과 기대와는 전혀 다른 말씀을 100년 전에 천지공사로 내리셨다는 사실이다. 나는 아직까지 이 말씀에 담긴 상제님의 깊은 뜻이 무엇인지 잘 모른다. 다만 상제님의 말씀을 소중하게 여기는 신앙인이라면 열린 마음을 가지고 다 각도로 이 말씀의 의미가 무엇인지 궁구하고 연구해야 한다고 생각한다.

상제님은 이번 **생사 판단의 개벽기에 살아남는** 몇 가지 **원칙**을 말씀하셨다. 하나는 **진실이냐 거짓이냐**의 구분이다. 백의군왕 백의장상 도수를 보시러 고부 경무청 감옥에 들어가셨을 때, "이 시대는 거짓말하는 자를 없이 하는 시대"라고 말씀하셨다. 그리고 또 하나 '**배은망덕만사신(背恩忘德萬死身)**'이라는 말씀이다. 이 말씀은 교운은 물론 세운에도 적용되는 말씀이라고 본다. 베풀어 준 은혜에 등을 돌리고 고마운 덕을 잊어버린다는 배은망덕이라는 말은 예로부터 있는 말이다. 상제님은 거기에다가 만사신이라는 단어를 붙여서 말씀하신 것이다. 만사신이란 무엇인가? 만 번 죽어 마땅한 몸이라는 것이다. 한마디로 배은망덕한 놈은 만 번을 죽인다 즉 영원히 죽여 없애신다는 너무도 무서운 말씀이 아니겠는가.

장차 천지 공도를 집행하는 천하사 일꾼은 자신의 출신 지역과 편협한 개인 생각을 버리고 **오로지 상제님과 수부님의 말씀에 근거하여** 상제님의 도업에 임해야 한다고 본다. 오로지 **거짓과 진실, 치세지인과 난세지인**이라는 상제님의 말씀에 바탕을 두고 세운과 교운을 궁구하고 연구해야 한다고 본다.

3. 정 회장의 소떼몰이 방북과 오선위기 세운 역사의 전환점

상제님께서 천지공사에서 짜신 도수를 따라 세상은 변화하며 세월은 흘렀다. 1998 무인(戊寅)년, 이 해에 세운에서 큰 이슈가 있었다. 1998년 6월 16일 고(故) 정주영 명예회장은 돌연 소 5백 마리를 몰고 한반도 분단의 상징인 삼팔선(휴전선)을 통과해 북으로 넘어갔다. 현대그룹 정 회장의 소떼몰이 방북 사건이다.

> * 천하대세가 씨름판과 같으니 애기판이 지나고 또 총각판이 지난 후에 상씨름이 붓나니 **씨름판에 소가 나가면** 판을 걷게 되느니라 하시고 또 씨름판대는 **삼팔선**에 두고 **만국재판소**는 우리나라에 두노라 하신지라. (용화전경 제2장 우주개혁공사 11절 5항, 71쪽)

한국전쟁(1950~1953)이 끝난 이후 45년 만에 민간인이 국가의 승인을 받아 전국이 떠들썩하게 큰 행사를 벌이며 처음으로 휴전선을 넘어간 것이다.

이러한 빅이벤트의 배경에는 1997년 12월에 **김대중**이 **15대 대통령**으로 당선되는 것과 소위 **햇볕 정책**이 작용했다. 그런데 좀 더 올라가서 14대 김영삼 대통령 때의 천문학적인 정치 비자금 파동, 역사 바로 세우기와 특별법의 제정, 정권 말기에 몰아닥친 국가 재정의 대파탄으로 인한 IMF 사건이라는 통한(痛恨)의 시대적 배경을 알아야 한다.

박정희, 전두환, 노태우의 3대장 무인 정권 시대가 끝나고 김영삼의 문민정부라는 과도기를 거쳐서 김대중의 **국민의 정부**라는 새로운 정치 시대로 돌입하였다. 이것은 무엇을 말하는 것인가? 한반도를 둘러싼 4개 강국의 이해관계 즉 오선위기의 바둑판에 어떤 변동이 오면서 이에 대응하여 살아남기 위해 **한국의 정치 지형이 근본적으로 바**

뀌었다는 사실이다.

정주영 회장의 소떼몰이 방북

[1998년 6월 16일 정주영 회장은 느닷없이 소 500마리를 몰고 한반도 분단의 상징인 휴전선(삼팔선)을 통과해 북으로 넘어갔다. 이로써 상제님께서 100년전 말씀하신 도수가 인사로 실현되었다. 그러나 소가 넘어간지 30년이 가까워 오고 있지만 아직도 상씨름판은 끝나지 않고 있다. 과연 상제님의 **씨름판에 소가 나간다는 말씀**은 동물 소의 등장을 말씀하신 것인가 아니면 **개벽 직전에 소로 상징되는 상제님의 일꾼들이 나서게 된다**는 것을 말씀하신 것인가 곰곰이 생각하게 된다].

제15대 대통령 선거에서 50년 헌정사상 처음으로 투표에 의해 여야 정권교체를 이루게 되었다. 김대중 정부는 '국민의 정부, 라는 명칭으로 1997년 말 국가부도 위기를 맞아 IMF 관리체제에 들어간 나라의 경제를 헤쳐 나가야 하는 험난한 과제를 안고 출범했다. 한국전쟁 이후 **최대의 국난**으로 일컬어진 **경제난을 극복**하기 위해 김대중 정부는 '민주주의와 시장경제의 병행 발전, '생산적 복지 구현, 이라는 국정철학을 내걸고, 구조조정과 경제개혁정책을 펴나갔으며, 한편으로는 야당의원 영입을 통해 정국 구도를 여소야대에서 여대야소로 개편했다. **김대중 대통령의 출현** 또한 **시대가 요구한 것**이며, **상제님의 천지공사가 인사로 실현된 결과**였다. 김영삼, 김대중 두 대통령 또한 전임 대통령들처럼 상제님께서 대한민국의 상등국 공사라는 원대한 목표 달성을 위해 세운에서 길러낸 천지공사의 큰 일꾼이었던 것이다.

이러한 시대적 흐름과 천지공사의 대의 속에서 정회장의 소떼 방북은 탄생한 것이며, 훗날 김대중 대통령이 한반도의 평화에 기여한 공로를 인정받아 한국인으로서는 최초로 가장 권위 있는 노벨 평화상을 받게 되는 요인(要因)이 된다.

정회장의 소떼몰이 방북 이후 남북 관계 및 한반도의 국제정세가 예전과 다른 모습으로 변하기 시작한다. 98년 11월 18일 금강산 관광선이 첫 출항을 하였고, 2년 뒤 **2000년 6월 15일 남과 북의 두 정상**은 분단 55년 만에 처음으로 만나 **화해와 공존의 남북 공동 선언**을 발표함으로써 큰 흥분과 충격을 주었다.

이후 남과 북의 각종 실무회담, **경의선 철도 복원 공사의 시작**, 감동적인 남북 이산가족 상봉 등이 이루어졌으며 미국 국무장관이 처음으로 북한을 방문하기도 한다. 이로써 동북아와 한반도에 예전과 전혀 다른 새로운 시대가 오는 것으로 비추어졌다.

그러나 이것은 진정한 남과 북의 화해가 아니었음이 후일 드러난다. 김대중 대통령은 방북 대가로 약 5억 달러(30억 달러라는 주장도 있다)라는 막대한 뒷돈을 국민 몰래 김정일에게 헌납했고, 20억 달러의 물건을 북에 주었다. 김정일은 이 돈과 물품으로 북한 주민의 기아 문제를 해결한 것이 아니라 **핵무기 개발**을 했음이 후일 드러났다. 아니 핵무기라니? 누구를 위하고 무엇을 위한 핵무기란 말인가? 남북 화해가 아니고 남한 적화(赤化)를 하고자 하는 핵무기였던 것이다.

과연 국민투표로 선출된 민주국가의 대통령이 국민 몰래 적의 수장에게 엄청난 돈을 갖다 바친 이 사건을 어떻게 해석해야 하는가? 불쌍하게 굶어 죽어가는 북쪽 동포들을 위해 돈과 물품을 지원해 준 인도주의적 차원의 통치행위라고 넘어갈 수 있단 말인가? 그렇다 쳐도 그 돈을 가지고 남한 적화를 목표로 하는 핵무기를 만든다는 것을 예상하지 못했단 말인가? 또한 국민 몰래 막대한 돈을 적장(賊將)에게 준 것이 과연 통치행위라는 명분으로 용납될 수 있는 것인가? 훗날 이 사실을 알게 된 일부 국민은 명백한 반역(反逆)이며 이적(利敵)행위라고 분노하였다.

그런데 상제님의 일꾼들은 이러한 표면적인 시각을 뛰어넘어 냉혹한 국제질서의 현실 속에 대한민국이 살아남고 후천개벽 전까지 상등국으로 올라서야 한다는 상제님의 원대한 천지공사의 차원에서 바라볼 줄 알아야 한다. **이 사건**은 해방 이후 끊임없이 달라지는 복잡한 오선위기 국제질서에 순응하고 한국이 살아남아 상등국으로 올라서기 위해 **한국 현대사의 흐름이 바뀐 것**을 알린 표면적인 사건이라는 것이다.

대한민국 건국 이후 제1공화국부터 지금의 제6공화국에 이르기까지 서로 다른 스타일의 대통령들이 나와서 자신들의 이념과 통치 철학을 따라 나라를 이끌고 다스렸다. 개성과 신념이 다른 그들 대통령이 그때그때 나온 것은 사실상 상제님의 천지공사로 인한 것이다. 상제님의 천지공사, 특히 **세운공사는 세운공사 자체에 목적이 있는 것이 아니다**. 각 정권의 지도자가 실현하고자 했던 목표가 전부가 아니고 사실은 장차 등장할 3변교운의 일꾼들의 성장과 양육에 있다는 사실이다. 세운이건 교운이건 천지공사는 일단 난신 해원 공사가 그 바탕이 된다. 정회장의 소떼몰이 방북 사건은 대한민국 건국 50년을 넘어가는 시점에 터져 나온 사건이다. 과연 1945년 해방과 분단 이후 지금까지 80년을 넘게 끌어오는 오선위기와 남북 상씨름이라는 세운공사의 전 과정에서 볼 때 대략 중반을 넘기는 시점에서 일어난 이 사건은 무엇을 말하는 것인가?

해방 이후 한반도를 둘러싼 국제정세, 씨름판의 두 주역 남과 북 및 패권 다툼을 하는 네 신선 미일중러(소)의 내부 상황이 언제나 똑같이 것이 아니다. 시대의 흐름과 함께 각국의 국내 사정은 변하고 세계 정세 또한 변하는 것이다. 세상은 천백 개벽하며 **난신(亂神) 해원(解冤)의 물결**을 타면서 후천개벽의 극적인 순간인 지구촌 병란병란(兵亂病亂)을 향해 뱀이 허물을 벗듯 변해가는 것이다. 이러한 흐름 속에 후천의 도주국인 대한민국은 살아남아야 한다.

90년대 중반 당시 북쪽에는 3백만 명의 아사자(餓死者)가 나오는 등 국가 붕괴의 위기에 도달하였다. 북한은 말로만 민주 공화국이었지 극단적인 신분제 사회로 조선왕조의 뒤를 잇는 사실상 왕조 국가다. 국가 체제가 전체 인민의 행복을 추구하는 것이 아니라 특정 계급을 위해 다수 인민의 삶을 노예화한 공산 전체주의 김씨 세습 왕조다. 김영삼 대통령 때 미국 클린턴 행정부는 북핵 문제를 해결하고자 북폭을 시도하고자 하였다. 그러나 김영삼 대통령은 적극 반대하였다. 당시 클린턴 행정부의 뜻대로 진행 되었다면 동북아와 한반도 정세에는 큰 변화가 왔을 것이며 세운공사의 기본 틀인 오선위기 구도가 깨어졌을 것이다. 김영삼 정부는 그들만의 이상과 노력과는 별도로 상제님의 조화정부가 부과하는 시대의 사명이 있었던 것이다.

김영삼에서 김대중으로 이어지는 당시 남한의 정세는 박정희, 전두환, 노태우로 이어진 3대장의 무인 정권이 끝나고, 문민정부와 국민의 정부라는 슬로건을 내건 **민주화 세력으로 권력이 이양되던 시절**이다. 김영삼 대통령은 한평생 반독재 민주화에 몸을 바친 큰 지도자이다. 그런데 그가 일평생 이루려 한 것은 민주화였으나 실질적인 국가 경영 능력은 부족했다고 평가하는 사람들이 있다. 그의 재임 시절에 크고 작은 사건 사고가 꼬리를 물고 일어났으며, 한국전쟁 이후 최대의 국난으로 일컬어진 IMF 사태를 맞았다. 그는 노태우 대통령으로부터 물려받은 3천억원이라는 천문학적인 비자금의 치부를 감추기 위해 역사를 바로잡는다는 명목 아래 소급입법이라는 특별법을 만들어 역사를 왜곡하였다는 비판을 받고 있다.

상제님의 뜻은 아직 남북 상씨름판에 변동이 오는 데 있지 않았다. 후천개벽의 목전까지 시간이 남아 있고 아직 교운과 세운에서 난신 해원의 역사가 많이 남아 있었다. 특히 무엇보다도 교운이 아직 2변 교운에 머물러 있었고 장차 3변교운을 주도해 나갈 12000 천하사 일꾼들이 전생이 겁기를 벗겨내야 하고 양육되는 과정에 있었다. 또한 상제님께서 세운공사에서 짜신 대로 천지의 불을 묻는 **매화둔(埋火遁) 공사**가 실현되려면 우선 북한이 핵무기 개발에 성공해야 하는 절차가 선행되어야 했다.

* 말씀하시기를, 천지에 변산과 같이 **큰 불덩이**가 있나니, 만약 세상에 나와서 구르면 **온 세상**이 **잿더미**가 되리라. 그러므로 내가 이제 그 불을 묻었노라. (천지개벽경 무신 1장)

* 무신년 가을에 대선생께서 구릿골에 계시며 여러 날 동안 칙령을 내리시고 말씀하시기를, 내가 오늘 **불을 묻어 숨기리니[埋火遁]** 화재(火災)를 조심하라. 오늘 너희 집에 불이나면 널리 퍼져나가 천하를 태우리라. 형렬이 놀래고 겁내어 화롯불을 끄고, 하루 종일 찬밥을 먹으며 집안사람들을 단단히 타일러 경계하니라.
(천지개벽경 무신 15장)

따라서 체재의 수명이 다한 북한을 기사회생시키고 핵무기 개발을 가능하게 하는 누군가 지원자가 있어야 했다. 한반도의 100년 세운공사에서 언제나 염두에 두어야 할 것은 우리 겨레의 운명은 한반도에 거주하는 한민족 스스로의 주체적인 의사로 결정되는 것이 아니라는 사실이다. 지정학적으로 4대 강국의 틈바구니 속에 있기에 패권 바둑을 두는 4대 강국의 힘의 균형과 격돌 속에서 결정되었다. 즉 오선위기 바둑판의 주인, 남과 북의 당사자가 아니라 **바둑을 두는 4신선 미일중러 그리고 더 큰 차원에서 국제질서를 이끌고 가는 보이지 않는 윗선, 큰형님**들의 힘이 크게 작용했다는 사실이다.

* 말씀하시기를, 천하의 형세가 **두 신선이** 있어 **바둑을 두고 또 두 신선이** 있어 **훈수하며**, 한 신선은 주인이라 음식을 대접하는 범절을 맡았나니, 농사를 잘 지어 **접대하는 도리만 끊이지 않으면 판이 끝난 다음에 바둑판은 주인에게** 되돌아가느니라.
(천지개벽경 병오 4장)

* 말씀하시기를,
나는 **마(魔)**를 천하에 풀어놓아 **난신(亂神)**으로 하여금 각기 그 원하는 바를 이루어 주어 오만 년 동안 다시는 망동하지 못하게 하니, 분분(紛紛)한 천하의 형세가 형형색색으로 물중전(物衆廛)과 같으리니, 이것이 **난도난법(亂度亂法)**의 세상이니라.
(천지개벽경 계묘 2장)

한국의 대통령과 그 정부가 나라의 운명을 스스로 결정하는 것은 애초부터 불가능했다. 오선위기 도수에서 바둑판 **주인의 역할**은 다만 **손님 대접을 잘하는 것**에 있었다. 만일 이것을 부정하고 자신의 신념과 독단을 따라 국가를 경영하려다가는 정권의 종말과 죽음을 맞이하였던 것이다. 1998년 김영삼 전 대통령과 김대중 신임 대통령은 **빌디버그 회의**에 초내받아 참석했다. 이러한 복잡한 국제질서의 구도와 사정, 그리고 난신해원을 조정하는 천상 조화정부의 움직임 아래서 수십년간 길러진 **시대의 영웅 김대중 대통령**은 인도주의적인 차원으로 북에 막대한 돈과 물품을 지원한 것이며 노무현으로 이어지는 친북 정권이 등장한 것이라고 보여진다.

이것은 천지공사라는 큰 대의 속에서 당시의 한반도와 동북아의 역사를 보는 시각이다. 그러니까 대한민국의 역대 대통령은 그 누가 되었든 개벽 전까지 4대 강국의 틈바구니 아래서 대한민국이 생존하며 상등국 공사를 달성하고 유지해야 하는 시대적 대의가 부여하는 역할(役割)을 수행한 것이다. 세운의 남조선배 대한민국이 냉혹한 국제질서의 격랑을 헤치고 나가면서 상등국으로 올라서는 데는 각 시대와 상황의 변화에 따른 다양한 변수가 있고 어려움이 있었다. 따라서 **역대 정부를 단순한 좌우대립이나 흑백논리로 판단하고 규정해서는 안 된다**고 본다. 어느 정부이든지 하늘로부터 부여받은 사명이 있고 공(功)과 과(過)가 있는 것이다. 천하사 일꾼은 천지공사의 대의와 시대적 상황 논리를 살피며 균형감각을 가지고 그 시대와 인물을 들여다 봐야 한다.

우리가 역대 대통령과 그의 정부를 평가할 때 중점을 둘 것은 **이념의 좌(左)냐 우(右)냐의 문제가 아니다**. 상제님께서 궁극으로 중점을 둔 것은 그가 **치세지인(治世之人)**이냐 **난세지인(亂世之人)**이냐 하는 것이다. 그것은 그의 사후에 평가되는 업적과 그가 남긴 사적 재산과 그의 자식들이 누리는 사회적 지위와 재산의 크기를 살펴보면 극명하게 드러난다. 그러니까 자신과 가족의 안녕을 뒤로한 채 오로지 국리민복에 힘쓰며 대한민국을 상등국으로 만들고 유지 시키는 데 일심을 다한 인물이 있는가 하면, 겉으로는 그럴듯한 명분을 내세우며 일했지만 보이지 않게 뒤로는 개인 및 가족이 부정 축재를 하면서 난신(亂神) 해원과 만고에 원한 맺고 죽은 신명 해원에 구심적 역할에 치우친 인물이 있었다는 사실이다.

   * 좋은 꽃이 피면 좋은 열매가 열리고,
     흉한 꽃이 피면 흉한 열매가 열리니라.
     吉花에 開吉實(길화 개길실)이오
     凶花에 開凶實(흉화 개흉실)이라.
     (천지개벽경 기유 1장) (현무경)

세운이건 교운이건 지상의 인간이 한 행위가 천지공사, 특히 신명 해원공사라는 이름 아래 모두 정당화되는 것은 아니다. 천지공사는 결국 선천의 인간과 신명에 대한 **선악 심판**이고 **화복 심판**이며 **생사 심판**이다. 따라서 누구라도 예외 없이 반드시 역사의 최종 심판과 하늘의 심판을 받는 때가 온다. 지금이 바로 가을개벽기 그때이다. 앞으로 후천개벽의 진행 과정에서 진정한 신인합일과 도정합일의 인존 시대가 열리면 정의로운 일꾼들이 천지신명을 시켜서 당시의 모든 증거자료를 낱낱이 모아 올바른 판단을 할 것이라고 본다. 천지공사는 선천 역사의 **불의(不義)**를 **숙청(淑淸)**하고 **정의(正義)**를 **규명(糾明)**하신 일이다. 이것은 단지 우리나라에만 국한되는 일이 아닌 전 지구촌에 해당하는 일이다.

* 너희들은 **오직 의로움 한마음[惟義一心]**으로 만세의 큰 복을 찾을지어다.
천지신명이 내 명령을 받들어 가을 운의 대의[秋運大義]로써 **불의(不義)를 숙청(肅淸)하고 은밀히 의인(義人)을 돕나니, 악(惡)한 사람은 모든 잎이 가을에 떨어지듯 하고, 선(善)한 사람은 모든 과실이 가을에 익는 듯하노라.**
그러므로 나의 세상에 만상(萬象)이 다 새로워지고, 만복(萬福)이 다시 시작되노라. (천지개벽경 정미 3장)

교운의 천하사 일꾼이 자신이 몸을 담고 있는 나라의 살림과 세상 돌아가는 세운의 흐름에 대하여 큰 관심을 갖는 것은 지극히 당연한 것이다. 그런데 후일 세운과 교운이 하나가 되는 도정합일(道政合一)의 새 시대가 올 때까지는 상제님께서 짜신 세운공사의 오선위기 도수와 난신 해원공사의 끝판이 어디까지 가는지를 지켜볼 수밖에 없다. 물론 그 해답은 상제님의 말씀으로 결론이 나와 있으며 지구촌 병란병란(兵亂病亂)인 것이다.

따라서 세운의 흐름에 대해 너무 예민하게 반응할 필요가 없고, 신도 상호간에 정치적인 입장차를 놓고 의견 대립을 하며 싸울 필요가 없다. 지금 **교운의 일꾼들이 해야 할 일**은 정치적 이념논쟁이나 편 가르기가 아니라 **눈앞에 닥친 의통성업의 준비**라는 사실이다. 상제님 신앙인이면 누구나 인지하듯이 세상 문제의 해답이 세운의 정치판에 있는 것이 아니라는 사실이다. 일꾼은 다만 세운과 교운 양쪽에 걸쳐 상제님께서 지도자의 덕목으로 말씀하신 치세진인(治世之人)과 난세지인(亂世之人), 진실이냐 거짓이냐를 생각하며 냉철하고 정확하게 바라봐야 한다. 상제님이 인정하신 일꾼과 지도자는 치세지인의 인물이다. 후일 난세지인으로 드러나는 자, 자신의 정치적 입지와 경제적인 이익을 위해서 거짓을 행하고 역사를 왜곡하며 이를 호도하여 국민을 개돼지로 알고 선동했던 자들은 하늘의 정의로운 심판을 피하지 못할 것이라고 본다.

* 진실은 모든 복의 근원이요, 거짓은 모든 화의 근본이니라.
진도진법(眞度眞法)이 나와서 지기(至氣)가 운행되면 **신명**이 사람의 마음에 들어가 **그름[邪]과 바름[正]을 감정(鑑定)**하여 번개불에 달리리니, 뼈마디가 어긋나고 심장과 쓸개가 찢어지리라.
너희들은 힘쓸지어다. 운수는 좋지만 목 넘기기가 어려우리라.
(천지개벽경 계묘 2장)

상제님의 말씀은 단 한 말씀이라도 땅에 떨어지지 않고 부절같이 합한다고 하셨다. 위 말씀 그대로 이루어지는 날이 온다고 확신한다.
돌이켜 보면 지난 세월 교운도 그러했지만 세운 역시 **거짓말 선동**이 판을 쳤고 사람들은 부지불식간에 깊이 **세뇌**되었다. 세운에서 거짓말 선전 선동의 배경에는 언제나 천지신명과 종교를 부정하고, 유물론과 계급투쟁의 역사관에 바탕을 둔 공산 전체주의 세력이 있었다. 특히 90년대 초 소련이 붕괴되고 중공이 등장하면서 더욱 그렇게 진행되었다. 소위 씨앗 심기 작전에 말려들거나 막대한 검은 돈의 유혹을

뿌리치지 못하고 회사의 기밀을 팔아넘기거나 불의한 국가 정책을 수립하는 등 악을 행한 매국노들이 있었다
.
세상의 사건은 그저 자연 발생적으로 우연하게 일어나는 것이 아니다. 세상을 움직이는 것은 궁극으로는 거대한 돈의 힘이며 그 돈을 영원히 소유하기를 원하는 자들이 선천 말대에 해원하려고 하는 천상의 난신들과 신인합일로 합작하여 일으키는 것이다. 순진한 대다수 사람들은 선동을 당해 ○○이나 ○○○를 들고 이쪽 저쪽 각종 집회에 참석했을 뿐이다. 아직은 지금까지 드러난 세상의 사실과 정보만 가지고는 모든 걸 판단하기에 부족하고 이르다고 본다. 결국은 신인합일의 신도 문화가 열리고 모든 것이 하늘 차원에서 드러나야 하는 것이라고 본다.

* 너희들이 이제는 이렇듯 친숙하되 뒷날에는 눈을 바로 뜨지 못하리니 마음을 바루고 닦기를 잘하라 수운가사에 많고 많은 저사람에 **어떤 사람 이러하고 어떤 사람 저러한가** 라 함과 같이 탄식(嘆息)줄이 나오리라 (대순전경)

* 만인경(萬人鏡)에 비추어 보면 **제 지은 죄를 제가 알게 되니** 한탄한들 무엇하리. (용화전경)

4. 세운의 마무리 과정에 대한 상제님과 수부님의 말씀

다음은 장차 세운에서 일어날 일들에 대한 상제님과 수부님의 말씀을 일부 모아본 것이다. 말씀에 대한 구체적인 설명은 약하기로 한다.

* 제자가 여쭈기를, 영평이 비결을 남겨 말하기를,
청룡 황도가 크게 열리는 해에,
왕성한 기운[旺氣]이 태을선에 실려 떠 오도다.
누가 용감하게 물러나 신선의 길을 찾는가.
부유함은 몸을 도모치 못하니 돈 우물에 빠져 죽으리라.
왜가 오랑캐 기병을 쫓아 땅을 더듬어 차지하니
귀신같은 책략과 채찍이 하늘을 뒤덮는구나.
판 안의 백성들은 때가 급해지거든
즉시 이십팔 곁을 찾아가라.
또 말하기를,
해는 본래 동쪽에서 떠서 서쪽으로 지니
오미(午未)방에서 빛을 뿌리고 신유로 옮기리라.
양이 가을 울타리를 들이받음을 누가 풀리오.
원숭이가 봄나무에서 울면 해가 뜨리라.
닭이 우는 밤에 **온 세상이 비바람에 덮이고**
개가 짖을 때 **만국에 피비린내와 티끌**이 일어나리라.
사람이 살아날 곳을 알고자 하면
우거진 수풀 잠든 새 밑의 성긴 울타리니라 (하니),
이 비결을 믿을 수 있으오리까?
말씀하시기를, 내 일을 밝혀 말한 것이니라.

弟子(제자)이 問曰(문왈),
永平(영평)이 有訣(유결)하야 曰(왈),
青龍黃道大開年(청룡황도대개년)에

旺氣浮來太乙船(왕기부래태을선)이라.
誰能勇退尋仙路(수능용퇴심선로)오
富不謀身沒貨泉(부불모신몰화천)이라.
倭逐胡騎囊探地(왜축호기낭탐지)오
鬼策神鞭席捲天(귀책신편석권천)이라.
局裏蒼生時日急(국리창생시일급)커든
卽到二十八分邊(즉도이십팔분변)하라.
又曰(우왈),
日本東出西洋沒(일본동출서양몰)하니
午未方光辛酉移(오미방광신유이)라.
羊觸秋藩誰能解(양촉추번수능해)오
猿啼春樹登陽明(원제춘수등양명)이라.
一天風雨鷄鳴夜(일천풍우계명야)오
萬國腥塵犬吠時(만국성진견폐시)라.
欲知人間生活處(욕지인간생활처)면
茂林宿鳥下疎籬(무림숙조하소리)라.
此訣(차결)을 可信乎(가신호)잇가.
曰(왈), 言我事之明也(언아사지명야)니라.
(천지개벽경 계묘 9장)

* 닭이 울면 날이 밝고 개가 짖으면 사람이 다니느니라.
(천지개벽경 갑진 8장)

* 제자가 아뢰기를, 무학이 남긴 비결에
누런 뱀은 면하기 어려우니 쥐가 개를 훔치고
흰 말에 용의 울음이 쇠함을 볼 수 있으리라.
인과 묘에 일을 알 수 있고, 술과 해에 사람이 많이 죽으리라.
태조의 운수는 어디 있는가. 본래는 오백 년이라.
오백 년이 지난 뒤에는 **북쪽 도적이 온전히 친해지리라.**

진과 사에 성인이 나오고 오와 미에 즐거움이 당당하리라.
삼전삼내고가 안에서 호응하여 삼한을 멸망시키리라.
이씨가 장군의 칼을 들고 조씨는 대부의 붓을 잡는다.
최씨가 한 칼을 도모하니 피가 삼춘을 흐르다 멈춘다.
이와 같이 삼일객이 능히 억제하여 그치게 하는구나.
무진과 기사에 어지러운 용이 대궐에서 일어난다.
진사에 그대는 어디로 가는가.
오미에 즐거움이 당당하도다.
푸른 옷이 남쪽에서 오니 중과 비슷한데 중은 아니로다.
열 여자가 한 사내를 받들고 백 집이 한 마리 소를 아우른다.
소승이 비록 못났으나 소승의 말을 고치지 말라 하였으니,
이 말을 믿을만 하옵니까.
말씀하시기를, 무학의 말이 명명백백 하도다

弟子(제자)가 告曰(고왈), 無學之訣(무학지결)이
黃蛇難免鼠窃狗(황사난면서절구)오
白馬(백마)에 可見龍吟衰(가견용음쇠)라.
寅卯(인묘)에 事可知(사가지)오 戌亥(술해)에 人多死(인다사)라.
太祖數何在(태조수하재)오 元是五百年(원시오백년)이라.
五百年以後(오백년이후)에 北賊爲全親(북적위전친)이라.
辰巳(진사)에 聖人出(성인출)이오,
午未(오미)에 樂堂堂(낙당당)이라.
三奠三乃古(삼전삼내고)가 內應滅三韓(내응멸삼한)이라.
木子將軍劍(목자장군검)이오 走肖大夫筆(주초대부필)이라.
山隹(산추)가 謀一劍(모일검)하니 血流終三春(혈류종삼춘)이라.
如是三一客(여시삼일객)이 能制能定止(능제능정지)라.
戊辰己巳上(무진기사상)에 亂龍(난룡)이 起閤間(기합간)이라.
辰巳(진사)에 君何去(군하거)오. 午未(오미)에 樂堂堂(낙당당)이라.
靑衣(청의)가 自南來(자남래)하니 似僧則非僧(사승즉비승)이라.

十女奉一夫(십녀봉일부)하고 百家幷一牛(백가병일우)라.
小僧(소승)이 雖不肖(수불초)나 無改小僧言(무개소승언)하소라하니 此可以信乎(차가이신호)잇가.
曰(왈), 無學之說(무학지설)이 明明白白也(명명백백야)로다.
(천지개벽경 을사 5장)
.

* 무신년 봄 삼월에 구릿골에 계시더니,
말씀하시기를, 형렬아.
너는 태인에 가서 내경과 경원을 데리고 창조를 만나라.
내가 중춘(이월)에 태인 백암리에 있으면서 창조에게 명령해 둔 것이 있노라.
창조가 모든 일을 준비하여 내 명령을 기다리리니, 너는 절차를 자세히 일러주고 곧바로 돌아오라.
세 사람이 이날 명을 받들어 일을 행하니, **대선생의 옷**이 한 벌이요, 화로 한 개와 청수 한 동이와 삶은 **돼지 한 마리**와 술과 과일과 포와 나물이 약간이더라.
밤이 깊어 사람이 다니지 않을 때를 기다려 정문 앞에 **구덩이를 파고, 옷은 세 사람이 하나씩 나누어 입고**, 음식 담은 그릇들은 법에 따라 만들어 법에 맞게 두었다가 법에 따라 옮겨서 법에 맞게 묻기를 가르치심에 맞추어 정성껏 실행하여, 일이 끝나니 맑은 하늘이 갑자기 바뀌더니 **검은 구름이 하늘을 덮고 큰비가 쏟아져서 지척을 분간치 못하게 하고, 천둥 번개가 크게 일어나니라.**
형렬이 그 전에 급히 돌아와 간신히 복명하였더니, 그때 비와 천둥 번개가 크게 일더라.
말씀하시기를, 형렬아.
세 사람의 일이 이때쯤이면 되었겠느냐?
말씀드리기를, 꼭 그럴 시간이나이다.
말씀하시기를, 천지에 **변산과 같이 큰 불덩이가 있나니, 만약 세상에 나와서 구르면 온 세상이 잿더미가 되리라.**

그러므로 **내가 이제 그 불을 묻었노라.**
(천지개벽경 무신 1장)

* 어느 때 신정공사(神政公事)를 베푸시며 선포(宣布)하시니 이러하시니라
수지자웅(誰知雌雄)이라 누가 알 것이며
오지자웅(烏知雌雄)이라 이를 누가 알리요
희고[白] 검은 것을[黑] 그 누가 알 것인가
지지자(知之者)는 지지(知之)하고
부지자(不知者)는 부지(不知)로다
삼팔목(三八木)이 들어서 **삼팔선(三八線)**이 왠일인고
삼(三)일이 문(門)을 열어 **북사도(北四道)가 전란(戰亂)이라**
어후하니 후다딱
번쩍하니 와그락
천하(天下)가 동변(動變)이라
운수(運數) 보소 운수(運數) 봐
질병(疾病)목의 운수(運數)로다
천지조화(天地造化) 이 아닌가
단주수명(丹朱受命) 우주수명(宇宙壽命)
지기금지(至氣今至) 원위대강(願爲大降)하고 창(唱)하시더라
(선도신정경 제3장 선도신정 82절)

* 무신년 겨울 ○월 ○일 ○시에 대선생께서 구릿골에 계시며, 천지대신문을 여시고 천지대공사를 행하시니라.
설법하시어 종이를 잘라 긴 줄을 만들어 여러 곳에 그물처럼 걸어두고 행법하시니, 마치 **기차 선로(線路)** 같더라.
방 가운데로 이끌어 들이시고 신명에게 칙명을 내리시니, 집이 뒤흔들려 기차가 달리는 것과 같아 제자들이 놀라고 겁나서 모두 밖으로 나가니라.

제자가 명에 따라 공사에 쓴 물건을 자리를 가려 불사르니
말씀하시기를, 남은 것이 있느냐?
제자가 살펴보니 남은 것이 있으므로 불에다 던져 넣으니
말씀하시기를, 빠르구나.
제자가 명으로 하늘을 보니, 햇무리가 둘렀는데 한 곳이 끊어졌더니, 타서 없어짐에 따라 이어지더라.
말씀하시기를, **이번 공사는 천하에 기차의 운을 돌리는 것**이니라.
(천지개벽경 무신 15장)

* 최창조의 집에서 종도 수십인을 둘러앉히시고 각기 글 석자씩을 부르라 하시니 천자문의 처음부터 부르기 시작하여 덕겸이 일자까지 부르니 가라사대 덕겸은 일본왕도 좋아 보이는가 보다 하시며 남을 따라 부르지 말고 각기 제 생각대로 부르라 하시니라 그 다음날 밤에 담배대 진을 쑤셔내시며 덕겸으로 하여금 한번 잡아 놓치지 말고 뽑아내어 문밖으로 내어버리라 하시거늘 명하신 대로 하니 온 마을의 **개가** 일시에 **짖는지라** 덕겸이 여쭈어 가로대 어찌 이렇듯 개가 짖나이까 가라사대 **대신명(大神明)**이 오는 까닭이니라 가로대 무슨 신명이니까 가라사대 **시두 손님**이니 **천자국(天子國)**이라야 이 신명이 **들어오느니라** 하시니라
(대순전경 6판 제4장 천지공사 111절)

* 하루는 앞으로 **시두가 없다가 때가 되면 대발**할 참이니, 만일 시두가 대발하거든 날 인줄 일라 하시니라.
(성화진경 21쪽)

* **흰 염소[白羊]** 한 마리를 잡아 그 **피**로 모실 시(侍) 자의 머리에 점을 치시니, 만 이천 자에 그 피가 다한지라.
글자를 가리키시며 말씀하시기를, 글자 모양이 아라사 병정 같으냐?
대답해 말씀드리기를, 그러하나이다.

말씀하시기를, **아라사 병사가 내 군사가 되노라.**
물을 담은 그릇은 김제로 보내어 뒷날에 대비하리라.
조금 있다가 김제 사람 임상옥이 와 뵙거늘, 그릇을 개장국[狗湯]에 씻어주시며
말씀하시기를, **이 나라에 앞으로 백성들의 힘을 크게 쓸 일이 있으리니 그때가 닥치면 이 그릇을 쓰게 되리라.**
제자가 여쭈기를, 갑진년 공사에 아라사와 일본의 대전쟁을 일으키도록 명하시고, 일본을 도와 아라사를 물리치게 하사 일본을 천하의 역군으로 삼으시더니, **이제 아라사 병사로 내 군사를 삼으시니 어째서입니까?**
말씀하시기를, 아라사에 두 정사가 있으니, 묵은 아라사[舊俄]가 지지 않으면 새 아라사[新俄]가 일어설 수 없노라.
묵은 정사[舊政]는 천하에 폐를 끼치고, 새 정사[新政]는 천하를 새롭게 하는 일을 하리라.
말씀하시기를, 입을 곤륜산처럼 무거이 하라.
아라사 병사가 서울[韓京]에 들어오는 날이 있으리니, 너희가 찾아가면 너희를 공경하여 서로 절하노라.
아라사 병사가 서울에 들어오면 내 일은 이루어지노라.
말씀하시기를, **병란(兵亂)과 병란(病亂)이 동시(同時)에 일어나노라.**
말씀하시기를, **아라사 병사가 서울에 들어와 있으면 천하의 대세가 너희들에게 돌아가나니, 내 일은 일시(一時)에 이루어지노라.**
(천지개벽경 정미 6장)

매듭짓는 말

사오미(巳午未)는 최종개벽이 아닌 계명(啓明)과 계몽(啓蒙)의 시간대다

지금껏 세간에는 매 12년마다 돌아오는 사오미 계명의 시간대에 시두가 터진다느니 혹은 전쟁이 난다느니 하면서 불안과 공포 분위기를 조성해서 사람들의 정신을 미혹하게 하여 갖은 명목으로 성금을 헌납하게 하거나 직장을 그만두게 하는 등 온갖 부작용이 있어 왔다. 이는 상제님의 말씀을 너무도 잘못 알고 있기에 발생하는 전형적인 폐단이었다. 참으로 안타깝기 그지없고 크게 경계해야 할 일이다. 우선 말하건대 사오미 계명의 시간대에는 절대로 그러한 극단적인 일이 있지 않으니 오판하지 말고 무엇보다도 자신의 직업을 소중히 여기고 오로지 **가정을 지키고 본업에 충실해야 한다**는 것을 말씀드린다.

지금 지구촌 곳곳에 크고 작은 전쟁과 기아와 온갖 자연재해가 발생하고 있다. 그러나 우리가 살고 있는 **이 땅 대한민국**은 어떠한가? 상제님의 은총으로 큰 문제 없이 그럭저럭 잘 넘어가고 있지 않는가. 왜 그러한가? 대한민국은 천지일월부모이신 상제님과 수부님의 성령이 임재해 계시는 천자국(天子國)이며 후천의 도주국(道主國)이기 때문이다. 이 땅 대한민국은 상제님과 수부님의 은총이 내리는 특별한 나라라는 사실이다.

상제님께서 난법 해원시대에 천지공사의 궁극의 사건으로 지구촌의 병란 병란(兵亂 病亂)을 말씀하셨고 그 직전에 이 땅에서 시두(時痘)가 대발한다는 말씀을 하신 것은 분명한 사실이다. 그러나 그것은 선천 역사의 최종에 오는 개벽의 실제 상황으로 아주 나중의 일일 뿐이다. 천하사 일꾼은 자신의 직장과 본업을 지키고 무엇보다 처자가 있는 **가정을 소중히 여기고** 하루하루를 진실되고 건전하게 살아야 한다. 지난 100년 교운사에서 일꾼이 상제님의 간절하신 말씀과 심정을 정확하게 헤아리지 못한 탓도 있으나 일부 그릇된 교주들에 의하여 터무니없는 시한부 시두 대발 및 종말 개벽론이 남발되었고 이를 믿은 순진한 신도들이 희생되는 안타까운 역사가 반복되었다.

물론 이 땅에도 사오미 계명의 시간대를 지나가면서 해가 갈수록 크고 작은 자연재해와 정치 사회 경제적인 변동과 변국이 오는 것은 피할 수 없는 사실이다. 지금 한반도를 둘러싼 오선위기 주역인 4대 강국에는 큰 변국의 그림자가 드리우고 있다. **일본 열도는 대지진의 공포가 엄습하고 있고 중국은 국가 분열의 조짐이 가시화되고 있는 위태로운 상황이다.** 러시아는 오랜 전쟁으로 국력이 소진되어 있고, 미국 또한 세계 패권국을 유지하기 위하여 무리수를 두고 있어 불안정하기 짝이 없다.

* 앞으로 오는 세월이 **연(年)으로 다투다가, 달(月)로 다투다가,** 날(日)로 다투다가, 시간(時)으로 다투다가, 분(分)으로 다투게 되리니 대세를 잘 살피라 하시니라. (재판 道典 7:3)

* 부디 조심하라. 나의 도수는 **밖에서 안으로 욱여드는 도수**이니 천하대세를 잘 살피도록 하라 하시니라.
(재판 道典 5:165) (원본 경전 정영규 천지개벽경)

그런데 우리가 사는 이 땅 대한민국은 최첨단의 전기 전자 문명의 통신망과 교통망 등 모든 인프라가 하나의 조화된 시스템으로 연결되어 돌아가는 종합적인 사회다. 최종개벽이 오는 그 순간까지 이 시스템은 크게 파괴되지 않고 돌아간다는 것을 잊지 말아야 한다. 오늘이나 내일 혹은 가까운 시일 안에 당장 무슨 큰일이라도 날 것 같은 단순하고도 근시안적인 생각은 자신과 가정을 망치는 도끼일 뿐이다.

그런 것을 주장하거나 믿는 사람들은 과연 각자의 분업적 작용으로 연결되어 돌아가는 사회라는 공통체가 살아남기 위한 무슨 치밀한 준비를 해 놓았는가? 과연 인류의 구원이라는 명제가 그들 교단이나 단체의 지도자 한 사람이 어느 날 갑자기 천명과 신교를 받아 도통하는 것으로 성취된다는 말인가? 내가 볼 때 아주 어리석고 환상에 빠진 어린애 같은 발상일 뿐이다.

한편 무형의 태을주 주문만 읽으면서 마음과 심법을 닦거나 무슨 만병통치의 의술을 통한다는 수행법을 연마함으로써 인류의 구원이라는 명제가 달성된다는 말인가? 이 또한 환상에 빠져 있고 삶의 현실을 도외시한 비현실적인 발상의 극치일 뿐이다. 무엇보다도 사람은 혼자 사는 것이 아닌 사회적 동물이다. 또한 사람은 정신과 영혼만 있는 게 아니라 물질과 육체를 가지고 있는 **존재**이다. 현실계는 물질계라는 것을 정확히 인식해야 한다.

후천 선경은 하늘에서 구현되는 것이 아니라 육체를 가지고 있는 물질계 즉 이 지상에 세워지는 것이다. 인간의 구원이란 영과 육의 동시 구원[靈肉竝進]임을 잊지 말아야 하며 수많은 일꾼들이 정확한 진리 인식과 **현실적인 준비 속에서 천하사 일꾼이 길러져야 한다**는 사실이다. 내가 볼 때 지난 100년 교운사는 도통과 개벽이라는 허상을 쫓았던 세월이었다. 일꾼이 현실에서 준비해야 할 것이 있고 상제님께서 내려주셔야 할 것이 있는 것이다.

거듭 말하건대 사오미 계명(啓明)이란 말 그대로 계명일 뿐이지 최종 개벽의 시간대가 아니다. 천지개벽경의 표현에는 일정사오미(日丁巳午未) 계명(啓明)이리고 되어 있다. 정(丁)이란 나이가 젊고 혈기 왕성한 남자라는 장정(壯丁)의 표현에서 보듯이 어떤 기운이 세차고 강한 것을 가리킨다. 사오미의 시간대에는 해가 남중하며 가장 기세가 강해져서 밝은 세상이 된다. 이때는 가장 밝은 태양의 광명(光明) 아래 모든 참과 거짓이 구분되는 계명의 세상이 된다.

계(啓)는 열다, **가르치다**, 인도하다의 뜻을 갖는 글자로 계몽(啓蒙)한다는 그 계(啓)이다. 계명(啓明)과 계몽(啓蒙)은 크게 보아 같은 말이다. 물론 사오미의 시간대에 지구촌 동북아에 병란병란이 가까이 다가오고 있음을 알리는 크고 작은 사건이 사회 경제적으로 혹은 자연재해의 모습으로 다가와서 세상 사람들을 깨운다는 것을 부인할 수 없다. 그러나 사오미는 천하사 일꾼이 현실에서 무엇을 해야 하는지를 자각하여 알고 깨어나는 시간대인 것이다.

세상은 상제님과 수부님께서 짜 놓으신 도수대로 돌아가고 있음을 자각하고 **일꾼이 할 일**은 단 하나, 자신의 처지와 능력 안에서 **의통성업**의 **준비**에 **동참**하는 것이다. 거듭 말하건대 상제님께서 괴질 병겁을 극복하는 법방으로 **태을주**는 물론 **의통인패**를 전수하셨음을 분명히 알아야 한다.

진리 안내 일꾼 소개

본 서책을 읽으시고 증산천지대도의 진리에 공감하여 의통성업에 함께 할 분을 위한 지역별 안내 도우미 도생을 알려 드립니다.

수도권 및 충청 지역　**노상균** 도생 010-5162-9687
영남 및 강원도 지역　**김도영** 도생 010-2256-9985
호남 및 제주도 지역　**김영필** 도생 010-6211-2287

이상 3명의 도생 이외에도 지난 7~8년의 세월 동안 함께 동고동락하며 천하사를 추진 해온 동지 일꾼들이 10여 분 더 있습니다. 문의하실 분들은 먼저 문자를 보내서 의사를 표명하신 연후에 전화 통화를 부탁드립니다.
진리 안내 및 모임에 대해서는 **밴드「증산천지대도」**와 유튜브 강의를 통해 지속적으로 공유해 드리도록 하겠습니다.

김도영 도생

김영필 도생

[계좌 안내] 농협 301-0339-0300-01 증산천지대도

[본 책 서술에 바탕이 된 도서]

1. 증산천사공사기
2. 대순전경 초판
3. 대순전경 2판
4. 대순전경 3판
5. 대순전경 5판
6. 대순전경 6판
7. 증산교사
8. 고부인신정기
9. 선정원경
10. 선도신정경
11. 고사모신정기
12. 고후불전
13. 이중성 천지개벽경
14. 정영규 천지개벽경
15. 용화전경
16. 성화진경
17. 속수전경
18. 대순진리회 전경
19. 도전 초판(1992)
20. 도전 재판(2003)
21. 증산교의 진리(1982)
22. 증산도의 진리
23. 화은당실기
24. 증산법종교60년사
25. 대예언대사상
26. 부처님이 계신다면
27. 범증산교사
28. 범증산종단사
29. 이것이 개벽이다(상)
30. 이것이 개벽이다(하)
31. 대순철학
32. 소설 본주(상,하)
33. 우주변화의 원리
34. 천지만법전
35. 용화도장 지킴이
36. 증산교학
37. 대성경집
38. 강증산과 태을도
39. 증산교 개설
40. 태극도 진경